现代
俄语学研究

杜桂枝——著

Research
on Modern
Russian Studies

图书在版编目 (CIP) 数据

现代俄语学研究 / 杜桂枝著 . —北京：北京大学出版社，2024.1
ISBN 978-7-301-34257-2

Ⅰ. ① 现… Ⅱ. ① 杜… Ⅲ . ① 俄语 – 语言学 – 研究 Ⅳ . ① H35

中国国家版本馆 CIP 数据核字 (2023) 第 137650 号

书　　名	现代俄语学研究 XIANDAI EYUXUE YANJIU
著作责任者	杜桂枝　著
责任编辑	李　哲
标准书号	ISBN 978-7-301-34257-2
出版发行	北京大学出版社
地　　址	北京市海淀区成府路 205 号　100871
网　　址	http://www.pup.cn　　新浪微博：@ 北京大学出版社
电子邮箱	编辑部 pupwaiwen@pup.cn　总编室 zpup@pup.cn
电　　话	邮购部 010-62752015　发行部 010-62750672 编辑部 010-62759634
印 刷 者	北京虎彩文化传播有限公司
经 销 者	新华书店
	650 毫米 × 980 毫米　16 开本　28 印张　480 千字 2024 年 1 月第 1 版　2024 年 1 月第 1 次印刷
定　　价	108.00 元

目　录

感知名家·学派

在俄罗斯语言学发展的历史长河中出现了许多的伟大学者，他们的睿智和勤奋成就了各自独具特色的语言学思想，创建了诸多特色鲜明的经典学派。在现代语言学研究中，学习和研究俄语语言学的最好方法，就是直接走近当代语言学家，了解俄语学不同学派的方向、宗旨和成就，体味经典如何依然经典，感知新锐何以成为新锐。我们期冀俄语学理论之光烛照探幽求知之路。

莫斯科语言学派百年回溯

19世纪末至整个20世纪是语言学研究中各种语言学思想异常活跃、各种语言学流派纷繁迭出的时期。这一时期的主要流派当属现代结构主义语言学，更准确地说是各种不同的结构主义语言学派。在众多的语言学流派和思潮中，莫斯科语言学派（Московская лингвистическая школа）以其独特的语言学思想和不懈创新的精神活跃在世界语言学的舞台上。如今，它已经走过了百年历程，仍在续写着自己辉煌的历史。

莫斯科语言学派早期又被称作"福尔图纳托夫学派"（Московская фортунатовская школа），是著名语言学家Ф.Ф.Фортунатов在莫斯科大学任教期间（1876—1902）在科研和教学实践中创立的语言学流派。这一学派也被称作"形式主义语言学派"（Формальная лингвистическая школа），因为它提出要在语言研究中寻找出语言学自己的、适合于语言所有领域的、形式上的标准，这些标准的特点是：在语音学上倾向于生理学；在形态学上倾向于心理学；在词汇学上倾向于民志学；在句法学上倾向于逻辑学。以此来反对新语法学家的唯心主义语言学理论，反对将语法和唯心论及逻辑学混为一谈。莫斯科语言学派根据语言是完整的科学对象这一特性，预先确定了寻求更完善的语言学分析方法的任务，目的在于建立完整统一的语言学。百余年来，一代又一代的福尔图纳托夫派学者，在继承前辈的语言学思想的同时，不断完善和发展现代语言学理论，在莫斯科语言学派的旗帜下，创立了一个又一个独立的且相互联系的学科分支，如众所熟知的莫斯科音位学派、莫斯科方言学会、莫斯科功能社会语言学派等，不仅推动和引领了俄语学研究的发展，使其与世界语言学的发展水平比肩，同时也对世界语言学研究（俄语学、斯拉夫语言学、普通语言学、比较语言学）做出了显著的贡献。

一、Ф.Ф.Фортунатов 及其语言学思想

Ф.Ф.Фортунатов（1848—1914）是一位博学多才的学者，他同时是印欧比较语言学家、斯拉夫学家、印度学家、波罗的海学家、多种印欧语言学专家，此外，他还是语音学和重音学方面的比较–历史研究专家、古文字学和古正字法专家。他的科学活动是从对立陶宛方言、吠陀语和梵语古代文献（1871）的研究开始的。随后，他在硕士学位论文（1875）中阐述了历史–比较方法的基本观点，在印欧语的系统历史–比较语法的建立方面起了决定性作用。在1876年开设的讲座中，Фортунатов进一步发展了他的“语言是一个系统”的观点，并严格区分了描写方法和历史方法（共时和历时的方法），区分了现实有据可查的事实和假设性构建的情景，对活的民间言语的实证和理据给予了特别的重视。他认为，为了弄清某种具体语言的历史，比较的方法是模拟建构过去状态的手段，并号召语言学家去探求“支配事实的规律”和“所研究的现象的相互关系及其原因”（1956：T. I，27）。在他的语言学总体构想中还提出了关于语音规则的普遍性和建立与此相关的、对应的年鉴方法的理论。相对于那个时期世界语言学研究的总体水平，他的这些理论观点和研究不仅领先世界先进水平，而且极具前瞻性和创造性，对此，А.А.Шахматов曾指出，“Фортунатов是走在西欧语言学前头的人”（Линг. Энцик. Словарь：317）。

Фортунатов语言学思想的主要观点可概述如下。

1. 语言是一个特殊的符号系统

语言是一个符号系统，而且是一个与其他系统有着原则性区别的符号系统。任何一个符号系统都可以用语言来描述，但它们都不具备语言的通用性。在很多情况下，语言特有的规律性是其他符号系统不能具备的，它具有下列纯语言的特点：

（1）在语言系统内部，许多位置条件决定了不同语言层次上某些语言单位的交替；

（2）在音位学中，两个或两个以上的语音单位在某些位置上可以发生同化；

（3）在构词学中，动词的派生构词呈阶梯式变化，而且在每一个梯级上都改变一次体的状态，例如，动词бить（未）→забить（完）→забивать（未）→назабивать（完）。

（4）语言单位的变化和改造有多种形式和多支的路线；

（5）不同语言层次（形位、词、词组、句子）的语言单位都会发生同义或同音异义的聚合和离散；

（6）语言单位具有共时能产性，即在语言系统中潜含有能使该系统扩充的现成的方法和手段；

（7）语言中具有通过隐喻转义更新称名的可能性。

语言内的这些特点不能在超出人类语言范围的其他符号系统中存在，或者在其他符号系统中十分受限制。Фортунатов探索语言作为一个特殊的符号系统所特有的规律，希望找出决定该语言特有的关系类型，这一原则体现在他的著作中，并一直指引着莫斯科语言学派的科学研究，特别是对20世纪30年代的莫斯科音位学派的创立起了十分重要的作用。

2. 语言是一种关系

在把语言作为一个系统来研究的时候，人们曾一度倾向于直观性研究，即研究语言单位在系统之外的联合，注重它们外在的相同和相似的直观性，如：语音要与生理声音相似，语法要与称名–概念意义相近等，认为语言内部特有的联系服从于语言外的联系。Фортунатов给系统性研究指出了另一个方向：语言单位之间的关系结构具有决定意义，应研究各个语言单位之间相互关系的规律性。他认为，在建立语言的统一系统时，在确定语言的相同性和差异性时，判别的标志不是语言单位外在的相似或不同，而是它们之间的内在关系结构。语言单位在功能系统中的地位决定了对相对应的外在单位的解释（1956：T.I, 147）。

Фортунатов坚信，语言单位之间相互关系的规律是语言系统中基础的基础，他把这一思想贯穿在他的所有研究中。他发现，一个词要相对于另一个词而存在；一个语法单位要获得某种意义，必须确定它与另一个语法单位的关系。他在形位、词、句子中都发现了这种关系，这里首先涉及了一个十分复杂的俄语形态学问题，譬如，运动动词的定向/不定向特征与体学的关系。这个问题曾引起了十分激烈的争论，Фортунатов的发现解决了长时期以来许多不清楚或一直没有解决的语法问题：

（1）任何一个由词缀构成的词的形式都是依靠另一个没有词缀的词而存在，例如：

вернуть—вывернуть, читать—прочитать

（2）俄语动词体的构词等级理论，例如：

等级	0	1	2	3
构词特点	非派生词	加前缀	变换后缀	再加前缀
体的变化	未完成体	完成体	未完成体	完成体

писать → надписать → надписывать → понадписывать.

这种构词关系适用于很多动词，同样适用于运动动词，但情况要复杂得多，这是由于运动动词的方向性所致。

（3）定向/不定向运动动词准确的语法意义：定向运动动词表示朝着一个方向进行的运动；不定向运动动词表示往返或朝着不同方向进行的运动。由此确定，动词сбегать具有两个体的对偶：在表示一次性定向运动（逐渐下去，下到某处）时，сбегать是未完成体，与完成体сбежать对应；在表示多次性不定向运动时，动词сбегать是完成体，与未完成体бегать对应，其派生路线为：

	0）非派生词　1）加前缀　2）变换后缀
定向运动动词	бежать（未）→сбежать（完）→сбегать（未）
不定向运动动词	бегать（未）→сбегать（完）
动词слетать的情形亦如此：	лететь（未）→слететь（完）→слетать（未）
	летать（未）→слетать（完）

3. 语言的标记性/非标记性概念

通常认为，标记性/非标记性概念是由布拉格学派最早提出的，事实上，早在20世纪初Фортунатов就发现了印欧语言词汇中的标记性/非标记性特点，对此进行了认真分析并做出了十分严格的界定，只是当时尚未用固定的术语来表述这一概念。Фортунатов及其后人都广泛使用了这一重要理论思想，例如，相对于中间态而言，主动态具有非标记性特征；相对于间接语式和完成体而言，陈述式、未完成体具有非标记性。Фортунатов还从波罗的海各语言和斯拉夫语言复杂的动词词根中区分出了动词的两种意义，即动词词根的构成一方面表示行为特征的完结性时间（表现为特征/状态的结束时间），另一方面表示行为特征的时间长度（延续时间）的完结性。Фортунатов的这些发现为后来俄语动词的体、态和时等范畴概念的确立和发展奠定了必不可少的基础。

4. 语言的交替原则

在Фортунатов的学说中，交替原则涉及了很多语言现象，并成为莫斯科语言学派的一个重要的理论基础。与交替原则紧密联系在一起的是位置理论。Фортунатов首先发现，当某些语言单位与另一些组合在一起时，它们能够改变与之结合的语言单位的意义，例如，не правда—неправда, не счастье—несчастье, не приятель—неприятель等。进而，他又发现，任何一个词都可以划分出词缀和词根，词缀是改变词根意义的变化部分，它总是能改变与之联合的词根的意义；但在另一些条件下，一个意义由另一个意义代替，因此，意义的交替是在词缀变化的条件下发生的。重要的是，这种交替应是有序的、有规律的，即应能涵盖整个一类语言单位，例如не可以与名词类词汇结合（1956：T.I, 72-73，123，173）。Фортунатов将这一结论扩展到其他语法领域，将构词与语法联合在一起，认为语法领域是一个动态世界。

5. “语法形式”概念

“语法形式”这一概念是Фортунатов语法理论的中心，这一概念为俄语词类学说，以及俄语中“态”的体系形成奠定了基础。在词形研究中，Фортунатов注意到了语法形式与语法意义的关系，他指出，为了使一个词在语音相同时能够表示物体不同对应关系的特殊形式，即相互关联的意义，必须要知道语言中存在有其他形式，这些形式可以在另外的情况下表示出各种称名形式之间的区别，这样，才能由语言中存在的语法形式上的这种差异联想出该词的语法意义。例如，之所以可以判定радости是不同的语法形式：第二格（нет）радости，或是第三格（к нашей）радости，是因为其他词汇在这些格时具有不同的形式：воды（第二格），воде（第三格、第六格），据此可以判断出радости的语法意义。所以，只有当意义具有独特的表达手段时才能被称作是语法意义。

在论述语法意义时，Фортунатов指出，在一个词中有两个部分，其中一部分受另一部分的影响发生变化，而另一部分决定了这种变化，也就是说，语法形式决定了词汇形式的变化。他把词汇单位切分为两个部分：语法部分和非语法部分。这种划分是为了证明一个词与该词的其他形式或其他词的关系（1957：Т.Ⅲ，86）。Фортунатов的这一理论思想被他的后人继承并获得了极大发展。

6. 语言研究的共时性

Фортунатов认为，如果说，一种语言的语法形式是由它的内部关系构成的，那么，这种语法形式不可能在分析时从另一种语言中照搬过来，也不可能从逻辑学和心理学中照搬过来。同样，也不可能把一种语言的过去的状态强加于语言的现阶段状态。他一再强调："重要的是，让学生们不要把现阶段语言中存在的事实与研究语言历史时发现的事实混淆起来。"（1957：Т.Ⅱ，445）由此可见，在当时的语言研究中，Фортунатов是共时性研究的一个严格的支持者。他的科学研究重点是探寻语言单位之间的相互关系，这种关系既决定语言使用功能，也受制于语言的使用条件。在一个语言系统中，这种关系是通用的，因此，语言单位之间的关系应从语言系统内部去研究。

Фортунатов的上述语言学思想代表了当时先进的人文社会科学发展的趋势。尽管他对许多语言学问题并未做出明确的解释和定义，但仅仅是对这些问题的发现和提出，已经具有划时代的意义。Фортунатов的一系列语言学新思想犹如一颗颗充满活力和无限发展生机的种子播撒在了俄语学研究的沃土上，裂变和生发出了日后莫斯科语言学派一个个学术流派和分支机构，并为它们的理论发展奠定了博大深厚的基础。Фортунатов在俄语学研究领域树起了一面旗帜——莫斯科语言学派，他的许多观点为后人开启了通往语言学圣殿的一扇扇窗户，他的思想智慧之光一直映照在莫斯科语言学派百余年科学探索的道路上。

二、莫斯科语言学派的发展历程

从Фортунатов创立莫斯科语言学派算起，至今已经百年有余，在他身后成长起来的一代又一代的语言学者聚集在莫斯科语言学派旗帜下，从不同方面继承、发展和丰富了Фортунатов的理论思想。通常认为，Фортунатов博大精深的语言学思想已经培育了四代语言学工作者，这四代人接力赛式的不懈努力，使莫斯科语言学派拥有了百年不衰的辉煌历程和绵延发展的无限前景。

1. 第一代莫斯科语言学派

在Фортунатов的第一代学生中，出现了А.А. Шахматов, М.М. Покровский, Д.Н.Ушаков, Н.Н.Дурново, М.Н.Петерсон, В.С.Поржезинский等非常著名的语言学家。他们秉承并发展了Фортунатов的语言学思想，逐渐成为莫斯科语言学派的中坚力量，以他们为核心形成了第一代莫斯科语言学派。

莫斯科语言学派在这一时期最重要的学术事件是，1903年，在Шахматов的提议下，在俄语历史和方言研究小组的基础上，成立了“莫斯科方言委员会”。委员会制定了收集、汇总有关方言信息的工作计划草案，讨论了统一音标的问题，以及方言学和语言学地理的理论问题。委员会组织各种不同类型的考察活动，目的是研究各种重要的方言，出版了收集到的材料和总结汇总工作的文献。其中最主要的成就是由Ушаков、Дурново和 Н.Н. Соколов完成的俄罗斯、乌克兰和白俄罗斯方言地图：《俄语在欧洲的方言地图初探》。

Фортунатов关于词形是词汇之间“活的关系”的理论奠定了俄语词形变化和构词研究的理论基础，为后来的词法学的形成和完善奠定了扎实的理论基础，做了充分的实践准备。以Ушаков为代表的这一代学生，为发展这一学说做出了巨大的努力和贡献。这一时期的学术思想非常活跃，学术研究和活动方向开放，其主要语言学理论思想及研究方向有：

（1）研究统一的相互协调一致的语言系统，探索各种结构体系之间的关系。Дурново首次给俄语动词下了这样的定义："动词是这样一些词，它们的变化表现出讲话人与所述事件的关系或与所述事件的时间的关系。这种因人称变化而发生的动词的变化，语法学中叫作变位。"（1931: 27）

（2）继续严格区分共时和历时的关系：Ушаков在《语言科学导论》中指出："中学语法混淆了不同时代的语言事实……因此，既不能提供对语言事实的理解，也不能提供对语言历史的理解。"（1928: 73）

（3）Фортунатов把语言单位看作是可拆分的整体，力求把语言研究的这两个方面结合起来。他在研究词缀改变词根的意义时关注的实质，是词是如何变成一个整体，变成一个连续统的。他的观点是，任何一种语言都可以被看作是一个连续的不可分割的整体，也可以看作是分散的由许多独立的特征和特性组成的单位。Ушаков等学者把Фортунатов的这一思想运用到当时的词典学研究中，把词的意义看作是关系特征的组合：一方面，可以在词的意义中找到足以证明词义分散性的各种区别特征，另一方面，又很容易在词的意义中发现交织在一起的一种思维意识流，即语义连续统。

（4）探求语言单位在发生规律性交替变化时在功能上的同一性和等同性的根源：

Фортунатов提出了语法形式概念，并用语法材料证实了这一思想，Ушаков和Дурново用语音材料进一步证实了这一理论构想。

（5）从理论和实践的角度研究了语言的规律性问题，加深了对语言作为一种互为条件的依存关系的本质的理解，大大拓宽了语法形式这一关键性概念的外延和内涵，提出了许多新的理论和概念，使语法理论发生了本质性的变化。例如，按照Фортунатов的理论，许多词（кенгуру、куда、скользя等）都不具备语法形式，因而被划出了语法范围之外。这一代学者们首先是在被Фортунатов认为没有语法形式的现象中发展了他的语法形式理论，扩大了语法形式的所指范围，进而逐渐发现根本无需划分"无语法形式"的词汇单位，因为任何一个语言单位都是以某种形式进入语法系统的，并在这一系统中充当一定的角色，起一定的作用。这种角色是由某种意义或语法形式表现出来的。因此，在莫斯科语言学派的这一代学者的论著中"非语法单位"这一概念消失了，与此同时，他们对各种不同类型的语法标识以及其复杂的关系做出了另外一种新的理解和解释。

（6）语言是社会、经济、人的心智等同时作用的一个领域，同时又是一个极其独特的人类心智活动领域。正是基于对语言的这样的理解，莫斯科语言学派的第一代学者对方言进行了大量的研究，他们认为方言是俄语中十分有价值的语言材料，是俄罗斯文化、历史的承载体，同时，莫斯科语言学派当时的主要研究领域是语言的自约性，即语言自身有满足其存在的条件。语法和语音系统为这一研究提供了丰富的材料，而方言中复杂的、多种多样的依存关系为人们认识语言结构组合规律的实质提供了实证材料。可以说，莫斯科语言学派的第一代学者创造性地继续了语法形式的理论研究，既保持了Фортунатов关于词的语法形式概念的理论思想的精髓，同时也大大地拓宽和完善了这一理论。

2. 第二代莫斯科语言学派

这一代的主要代表人物有：Р. И. Аванесов，А. М. Сухотин，А. А.

Реформатский, В. Н. Сидоров, И. С. Ильинская, Г. О. Винокур, П. С. Кузнецов 等。第二代莫斯科语言学派所处的时代是俄罗斯（苏联）历史上一个关键的转折时期，这一时期的社会政治气候和学术氛围都是相当严峻的，但这些语言学家表现出了对科学和真理的孜孜不倦的追求精神，推动着语言学研究不断向前发展。这一时期莫斯科语言学派的研究主要是沿着上一代的研究主线发展的。在诸多研究中，音位学研究成果是最突出的。

（1）建立了莫斯科音位学理论

20世纪的20年代，在莫斯科语言学派的沃土上诞生了莫斯科音位学派，它的创始人正是上述第二代莫斯科语言学派的骨干力量。莫斯科音位学派的理论基础是源于博杜恩·德·库尔特内（дoдуэн ge Куртеэн）的喀山学派关于音位的学说，重要观点之一就是在确定语言的音位成分时必须始终不渝地采用形位的判断标准。在这一点上，莫斯科音位学派首先定位在音位的感知功能上。1930年，Аванесов和Сидоров在合作发表的论文《正字法改革与书面语问题》中最早提出了关于音位学的理论。在这一时期，莫斯科音位学派还不断接受和学习其他与自己相近或不同学派的思想（譬如参加了布拉格语言学派提出的音位的区别特征和整合特征的研究工作），以不断发展和完善自己的理论。

（2）继续研究并建立了方言学理论（Аванесов, Кузнецов），提出了方言具有系统性的观点，并用大量的语言材料证实了这一理论观点。Аванесов提出了方言是俄语语言的组成部分的重要思想；Сидоров的研究证实了各种方言系统之间联系的论点，譬如，一个方言可以从另一个方言中引进某一个位置体系，但用自己的材料去填充，这样逐步地从一种方言转到另一种方言。显然，正是方言证实了语言学统一体的关系体系，以元音O为例：初始状态，然后在从“O”音化向

“A”音化的过渡中形成关系体系，形成“A”音化材料。这些研究成果是莫斯科语言学派最重要的成就之一。在20世纪的20年代，“莫斯科方言委员会”实际上成了“莫斯科语言学联合会”，许多著名的学者，如А.И.Соболевский, А.М.Селищев, Г.А.Ильинский 等经常到这里做报告，“莫斯科方言委员会”的工作成了莫斯科语言学派的一个重要部分。

（3）建立了完整的构词学理论。Винокур在Фортунатов的词类理论的基础上，在《俄语构词简述》一文（1946）和其他文章中提出了确定“派生词—能产词”之间关系的标准：可以用能产词来解释派生词。这是Винокур提出的解决俄语构词问题的主线。这一理论的基础是词汇（派生词与能产词）意义相关性概念，这一概念确保了上述判定标准的可靠性和绝对性。

（4）提出了句法学中的位置理论。如何判定同一位置上的句法成分的功能，是认识句法关系实质的一个重要依据。Фортунатов始终不渝地坚持要在语言本体中研究语言。句法理论最容易被语言外的概念，尤其是被逻辑学概念和心理学概念混淆。在莫斯科语言学派理论框架下，第二代学者们，如Аванесов等成功地证实了词类的功能，并试图通过添加同等成分的方法来证实处于某一位置上的句法成分的不同功能。例如，поездка <u>в деревню</u>（回答куда的问题——状语）；прибытие <u>в срок</u>（回答какое的问题——定语）；введение <u>в должность</u>（回答во что的问题——补语）。三个例子中画线部分具有相同的语法形式，即前置词与第四格名词的组合，而且都受前面的动名词支配。在所有这三种情况下，它们的语法意义都是一样的：说明动名词。词汇的组合结构并没有问题，问题在于受支配词的词汇意义：деревня表示地点、处所，因此，回答куда的问题。显然，这并不是语法范畴的问题，而恰恰是句法理论极力回避的符号逻辑问题。如果把

поездка в деревню扩展为 поездка в деревню，но ненадолго，则根据ненадолго的词类和词义，可以判定它是副词，作状语，既然并列连词но连接两个相同的成分，则可以推断，в деревню在这里也是状语。同理，在例子Прибытие в срок中添加形容词：прибытие деловое и точно в срок，这里в срок的定语功能就可以通过连词и连接形容词деловое充当的定语而得到证实。这样，Аванесов把音位学中的位置区分理论引入句法分析，为句子次要成分理论研究注入了活力。

此外，在语言学其他方向上的研究也取得了不同程度的进展，如：研究形成修辞等级的功能联系（Сухотин）；继续研究和发展Ушаков的词典学理论（Сидоров, Ильинская, Винокур）；从功能的角度研究俄语的历史等（Аванесов, Сидоров, Ильинская, Винокур）。

3. 第三代莫斯科语言学派

第三代莫斯科语言学派又称战后的一代，他们是承前启后的一代，在继承和发展该学派的宗旨和科学思想方面做出了重大贡献。其主要代表人物有：М.В.Панов, К.В.Горшкова, К.Ф.Захарова, С.В.Бромлей, В.А.Робинсон, Р.И.Лихман, Л.Н.Булатова, Т.Ю.Строганова, В.Д.Левин等。这一阶段的主要研究方向及成果有：

（1）继续古俄语和语言历史的研究。以Горшкова为首的一大批学者，继续着方言学和方言历史的研究。他们进行了大量的方言实地考察。1947年Горшкова写出了《莫斯科南部方言的历史》的报告，50年代她又发表了《北方罗斯历史方言概述》等许多有关历史语音和历史方言的研究成果。在此基础上比较系统的历史语法学说建立了。

（2）音位学理论研究取得了重大进展。随着老一代在音位学理论上的分歧的出现，年轻一代的语音学派（Панов，Горшкова，Широков）试图整合两种音位学理论（布拉格音位学和莫斯科音位学），他们把俄语中存在的大量的语音交替现象视为语音的聚合性特点：Аванесов在一系列音位学论著中对语音的聚合性特点作了阐述（1956）；之后，Панов提出了“聚合音位”的思想（1967）；Горшкова（1980）提出了音位学的聚合体关系的概念，所有这些理论思想使音位学研究取得了突破性的重大进展（Панов，2001：411-415）。

（3）正字法研究的历史性成果。始于1917年的俄语正字法改革，在苏维埃时期受到了来自某些方面的阻力和干扰。然而，历代的莫斯科语言学派都孜孜不倦地从事着这项艰巨而复杂的工作。“正字法委员会”于60年代成立是第三代莫斯科语言学派的一件大事。委员会由В.В.Виноградов任主席，Панов和 И.Ф.Протченко任副主席，许多著名学者，如：Аванесов, С.Г.Бархударов, С.И.Ожегов, Реформатский, Шапиро, И.Г.Голонов, Д.Э. Розенталь, Н.М.Шанский等都是该委员会的成员。委员会研究了Панов在《论俄语正字法的完善》一文中提出的所有问题（1963年），并于1964年出版了其研究成果：《完善俄语正字法的提议草案》。同年，Панов发表了著名的专著《关于俄语正字法的神话：优点与不足》，此后，他又主持撰写了史料性的汇编《概述俄语正字法的完善（XVIII—XX）》。

（4）关于社会语言学的构想。以Панов为核心的第三代莫斯科语言学派一直从事着语言的社会方面问题的研究，他们对20世纪俄语中发生的变化过程进行了大规模的研究；出版了四卷本专著《俄语与苏联社会》，全面地讨论和描述了在俄语标准语的使用者中普遍存在的社会语言学问题（表现在语音、构词、词法、词汇等方面），并对新时期由于社会变化引起的俄语变化进行了全面的总结。Панов还制定了语言的社会语言学研究原则，为社会语言学作为一门独立学科的形成和进一步开展奠定了深厚的理论基础。

（5）在功能语言学研究方面，着重研究口语体和书面语体的俄语篇章的结构和发展趋势。其路线仍然是对各种不同类型的俄语篇章进行修辞、体裁和交际–语用性能等方面的研究，评价现阶段篇章语言与前一时期的差别。其中一个重要的任务是研究各种话语体裁的发展趋势，特别是那些具有重要的社会现实意义的体裁，如广播电视、新闻媒体、外交和政治谈判、杜马或议会发言等。

4. 第四代莫斯科语言学派

第四代莫斯科语言学派是创新和开拓的一代，其主要代表人物有Е.А.Земская, С.М.Кузьмина, Н.Е.Ильина, Р.Ф.Касаткина, Л.Л.Касаткин, Г.А.Баринова，Л.П.Крысин等。他们一方面继续着上一代的研究方向， 如：语音学–音位学研究（Касаткина）、方言学研究（Касаткин）、语调学研究（Е.А.Брызгунова, Г.Н.Иванова-Лукьянова）、构词学研究（Земская, О.П.Ермокова）、词法学研究（Ильина）等，同时，跟随着时代变化的脚步，不断扩大研究的领域，大胆涉猎许多前人不曾研究过的崭新的课题和方向，并取得了显著成绩：

（1）建立了俄语口语语言（русский разговорный язык）理论体系。Земская 一直研究俄语功能语体问题（特别是俄语口语的研究），提出了俄语口语研究的许多重要理论，被公认为是该研究领域的带头人。在此基础上，她把俄语口语语言视为一种特殊的语言，并指出它具有独特的语言特点、使用范围和功能特征。需要指出的是，虽然口语语言这种提法本身未必很成功，许多老一代学者也不赞同这样的提法，认为口语应属于标准语符号文字的一部分。但是，Земская这种具有开创意义的研究工作不仅在俄罗斯语言学界引起了极大的反响，在国外也因此掀起了口语研究的热潮。

（2）继续和发展社会语言学方向的研究。Панов提出的社会语言学研究的方针和原则在后来的许多学者的论著中都得到了体现。1974

年，由Крысин主编出版了集体专著《大规模调查资料中的俄语》。1976年，Крысин与Д.Н.Шмелев主编了文集《社会语言学研究》。在几十年的语言学研究生涯中，Крысин一直关注社会因素与语言的关系——讲话人的社会地位与语言使用环境的变化、语言发展的内外因素、社会关系与词汇语义结构、讲话人的社会层次与话语交际特点、语言单位语义中的社会因素的成分等等。到20世纪80年代初期，社会语言学的理论概念已经形成，并日趋成熟。俄语学界也公认，在俄语学研究中已经形成了以Крысин为代表人物的“社会语言学流派”。

（3）功能社会语言学派的建立。1998年2月，在俄罗斯科学院俄语所召开的一次研讨会上，Земская和Крысин联名发表了题为《莫斯科功能社会语言学流派：研究总结与前景》的论文报告，宣布俄语功能研究和社会语言学研究联合成一个统一的学术流派：莫斯科功能社会语言学派。这是一个新兴的语言学流派，虽然可以说它是社会语言学的一个分支，但却提出了全新的研究方向和宗旨，即从社会学和功能—语用学的角度研究语言：

继续从社会学的角度对现代俄语进行划分和研究。从这一角度可以把现代俄语划分为：标准语、地域性方言、城市俗语、专业性语言、社会性行话等语言的次级系统。研究各次级系统的交际功能随社会状况等因素的变化而发生的变化。如Земская从80年代开始，就把口语研究的重点转向城市居民各种形式的口语体裁，转向不同层次和行业的行话、俗语、俚语等，这些方向的研究带有明显的社会语言学的特点。

研究俄语侨民的语言。把移民语言作为一个特殊的语言层次，对20世纪几次大的移民浪潮做全面的追踪调查，研究其语言变化的内外因素，进一步揭示和证实语言发展的外在推动因素和内部规律。

严格地讲，在莫斯科语言学派形成的早期，该学派的传承基本是沿袭着“导师—学生”这一路线发展下来的。随着时间的推移，这一学派不仅在内部不断扩大了自己的研究领域，出现了许多分支、分科，而且在外部与其他学派和其他思潮发生了各种各样的联系与融合，这种现象在第三、四代身上表现得尤为突出。其结果是扩大了莫斯科语言学派的作用和影响，使该学派与其他学派之间的界限随之变得不那么清晰，甚至出现交叉和联合。所有这些也是莫斯科语言学派能够绵延百年、经久不衰的原因之一。

三、莫斯科语言学派的主要理论思想及贡献

1. 建立了语言体系的规律性理论

该学派把语言符号作为一个特殊的独立本体来研究，认为语言所特有的性质不能混同于任何其他符号系统，语言的规律性不能混同于逻辑学、心理学、社会学的规律性，更不能混同于其他非语言符号系统的规律性。由此形成了莫斯科语言学派的理论观点：语言的本质是一种关系。这种关系以外的单位不是语言单位。如果语言系统中的关系表明语言单位在功能上是等同的，那么，语言单位在物质表层的不符、不同或不一致并不能阻碍它们在功能上的等同。反之，语言单位在物质表层的相同并不能证明它们在功能上是等同的，因此，语言模式中的关系被看作是语言的组成要素。在这一理论基础上产生了一系列重要理论成果：

（1）在Фортунатов之前，语言学中的词法学和构词学被统统纳入词源学（этимология）的名下。在这一庞杂的学科中，词汇的现代派生和历史性派生的界线、词法学和词源学的界线都是模糊不清的。Фортунатов提出了词性是“特定语言在特定时期获得的相互关系作用的结果”的理论，为区分词汇的形态和词的构成，进而为划分词法学和构词学奠定了理论基础。在莫斯科语言学派几代人的共同不懈努力下，这一理论得到了完善和发展，在俄语学中形成了独立的词法学和独立的

构词学。

（2）Фортунатов及其学生们在对词汇进行的分类研究中，提出了词法结构的判定标准（独立的、词根的、黏着的、曲折的），从而在严格区分了词法学和构词学的同时，还严格区分了语言的共时研究和历时研究。

（3）区分了词的内部形式与外部形式，即内容与语音外壳形式，提出了语言符号是人的认知内容的单位载体、语言系统内各个单位之间相互联系等一系列重要思想，为现代语言语义学的理论研究奠定了基础。

2. 提出了“位置决定论”的理论

这一理论思想的研究主要涉及包括音位学、构词学、词法学、句法学等在内的语言学领域，其核心概念可以涵盖：对位置的依存关系；由位置决定的交替和非位置决定的交替；由位置决定的交替单位的功能的等同；同一语言本质通过位置网“流动”；语言单位的中和化；语言本身具有可以重新组织语言单位的可能性；语言组织的分散性和非分散性在语言不同层次上的结合；语言单位各个部分之间的关系，即一部分受另一部分的影响而发生变化等。

所有这些都属于语言的内部状态，属于语言本身的关系。由“位置决定作用”理论衍生出来的重要思想和理论成果大致有两类：

（1）“位置决定作用”最早应用于音位学研究，形成了莫斯科音位学派的最重要的理论——语音位置交替规则。这种理论认为，处在同一位置上的不同语音是一个音位，即在位置交替中不同的语音实体同化为一个音位。这一理论是莫斯科语音学派的重大贡献，用Панов自己的话说：“莫斯科音位理论是苏联语言学中的白雪公主。”（2001：517）

（2）Фортунатов关于词的语法形式和其成分间的联系方法的思想，经几代人的不断发展和完善，形成了句法学中的位置理论，形成了完整的现代俄语句法学理论。

3. 建立了完整的语言学教育系统

注重俄语语言教育是莫斯科语言学派的传统。除了大学阶段的俄语语言教育外，该学派中的许多著名学者，譬如Панов，Ильинская, Кузьмина, Т.С.Ходорович等都曾潜心于中小学俄语教育。他们清楚地认识到，快速提高整个民族的语言学知识水平，只能从中小学生做起。因此，历代莫斯科语言学派都把编写俄语教材作为自己的义务和责任，把普通语言学和历史–比较语言学理论引用到高等院校的专业教学实践中，并十分关注中小学的语文教学法的改革和普及工作。

正是基于这样的理论基础，莫斯科语言学派在一百年来的发展中逐步制定出了一系列俄语实践语法规则，提出了较为系统和完善的语言学理论和教学法理论，成了俄语学研究中持续时间最长、影响力最大的语言学流派。

莫斯科语言学派的成就和贡献不仅仅在于学术和理论上。她是一个大讲堂，为广大语言学工作者提供了探讨和争鸣的舞台；她是一个大熔炉，培养和造就了一代又一代的语言学家；她是一面旗帜，旗下汇聚了不同时代的各种学术思潮、流派、分支和组织，构成了莫斯科语言学派恢宏博大的语言学理论体系。今天，走过百年的莫斯科语言学派犹如一面不褪色的旗帜，仍然色彩鲜艳地飘扬在俄语学研究领域；它的理论精华仍然显露着不倦的生命力和无限的发展空间，仍然在为俄罗斯语言学，乃至世界语言学发展贡献着力量。

参考文献

[1] Беседы с Михаилом Викторовичем Пановым[A]. // Жизнь языка. Сборник к 80-летию Михаила Викторовича Панова[C]. М., Языки славянской культуры, 2001.

[2] Дурново Н.Н. Повторительный курс грамматики русского языка[M]. М.,

Прогресс,1931.

[3] Касаткин Л.Л. Современная русская диалектная и литературная фонетика как источник для истории русского языка[М]. М., Наука – Школа «ЯРК», 1999.

[4] Крысин Л.П. Об истории создания и о научной деятельности отдела современного русского языка[А]. // Русский язык [С]. М., Языки славянской культуры, 2001.

[5] Лингвистический энциклопедический словарь [Z]. М., Советская энциклопедия, 1990.

[6] Панов М.В. Русский язык и советское общество[М]. М., Наука, 1966.

[7] Панов М.В. Отношение частей речи к слову [А]. // Традиционное и новое в русской грамматике [С], М., «ИНДРИК», 2001.

[8] Панов М.В. Филологические взгляды К.В.Горшковой[А]. // Языковая система и ее развитие во времени и пространстве [С], М., МГУ, 2001.

[9] Ушаков Д.Н. Русский язык[М]. М.-Л., Пресс,1926.

[10] Ушаков Д.Н. Краткое введение в науку о языке[М]. М., Просвещение, 1928.

[11] Фортунатов Ф.Ф. Избранные труды. Т.I, [М]. М., Наука, 1956.

[12] Фортунатов Ф.Ф. Избранные труды. Т.II, [М]. М., Наука,1957.

[13] Фортунатов Ф.Ф. Критический разбор сочинения[М]. М., Наука, 1957.

（原载《外语学刊》，2005年第3期）

莫斯科—塔尔图符号学派

一、塔尔图暑期研讨会

20世纪50年代初期，在苏联语言学界，人们对结构语言学、控制论还未有统一的认识，甚至怀疑能否将它们当作一门科学来研究。例如，当时出版的百科全书中，控制论和结构语言学被定义为“伪科学”。到了20世纪50年代末、60年代初，在全苏联范围内形成了两个主要的结构符号学研究中心：位于莫斯科的苏联科学院斯拉夫学研究所（后来改称为科学院斯拉夫学和巴尔干学研究所斯拉夫语结构分类研究室）和位于爱沙尼亚加盟共和国的塔尔图国立大学俄罗斯文学教研室。

塔尔图大学俄罗斯文学教研室是一个十分活跃的科学集体，其创始人是Б.Ф.Егоров, 成员有Ю.М.Лотман, З.Г.Минц, И.А.Чернов及一批大学生。他们的兴趣主要集中在诗学篇章的分析方法，以及文化的意识形态模式的研究上。Лотман从1960—1961学年开办“结构诗学”讲座，一直持续了很多年，很受学生欢迎。1962年《结构诗学教程》交付出版，1964年出版发行，并成为后来的莫斯科—塔尔图符号学派的代表刊物《符号学系统丛书》的创刊号。

1962年，由苏联科学院斯拉夫学研究所和科学院控制论研究中心共同组织，在莫斯科召开了《符号系统的结构研究研讨会》。此次会议的召开是科学界的一件新生事物，因而引起了广泛的关注。许多著名学者都参加了这次大会：П.Г. Боготырев, ВЯЧ.ВС. Иванов, В.Н.Топоров, Л.Ф. Жегин和А.А. Зализняк等。大会报告涉及了很多研究方向： 语言符号学、逻辑符号学、机器翻译、艺术符号学、神话学、交际中非词语系统的语言描写（譬如，道路信号、纸牌算卦的语言等）、聋哑人交际符号学、宗教仪式符号学等。

莫斯科研讨会召开后不久，塔尔图大学俄罗斯文学教研室的学者Чернов来到了莫斯科，与研讨会的参加者进行了广泛的接触，并带回去了一些会议报告的提要文集。这本文集在塔尔图这个小城的大学里立即引起了极大的共鸣和强烈的反响。这本小册子到了Лотман的手中，引起了他的极大兴趣。他亲赴莫斯科，提议以塔尔图大学为基地，就符号学进行广泛的合作研究。莫斯科方面表示赞同。

1964年8月，在Лотман的倡议下，30名来自莫斯科、塔尔图及其他城市的学者，其中主要是语言学家和文学理论家，集聚在塔尔图大学的体育活动基地——恰艾利库，研讨人文科学，主要是与符号学相关的理论–方法论问题。共同的科学信念和意识形态取向，以及力求寻找某些统一的运作方法及范畴概念的追求，把这些学者联合到一起。这次为期十天的聚会被称为“第二模式系统暑期研讨会”。他们同时还决定，会议今后每两年举办一次，每次研讨会出版一期论文专集。

暑期研讨会的主要特点：

（1）自发、自愿的组织形式。研讨会没有正式的组织者，参加者都是自愿的。固定参加者主要有：莫斯科语言学派的代表Б.А. Успенский, ВЯЧ.ВС.Иванов, И.И. Ревзин, Ю.И. Левин, А.А.Зализняк等，代表列宁格勒文学流派的塔尔图学者Лотман, Б.Ф. Егоров, Чернов, В. Топоров等，还有来自列宁格勒、里加、维尔纽斯及其他城市的语言学者。每次的与会者人数都有增加，主要是通过与会者介绍和引荐。Р.О.Якобсон参加了第二期塔尔图暑期研讨会，当谈到对这次研讨会的印象时，他说过这样一段话：“大家知道，我一生出席了无数次各种各样的代表大会、国际学术会议和各种研讨会，但我从来没有见到过类似暑期研讨会这样的会议，没有见过这样的会议组织工作。与会者很可能会有一种感觉：会议没有任何组织——报告和发言好像自然而然就在进行，讨论和争论也都是自发的。事实上，在这一切的背后有一只铁腕在指挥着会议的进程，这就是十分优秀的无与伦比的组织者——Лотман。”（Успенский, 39）

（2）自由宽松的学术气氛。在近十天的共同生活中，与会者沉浸在一种十分和谐、无拘无束的气氛中，创造了一种脱离外部环境的纯学术氛围。这样的氛围消除了“生活”与“科学”的界线，讨论随时随地可以进行；有时候会议报告变成了讨论，个人发言变成了与会者之间的对话。所有这一切使得每一位学者都能及时听到不同的观点，同时又能尽力保持学术上的个性。Лотман在一篇题为《关于暑期研讨会的冬季思考》的文章中指出：“思维的个性化是文化的一个重要组成部分。我们一直在努力，争取不让科学的统一性扼杀了科学发展中的个性。符号学派的特点之一就在于它使学者的个人特点得以保持。”（1993：40-42）与会者可以毫无顾虑地阐述自己的见解、观点，无须顾及个人的职位和职称、能力的大小和专业范围的宽窄，而是作为一个人，一个学者，把他具备的品质、学术道德、学者风度，展示给其他的与会者。这形成了这个科学集体的一种独特的道德风尚和人文氛围。在这里没有个人崇拜，没有高低等级之分，一个普通学者可以反对甚至批评像Якобсон这样的学术权威。

（3）与会者的年轻化。在Якобсон参加第二期研讨会之前，所有参加者中年纪最大的是Лотман（时年41岁）。这些才华横溢的年轻人都有自己的专业和独特的研究视角，同时又都不局限于自己的专业。换言之，他们既有很高的专业水平，又有广泛的科学兴趣，都是多面手。如Иванов ——赫梯语专家，Топоров——巴尔提语和印度语专家，Лекомцев——越南语专家，Зализняк和Успенский——斯拉夫语专家。同时，他们都对结构语言学感兴趣，每个人在这一领域都有自己相对独立的研究课题：Иванов和Топоров研究神话学，Иванов 和Лотман研究文学语言，Успенский研究绘画语言。他们对符号学的研究都直接依赖于结构语言学的研究，并且是其自然的逻辑上的继续，也就是说，在相应语言的研究中使学者们感兴趣的不仅是研究对象本身，还有更具有共性的文化机制的实现及其途径。

从1964至1974的十年间，共举行了五次暑期研讨会（1964、1966、1968、1970、1974）。最后一次还冠以“全苏第二模式系统研讨会”的名称。从1964年开始，由塔尔图大学出版的《符号学系统丛书》成为莫斯科—塔尔图符号学派的代表性刊物，总共出版了25期，最后一期出版于1992年。

由于这样的研讨会是在暑假期间进行，并一直都是在爱沙尼亚加盟共和国的塔尔图大学所属的体育训练基地举办，后来就简称“塔尔图暑期研讨会”。第一期塔尔图暑期研讨会的举办，标志着当时全苏语言学界形成了一个崭新的、有代表性的，并对此后几十年的苏联人文科学的发展产生了深远影响的学派——莫斯科—塔尔图符号学派。

二、莫斯科—塔尔图符号学派

众所周知，莫斯科与圣彼得堡在语言学流派上的传统差别早在20世纪初就十分明显地表现出来了。在莫斯科形成了“莫斯科语言学流派”（它的后继人是布拉格学派），其创始人和代表人物是Ф.Ф.Фортунатов。历史上著名学者Н.Дурново，Н.С.Трубецкой，Р.О.Якобсон，А.А.Шахматов等都与莫斯科及莫斯科的科学传统有着密切的联系。莫斯科学者主要是新派语言学的继承人，主要创建了语言学构想，同时，他们也研究文学，把文学作为语言学的研究对象，从语言学的角度去研究文学。

而在彼得堡（列宁格勒），一直在唱主角的是诗学语言理论研究会（Общество изучения теории поэтического языка），其代表人物是Веселовский。列宁格勒学派对语言学本身并不感兴趣，但拥有深厚的文学理论功底，并有颇多建树。许多著名学者，如：Эйхенбаум, В.М.Жирмунский, Томашевский, Пумпянский, М.М.Бахтин, Фрейденбург, В.Я.Пропп, Ю.Н.Тынянов, Гуковский——每个人实际上都代表着一个完整的理论思想。这种文学理论研究的繁荣一直持续到20世纪50年代初。

Лотман和 Минц 都是文学理论家，就其出身和所受的文化熏陶来讲，他们都是列宁格勒人，属于列宁格勒学派。Лотман对此毫不否认，他明确指出，塔尔图人实际上都是彼得堡（列宁格勒）科学流派的学生和继承人，这一学派与许多形式主义者和许多单独的自成体系的学者联系在一起（Пропп, Жирмунский, Гуковский, Фрейденбург）。塔尔图人倾向于较复杂的研究对象，直至文化现象——主要从事文学理论研究，研究的对象是文学作品，他们力图综合地用形式和内容的辩证关系分析文学作品。他们常常超出设定的研究范围，甚至涉猎到文化学中的研究层次。

如果说莫斯科学者是多少研究些文学的语言学家，塔尔图学者则是多少研究些语言学问题的文学理论家。莫斯科人和塔尔图人之间的这种研究层面和研究视角上的差异和划分是相对、互补和相互对立统一的。他们彼此都有兴趣去探讨对方的研究对象和研究方法，因此各自都得到了丰富和发展。例如，与文学理论家的交流引起了莫斯科语言学家对篇章和对文化内涵的关注，也就是对篇章的使用条件的关注；而与语言学家的交流促使文学理论家把语言作为话语的发生器，作为篇章生成的机制去研究。这样，长期以来各自独立的两个传统学派——莫斯科语言学派和列宁格勒文学派——在塔尔图暑期研讨会这样的特定历史条件下和特定的学术环境中进行了“学术接触”，发生了“共生现象”，产生了“合金化”，形成了新的流派——莫斯科—塔尔图符号学派。正如Успенский所述：“如果说莫斯科—塔尔图符号学派取得了某些成就的话，那么，这恰恰应归功于这两大学派的‘共生’和结合。”（18-29）

莫斯科—塔尔图符号学派的科学研究宗旨及主要学术思想如下：

1. 符号学研究的核心概念——“二次模式系统”（Вторичная моделирующая система）

“二次模式系统”这一术语是Успенский提出来的，其理论依据源于该学派对“符号”与“语言”的关系、对“模式”与“系统”的关系等概念的独特的界定。

首先必须区分普通符号学（Семиотика знака）和语言符号学（Семиотика языка）。前者源于莫里斯，后者源于索绪尔。由此可以区分出符号学研究中的两种倾向或流派：一种是把单个的符号作为研究对象，即符号与意义的关系、符号与所指的关系；可以研究符号的结构，区分肖像符号和象征符号，研究从非符号到符号的变化过程，在这一层次上可以称作符号的语义学、句法学和语用学。在第二种情况下，学者研究的重点不是单个符号，而是把语言作为利用某些主要符号的组合传递内容的机制。在索绪尔之后，语言被看作是话语的发生器。话语有两个意义：可以被看作是一个具有独立内容的符号；如果话语的内容是由构成话语的主要符号的意义和语言规则决定的话，还可以被看作是主要符号的连续性系统。

莫斯科—塔尔图符号学派以广泛和深入研究结构语言学的思想和方法为前提，试图继续并超越索绪尔关于“语言与言语”及语言的“瞬时与历时”研究的路线：既要研究具体的符号系统，又要分析研究符号系统在人类社会中的实际使用。学者们首先关心的是符号系统、它们之间的结构关系，而不是符号本身。在这里符号系统已不是狭窄的字面意义，而是指“能进行模式化的系统”，换言之，就是可以建立能在认识过程中再现事物的“模式”的系统。学者们已不再从“表达”和“被表达”的关系的角度来研究符号，因为符号获得了双重概念：表示其解释系统的各个方面，同时也表示语言外现象。语言符号的意义在于，一方面，它为其他符号系统解码，另一方面，它又是与符号系统以外现实的连接环节。因此，必须区分世界的语言模式化。语言通常被理解为“一次模式系统”——是现实世界的一般模式化。构筑在语言之上的符号系统是“二次模式系统”，它是现实中某些方面的具体模式化。用语言中心论的思想来理解符号学，语言既是“一次模式系统”，同时又是“二次模式系统”的基础。由此引申出对符号学系统性的进一步理解，即“符号学是有关模式的理论和分析方法，而不是对模式化本身的研究”。符号学系统是一种解释世界的系统，它在解释世界的同时创造世界。从这个意义上讲，符号学从它发展的初期就是作为认知科学出现的。不同的语言，使用不同的符号系统对世界进行模式化，也就拥有不同的二次模式系统——这是莫斯科—塔尔图符号学派科学思想的基本点。从这一点出发，符号学的任务是研究所有形式的“二次模式系统”的结构关系、组合机制，进而探讨对整个人类社会来说具有共性的“二次模式系统”的特点和规律。

2. 符号学研究的主要对象——文化符号学（Семиотика культуры）

莫斯科—塔尔图符号学派认为，对符号学问题的任何研究，无论其研究目的多么具体，其宗旨实质上只有一个：就是建立通用的文化理论。他们认为，符号表现出的不是“事物”，而是文化内涵，事物只能通过交际空间赋予它的文化底蕴才能被认识。符号学是人类文化的元语言。这样一来，语言的核心概念逐渐被一个新的文化概念所取代，即文化是人的时间-空间概念的符号系统：如果说语言是记载人的观点的一个点，文化就是这些观点赖以存在的地点，是它们的“家”。

在广义符号学中，文化可理解为是一种交际，即人与世界之间形成的某种关系系统。这一系统，一方面，规范人的行为，另一方面，决定着他如何使世界模式化。人与世界的关系的另一种情况是个人与集体之间的关系，这种关系以一种交际对话的方式出现：社会对个人行为做出反应，并以一定的方式规范个人行为，个人再对社会做出反应。在这种情况下最有趣的是发生冲突的情形。交际过程的参加者用不同的文化语言参加交际，也就是说用不同的方式去解读同一种话语时，便会发生深刻的文化冲突。

在文化符号学的命题下，文化被理解为是处理和组织从外部世界得到的信息的机制。在特定的文化机制下，某种信息显得特别重要，而某种信息可以忽略不计。同样，在一种文化中不相关的信息，可能会在另一种文化语言中显得非常重要。因此，同样一些话语在不同的文化语言中会得到不同的解读。这种情况与自然语言中的情形十分相像，在自然语言中，有些信息对一些语言是十分重要的，但对另一些语言来讲却无关紧要。例如，在印欧语中，讲出任何一个物体都要涉及“数”的问题：“一个或几个”，而对汉语、越南语、印尼语等语言来说，如果不强调它的数量意义，这些信息都是可有可无的。

就其构成而言，文化是各种相对较局部的语言的总和：包括艺术语言（文学、绘画、电影）、神话学语言等。这些语言的使用处于一种复杂的相互关系之中，尽管在不同的具体历史条件下的表现形式不同，但其最典型的特点仍是由它所属的那种文化所决定的。

鉴于对“符号”“文化”等概念及其相互关系的理解，莫斯科—塔尔图符号学派将文化符号学作为总的研究对象。在这一研究中形成了以不同学者为代表的两大研究主线：文学和文化历史。

在文学研究中，莫斯科—塔尔图符号学派把篇章作为文学的语言载体，作为符号学的一个基本范畴，即把篇章符号学视为研究目标和对象。这一概念的提出比西方的类似概念要早得多。

传统的结构主义认为，篇章是一个瞬时组织的封闭系统，现代符号学的结构–符号分析则把篇章看作是历时的直接记忆，看作是与篇章外记忆的联系。篇章是由具有复杂的内在联系的许多方面和层次构成的，而各种各样的篇章的交织，构成了统一的符号空间。因此现代符号学研究把篇章看作是一个基本概念：它只是一种功能，而不是固定的客体，因为篇章可以是一篇独立的作品，也可以是其中的一个组成部分；还可以是整个文学，甚至是整个文化。篇章语义成分之间存在着各种可能的联系，从而构成了多层次的空间。在这个空间里有瞬时也有历时，有各种成分之间的相互关系，也有一个组分与其他组分的关系，有对过去状态的记忆，也有对未来的潜在预感，有作者也有读者。篇章就是所有这些不同角度和观点的交叉点。这样一来，篇章就成了文化的一个载体单位，表现“社会与现实”及“个体与社会”的关系，成了思维的生成结构、新鲜信息的发生器。正因为篇章具有保存信息的能力，所以它获得了记忆，同时失去了终结性：可以随时解读，而且不是解译符号形式，而是与其“交流”。

学者们认为，篇章作为文化最起码的组成部分和基础单位，它是文学符号学和文化符号学的连接环节。Лотман在《文学篇章结构》一文中首先提出了有关文学篇章符号的问题。按照他的理论，篇章中应提供不同的思想和交际“主线”，以便在各种结构层次上传递信息，或者说，以便实现多层面交际。Лотман主张用结构主义的方法去研究文学篇章的解读问题，把文学篇章研究引入语言学研究的领域。应该说，这是Лотман对在世界范围内进行的关于现实与文学的关系的探讨所做出的重要贡献。在此之后，全面系统地研究“篇章”概念成了20世纪语言科学的一个显著特点。

在莫斯科-塔尔图符号学派的科学研究中，文学以外的其他艺术作品，如神话、宗教、民歌、绘画、雕像等都属于文化符号学的另一范畴——文化历史。Иванов和Топоров在对古代艺术与文化符号的研究中，提出了有关“存在通用符号系统”的假设，并在比较历史外部环境及界限的基础上，提出了“历史是从更广泛的非人文科学的渊源中产生出来的”的设想。他们对民歌、神话学和宗教的研究对当今社会科学的发展产生了深远的影响。Иванов和Топоров的西伯利亚神话学研究、Е.М.Мелетинский的斯拉夫和印欧符号学研究、Т.М. Судник等的斯拉夫–巴尔干民歌研究都是这一领域研究成果的典范之作。

总体上讲，在莫斯科-塔尔图符号学派中形成了两大研究方向：（1）Иванов和Топоров为代表的“原型学”研究，即定位于语言学、文学和诗学篇章的符号学注释方面的研究。这些研究提出了独特的复杂的分析方法，开创了人类文化学、人类语言学和诗学研究的新方向。（2）Лотман 和Успенский为代表的“类型学”研究，在这些研究中提出了文化篇章的概念，这一概念对于可能的文化模式思想及分析文化本身的特点及界限的思想是非常重要的。在这两大方向上学者们主要把目光集中在这样一些问题上：空间符号学、行为符号学、文化的符号机制、把文化作为符号系统加以分析、把文化作为历史形成的符号学的总和来研究，以及用各种语言实现的交流等问题；研究还涉及了诸如集体的记忆、创造一种统一的元语言系统作为建立通用文化的前提、作为各种文化相互对话的基础、作为个体创作和认知发展基础的机制等问题。

三、莫斯科—塔尔图符号学派在语言学发展中的作用、现实意义及深远影响

纵观莫斯科—塔尔图符号学派形成和发展的时代背景，以及所处的地理环境特点，可以毫不夸张地说，该学派在俄语语言学及世界语言学发展中占有极其重要和不可取代的特殊地位，并继续产生着十分积极和深远的影响。

首先是它独特的“中间环节”作用：它首先把俄罗斯语文学中的两大流派——莫斯科语言学派与列宁格勒文学学派联合到了一起；把人文科学和精确科学联合到一起——把数学、控制论、计算机科学的方法运用到语言学分析中；把语言文学与文化学联合到一起；把传统与现代结合起来——把索绪尔的结构语言学传统与符号学结合起来；把东方和西方结合起来——把俄语符号学与西方的符号学研究结合了起来。正是这种多层面和空间的“对接点”的特殊地位和作用，使莫斯科—塔尔图符号学派拥有特别的科学研究空间和优势，从而形成了崭新的科学流派。

学术思想的解放是莫斯科—塔尔图学派的精神。他们第一次公开反对社会科学和人文科学领域中的当权者意识形态；第一次对“经济基础决定上层建筑”“认识是社会关系的产物”等论点提出疑问；第一次明确提出要建立科学方法和科学道德规范，坚持认为，在文化、意识形态和宗教领域，符号具有人为规定的性质，现代符号学是唯一能走出神秘的“文化自觉”困境的科学思维方式。莫斯科—塔尔图学派寻求内在的自我解放的方针、认识某一种文化的属性的能力、爱护文化并生活在这一文化中的能力，以及表现及评价这一文化的能力——所有这些在今天仍不失其重要性和迫切性。在俄罗斯文化和文学的历史上，没有一个学术流派做过把文化学和文学历史与社会政治历史结合起来的尝试。莫斯科—塔尔图学派开创了这一领域研究的先河。

对科学真理孜孜不倦的求索和刻苦的钻研精神是莫斯科—塔尔图学派的品质。初期，该学派提出了用语言学家的眼光去看世界——在任何可能存在语言的地方寻找语言。譬如，Зализняк描写用纸牌算卦的语言，并力图分离出基本的语义成分（区别语义特征），这些语义特征根据不同的语言环境而得以实现：同一张牌，在不同的环境中得到不同的意义，这种转变机制颇值得研究。此后，他们逐渐专注于艺术语言的研究。他们认为，假设我们不知道或不懂某种语言，我们就无法阅读用这种语言写成的书，同样，不掌握艺术的特殊语言，就无法理解绘画、电影、戏剧、文学的真谛。学者们相信，把握文学作品的结构将为我们打开掌握文学信息的通道，因此，在不拒绝研究内容的同时，应主要研究那些意义上的联系，分析语义结构特点。

广泛的研究兴趣和宽阔的学术视野是莫斯科—塔尔图学派的风格。他们不断吸纳新的研究对象，拓宽研究范围，探索许多特殊的符号学问题，如民族学、历史学、神话学等。这种探索的结果促进了交叉科学的产生和发展：语言文化学、文化符号学、艺术符号学等。这样，符号学便成了连接人文科学各个领域的一个中枢学科。此外，寻找新的不同的符号学研究对象的探索，对确定符号学研究方法也起到了重要作用。

独特的研究视角和方法、强大的研究能力和多产的研究成果是莫斯科—塔尔图学派科学活动的特点。虽然该符号学流派是在西方符号学研究成果的基础上发展起来的，但它没有全盘照搬西方的理论和方法，而是建立了一整套自己的独特的符号学理论和研究方法，首先表现在把重点放在语言上。与此同时，在符号学研究中，他们关切和尊重民族文化的特点，自由运用文化的时空体系的概念，把文化看作是一个自成体系的完整的符号学系统，把周围的一切都吸收到这一系统的研究范围中。这一切对苏联及东欧各国的文化及意识形态氛围产生了极大的影响。

毋庸讳言，莫斯科—塔尔图学派是20世纪俄语语言科学成长的摇篮。它培养造就了一批非常出色、非常优秀的语言学家，他们成了现代语言学研究各个领域的带头人和中坚力量，为20世纪后期俄语语言学的繁荣和发展打下了良好的基础。例如，Лотман是语言文化学研究的带头人；Иванов——20世纪杰出的俄语语言学家，他实现了人文科学与精确科学的结合；Успенский——著名的文学史料学家，成功地把语言学、神话学、文学和民族历史结合在一起；Ревзин——是把数学方法用于语言学的先驱。还有许多现代著名语言学家，如：Ю.С.Степанов, Зализняк, Т.М.Николаева, Толстая, Е.В.Падучева等都在普通语言学、斯拉夫语言学和俄语语言学研究中做出了杰出的贡献，至今仍活跃在语言学研究的各个领域。

需要指出的是，莫斯科—塔尔图符号学派的产生、发展及在语言学理论研究方面的成就，引起了世界各国语言学界的极大关注。符号学研究比较发达的几个西方国家，如法国、美国、意大利等国家的同行，在塔尔图暑期研讨会举办初期，就给予了极大的关注和支持，并一直跟踪研究这一新生符号学派的科学活动。例如，意大利早在20世纪60年代初，随着对苏联形式主义研究的兴趣的增长，开始相继出版莫斯科—塔尔图符号学派的译著：1964年在《MARCATRE》杂志上就报道了“苏联符号系统结构研究研讨会”的情况，1967年翻译并发表了Лотман的文章《苏联文学理论研究的准确方法》，第一次在西方国家出版了苏联结构–符号学派的文选，其中包括1962年那次研讨会的论文提要。在随后的年代里，意大利学者相继把该学派的代表性作品翻译并介绍给西方读者：1993—1994年用意大利文发表了Лотман的最后两部作品——《文化与断裂》和《探索之路》。意大利学者Маргерига Де Микель曾自信地说：“意大利是莫斯科—塔尔图符号学派著作传播最广的国家之一。”（236-245）在德国，从60年代末开始有关苏联符号学的出版相当活跃，Лотман的著作、文摘、专题采访等不断出版发表。从70

年代中期开始有用德文出版该学派其他成员——Успенский, Иванов和Топоров 等学者的著作。德国学者О.С.Аписова说："我敢说，世界上任何国家也没有像德国那样认真地研究莫斯科—塔尔图结构–符号学派。"（276-293）在法国，1964年人们第一次用法文在杂志上发表Лотман的作品，1973年出版他的第一本译著。50年代末、60年代初，莫斯科—塔尔图符号学派形成初期就与美国学者有着接触和联系。Якобсон出席第二期塔尔图暑期研讨会，更是把苏联符号学派、布拉格语言学派与美国语言学的相关学派紧紧联系在一起，因此关注和研究苏联符号学的发展，成了美国语言学界的重要任务之一。70年代末，在由苏联科学院和美国科学社会委员会组成的人文与社会科学双边委员会下面，专门成立了符号学分会，举办了三次美苏符号学研讨会：第一次于1980年12月在莫斯科举行，由时任语言学研究所所长的Г.В.Степанов和美国的VINNER共同担任主席；第二次于1983年4月在美国的布朗大学举行，苏联派出了以В.Н.Ярцева为首的代表团；第三次于1985年12月在莫斯科举行，苏方主席是Ю.С.Степанов.

事实上，西方语言学界对莫斯科—塔尔图符号学派表现出极大兴趣和关注，不仅翻译出版了该学派大量的论著，而且非常严肃认真地研究该学派的理论观点，评价这一现代学派对世界符号学乃至世界语言学产生的影响和作用。尽管由于各个符号学派的研究宗旨和方向的差别，对莫斯科—塔尔图符号学派的理论的接纳评价不尽相同，但有一点是相同的：都承认莫斯科—塔尔图符号学派对其研究和发展产生了不同程度的影响。美国学者Laferriere在给Лотман的著作撰写书评时曾写道："莫斯科—塔尔图符号学派的参加者的著作的价值之一在于，他们把一个领域的方法论表达方式用于另一个领域，从而避免了在单个学科中进行多余的专业化处理。"（28-33）Baran指出："莫斯科—塔尔图符号学派关于文化和文学历史的论著的具体成果已经成了英美斯拉夫学者科学成就的一部分。没有Лотман, Минц, Топоров等人的著作，在当今想要研究普希金、陀思妥耶夫斯基或勃洛克的创作是不可能的。”（246-275）匈牙利学者Границ指出：“莫斯科—塔尔图符号学派关于文学篇章结构的学说对匈牙利文学理论研究的影响很大。”（309-339）1995年在巴黎大学出版了一期Лотман专刊。Sherer在自己文章的开头写道：“现在，当我们回顾Лотман的丰富遗产时，我发现，我对他的思想，特别是70年代形成的科学思想的坚信，没有丝毫改变。”（Балаховская：294-308）

莫斯科—塔尔图符号学派形成到现在，已经走过了几十年的历史。有人认为，随着该学派中许多学者在第三次移民浪潮中移居国外和Лотман于1993年的去世，莫斯科—塔尔图符号学派形式上已不复存在，或者说它已经完成了在语言学发展中的历史使命。但无论如何，这一学派的形成、发展和变化，对俄语语言学产生了深刻的影响，同时，为世界符号学以及语言学发展做出了巨大的贡献。

需要提及的是，对于莫斯科—塔尔图符号学派，我国语言学界，包括我国的俄语学界了解甚少，对其有代表性的论著也少有译文（主要代表人物及著作见附录）。与西方几十年的跟踪研究相比，我们在这一领域可以说几乎还是一个空白。本文的目的仅在于引起我国语言学界同仁对这一学派理论研究成果的关注和兴趣，以期能借他山之石，使我国语言学研究尽快接近或同步于世界语言学研究。

参考文献

[1] Успенский Б.А. К проблеме генезиса тартуско-московской семиотической школы [А]. //Московско-тартуская семиотинеская школы [С]. М., 1998.

[2] Лотман Ю.М. Зимние заметки о летних школах // Новое литературное обозрение.1993. № 3.

[3] Маргерита Де Микель. Восприятие тартуско-московской семиотической школы в Италии [А]. // Московско-тартуская семиотическая школа [С]. М., 1998.

[4] Асписова О.С. Восприятие московско-тартуской семиотической школы в Германии [А]. // Московско-тартуская семиотическая школа [С]. М., 1998.

[5] Laferriere D. Of Semioticians and Slavists // *Semiotic Scene*. 1977. Vol. 1. № 3.

[6] Baran Henryk. Рецепция московско-тартуской школы в США и Великобритании [А]. // Московско-тартуская семиотическая школа [С]. М., 1998.

[7] Иштван Границ. Тартуско-московская семиотическая школа (взгляд из Венгрии) [А]. // Московско- тартуская семиотическая школа [С]. М., 1998.

[8] Балаховская Е. И. Московско-тартуская семиотическая школа во Франции // Московско-тартуская семиотическая школа [С]. М., 1998.

附　录

莫斯科–塔尔图符号学派的主要代表人物及其著作：

ЖОЛКОВСКИЙ А.К.: «Михаил Зощенко: Поэтика недоверия». М. 1999.

ИВАНОВ ВЯЧ.ВС.: «Избранные труды по семиотике и истории культуры » в 2-х томах. 1-й том: «Знаковые системы, кино, поэтика». М.1998. 2-й том: «Статьи о русской литературе». М. 2000.

ЛЕВИН Ю.И.: «Избранные труды: поэтика, семиотика». М. 1998.

ЛОТМАН Ю.М.: «Избранные труды» в 3-х томах. 1-й том: «Статьи по семиотике и типологии культуры». Таллин,1992. 2-й том: «Статьи по истории русской литературы XVIII- первой половины XIX века». Таллин.1992. 3-й том: «Статьи по истории русской литературы. Теория и семиотика других искусств. Механизмы культуры. Мелкие заметки». Таллин. 1993.

«Беседы о русской культуре: Быт и традиции русского дворянства

(XVIII- начала XIX века)». СПБ. 1994.
«О поэтах и поэзии». СПБ. 1996.
«Внутри мыслящих миров: Человек. Текст. Семиосфера. История». М. 1996.
ПЯТИГОРСКИЙ А.М.: «Избранные труды». М.1994.
«Мифологические размышления ». М.1997.
ПЯТИГОРСКИЙ А.М. И МАМАРДАШВИЛИ М. К.: «Символ и сознание: Метафизические рассуждения о сознании, символике и языке». М. 1997.
СТЕПАНОВ Ю.С.: «Язык и метод. К современной философии языка». М. 1998.
ТОЛСТОЙ Н.И.: «Язык и народная культура: Очерки по славянской мифологии и этнолингвистике». М. 1995.
«Избранные труды: Славянская лексикология и семасиология». М. 1997.
ТОПОРОВ В.Н.: «Святость и святые в русской духовной культуре». 1-й том: «Первый век христианства на Руси». М. 1996. 2-й том: «Три века христианства на Руси». М. 1998.
УСПЕНСКИЙ Б.А.: «Избранные труды» в 3-х томах. 1-й том: «Семиотика истории. Семиотика культуры». М.1994. 2-й том: «Язык и культура». М. 1994. 3-й том: «Общее и славянское языкознание». М. 1995.
«Семиотика искусства: Поэтика композиции. Семиотика иконы. Статьи об искусстве». М. 1995.

（原载《外语学刊》，2002年第1期）

莫斯科语义学派

Ю.Д. 阿普列相

(О Московской семантической школе*)

Ю.Д. Апресян

（第一部分　译文）

本文旨在分析莫斯科语义学派的主要理论原则和概念，这些理论原则和观点代表了该学派以语言整合描写和体系性词典学为宗旨的语言学研究。整合性语言学描写原则，关于词汇是具有严密组织的分类体系和运作体系的定义，关于语义元语言是自然语言最简便和标准的描写语言，以及关于词位的分析性注释和语言单位意义在话语中相互作用的规则，是体系性词典学的基本方法的纲领。《俄语同义词最新解释词典》的材料展示了语义学理论与实践词典学之间的逆向联系。

近年来，在许多作者的论著中都会经常看到"莫斯科语义学派"（МСШ）这样的字眼，而且常常将其术语化。看来有必要阐述一下莫斯科语义学派在研究思想、研究原则和研究方法上与现代语言学其他流派有什么区别，这就是本文的目的。

莫斯科语义学派的早期成果可以追溯到20世纪60年代在莫斯科国立外语师范学院机器翻译实验室完成的语义研究的开拓性工作和

---

* 该论文由俄罗斯联邦总统基金对重点学派资助№НШ-1576.2003.6，俄罗斯科学院基础科学研究室基础研究计划"世界社会文化语境下的斯拉夫民族的历史、语言和文学"（4.15章），俄罗斯国家科学基金资助02-04-00306а号和03-04-00046а号，及俄罗斯基础研究基金资助。

И.А.Мельчук的“意义⇔话语”转换模式理论（见Жолковский и др.1961; МППЛ 1964; Мельчук 1974, 1995; Мельчук, Жолковский 1984等），以及Мельчук和他的紧密合作者的其他论著。1977年，在Мельчук被迫移居加拿大以后，莫斯科语义学派开始出现了非本质性的，但却是非常明显的“地域性”分化。其中，莫斯科语义学派在俄罗斯的分支受两种因素的影响形成了目前的状态。这两种影响因素是：（1）“意义⇔话语”转换模式理论以多功能语言学程序ЭТАП的形式实现计算机应用（Апресян等 1989，1992；Иомдин 1990），由此产生了对语言整合性描写的想法（Апресян 1995）；（2）在理论语义学、世界语言图景和体系性词典学等方面的研究（Апресян 1974，1995a，1995b，Apresjan 2000，Богуславский 1985，1996，1985；Гловинская 1982，1993，2001；Санинков 1989；Урысон 2003；Апресян等2004；及Иомдин关于语义研究方面的文献）[①]。

结果，形成了独特的莫斯科语义学派，或称作莫斯科语言整合性描写和体系性词典学研究语义学派。莫斯科语义学派在本文中所指的只有这个意义层面，也只有在这个意义上才能理解本文具体上下文中的缩写词МСШ（莫斯科语义学派）。

莫斯科语义学派的所有研究都有双重目的：（1）创立语义学的普通理论，这种理论的基础不是代表性的例证，而是自然语言——俄语的大量材料；（2）把这种理论变成实际中有益的、面向广大读者的词典学产品。这两个目的、两个方向上的工作是相互联系的：词典学方面的实践为理论研究提供了素材，理论上的探索又支撑了在体系性基础上的词典学实践。

本文的任务就是以提纲的形式介绍莫斯科语义学派的基本思想、原

① 与此比较接近的研究还有Булыгина, Шмелев 1997; Падучева 1996, 2004; Зализняк 1992; Кустова 1999; Рахилина 2000; Розина 2004及这些学者的其他论著。

则和结果。因此，在展示文中提出的论题时，所使用的不仅有新材料，也有曾经使用过的材料，但会有能反映对这些事实的现代认识的补充和说明，并会尽可能详细，以便提供这些事实的现实概念，而不只是提要式概念。

全文描述构思如下：（1）莫斯科语义学派的普通语言学原则；（2）理论语义学原则；（3）体系性词典学原则；（4）理论原则的实际体现。

1. 莫斯科语义学派的普通语言学原则

在莫斯科语义学派所有的理论研究和词典学研究中，有两个主要的原则：整合性语言学描写原则和构拟世界语言图景的宗旨。第一个原则反映的是应该怎样组织语言学描写的概念；第二个——怎样组织语言本身的概念。

1.1 整合性原则

这一原则要求每一种语言的语法和词典相配合描写（本文语境中的语法应宽泛地理解，即一种语言的所有规则的总和，包括语言的语义规则）。展开来讲，整合性原则可以表示以下两个要求：（1）在描写某一词位时[①]，词典学家应该利用全部规则，给这个词位注明在规则中提到的所有性能，在很多情况下，还要求在词典的释文中包含有这些规则的信息；（2）同样，语法学家在表述语言的某种规则时也应利用该词的全部词位，如果这些词位的行为的相应形式没有直接记述在它们的词典释文中，应考量从属于该词的所有词位；在很多情况下，还要求在语

① 提示：在莫斯科语义学派的理论中，词位指的是表示词的某一个意义的词。因此，词位是一个多面体的语言单位，它有自己的能指、所指（词汇意义）、句法学和语用学。莫斯科语义学派的理论认为，语言词典的基本单位恰恰是词位，而不是词。我们说是词位，而不是词，是因为词是词典学的组成要素，它是由相同或非常相近的能指和所指构成，在这些要素中可以发现某些独特的共性意义成分。

法规则中直接加入具体词位的信息。

在承认整合性原则的所有合理性的情况下，莫斯科语义学派第一个意识到了它的必须性，而这一原则在实际中的实现成为特别复杂的任务。为这一原则的实现而产生的后续工作量特别大。下面我们来论证一下上述要求中的第一个，因为它在本文主题的上下文中更重要。

众所周知，在否定句中，俄语中的许多不及物动词、某些及物动词的被动结构和某些短尾形容词的主语可以是名词一格形式，也可以是二格形式：мороз не чувствовался. 和Мороза не чувствовалось.; Подкрепления не посылались.和 Подкреплений не посылалось.; Звуки не слышны. 和Звуков не слышно.在这种情况下，选择一格还是二格在语义上是有理据的：在其他条件都相同的情况下，一格强调的是，谈话中所讲的现象是存在的（Звуки не слышны.——声音本身是存在的，只是由于某种原因没有感受到），而二格则允许现象根本就不存在（Звуков не слышно）。另外，一格还常常带入确定的具体对象（Звук дождя в вагоне не слышен），而二格常常带入不确定的对象（Не слышно ни звука）[①]。

根据这一语法规则，所有的动词词位可以划分成三大类：（1）在否定语境下允许将一格换成二格的词位（见上述例子）；（2）在否定语境下要求将一格换成二格的词位（试比较：У нас не имеется сведений на этот счет; 但不能说*У нас не имеются сведения на этот счет; Не остается сомнений; 但不能说 *Не остаются сомнения; ）；（3）在任何情况下都不允许用二格替换一格的词位（试比较：Весна все никак не начиналась; 但不能说*Весны все никак не начиналось;

① 大量的文献涉及这一结构：这里只提及一些经典的研究 [Карцевский 1928; Jakobson 1971（第1版——1936年）; Ицкович 1974]，现代研究 [Babby 1978; Апресян 1985; Падучева 1997;2004:440-472] 和概述[Богуславский 1982].

Бой не продолжался; 但不能说*Боя не продолжалось; ）。

以俄语为母语的人都能无意识地掌握这一信息，这是他们语言能力的一部分。这意味着，对这一信息进行模式化的俄语语言学描写应该包含这方面的必需内容。但是，对于派生动词而言，即便是科学院的词典和语法也没有给出足以生成具有所需意义且句法正确的结构的相关信息。出现这种情况有以下两个原因：第一，根据该句法规则划分词汇具有相当的复杂性；第二，在语言的科学描写中没有语法学和词典学相配合的传统。

然而，把俄语中所有动词划分成三大类在语义上是有理据的。譬如，人们早就发现，广义上的存在动词，也就是说，表示存在、开始存在、继续存在和需要存在（= надо, чтобы существовало）等意义的动词，以及内涵有“物体的存在或出现”意义的短尾形容词和及物动词的被动形式，在否定语境下具有将一格换成二格的能力：Бывать, быть, вести (В последние годы наблюдений за вулканом не велось.), виден, возникать, найтись, наступать, оставаться, ощущать (Недостатка в научной литературе не ощущалось.), полагаться (Ребенку отдельного места не полагается.), посылать (Никаких телеграмм не посылалось.), появляться, происходить, проходить, случаться, слышен, сохраняться, строить (Новых субмарин не строилось.), существовать, требоваться, чувствовать (Мороза не чувствовалось.) 等。

近年来，提出了一个有利于否定语境下由二格取代一格的想法。按照Е.В.Падучева（1997：104；2004：444）的观点，除了存在动词外，还有一些动词也具有这种能力，即在这些动词的释义中含有“感知”成分，也就是能指出所述客体是由什么人感受到（不一定都是眼睛看到）的：Коли дома не оказалось.; Деревни на берегу не видно.; Хозяина в доме не чувствуется.在这种情况下，否定句中被否定的恰恰应该是被感知的成分。她认为，用这样的方法确定的条件足以能够准确预言动词的句法行为。

下面我准备来证实一种规则，它关乎在否定句中使用带二格主语形式的动词的问题，是其他任何一种想法都无法给出的具有百分之百理据性的使用规则。主要的反证收集了三组，按其证明强度递增的顺序依次为：首先分析同一语义类别中的不同词位在句法行为上的不一致性，然后研究同义词群，最后研究同一词位在不同使用条件下行为上的矛盾性。

（1）根据其在具体的否定语境中由一格转换成二格的能力，属于同一语义类别的词位可以进入不同的句法类别。譬如，Апресян[2003：10]区分出来的表示“出现某种性能或过程”意义的词位就属于这类。这些词位完全符合“感知”的标准：在它们的意义中含有某种成分表明，“该性能或过程能够被某一观察者实际感受到”，而且恰恰是这一指示成分进入否定句中否定行为的作用范围。试比较下列动词：表示产生视觉的——белеть, краснеть, чернеть, блистать, мелкать, мерцать, сверкать, светиться；表示产生听觉的——греметь, боноситься, лязгать, скрежетать；表示产生味觉的——горчить, 表示产生嗅觉的благоухать, вонять, пахнуть, смердеть；表示产生触觉的——греть, жечься, колоться。 Е.В.Падучева认为，下列类型的句子是完全正确的：Не белеет ли парусов на горизонте. Не блистает теперь бриллиантов в ее прическе. Не светится больше надежды в ее глазах. Не гремело победных маршей. 不想对这些评价提出异议，还是先来关注我们表示怀疑的句子：?Не краснеет ли маков в поле. ? Не лязгало буферов. ? Не скрежетало якорных цепей. ? 和绝对不能构成的带表示味觉感观、嗅觉感观和触觉感观的动词句子*Творога не горчит. *Рыбы не пахнет<не воняет>（试比较正确的表述Рыбой не пахнет.）*Шубы не греет. *Крапивы не жжется<не колется>[1]。

（2）此外，即便是非常相近的同义词也有可能属于不同的类别。譬如，动词наступать在否定的语境中允许用二格替代一格，而它的同义词наставать就不能替代。试比较：затишье <молчание> (так и) не наступило.和 затишья <молчания> (так и) не наступило.都可以用，但只能说Затишье <молчание> (так и) не настало. 却不能用二格来替代一格*затишья <молчание> (так и) не настало[2]. 动词сохраняться允许一、二格互换，而动词оставаться在大多数情况下要求必须用二格。试比较：Другие улики не сохранились. 和Других улик не сохранилось.都是正确的，但只能说 Других улик не осталось.而不能说 *Другие улики не остались.

（3）最后，同一个动词词位在不同的使用条件下（不同的上下文、时和体的不同的形式和意义、名词数的各种形式的不同组合）可能有不同的表现。试比较：Не светилось ни одного телеэкрана. ?Не светилось витрин магазинов. ??Глаз в темноте не светилось.;

---

① 我曾有机会和Падучева讨论过这些例子。她认为类似пахнуть, горчить, колоться这样的动词不能生成“二格结构”是因为它们表示“影响和作用”。我认为这样的理由没有说服力。问题在于，从某种意义上讲，“感受”是不均衡的。只有视觉感受时人或其他动物没有受到被感受客体的作用。至于听觉、味觉、嗅觉和触觉感受，在任何情况下客体都对人的相应感知系统产生影响。例如，在Падучева的例子中，如果“胜利进行曲响彻云霄”的话，这就是它的声音对听众的耳膜产生作用的结果。这并不影响动词греметь成为感知动词。

② 可能会对Наступило затишье<молчание>这类搭配的正确性产生怀疑。在文本中有过这类例子：Настало некоторое затишье перед утром в бессонной Жизни гостиницы (В.Набоков. Лолита); Полное молчание настало вколоннаде (М.Булгаков. Мастер и Маргарита) 还有些文本中的这些例子也证实我们本身的观察：раньше, чем не сделаешься в самом деле всякому братом, не наступит братства (Ф.М.Достоевский. Братья Карамазовы); Утешения не наступало (Вик.Ерофеев. Скулы нос и овраг). 在同一语料库中没有找到一个可用于动词наставать类似的例句。

Никакие улики не остаются (их уничтожают). Никаких улик не остается. Никаких улик не осталось.

* Никакие улики не остались.; Не гремело победных маршей.? Не гремело музыки.* Не гремит поездов по рельсам.; Утешения не наступало. Мира в душе все никак не наступало. ?? Весны все никак не наступало.* Марта еще не наступило. (Март еще не наступил, зачем ты меня торопишь?)

根据一般理解也可以得知，在这种情况下依靠有百分之百理据的语义规则是不太现实的，因为这样一来俄语会过分词汇化。

问题的复杂性在于，有些动词在否定状态的一格和二格结构中得到了出乎意料的语义限制。譬如，动词быть2.1="位于、在"，当主语用二格的形式时，只能与未完成体表示的"现实长度"意义搭配：Отца не было на море（指观察时刻）[①]。同样是这个词位，当主语使用一格形式时，只能与未完成体表示的多次性结果意义搭配。例如：句子отец не был на море.只能表示他一生中从来没有去过海边。此外，在后一种情况下还可能改变定位性补语（在我们的例句中就是море）的"身份"：如果第一个句子中说的是某一具体的海，则第二句中是泛指"海"这一类别概念。

有趣的是，在肯定句中一个词位可以自由使用于未完成体的上述两种时–体意义。

显然，在关于否定语境下主语格互换的纯语法规则中，无论是对从属的动词，对可以强化或弱化这一功能的上下文条件，还是对在此时可能发生的语义变异，都无法描写得足够全面。唯一能够提供相对全面信息的地方就是词典。然而，没有一本俄语详解词典收录了这类信息，因

① 这一词位不应该与быть2.2="来，出现等"意义混淆，因为句子：Врач будет завтра. 和Этим летом я уже был на море.表达的是两个意思。

此，这一点无法满足整合性语言学描写的原则。

综上所述，不可避免地可得出一个结论：整合性原则把对每一个词位的词典学描写变成了独立的科学任务。为了真正认识这种描写的困难程度，需要注意一个事实，这就是莫斯科语义学派的研究，试图把整合性原则运用于整个词典的内容上，不是像我们前面举例那样，只用于一个特征，而是用于与规则相关的所有特征。

1.2 重构世界语言图景的宗旨

从20世纪60末在莫斯科语义学派发展起来的世界语言图景（另一种叫法为世界朴素图景）思想[见Апресян1969：53；1974：56]，可以表述为以下论题：

（1）重构世界语言图景的材料只能是语言事实——词位、语法形式、构词手段、韵律、句法结构、句位、词汇-语义匹配规则等。正是在这一点上，莫斯科语义学派的观点区别于其他相近学派的宗旨，他们把所谓的文化概念作为主要研究对象（持这种观点的如Арутюнова[1988，1998]，《语言的逻辑分析》中的许多研究对这一问题的理解也与Арутюнова相似）。

（2）语言中所反映出来的世界图景在很多方面有别于世界的科学图景，试比较：朴素的时-空物理（Ю.Д.Апресян）、朴素的因果关系概念（О.Ю.Богуславская 和И.Б.Левонтина）、朴素解剖学（Е.В.Урысон）等。

（3）世界语言图景具有语言学和民族学上的独特性，也就是说，它反映的是该语言特有的独特的世界观方法，这种方法承载着文化意义并与其他语言相区别。这种"独特的世界观方法"表现为对关键概念——特殊的语义主导主题的民族性特色的组合，其中的每一个主题都可以由性质完全不同的许多语言手段来表达——词法学的、构词学的、句法学的、词汇学的以及韵律学的[1]。语言常常迫使讲话者表现这些概念，即使这些概念对于他的表述并不是十分重要。

由于篇幅的原因，我们只详细讨论最后一条。

通常在以下两种情况下可以说某种语言L的世界图景相对其他某种语言或其他多种语言而言具有民族特色：（1）在L语言中，有的语言单位的意义在其他语言中只能用描述手段表达（民族特色较强）；（2）某种现象在其他语言中原则上也可以表示，而在L语言中具有特殊的地位。下面举例说明这两种情况。

1.2.1 罕见的意义：“Мне (хорошо) работается”结构

在俄语的大量事实中（авось一词，许多类型的无人称句和不定式情态结构，以及某些韵律特征）可以发现俄语特有两个语义主导主题：讲话人和其他参与者对话语情景的不可控制性；讲话人认为作为所观测事态原因的能量的不确定性。例证就是那些带有“令人头痛”的问题的句式：Где его теперь искать? И кто туда поедет? Зачем ему это нужно? Куда податься? 这些问句的逻辑重音在疑问词上，升调位于句子的后部。句子的意义大致可以这样来注释，譬如第一个句子：“讲话人不知道在哪儿能找到他，所以正体验着一种不愉快的感受，因为知道‘在哪儿能找到他’对讲话人来说非常重要，他甚至猜测有人会知道，所以把这一问题提给了不确定主体”[2]。

在Мне сегодня работается<не работается, с трудом поется, легко пишется>这类句法结构的意义中，也发现有类似的主导主题。众所周知，这种结构用未完成体动词+-ся的形式来表述，这些动词通常

① 与其他语言相比，该语言中某种观点的表达方式的储备越多，这种观点在语言学和民族学上依据就越多。在这一方面语义主导主题与体系化意义没有区别。

② 1991年，美国加利福尼亚大学洛杉矶分校举办讲习班期间，我曾对一大批信息工作者进行了问卷调查，目的是想了解，在英语中有没有类似的“令人头痛”的问题，调查结果是否定的。

是由不及物动词或及物动词的自足用法派生而来的，与表示体验–参与者的第三格搭配。

这一结构在古典和现代的文献中都曾多次描述过，如：Пешковский 2001:346; Карцевский 2004:152[1]; Шахматов 1941:94; Виноградов 1947:468; Янко-Тринцкая 1962:212-225; Guiraud-Weber 1984:193; Вежбицкая 1996:67-68; Апресян 2003:21等。И. Булыгина和Шмелев在不久前的研究中对这一结构做了比较全面的描述[1997：106-107]，列举了这一结构的如下特点：（1）这一结构具有“内在的趋于行动的倾向”和“顺利完成行为”的意义，它与相应的非反身动词结构的区别在于，它描述的是半控制和半主动的情景；（2）行为状态的主体通常是人和其他有生命的物体，而非生命物体只有在拟人化的情况下才被允许充当这一角色；（3）动词不能带目的性状语；（4）结构的能产性有限，虽然不清楚是怎样被限制的。

对这一评述还应补充某些非常重要的细节。

第一点，不能与目的性状语搭配的特性实际上具有共性特征。因为带-ся的无人称动词表示的是状态，而不是行为，所以它们不仅不愿意与目的性状语搭配，而且不愿意与适用于行为的其他典型状语搭配，譬如：быстро, напряженно, сосредоточенно, энергично 等。

第二点，可以相对准确地指出一些限制这类结构能产性的因素。最理想的材料是具有“职业、工作”意义的词干（Мне сегодня отлично работается<поется, пишется>）、具有“过程”意义的词干（Мне здесь хорошо<легко>дышится<спится>）和具有“活动”意义的词干（Как вам путешествуется<воюется>?）。使用其他类型的词干，包括表示行为意义的词干会造成不合标准的明显感觉：?Ему хорошо

① Карцевский曾有过这样著名的表述：“这类用法最常用的是否定用法，旨在特别强调行为主体主观上的无能为力。”

думалось о предстоящей работе（думать—行为），试比较：Ему хорошо думалось на даче（думать—活动）； *Ему хорошо бегалось за хлебом（бегать—行为），试比较：Ему в это утро хорошо бегалось—活动。

在类似Мне думается, что это ненадолго; Ей хотелось пить; Ему слышались какие-то звуки.这样的例句中，表示心智活动、毅力和体力状态的动词，以及Мне взгрустнулось.中的完成体动词都是另外类型的派生动词，因此，有另外的句法结构。

在具有表示空间状态意义的动词的这类例句中：И чего тебе не сидится?; Ему не стоялось на месте.，动词和否定词融合成一个统一整体，形成了一个惯用语位。не сидится和не стоятся 的惯用性的证据是不能用хорошо, плохо, отлично这类评价性副词代替否定词，譬如不能说：*И чего тебе плохо сидится на этом стуле?; *Ему хорошо стоялось на месте.

第三点，动词作为这一句法结构的顶端，具有可以分出预设和判断两部分的复杂语义结构， 表明行为或完成行为的意图的部分是预设，表明主体状态，即他准备行动的特别倾向是判断部分。可以列举两个论据来证明这一点：（1）在X-у не работалось 这类否定句中，否定的不是X工作了或至少是想工作了；（2）在X-у хорошо <плохо> работалось这类句子中，评价副词评价的不是X的工作，而是他的内心状态。与此不同的是，在句子X хорошо<плохо> работал中，评价的恰恰是X的工作。

第四点，趋于行动的倾向在这一结构中被否定词和表示“不好”的副词消减成了所谓的弱意义：X-у сегодня не работается<плохо работается>=“X今天处于这样一种状态，以至于工作进行得很不好或根本工作不下去”，从这一描述中可以看出，X-у не работается 和X-у плохо работается几乎是同义结构。而副词хорошо及其同义词同样也构成新义，只是强化了已有的“好，容易”的意义。换句话说，否定词和评价副词与构成该结构的无人称动词的意义按照特殊的规则相互作用。

根据上述几点说明，可以对该结构做如下解释：X-у р-ся= “X在做工作（预设）；X 处于一种内心状态，此时工作唤不起他更大的投入（推断）；根据讲话人的意思，这种状况出现的原因不是因为X想这样，而是由某种不明的和不取决于X的力量（情态范围）作用的结果[①]”。

显然，所分析的语义主导主题——主体对情景的不可控性和成为某种所观察事态的原因的那种力量的不确定性是强意义中的民族特色。我们猜测，当把这种结构翻译成其他语言时，可能会找到与传递整体意义相似的描述手段，但未必能在其他语言中找到如此简单的表达手段。

1.2.2 语言中具有特殊地位的常见意义：多次性

这一意义同样是具有民族特色的，但是在弱意义中。事实上，在俄语中，这种意义通常用副词和副词词组来表示：многократно, неоднократно, несколько раз, много раз, каждый раз, большими глотками (пил) 等。这种意义在其他语言中也用类似的方式表示，但却不具有任何民族特色。这种意义只有当用动词（动词词干、语法形式、构词词缀）或句法结构来表示时才具有民族特色；此时这种意义变成了俄语中最鲜明的语义成分之一。

---

① Вежбицкая的解释是：“X（现在）正在做某事，并不是X想让某事出现某种状况，X好像是在思考：我觉得我能把这件事做好，但我又说不出为什么，并不是我想要这样。”[Вежбицкая 1996：68]看来，两种解释的表述不尽相同。但我们的解释与Вежбицкая下面的描述比较接近：“在所研究的结构中，人代表做某事的人，由于某种不明的原因，他没有感觉到有任何困难。行动者感觉他进行的活动很顺利（很好），但无论他对此多么高兴，这里都没有他的功劳，因为成就的取得并不是因为他付出了努力，而是某种不可思议的力量作用的结果。”

多次性意义（多次体、动词表示多次行为）在语法学和分类学中都曾被多次研究过[1]，特别是与所谓的行为方式相关动词——累积性动词（наносил дров, начитался романов）、分配性动词（попадать, повставать）、额度分配性动词（понастроить, понавыдумывать）、间断性–轻微性动词（покалывать, покашливать）等。下面我们尽量避免用专业性术语，分别简要描述一下这种意义的表达方式，包括各种不同类型的“多次”行为方式。概括之，多次性意义有以下表示手段：

（1）表示一般事实的多次性结果意义的未完成体形式：Я убеждал и не таких упрямцев.

（2）不同的“行为方式”，包括前缀的方式，而且俄语中几乎每一个动词前缀至少具有一个多次性意义：бывать, видывать, едать, сиживать, слыхивать, хаживать; выведывать, вынюхивать, выспршивать; добудиться, дозвониться, допытаться; забросать (камнями) , задарить, задергать (Ты совсем меня задергал); изолгаться, изорваться; изъездить, исходить (весь русский Север); навербовать, насадить (берез), настроить (домов); обойти (магазины), обстирать (семью), объездить (страну); перебить (чашки), перезнакомить (гостей), перецеловать (всех девушек); перебрасываться, переглядываться, переругаваться; поглядывать, позвякивать, покашливать, пописывать; повыталкивать, понакидать, понаписать, понастроить; приговаривать, приплясывать, пристукивать; раззвонить (повсюду о своих

① 参见[Шахматов 1925:167; Карцевский 1928; Виноградов 1947: 511及其后续章节; Маслов 1965: 76-78]。在当代研究中有 [Храковский 1989:25-50; Долинина 1996:222及其后续章节]等。

намерениях), разузнать, расспросить; разбежаться, разбрестись, разойтись; сбежаться, слететься, съехаться; уговорить, умолить, упросить.

（3）句法结构手段，主要是次数时间长度意义的结构：带有表示时间意义的名词复数第五格形式或由по+复数第三格构成的前置词–名词词组，譬如在句子 Ночами<по ночам> она сидела над диссертацией中，表示在很长的时间内多次重复的行为。试比较带有第四格时间名词和数量词组表示长度的一般结构：Всю ночь она сидела над диссертацией和带有逻辑重音的名词复数第五格形式表示“非常多的时间”的加强结构：Она сидела над диссертацией ночами.

（4）动词词汇手段，主要是ⓘ表示位置移动的运动次数动词：ходить, бегать, летать, плавать, ездить, водить, носить等；ⓘⓘ要求支配第五格的限定性运动动词和表示同一类行为的连续性动作的未完成体限定性运动动词：бить (хвостом), блуждать (глазами), болтать (ногами), вертеть <крутить> (головой), взмахивать (головой), вилять (хвостом), вихлять (бедрами), вращать (глазами), встряхивать (гривой), двигать (бровями), дергать (щекой), качать (головами), кивать (головой), махать (крыльями), моргать (глазами), мотать (головой), покачивать (бедрами), размахивать (кулаками), трепетать (крыльями), трясти (головой), шевелить (пальцами), шмыгать (носом).

（原载《中国俄语教学》，2006年第2期）

（第二部分 译文）

2. 理论语义原则

下列关于语言意义构成的理论概念，以及对语言意义进行严格科学描写的可能性的理论概念，是莫斯科语义学派的出发点：

（1）自然语言的词汇意义在总体上是按体系组成的，虽然比语法的体系性程度低；

（2）词汇体系具有分类层面和操作层面；

（3）作为一个分类体系时，词汇是一个不太严密的、具有多次交叉的语义类别和次类别的等级式结构；

（4）作为一个操作体系时，词汇的典型特征构成意义在篇章中相互作用的规则（这里及下文中仅指特殊的规则）；

（5）无论是分类还是意义相互作用规则，都是建立在对体系构成型（能够形成体系）的各种意义的同一种组合的基础上的；

（6）一种语言的所有信息含量单位（词汇单位、词法单位、句法单位、构词单位）的意义都可以，也应该用同一种语义元语言来描写（考虑本文目的，下面我们只研究词位）；

（7）鉴于世界语言图景的民族性特点，语义元语言不应该是通用的人工语言，而应是所研究的自然语言中的一个支语言（подъязык——指自然语言中语义信息含量最简单、最小的那部分语言——译者注）；

（8）语言的任何一个信息含量单位的主要描写方法都是用这种元语言对其意义进行分析性注释。分析性注释是一个多层次结构，包括5个层次的意义：推断、预设、情态背景、观察范围、动因；

（9）分析性注释是对一个词位进行全面语义表述的主要部分，除此之外，还包括特殊的语义特征、伴随意义、语用信息、词典学语义规则；

（10）应该这样来设置整个语义表述，以便通过比较（特别是对注释的比较），展示出词典中不同词位间的所有语义联系，描述在篇章中各词位彼此之间以及与其他语言单位之间语义作用的规则。

下面我们只阐释上述纲要中的一部分，而且不一定按所列出的顺序。

2.1 体系构成型意义的概念

体系构成型意义是指那些能够进入大多数不同性质（形式多种多样）的语言单位，并在一定的条件下根据意义相互作用规则能够表现出一致行为（表现相同的）的意义。能构成体系的意义包括有：

（1）语义原生意义，即意义“做”“理解”“想”“能”“感受”“知道”“认为”“说”“存在”“在”“位于”“在……之前”“我”“关系”“客体”“时间”“空间”“原因”“条件”“性能”“部分”“数”“数量”“标准”“情景”“一个”“好”“多些”“不”等。

（2）比语义原生意义复杂的某些意义，如：“准备”“应该”“企图”“位移”“开始”“停止”“继续”“目标”“时刻”等。借助分析性注释这些意义最终简化为语义原生意义的特定结构。试比较下列注释：继续（продолжаться）≈“不停止”（не прекращаться），P停止（P прекратился）≈“开始不P”（начался не P），开始P（начался P）≈“到时刻t之前不存在P，在t之后存在P”（До момента t P не существовал, после t P существует）。可以看出，“继续”这一复杂意义几乎可完全简化成由原生意义“存在”和“不”构成的结构[①]。在这一清单范围之外的就剩下了“时刻”这一个意义，而这个意义也很容易简化成原生意义。

① 将复杂意义通过一系列中间环节简化到某些语义原生意义的特定结构称作“语义简化”。

（3）比语义原生意义简单的某些意义。这些意义在该语言中用任何“第一层面”的独立词位都无法表述，它们或者是语义原生意义与其相近的非准确同义词意义的交叉（试比较：знать и ведать, считать и думать, хотеть и желать, чувствовать и ощущать），或者是某些语义原生意义本身意义的交叉（试比较状态动词знать, считать, хотеть, чувствовать），在这些词的词义中有一种共同的意义，就是它们都可以指称各种内心状态。根据其与物理的相似性，[Апресян 1955a: 478-482]中把这类不可描述的意义交叉称作“语义夸克”（семантический кварк）。语义夸克（当需要以此来称名时）的名称是语言学术语，就像术语“状态性”“行为性”之类。

根据定义（见上文），体系构成型意义具有两个重要特性。

第一，它们进入词汇单位、词法单位、构词单位、句法单位等各种不同语言单位的意义成分。例如，意义“原因”可以由各种不同类型的语言单位表示，如：名词причина 和подоплека，动词вызывать 和приводить (к чему-л.)，副词поэтому 和оттого (-то)，连词потому что 和 поскольку, 前置词 из-за 和за (неимением, недостатком)，表示原因的第五格用法（陈旧）(Ошибкою добро о ком-нибудь сказали?)，形容词кроветворный, снотворный, болезнетворный中的构词元素 –творный，由状态副动词形式构成的前置副动词短语(зная, что переубедить его невозможно, я прекратил спор) 等等。

第二，在某些条件下（主要是当位于注释中推理部分的顶端时）体系构成型意义在篇章中的各种意义相互作用规则中十分活跃，而且在很多规则中它们的表现都是一致的，无论它进入什么意义。例如，含有纯原因意义的动词不能带目的状语，譬如不能说*Повышение цен вызвало кризис, чтобы окончательно разрушить экономику страны. 相反，在注释顶端含有意义“做”时，可以使相应的词位获得支配补语或目的状语的能力（Он сделал это, чтобы помочь тебе）。此外，这类动词还可以用于命令式：Сделай милость, помолчи. 需要指出的是，状态动词不具有上述两个特性，譬如不能说*Он знает древние языки, чтобы заняться дешифровкой.; *Знай древние языки (应该说：Он изучает древние языки, чтобы заняться дешифровкой. Изучай древние языки)。

2.2 莫斯科语义学派的词位语义概念（семантическое представление лексемы）

2.2.1 注释

如上所述，用专门的语义元语言对意义进行分析性注释是对任何语言单位进行意义描写的主要手段。正是在这一点上，莫斯科语义学派有别于其他现代语义学派，Анна Вежбицкая学派除外。

语义元语言——所描述的自然语言中被简化和被标准化了的支语言。

简化是指，挑选相对简单的词、一些词的语法形式和其主要意义中的一些句法结构构成支语言。在这种情况下，元语言词典的核心是由前两个等级的体系构成型意义组成，即语义原生意义和较复杂词汇意义，诸如“开始、终止、时刻、目的”等。除了这一核心之外，元语言词典还包括相当大量的所谓中间词汇意义。这些意义的典型特点是可以进入该语言许多词汇单位的意义成分①。例如，在注释бастовать, вызывать (в суд), вымогать, забастовка, настаивать, повестка, призвать (кого-л. к порядку), (строго) спрашивать[4] (с кого), спрашивать[3] (что-л. у кого-л., 例如 Спроси у него документы,

① 实质上，这里给出的是中间词汇意义的相当形式化的定义：中间词汇意义进入许多词汇单位的意义结构。在这方面它们与体系构成型意义相似。但是，它们通常不能进入虚词和语法单位的意义，不能用于意义相互作用规则。在这方面它们又区别于体系构成型意义。

ультиматум, шантаж), шантажировать等词位时多次重复到意义“要求”（требовать）。

标准化是指，这类词中的每一个都应最大限度地满足称名与意义的相互单一性的要求。换句话说，在元语言中这个词不应该有同义词和同音异义词。只有在注释的语法上下文和搭配性上下文中排除了使用该意义的标准称名的可能性的条件下才允许违背这一规则。例如，如果注释是以现在时形式表述，且注释中需要使用系动词быть，而该动词的现在时形式通常表现为零位形式，此时，可以用它的同义词来替代быть. 试比较，X боится Y-а = “X находится в таком эмоциональном состоянии, какое бывает, когда...”。这种注释同时违反了两个要求条件：在按意义要求应该使用есть的地方使用了同义词находится，而находится一词本身在元语言中有同音异义词——相同的动词，但表示方位意义。

可以推测，所有这种偏离都是有限的，而且在必要时（例如，如果某一具体计算机程序需要完整地表述语义概念）这些偏离是可以消除的，当然，其代价是对该语言使用者来说注释语言的可接受度会有些降低。

分析性注释本身应该满足全面且简练的要求。我们举几个言语行为作为分析性注释的例子①。

---

① 注释просить 和требовать的依据是Апресян的相关表述（1974:109）；对词位спрашивать[1] 的注释是由М.Я.Гловинская等人完成的，并取自于[Апресян 2004:1095]与我们共同做的词条注释。在关于言语行为的众多研究文献中，Иорданская 1985，Wierzbicka 1987 和Гловинская 1993; 2005 的研究对我们来说特别重要，虽然我们没有可能采用这些作者的所有思想，例如，在我们的注释中没有采用Wierzbicka的像“Я не знаю, станешь ли ты это делать（表示спросить行为）”和“Я допускаю, что всякий скажет, что есть хорошие основания, почему Y должен сделать P（用于解释требовать）”的意义成分（1987：40，50），也没有采用Главинская指出的完成言语行为просить的手段：“行为主体这样说，是为了使受话方明白，行为主体并不认为受话方有义务做P。”

X просит Y-а сделать P（Он попросил меня купить ему билет на последний рейс）= “（1）某个人X希望某事P成为现实，并且认为Y能够完成P，但不认为Y有义务去做（预设）；（2）X对Y表示，X希望Y做成P（推论）；（3）X说这些是因为X希望P成为现实（动因）”。

X требует от Y-а, чтобы Y сделал P (не требуйте от меня невозможного)=“（1）某个人X希望另一个人Y做某事P，并且认为Y应该做成P（预设）；（2）X对Y表示，X希望Y做成P（推论）；（3）X说这些是因为X认为Y有义务做成P（动因）”。

X спрашивает[1] Y-а, P（此处P是一个间接问题，由кто, где, когда等引入，例如：Он спросил меня, когда я иду в отпуск)=“（1）某个人X想知道P，并且认为Y了解P（预设）；（2）X请求Y，希望Y告诉他P（推论）；（3）X请求这些是因为X想知道P（动因）”。

X спрашивает[2] Y-а（у Z-а）（В Гостинице спросишь администратора）=“某个人X请求Z将另一个人Y找来，或者请求Z给X一个机会与Y接触”。

X спрашивает[3] Z у Y-а（Спрашивай у него документы, а то уйдет—М.Булгаков）=“某个人X要求另一个人Y提供或展示Z”。

由这样的元语言组织的能满足上述要求的注释，一方面是确定和展示词典中各词位之间体系性语义联系（同义、反义、互换、常规性多义现象和语义派生现象等）的主要工具，另一方面是表述意义相互作用的规则的基础。

2.2.2 语义概念的其他成分

如上所述，在一个词位完整的语义概念中，除了注释之外，还应包括该词位所遵循的词典规则的信息，以及该词位某些特殊的语义特征、伴随意义和语用特点（文化意义、朴素的–百科全书性意义）的信息。下面我们只解释词位的一些特殊的语义特征和语用特点。

（1）特殊的语义特征。特殊的语义特征在这里是指名词的无正反面特征、形容词的界限性特征、动词的动作性、状态性和瞬间性等。先看其中的第一种。

空间前置词перед 和за在与不表示物体正反面的名词连用时（没有不变的构造，包括没有永久不变的“前”与“后”），可以生成有关观察者的概念，相对定位于空间中的两个物体而言，这个观察者位于一个特定的位置。例如：Перед стеклом стояла пепельница.（烟灰缸位于玻璃和观察者之间，但距玻璃比距观察者更近些）；За стеклом стояла пепельница.（玻璃位于烟灰缸和观察者之间，但距烟灰缸比距观察者更近）。同样是这两个前置词，在与能表明物体有正反面的名词（本身具有不变的构造）搭配的语境中，在一般情况下，不会产生关于观察者的任何联想，试比较：пепельница стоит перед <за> телевизором.

绝大多数特殊语义特征或者符合上述两种夸克中的第2种，或者符合述语基础分类中的某个别类或子类别。

（2）文化、语用和其他“朴素的百科全书式”信息。Vendler早就以亲戚名称为例对这些信息的必须性（用其他术语表示）进行了描述（1967:191–193）。这里讲的是对хорошая <плохая > сестра, хороший <плохой> брат这类例句的阐释。显然，在亲属名称本身的意义中并不含有能够与评价形容词хороший 和плохой搭配的意义成分。的确如此，брат X-а = “男性的人，他的父母也是X的父母，但好兄弟（хороший брат）≠好男人”。这就是说，对这类词来说，在朴素的百科全书式的信息中应该加入某种功能性概念，即由亲属关系联系在一起的人们，根据该社会的规范按照彼此之间关系承担的功能。хороший <плохой> брат这类词组，评价的正是他们如何完成这一功能。

同义词列的主要成分都显示出非常有趣的语用特点。众所周知，一个同义词列中的主要成分是指最常用的、在修辞特点上呈中性的同义词，这样的同义词具有在该同义词列中最共性的意义、完整的语法形式组合、最多的句法结构组合和最宽泛的搭配能力。这些性能构成了主要成分的语用特点——可以用于同一组列中其他同义词不能使用的许多现实情景。例如，在спрашивать, осведомляться和 справляться这一组同义词中，只有第一个是主要成分，只有它具有可以用于考试提问和演讲提问的功能。例如，考试问题：На экзамене по истории его спросили, когда была основана Александрия. 但不能说 * На экзамене по истории у него осведомились <справлялись>, когда была основана Александрия. 讲演问题（反问）：Но я спрашиваю: почему—все стали ходить в грязных калошах и валенках по мраморной лестнице? (М.Булгаков: Собачье сердце)。有关能够引出这两类问题的能力的信息，应该在спрашивать词条注释中有关语用学的信息中描述，而不能在它的同义词的词条中标出。

2.3 词位间的体系性语义联系

一个词位完整语义概念中的任何一个意义成分，或对其注释中的任何一个意义成分，都可以使该词位处于与其他词位的联系中，并与这些词位一起构成特定的语义类别。如果某些共同意义成分在这一类别的所有词位语义概念中占有同一位置，那么在这些词位中可以发现某些一致的非纯语义特性——词法、构词、句法、搭配、交际—超段语素等特性。

根据共同意义成分特点的不同，得到的各类别的含量大小亦不同。作为例证，我们将探讨某些述语的基础分类的一些类别，也就是以“分类学”和“本体论”[①]著称的Маслова-Вендлера分类，和某些更小的类别。

2.3.1 述语的基础分类

所谓基础分类是指对述语的分类，其概念对许多语言学规则——词法学规则、构词学规则、句法学规则、语义学规则、交际—超段语素规则、搭配规则等都是必不可少的。这一分类的主要类别有：行动（строить, идти）、活动（торговать, воевать）、行为（баловаться, капризничать）、做……事（играть, отдыхать）、对……作用（размывать, прогревать）、过程（расти, гореть）、事件（встречать, находить）、存在（существовать, быть）、空间状态（стоять, лежать）、状态（знать, хотеть）、性能（заикаться, виться）、出现（блестеть, горчить）、参数（весить. стоить）、关系（включать[2], состоять из）、解释（ошибаться, соблазнять）等一系列其他类别[②]。

这些类别中的每一个都具有语义上有依据的共同特性。我们以“存在”和“空间位置”类别的句法性能为例，加以分析。

属于存在类别的有：（1）其注释的主要成分是语义原生意义“存在”的那些动词；（2）其注释的主要成分是意义组态“开始存

---

① 还有一些重要的著作：[Булыгина 1982, Селиверстова 1982, Гловинская 1982, 2001, Зализняк 1992, Булыгина, Шмелев 1997, Падучева 1996, 2004, Апресян 2003,2004, Розина 2004]，在这些研究中述语的基础分类主要是针对俄语语料进行的。

② 需要特别注意，这一分类与Булыгина, Падучева及其他作者的研究中形成的另一种分类在概念上和术语上有差别。我们力求所有类别的称名尽可能与自然语言中同名名词的使用相对应。

在”“继续存在”“应该存在”的那些动词[①]；（3）表示某种物体存在而特有的典型方式的任何动词（Ветер дует.;Поземка кружит.）或表示可感知其出现特有的典型方式的任何动词。表示存在意义的代表性清单：бывать, быть, виднеться, виться <извиваться> (о тропе и т. п.), возникнуть (Возникли осложнения), вспыхнуть, выйти (Вышла неприятность), выявляться, держаться (В комнате еще держался неприятный запах), дуть (Дул сильный ветер), жить (Живет на свете такой парень), завестись (У нас завелись тараканы), загореться (Загорелся бой), зародиться, значиться, иметься, кипеть (Кипят страсти), кружить (В степи кружила поземка), крутить<крутиться> (Между домами крутилась поземка), множиться (Множатся попытки решить проблему рака), надвигаться (Надвигается буря), назревать (Назревает скандал), найтись (Нашлись умники, которые этому не поверили), наличествовать, наметиться (Наметились изменения к лучшему), насчитываться, обитать (В Африке обитаются львы), обнаружиться, обозначиться (Обозначились изменения к лучшему), оставаться (До отхода поезда остается 2 минуты), полагаться, получиться (Получилась крупная неприятность), понадобиться, попасть, появиться, (Появились первые цветы), прийти (Когда же юности мятежной/ Пришла Евгению пора), происходить (Происходят странные вещи), прорезаться, проступать, разгораться, (Разгораются споры), раздаться (Раздался звонок), разразиться

---

① 含有终止存在（常见的是表示声音和光亮的存在）意义的动词的状况却不同。这类动词有：гаснуть, замирать, затихать, исчезать, меркнуть, отгреметь, отзвонить, отзвучать, смолкать, стихать, умолкать, утихать. 意义“停止”使讲话时所说的现象有了界限（Звуки в аллее замерли <утихли>），因此这些动词中没有存在动词的大多数性能。

(Разразился скандал), светить, случаться, слышаться, создаваться (Создается впечатление), сохраняться, существовать, требоваться, уродиться, цвести и т.п.

对于“存在”这一类别而言，有些句法特性在语义上虽然不具有百分之百的理据性，但仍具有相对很高的理据性，因此在某种程度上是具有典型意义的。这些句法特性有：（1）肯定句中主谓语倒装，如：жили-были дед да баба.; Дул сильный ветер.; Назревает скандал.; Пришло время подвести итоги;（2）否定句中的正常词序，如：Ветер не дул.; Цветы еще не появились.; Время подводить итоги еще не пришло.;（3）有时间和地点限定成分，如：По склону холма вьется тропка.; В Африке водятся львы.; В феврале стояли жуткие морозы.;（4）在有存在动词的最简单的（只有动词和主语）肯定句中不能切分主位和述位;（5）在否定句语境下可以用第二格替代主语第一格（这一性能在一定程度上被词汇化了）。

表示空间状态的动词在其推论顶端部分的某些语义简化步骤上会发现有 “以某种姿势存在” 的意义，属于这类动词的有：висеть, лежать, облокотиться, опираться, сидеть, стоять.所有这些动词都具有一个非常重要的句法性能：它们都支配4个题元，分别充当下列语义角色：定位客体（кто/что висит, лежит,опирается, сидит и т.п.）；地点（висеть <лежать, сидеть, стоять > в комнате）；支点（висеть на перекладине, лежать <сидеть, стоять> на полу, опираться <облокотиться> на перила）；物体支撑的工作部位（висеть на руках, лежать на боку, сидеть на корточках, стоять на одной ноге, опираться локтем）

2.3.2 注释中表现出来的词位间的体系性联系

在词典中，各种不同词位间的语义联系在形式上的体现是一个十分复杂的问题，如果注意一下前文中所列的对просить, требовать, спрашивать[1], спрашивать, спрашивать[3]等词位的分析性注释，就会明白莫斯科语义学派是如何解决这种复杂问题的。请注意所列注释中的下列细节：

（1）在形式上，所研究的这些词位属于同一语义类别，即言语行为类别，例如，在所有注释的推论的顶端部分都有“说”（говорить кому-л. что-л.）这个意义 。这一意义或者明显地包含在词位的注释中（见просить和 требовать），或者在语义简化的第二个步骤上在需要的地方出现（动词спрашивать的三个词位都是如此）。

（2）注释从形式上表现出了多义动词спрашивать被研究的所有词义间的联系，还有спрашивать[1]与просить，спрашивать[2]与просить，спрашивать[3]与требовать之间的联系。

（3）注释从形式上解释了просить与требовать的所有相似之处和不同之处。在这两种情况下，讲话人都希望受话人做成某件事（比较注释的推论部分）。但是，对于做出请求的人来说，重要的是某件事已经做成了，至于是谁做成的并不太重要。而对于提出要求的人来说，重要的是某件事恰恰要由这个受话人来完成。注释从形式上还解释了感观上可以体察到的请求行为比要求行为更委婉。在词典中，требовать被解释为“强烈的请求”（просить в категорической форме），这显然是不合适的。“要求”无论在哪种意义上都不是请求的变体形式。两者区别的根源在于情态上的差别：在做出请求时，讲话人认为，受话人能够做成P，虽然不是应该的；而在提出要求时，讲话人认为，受话人应该做成P。

在编写俄语同义词最新解释词典（НОСС）时，可把这一注释机制运用于词典学规模（Апресян и др. 2004）。与此同时，我们还曾尝试揭示同义词列各成分之间、多义词各词位之间、近义词之间、准确的和不准确的反义词之间、准确的和不准确的镜缘词之间的体系性联系（或者说，就是那些经常出现的“直观”的相似或区别）。下面仅展示同义词范围内的例子。

动词уповать与其最近的同义词 надеяться的区别在于，уповать指出了作为期望的源头的某种更高的超力，这种力量或者是某种超自然或者是人或某个组织之类的，他们的能力大大地超过主体的能力，试比较：уповать на Бога <на милосердие Божие, на Провидение. на Промысел>, уповать на царя <на правительство>。所以，动词уповать用于类似Теперь можно надеяться только на себя这样的句子就不合适。对于下列各组动词词位来说，这种“更高超力”意义也是非常典型的： обещать и клясться, бояться и трепетать, жаловаться и роптать, наказывать и карать, прогнозировать и пророчить, назначение и (высокое) предназначение, уважение и пиетет等。（第二个词位的意义中以某种方式提供了更高超力的依据）。

在许多同义词列中，特别是具有责备或赞同意义的同义词列中，同义词之间的相互区别表现在它们是否能够既表示心智活动，又表示言语活动的能力，试比较：обвинять（两者皆可以表示）— винить（通常表示心智活动），下列各对同义词也属类似的情况： порицать и осуждать, восторгаться и восхищаться, кипятиться и сердиться①。

лриучиться к чему-либо 可以表示有意识和无意识的行为，而动词 пристраститься和 приохотиться只能表示无意识的行为。类似的差别在下列动词中也有表现：замереть, застыть (两者皆可以表示)—

① 在所选取的使用了кипятился, закипятился, раскипятился动词形式的32篇散文文本中，这些动词有18次是在有直接引语的上下文中使用的，例如：— Счищайте скорей, негодные! — кипятился гражданин (Н.Носов: Замазка).; — мальчишка! — закипятился Калибан (Б.Акунин: Любовница Смерти).

остолбенеть, оцепенеть, окаменеть (只能是无意识的行为)。试比较： Он выжидательно замер.; Тигр застыл перед прыжком. 但不能说* Он выжидательно остолбенел <оцепенел, окаменел>, * Тигр остолбенел <оцепенел, окаменел> перед прыжком.

在下列各组同义词中，只有左边的动词具有言语行为的能力：приказывать—велеть, просить—упрашивать, спрашивать—вопрошать.

同义词列中常见的是在评价和强度上的区别，试比较几组词：гордиться—кичиться, жаловаться—ныть, обещать—сулить, оправдать—выгородить, писать (картину)—малевать, 这类左边的词在评价色彩上是中性的，而右边的词表示对行为或状态的主体的负面评价。再如：восхищаться—восторгаться, надоесть—осточертеть, радоваться—ликовать, рассердиться—разъяриться, удивляться—изумляться, хотеть—жаждать, 在这一组词中，右边动词描述的状态比左边动词描述的要强烈①。

2.4 词汇是一个运作体系：语义规则

确立语义规则，或者确立各种不同语言单位意义在话语中相互作用的规则，从一开始就是莫斯科语义学派与其他现代语义学派的主要区别之一。就其目前的情况而言，由莫斯科语义学派发展起来的意义相互作用理论可以归纳为以下几点：

---

① 从这些例子来看，Падучева的一个论断尚需进一步说明。她的论点是：“不同词之间，即便是相对比较接近的同义词之间的语义距离通常也是相当大的”，因此，“只有在词的原生意义和它的语义变体之间才存在最低重复语义关系”（2004：18）。根据我们的观察，在同义现象的情况下，按所述观点，词之间的语义关系与上述的词的原生意义与派生意义之间的关系的差别只是数量上的差别，更不用说在有反义、镜缘、上下义、专名等现象的情况下。从另一方面看，最低重复语义关系主要是描述常规多义性，而且主要是换喻性依据的（而不是隐喻性的）多义性。

（1）在大量的体系构成型意义中，可以区分出意义相互作用的特殊规则赖以发展的、语义上很积极的意义，其中主要有：①否定；②定量；③数量意义，包括程度和强度意义；④各类评价；⑤各类情态性，特别是意向、可能和应该等意义。

语义规则的例子：动词привыкать在和否定词连用时，否定词не可以作用于这一动词本身（标准否定），也可以作用于从属于它的不定式词组的某一成分（移位否定）。试比较：Он не привык работать со словарями. Я не привык разговаривать в таком тоне ≈ Я привык разговаривать не в таком тоне. ≈ Я привык разговаривать в другом тоне. 有趣的是，与动词привыкнуть非常相近的同义词 приучиться只能使用标准否定的形式：Он не приучился работать со словарями.

（2）根据相互作用的意义性质的不同，可以区分出：①词汇意义与语法意义的相互作用规则；②词汇意义与词汇意义的相互作用规则；③语法意义与语法意义的相互作用规则。对于词典学来讲，只有前两种规则有意义，所以我们以动词хотеть为例，对这两种规则予以说明。

在许多词典中，这个动词注有两个不同的意义，我们将它表述为“纯粹的愿望”和“意图”[①]。

纯粹愿望意义的表述由下列因素促成：①хотеть的述位性，即хотеть位于句子的主要逻辑重音上或否定位置上：Коля хотел жениться на ней (но мать была против).; Лара не хотела плакать при посторонних (Б. Пастернак: Доктор Живаго)；②句子中有表示强度意义的副词和语气词：очень, безумно, как, так, 例如：Как он хотел спать!; Ребенок так хотел посмотреть на обезьянок!; ③有状

① 关于动词хотеть的不同词位是否会造成“纯粹愿望”和“意向”之间的差别，或者只是同一词汇意义内部的不同用法，这一问题在本文语境中并不重要，因为推荐的描写适用于解决其中的任何一个问题。

态动词的上下文：Я хочу знать, о чем вы с ним толковали.; Люди так устроены, что хотят верить в разные чудеса (Е.Тарле: Наполеон); ④愿望的主体与行为主体不一致：Хочешь, валенки сниму / Как пушинку подниму (О.Мадельштам: Жизнь упала как зарница).

所列的这些上下文语境都排除了实现“意向”这种意义的可能性。后者就其本质来讲是主位型意义，因此，不允许区分程度（譬如，不能说：*Я очень <безумно> намерен поехать на конференцию в Питер）；它要求只指向行为，因为状态是不能计划的（譬如，不能说：*Я намерен радоваться <верить тебе, считать, что тебе повезло>；并且只有愿望主体与行为主体相一致时才能实现。对于“意向”意义来说，典型特征是指示出某种状态的时间界限，这主要发生在以下条件下：①хотеть与完成体行动动词连用：Лара хотела убить человека, по Пашиным понятиям, безразличного ей (Б Пастернак: Доктор Живаго)；②在有语气词 уже 和 было的上下文中，表示放弃了某种差一点儿就进行的行动：Он хотел было <уже хотел> выключить рацию, но передумал；③在有类似теперь, как раз, только что, перед этим, после этого, потом等时间词汇和表述的上下文中：Я только что хотел сообщить вам, что собрание отменяется.; Я как раз хотел попросить тебя объяснить мне квадратные уравнения (Б Пастернак: Доктор Живаго).

现在来简述一下这些规则。

词汇意义与语法意义的搭配规则：在第1种用法中（表示纯粹愿望意义时），хотеть与未完成体形式的当前时间长度意义伴随。当动词хотеть本身表示强烈愿望时或在带有相应副词的上下文中，这种情况特别典型，试比较：Я безумно хочу есть <пить>.; В этот момент он безумно хотел спать. 而“意向”意义不伴随有未完成体形式的当前时间长度意义，例如在句子Я сейчас хочу пойти домой.中，就其意义来讲сейчас不是与хотеть发生联系，而是与пойти домой发生联系，表示的不是“在此刻”，而是“在最近的时间内”。

词汇意义与词汇意义的搭配规则：动词хотеть和其最近的同义词желать在否定句中与状态动词 знать, видеть, слышать等搭配时获得了“不愿意（不同意）做某事”的强化意义：Не хочу тебя знать.; Не желаю тебя больше видеть <слышать>。动词желать在与动作动词连用时仍保留了这种意义，试比较：Я не желаю вас слушать.; На это я ему резко ответил, что никаких объяснений давать не желаю (Валентинов: Встречи с Лениным)。而动词хотеть与动作动词连用时只能表示纯粹的否定意义，试比较：Он не хотел идти туда. Он не желал идти туда. 动词жаждать恰恰相反，在否定时减弱了自己的意义。实质上它与否定结合在一起生成了自己特殊的句位，表示“没有感受到要去做什么的特别愿望”。试比较：Не жажду его видеть.; Не жажду туда ехать.

（3）根据相互作用的类型，所有规则重新划分为三种类型：①语义匹配规则；②语义变体规则；③行为特殊范围规则。

语义匹配规则：上述的大部分规则都属于该类型，例如，хотеть表示纯粹愿望意义并伴随有未完成体形式的当前时间长度意义。

语义变体规则：词位ждать^1（主要意义）在词典中可以注释为：X在Z等待Y=“知道或认为在地点Z应该或可能发生X所需要或与他有关的事件Y或者与Y有联系的事件，X位于地点Z处于对Y有准备的状态[①]。试比较：Он ждал меня у ворот своей дачи.

但是，这一词汇还有这样一些用法（在Зализняк 1992：24, 106页

---

① “X готов к Y-у”这样的成分被Жолковский (1964：89) 第一次列入ждать的注释中。

曾有提及），词典的注释对此是这样表述的：“去除了对等待地点的说明，而添加了‘希望某事发生’的成分。”这种语义变体的条件是：或者有程度副词очень, страшно, не больно和加强语气词как , так的上下文，或者句子的逻辑重音位于ждать上，试比较： Он очень <так> вас ждал.; Не больно-то он тебя ждет.; Блок ждал этой бури и встряски (Б.Пастернак: Ветер)。参见上面探讨过的在有状态动词的否定句上下文语境中Хотеть, Желать и жаждать的语义强化和弱化规则。

行为特殊范围规则：在上述例句中的补语у ворот своей дачи应划入推论，也就是成分“位于”（находится）的句法结构顶端。推论的顶端形成外显的或常规的行为范围，因为大多数情况下意义的相互作用都是这样发生的。在不太常规的情况下，句子的某一成分可能会在词的注释有“内部行为域”（И.М.Богуславский的术语）。我们用ждать的另一个词位来详细解释这种类型的意义相互作用：X ждал^2, что P = “某一个人X认为，在很短的时间内会发生事件P”。在这种情况下，推论的顶端是 “считать” 这一成分。在句子Я ждал тебя завтра中，正如（Богуславский 1996：103）所示，副词завтра具有特殊的内部行为域：它不能与ждать^{2}注释中的顶端成分相连（譬如不能说 считал завтра），所以与“其中包含的成分（到来）将在明天发生”这一意义联结。正因为如此，在有表示将来时间的副词的上下文中使用动词过去时形式不被认为是语法错误。

2.5 最主要的概念

我们对莫斯科语义学派遵循的理论语义的某些原则性概念做了一个概述。其中的一些概念与其他语言语义学流派是相同的，所以最好是指出对莫斯科语义学派来说是最主要的、并能代表其特色的那些概念。这主要是：语义元语言是所描写的自然语言中简化和标准化了的一个支语言；分析性注释（用该元语言描写的文本）是任何词汇单位、构词单位、语法单位意义描写的主要手段，意义相互作用规则，或者说语义规则是语言基本单位——词位、词素等在句法结构意义中获得连贯性句子意义的主要机制。

（原载《中国俄语教学》，2006年第3期）

（第三部分　译文）

3. 体系性词典学原则

3.1 积极性原则

虽然这一原则在形式上不同于整合性语言学描写原则，但这一原则的实现仍然可以得到同样的结果。

积极性原则要求在词典中对每一个词位都要写上所有的信息，不仅是文本的理解所必需的信息，而且还有讲话人个体在言语中对语言灵活使用的信息。因此，每一个词位的词条注释都应包含有关该词的所有重要特性的全方位的信息—— 语义、修辞、语用、交际、超音质特征、句法、搭配和词法等信息。这些信息的总和与使用该语言组织语句的规则一起就构成了形式上类似于被称作讲话人语言能力的东西。

作为例子，我们将继续对词位быть 2.1= “находиться ”和词位быть 2.2 =“приходить”进行注释描述。作为对上述的语义、句法、词法和超音质特征等信息的补充，积极词典必须还要指明：

（1）词位быть 2.1具有三种时间形式（现在时、过去时、将来时），而词位быть 2.2只具有其中的两种，即过去时和将来时（Врач уже был.; Директора сегодня не будет.）。词位быть 2.1的现在时表现为零位形式，而词位быть 2.2根本就无法表示现在时。

（2）在肯定句中，词位быть 2.1的现在时只能是零位形式（Он в школе.; Они на работе.），而不能用есть和 суть的形式表示，这些形式在动词быть的某些其他词位中是允许的。在否定句中быть 2.1的现在时只能用нет表示（Его нет на работе.）。

（3）在使用词位быть 2.1时必须要有表示方位的补语或其他补语（При нем были большие деньги.; На нем была меховая шапка.），而使用词位быть 2.2时即便是时间状语也是随意的、可有可无的（参见上述例子）。

（4）词位быть 2.1与系动词быть 1.1有镜缘关系，在一定的条件下可以互换（На нем была меховая шапка—Он был в меховой шапке.），而对于词位быть 2.2来说，这样的转换是不可能的。

（5）词位быть 2.2除了可以带有方位补语的结构外，还可以用于带有表示终点意义的补语结构，在这类结构中只能使用将来时形式，试比较：Вы будете к нам завтра?

强调一下，在现有的俄语详解词典中，没有任何一部词典含有这类信息。

3.2 体系性原则

在之前我们曾引入了词位完整的语义体现的概念，它包括对词位的分析性注释、词位特有的意义相互作用的词典规则、特殊的语义特征、附加信息和语用信息。一个词位完整的语义体现本身就是词位整合性词典学概念的主要部分，整合性词典学概念还应包括词位的语法聚合体信息、句法特性信息、搭配性能信息、交际—语调、重音等超音质特点等信息。只有在这种情况下，词位才能成为名副其实的词典学对象。

以这种方式理解的词位联合成特性相同或者非常相近的词位类别，因为某些语言学规则在这些词位上可以得到相同的反应。在莫斯科语义学派中，这样的词位类别称作词典学类型。我们用具体的语料来分析这一概念。

众所周知，类似ходить, бегать, летать, плавать, ездить, возить, водить, носить等多次—运动动词是与表示一次性运动的动词идти, бежать, лететь, плыть, ехать, везти, вести, нести等相对应的，在词典中通常借助于对应词来解释，例如：ходить=“与идти的意义相同，不同的是ходить表示重复的，在不同的时间不同的方向完成的运动”。

事实上，俄语详解词典这种表述掩盖了多次—运动动词的两种不同的意义，而且其中每一种意义都是自己各种特性的组合，并且与自己特有的各种规则的组合相互作用。在第一种意义中，这类动词表示一种活动。其目的就是要完成当前的行动：Дети ходили <бегали> по двору. 在第二种意义中，这类动词表示双方向的行为（去和回来），这种行为具有某种外在的目的，试比较：ходил <бегал> купаться, ходить <бегать> за газетами <на танцплощадку>.下面我们只分析非及物动词。

在多次—运动动词的语料中，行动与活动的区别表现在一系列体系性特性上[①]。

（1）表示行动意义时，多次—运动动词至少是4位述语，带有4个题元：行动发出者（КТО）、终点（КУДА）、出发点（ОТКУДА）和目的（ЗАЧЕМ）。表示活动意义时，这些动词是3位述语：活动发出者（КТО）、移动的地点或空间（试比较：ходить по двору, бегать по площадке, летать по небу, плавать по реке）和方向（ходить из угла

① 这里只对表示活动和行动意义的多次—运动动词做一个简要的归纳，详细的描写见（Апресян 2005）。

в угол）。

（2）在表示行动意义时，КУДА和ОТКУДА的形式表示出发点和终点，可以有各种不同的甚至是完全独立的搭配能力，试比较：ходил в дом печати, ходил из дома(за газетами)。 活动意义也有外观相似的КУДА和ОТКУДА的形式（ходил из конца в конец <из угла в угол>），但在表示活动意义时，这些形式表示的不是出发点和终点意义，而是移动的方向。下列结构也可以证实这一点：ходить взад и вперед的结构，不能给взад和вперед这两个词加上终点的意义，更不能加上出发点的意义；而在ходить туда и сюда这种结构中，无论是туда还是сюда表示的都是移动终点的意义，不能调换成 *ходить сюда и туда, *ходить вперед и взад；结构*ходить отсюда и туда, *ходить оттуда и сюда也不能成立，因为在这些结构的成分中有表示出发点的原生意义的副词。事实上，类似из конца в конец， из угла в угол，взад и вперед，туда и сюда的组合类型是一种成语性结构，这类结构的各部分是相互不能分开的。

（3）在表示行动意义时，目的意义的表示非常多样化且非常个性化，试比较：ходить <бегать, ездить> по гостям <по делам>, ходить <бегать> на охоту <на водопой>, ходить <бегать> за хлебом <за газетой> ходить <бегать> купаться <обедать>。表示目的意义搭配能力的这些手段不仅是表示行动意义的多次—运动动词所特有的，而且是所有运动动词所特有的。

（4）在多次—运动动词的所有意义中，只有行动意义允许构成完成体形式：сходил. сбегал, слетал, съездил 等。

（5）活动意义主要与未完成体形式的过程和习惯性意义搭配，而行动意义主要与结果和习惯性意义搭配，试比较：Посмотри, как малыши бегают по площадке. Ты сегодня ходил за газетами?

体系性原则要求，无论什么时候，只要在该语言的词典中区分出某一词典学类型，那么，对这一类型的描写在整部词典中都应该是相同的。

显然，在上述所描写的材料中必须划分出两个不同的词典学类型——具有活动意义的多次—运动动词和具有行动意义的多次—运动动词。无论是哪一种类型，都要用统一的标识符号描写其对应的词典学类型的所有特性。不必说，没有任何一部俄语详解词典符合这一自然要求。

不过，在体系性词典学中也允许违反这一原则。但是，只有当语言材料与词典学家把一般的模式推广到具体词汇的尝试发生抵触时，才允许违背这一原则。在这种情况下，词典学素描原则开始发挥作用，根据这一原则，应尽可能全面地描写每一个词位的特殊性能。譬如，我们会发现，同样也属于多次—运动动词类别的动词бродить在习惯中只给出了活动意义（Выпускники бродили по ночному городу），由于бродить没有明显的目的意义，因而行动意义没有完全形成。这就是说，бродить没有进入普通模式，因此应该在词典学素描中给予全面的关注。

如果说动词бродить不能提供使它完整进入某一词典学类型的语言材料，那么，动词ходить有足够的这类材料。在表示行动意义时，除了上述类型外，ходить还支配目的性前置词–名词词组的一种类型，这就是词义上有联系的词组 по+ВИН类型，试比较： хоить по воду, ходить по грибы, ходить по ягоды等。在多次—运动动词类别中，只有ходить完全可以与这类词组构成成语性搭配。虽然可以想象乘车去采蘑菇或去取水的情景，但如果在动词ездить的词条中给它添加上支配по+ВИН类型词组的能力就错了。这种词组是动词ходить在表示行动意义时的词典学素描元素，而非其他多次—运动动词的词典学素描元素。

因此，莫斯科语义学派所进行的语义研究要求将统一原则和个性化原则、词典学类型和词典学素描和谐地结合起来。

4. 理论原则的实际体现：俄语同义词最新解释词典（НОСС）

俄语同义词最新解释词典是莫斯科语义学派最近十年的主要词典学产品（虽然不是唯一的产品，见[Апресян等人 2004]及该词典的前三版）。在这部词典中，莫斯科语义学派曾尝试把上述所有的原则付诸词典学实践。

俄语同义词最新解释词典的词条囊括了同义词的各种不同类型的信息并包含有十多个区域：（1）导入区——构成该词列的词位名称，带有必须的语法信息和修辞标注；（2）用专门的语义元语言对进入该词列的所有词位的共性意义部分进行分析性注释；（3）说明使用该列同义词的典型情景的词典学用语；（4）序言区，通过与其相近的同义词列的比较，指出该词列在词汇语义体系中的位置，并重构在这些同义词列中反映出来的世界的语言图景片段；（5）汇编区，在这一区域列举了语义、所指、语用、涵义及交际超音质特征，根据这些特征可以区分该同义词列各成分间的异同；（6）详细描述汇编区中提及的各同义词间的同异，并指出将这些差异全部或部分中和化的语言条件；（7）注释区，在这里列举并简要解释：①由于其边缘性（少用、陈旧等）没有列入该同义词列的同义词；②与进入该同义词列的某些词汇的特定意义相近的多义词词义；③相似现象，即命题相近的词汇；（8）语法形式：指出某些同义词聚合体的不完整现象，以及它们的词汇意义与语法意义相互作用的规则；（9）该同义词列特有的和非特有的句法结构（支配模式、句子类型等）；（10）同义词之间在搭配性方面（词汇语义、词法形态、非音质特征上）的相似与不同；（11）词条语料的详解；（12）辅助区，列举并在必要时简要解释该同义词列中的词位的成语同义现象、它们的相似性、它们的确切和不确切的转换、相似的转换、确切和不确切的反义词以及派生词，包括语义派生词。

下面将对具有重大语言学创新的某些区域做注释和简要说明。说明中使用的主要是作者撰写的词典的词条材料：заставлять^1, вынуждать^1, принуждать^1, устар.понужать^1 和заставлять^2, вынуждать^2, принуждать^2, устар.понужать^2。词后的数字表示作为该同义词序列成分的那个意义的序号；如果不影响理解，意义的序号可以省略。

4.1 同义词中共同意义部分的分析注释

（1）X заставляет ^{1}<вынуждает^1,...> Y-а сделать P = “某人X希望另一个人Y做成某事P，Y并不想做P这件事，X的某种行为使Y不得不做P”（类似的行为主要指动物——人），试比较：Своим вторым выстрелом полицейский заставил его остановиться.

（2）X заставляет ^{2} <вынуждает^2,...> Y-а сделать P = “某人Y不想做某事P，但情景X成了Y不得不做P的原因”，试比较：Шаги и голоса в аллее заставили его обернуться.

我们知道，在注释中还有结构组合功能——解释语言意义，无论是词汇意义还是语法意义在篇章中的相互作用。譬如在заставлять^{1}的注释中，“做某事”这一动作性成分表明该词位用于未完成体当前时间段意义的可能性：Посмотри, он заставляет собаку прыгнуть через кольцо（=“当着我们的面试图迫使”）。在заставлять^{2}的注释中没有这样的成分，这本身就可以解释，为什么这一词位不含有未完成体当前时间段意义。句子Шаги и голоса в аллее заставляют его обернуться具有的不是当前时间段意义，而是完成体意义（林间小路上脚步声和说话声并不试图迫使他回头，但已经使他回头了），可以理解为叙述体的历史现在时。

4.2 序言部分

在这一区域解决两个问题。第一，指出该同义词列在语言的词汇语义体系的整个层面中占有什么样的位置，为什么将它与最近的其他同义词列相比较；第二，尝试重构该同义词列对应的世界的“朴素”图景或语言图景片段——朴素的物理学、几何学、心理学、伦理学等。下面仅探讨第一个问题。

在第一种情况下，заставлять词列中的不同成分可以与下列同义词列对应：склонять[3], подталкивать[3], толкать[4]； убеждать[2], уговаривать, уламывать, агитировать[2],；призывать[3], взывать[2]；подговаривать, подстрекать, подбивать[7]； провоцировать[2], подзуживать, подначивать.

下列意义特征对它们来说是区别性的：

（1）祈使态度的坚决/不坚决：заставляеть及其同义词列中的同义词表示坚决的祈使态度，而其他词列中的同义词表示的祈使态度不坚决，试比较：Хватит его уговаривать <уламывать, убеждать>—Его надо заставить переписать отчет.

（2）祈使的有效性/非有效性：动词призывать和взывать在两种体的形式中都表示对客体的非有效作用，试比较：Он призвал сограждан взяться за оружие, но никто на его призыв не откликнулся. 与此相反，上述所有其他同义词列中的大多数同义词的完成体形式都表示对客体的有效作用，即达到主体希望的结果，试比较：Он заставил меня сесть.

（3）实现方式：所述同义词列中的同义词，特别是完成体的形式都可以表示非言语行为，例如：Он сделал молниеносный выпад и заставил <вынудил, принудил> меня отступить на шаг. 而上述其他同义词列中的大多数动词（склонять, убеждать, уговаривать, призывать, поговаривать, подзуживать 等）都只能表示言语行为。

（4）祈使行为本身的结构：убеждать, уговаривать, уламывать, агитировать[2] 这一词列的同义词表示的是由几个简单行为构成的复杂行为，其中的每一个行为都旨在向授话人提出理由，以便使他做成某事；而其他同义词列中的同义词只能表示单一的行为。

（5）对主体在授话人那里得到的行为的评价：подговаривать, подстрекать, подбивать和провоцировать, подзуживать, подначивать这两组同义词列中的同义词表示对讲话人行为的负面评价：教唆（подстрекают, подбивают, подначивают 等）某人做某件不好的事，但这件事对主体而言却是有利的或是他感兴趣的； 而其他同义词列，包括所分析的同义词列的意义中不包含这种评价。

4.3 同义词意义异同的概述与描写

这一区域的总体布局与前一个区域基本相同，但对同义词之间的差异的描写要详细得多。下面列举заставлять[1]这一列同义词意义特征上的差别。

（1）指出主体的行为意图：这种指示对动词понуждать来说是必须的，而заставлять 和вынуждать 却可能没有这种指示，试比较：Она заставила говорить о себе. 在这个句子中可能完全没有要达到这种效果的意图，在这种情况下完全不可能用понуждать.①

（2）客体作用的特点：同样是动词понуждать，它要求对客体有直接的，常常是外在可以观察到的作用（试比较：Криками и хлыстом понуждал коня бежать быстрее）。 这样的指示对动词заставлять是

① 事实上，在这种情况下，заставлять[1]的意义向заставлять[2]的方向偏移。

可以的，而对动词вынуждать是极不典型的。

（3）强加于客体意志的程度：使用вынуждать一词时强加于客体意志的程度最高，使用принуждать时该程度次之，而用понуждать时最低。

（4）对客体无效作用的可能性：动词понуждать最倾向于这类用法。

（5）客体类型：动词заставлять与该词列的其他同义词不同，它允许非动物性物体充当客体，试比较：Заставлять колесо крутиться, 但不能说* Принуждать колесо крутиться.

（6）行为作用的主体和客体可能吻合：заставлять和принуждать可以作用于别人，也可以是自己（试比较：Он с трудом заставлял себя глотать эти лекарства），动词вынуждать只是更多作用于别人，而понуждать只能作用于别人，因此不能说*Он с трудом понуждал себя глотать лекарства。

（7）主体试图实现的情景的特点：对动词вынуждать而言，其典型特点是鼓动客体去完成复杂的行动、工作或活动；动词понуждать的目的在于使客体向着主体需要的方向运动，例如：понуждал лошадь ходить по кругу.

（8）用于转述体裁的能力，即用于描写艺术家的创作意图，按照艺术家的意愿使他的所有人物完成这样或那样的行为的能力：动词заставлять具有这种能力，动词принуждать和вынуждать的这种能力不典型；而понуждать不具备这种能力。试比较：Автор заставляет своих героев совершать дикие поступки, 但不能说 *Автор понуждает своих героев совершать дикие поступки.

当需要直接地、有目的地、有效果地动员客体去完成他不情愿做的行为时，同义词的语义差异可能发生部分中和并可以相互替换。

4.4 对该同义词列的注释

在词典的词条中可以有三种注释，在我们所研究的同义词列中只介绍了其中的两种。第一种是关于没有进入该同义词列的边缘同义词：неволить, приневоливать和насиловать，试比较：Я не стану тебя насиловать—не хочешь—не учись.

第二种注释是关于曾经提及过的意义“成为某人Y不愿意做又不得不做某事P的原因”。这种意义使用的结构中，充当主语的不是人，而是一个完整的情景、事件、事实等，试比较：Мысль об этом загадочном бессмертии заставила его похолодеть на солнцепеке (М. Булгаков. Мастер и Маргарита)。对于动词заставлять和вынуждать来讲，可能会有中间用法，特别是在人作为无意识行为的主体的上下文中，试比较：Музыкант заставляет страдать человеческие души, а сам ничего (Л. Петрушевская. Лестничная клетка)。

4.5 语法形式

同义词вынуждать, принуждать和понуждать在习惯上不使用完成体将来时的单数第一人称（вынужу, принужу, понужу）。动词заставлять的完成体将来时的单数第一人称形式完全可以任意表达（заставлю）。

从习惯上讲，动词заставлять本身没有任何被动态形式（虽然无论是语义上还是词法上对此都没有反证），而其他的三个同义词至少有未完成体的被动行动词，例如：вынуждаемый <принуждаемый, понуждаемый> к отказу.

4.6 句法结构

该词列中的所有同义词都可以支配动词不定式，表示祈使的内容。同义词принуждать和понуждать可支配前置词–名词词组к+第三格（如：к отказу）。对动词заставлять而言这种形式完全不可能。动词вынуждать与该组的其他同义词不同，它还可以支配第四格形式，表示祈使的内容，试比较：вынудить желаемое признание. 在这种情况下，动词вынуждать本身处于互换关系之中：вынудить кого-л. к признанию—вынудить признание у кого-л.

该词列中的所有同义词都可以支配第五格形式的名词词组，表示对客体的作用方式或能直接引起所希求的结果的辅助行为，例如：силой заставлять ходить в детский сад. 在使用所有这些同义词时，这种作用都可以用副动词短语来完成：Направив на толпу ружья, солдаты заставили <вынудили, принудили> ее отступить.

除вынуждать之外，该词列中的所有同义词都可以将自己的典型意义用于否定句中。而动词вынуждать在否定句中主要用于命令式形式：Не вынуждай меня применять силу.

4.7 搭配性

该词列中的所有同义词都可以与作为行为主体的单个人的名称搭配。除动词понуждать之外，所有的同义词都可以与组织、国家和表示许多人的集合名词搭配作为行为主体，例如：заставлять<вынуждать, принуждать> Францию капитулировать. 动词заставлять具有更宽的意义，所以还可以与表示动物的名词搭配，表示行为主体。

该词列中的所有同义词都可以与单个人的名称搭配，作为行为的客体。动词заставлять可以与表示动物的名词搭配，表示行为客体：заставлять собаку стоять на задних лапах. 除动词понуждать之外，所有的同义词都可以与表示一群人的名称搭配，充当行为作用的客体，试比较：заставлять<вынуждать, принуждать>бастующих выйти на работу. 对动词заставлять来说，可以与人的身体或器官的名称、人的活动的产物的名称、客体固有的机体或其中某一部分的名称以及其他独立的物体或可以认为是独立的物体的名称搭配，构成弱隐喻搭配，例如：заставил свои пальцы разжаться. 对其他的同义词来说，这类搭配是不典型或不可能的。

最后，动词заставлять可以进入各种类型的套话的成分，甚至作为对话模式的成分，包括类似（не）заставить себя ждать, Не заставляй меня повторять; Кто тебя заставляет?等疑问句。对于вынуждать来说，这种搭配也是允许的，但不具有套话的功能；对于принуждать来说，这种搭配不典型；而对于понуждать，这种搭配是不可能的。

4.8 辅助性区域

在所研究的这一同义词列中有三个辅助性区域——相似区、转换区及派生区。

相似区：навязывать; приказывать, предписывать, велеть и т.д.; понукать; вменять в обязанность; ломать, давить; выкручивать руки.

转换区：приходиться, 试比较：Его заставили раздеться—Ему пришлось раздеться.

派生区（包括语义派生）：принуждение; давление, прессинг; принудительный; не мытьем, как катаньем; против воли, не по своей воле, поневоле, вынужденно, волей-неволей, под давлением, из-под палки.

5. 结语：词典的双重功能

莫斯科语义学派的最终目的是创建具有双重功能的词典。第一，词典应被看作是在整个语言描写中除了语法之外不可缺少的组成部分，其研究对象是掌握语言的问题。第二，词典是在掌握语言时除了语法之外最全面的实践教科书，因为它给出了每一个词位的所有的信息，这些信息是讲话人在各种不同交际条件下正确使用该词位必须的信息。

（原载《中国俄语教学》，2006年第4期）

B.A.Белошапкова 的句法学理论

B. A. Белошапкова一生从事语言学研究和教学工作。她的语言学思想和句法学理论代表着现代俄语句法学研究的主要流派之一。她在完善和发展传统俄语句法学理论方面起了十分重要的作用，主要表现在以下几个方面：

一、句法单位的界定

不同的科学概念和定义，决定不同的研究对象和不同的研究范围。因此，如何界定句法单位，在现代句法研究中仍是一个有争议的问题，其主要争议在于：如何看待词、词形和词组。俄语《80年语法》提出了全新的语法理论和规则，但对这些问题仍然存在着不同的观点和争议。

在句法单位的界定上，Белошапкова有其独到的见解。她首先严格区分了句法学中两个不同的概念：句法单位（синтаксическая единица）和句法对象（объект синтаксиса）。她认为，词和词的形式作为句法结构的建筑材料，本身是句法学研究的对象，但不是句法单位。这是因为：（1）词和词形本身是词法学的范畴，是词法学研究的内容和对象，因此是词法单位。句法学研究的是词与词形之间的联系及其在构成句法单位中的功能，而不是词的全部性能和词本身，把词和词形作为句法单位，容易造成概念上的混乱；（2）在句法单位的结构中，无论是在词组、简单句还是复合句中一定要表现出某种句法关系。换言之，所有的句法单位都是由某种句法联系手段联结起来的一种组合。这种组合可以是述谓性的，也可以是非述谓性的，但一定代表某种句法关系特征。而词和词形却无法表现这种句法关系，它们只能是单个的词或词形，这些单个的词一旦由句法联系手段联结在一起，便构成了词组或句子。所以说，词和词形中没有句法关系，也无法表示句法关系，因此也不是句法单位；（3）在句法结构中，句子可以单个词的形式出现，在这种情况下它应被称为单成分句（称名句），而不是词。也就是说，在具体的话语环境中，它不是以词的身份，而是以句子的身份出现的。这是一种特殊形式的句子，可以由一个词构成，也可以由在句法上有联系的几个词构成，例如，настало светать; стало холодно 等。由一个词的形式表示的单部句，实际上有被扩展的潜力和可能性：可以联结说明、补充它的成分，如：Пожар. – Лесной пожар.；Светает. – Осенью светает поздно.；Уходи! – Сейчас же уходи отсюда!；Холодно. – Зимой в палатке холодно.而词和词形不具备这种能力和潜力：它一旦被扩展，便不再是单个的词或词形了。

二、词组和句子

Белошапкова 认为，句法学一方面研究词与词的形式之间的联系规则，一方面研究这些规则得以实现的单位——“句法单位”（1977:101-115）。词组和句子是句法学研究的两个单位。在句法单位的体系中只存在一个区别性判据：述谓性/非述谓性。按照她的观点，词组应定义为词与词、词与词形或词形与词形在句法关系上的非述谓性联合。根据这一定义，任何一种非述谓性结构，只要是以句法关系为基础，并能表征某种句法关系的实现，无论是主从关系还是并列关系，都应看作是词组。与В.В.Виноградов 和 Н.Ю.Шведова 的观点相比，她对词组概念的理解和界定的范围大大地扩大了：词组既包括词的从属组合，也包括词的并列组合。

在区别述谓性和非述谓性句法单位的差别时，Белошапкова 认为，这些句法单位之间的差别是纯语法性差别，无论是词组、简单句还是复合句所表示的实际内容（真值内容）是一致的。这种一致的条件是词汇的语义成分相同（表义词素相同）。试比较：

вечернее рассказывание сказок бабушкой（词组）

Вечером бабушка рассказывала сказки.（单句）

Когда наступил вечер, бабушка рассказывала сказки.（复句）

这三个不同的句法单位表达的是同一个事件，所区别的只是它们语法上的差别所决定的那些结构意义含量上的差别。因此，句法单位之间的区别特征是：

词组（非述谓性句法单位）—— 与话语环境没有相对应性，没有讲话人的评价；

简单句（述谓性句法单位）—— 所述事件与话语环境相对应，讲话人对客观事件内容作一次性评价；

复合句（多述谓性句法单位）—— 无论是与话语环境的相对应性，还是对客观内容的评价，都是按组成部分分别实现的。这些特征构成了句法单位基本的定性特征，并决定了它们的形式结构类型。

三、句法关系模式

句法关系的体系化（模式化）研究，是Белошапкова句法理论的另一个重要研究领域。众所周知，任何一个句法单位都是由一定的句法联系手段联合其组成部分而构成的，也就是说，句法单位中的每一个成分都处于某种句法关系之中。“并列关系”和“主从关系”是一对基本的句法关系，任何一个句法单位，无论是词组、简单句还是复合句都表现出其中的某一种句法关系，非此即彼，必择其一。这种关系是可以通过一定的句法形式体现出来的。句法联系手段，作为句法单位各个组分间的纽带，一方面揭示了句法单位结构上的联系——句法关系；另一方面它本身借助于一定的语言手段体现出来。因此，句法联系手段和句法关系构成了句法理论中基础概念的出发点和理论依据，也成了句法研究的中心环节和关键性问题。基于这样的认识和理解，Белошапкова对这一问题给予了极大的关注。与传统的描写方法不同，她把句法关系从各种句法单位中抽象出来，作为凌驾于所有句法单位之上的抽象模式，从结构上、语义上和功能上分析这对句法关系的区别特征，并指出，并列关系和主从关系之间存在最根本的区别语义特征，即是句法单位各成分间“有/无决定性关系”，也就是从逻辑–结构语义上看，是否有“决定—被决定”“主要—次要”“主人—仆人”这样的对立关系。主从关系体现了这样的对立关系，而并列关系中没有这样的关系。从功能上讲，主从关系连接的各成分充当不同的角色，起不同的功能作用，而由并列关系连接的各成分具有同等功能作用。

四、不同句法单位的类质同象现象

类质同象现象在这里指句法单位之间或在形式上或在功能上或在其他方面上相同或相像。Белошапкова 对句法各单位的类质同象现象的论述，最早出现在她于1974年发表的《句法中一些有争议的问题》一文中。文章中主要论述了词组与复句的这类现象。此后她相继研究了名词的格的形式与从属句、简单句中主体与客体的类质同象现象，以及词与句子在聚合体范畴内的这类现象。她把在句法体系中存在有类质同象现象这一思想，看作是确定一系列看似彼此相距甚远的句法现象的概念和定义的基础。基于这样的理解，她从上述的句法结构的不同方面，对各种句法单位作了比较分析：

（1）在形式上，词组和简单句具有同像现象：都是词与词的形式的组合；而复句则是由两个以上的述谓结构组合而成，至少在其组分中有一个是述谓结构。

（2）在功能上，简单句和复句构成同像：都是完整的句法整体，都是完整的语言交际单位；而词组则不同于它们，词组不是最终的交际单位，单个的词组不能参与交际——它不具备交际功能。

（3）在句法关系、组合类型、联系手段和结构意义上，词组和复句都构成类同现象：首先，词组和复句都是由至少两个或几个组成成分构成的，它们永远不会是单成分结构，而简单句则完全可能是单成分句；其次，词组和复句都表示出相同的两大句法关系——并列关系、主从关系，而简单句只能体现主从关系，并列关系无法构成简单句；再者，几乎所有的连接词手段都适用于词组和复句，而简单句所显示的关系，无法使用连接词手段表达； 最后，词组和复句具有相同的语法意义，或结构意义：词组和复句都具有简单结构（最小结构）和复杂结构（простое словосочетание и сложное словосочетание; сложное предложение минимальной конструкции и сложное предложение усложненного типа）。简单结构是一次性采用句法连接手段构成的结构，是句法学研究中最低一级的研究对象，句法研究正是从区分句法单位的最小结构这样的概念开始，揭示最小结构中各组成成分间的句法关系；复杂结构是几个最小结构的组合，是句法学研究中的第二层级研究对象，对复杂结构的分析的目的，是揭示最小结构之间的组合规则和组合类型。

不难看出，句法单位间的类质同象现象要求有与此平衡的概念化机制，例如，由词组和复句的同像现象引申出它们分类的相似性。Белошапкова 根据这一规律性特点，提出了一系列相关的概念：最小结构和复杂结构的概念、并列和主从的概念，并根据词与句子的同相现象，提出了在句子中存在有聚合体结构的概念、句子的派生聚合体概念等。这些概念被应用于句法研究的各个方面和领域，从而构成了句法学完整的体系性和对称性。

五、句子的形式结构模式

对句子的形式结构的描写是20世纪后半期出现的一种崭新的语言学理论和研究方法：对各种不同类型的句子进行分析研究和抽象概括，找出各种类型句子的最小的典型结构模式。

这种以“句子最小结构模式”概念为基础的句子形式结构的最新描写方法，于20世纪60年代出现在俄语学界，并用于《70年语法》和《80年语法》。这种结构模式具有很宽的适应性——可用于各种类型的句子。与此同时，它具有极大的抽象性，它只包括能构成述谓单位（又称述谓核心）的句子成分，而完全忽略了那些不是述谓单位的成分，如那些能揭示句子中按“词+词的形式”构成句法关系的成分，包括那些对谓语进行扩展所必需的展词成分，却都没有纳入该模式。“在词组和简单句体系中，只有最概括、最抽象的范例才能够不要求指明其词汇填充的规则和倾向。”（1989: 635）因此，这样的最小结构模式远非在填充任何词汇的情况下都能构成作为称名单位和交际单位的现实的句子。例如，句子 Грачи прилетели. 和 Они очутились здесь. 纳入相同的结构模式：N_1+V_f（名词一格 + 动词相应的变位形式）。可是，如果第二个句子只按模式来填充词汇，就无法得到现实的意义完整的句子（Они очутились）。

Белошапкова 认为，句子不仅仅是述谓单位，而且是称名单位和交际单位，因此，必须承认，句子信息含量的相对完整性是句子的主要的，而且是必要的结构–功能特征。所以，在进行句子结构模式化处理时，不仅要考虑作为述谓单位的句子的形式结构，还要考虑作为称名单位的句子的意义结构，也就是说，应同时考虑句子在纯语法结构上的完整性和意义上的完整性。根据这样的理解，句子的最小结构模式包括的成分要多一些，但限制在构成“独立的语义”和能完成“称名功能”的最小范围内。例如，在N_1+V_f模式的实际填充过程中，与该模式相符的只有 Грачи прилетели. 这类句子，而对于句子 Они очутились здесь . 来说，N_1+V_f模式中应添加表示处所意义的状语成分Adv-loc/N_2...loc（式中，N_2...loc——任何具有副词性处所意义的名词间接格形式）。依据这样的观点确定的句子最小结构模式，有别于传统的“句子主要成分”的学说，将补语成分也划入句子必须的结构模式。

基于对句子最小结构模式的上述理解和定义，Белошапкова 等人提出了句子的扩展结构模式的概念。扩展结构模式是最小结构模式加上实现句子意义所必须的基本结构成分（конститутивный компонент）构成，例如，模式N_1V_f + 表示处所意义的成分Adv... loc/ N_2...loc, 构成的扩展型结构模式: N_1V_fAdv...loc/N_2...loc。这种模式的实现便可生成：Они очутились здесь. 这类现实的语句。又如，N_1V_f+表示客体的补语成分N_4，构成模式：$N_1V_fN_4$: Я помню чудное мгновенье. 综上所述，句子的扩展结构模式是一种比句子的最小结构模式更完整更独立的抽象结构模式。由这种模式生成的句子，具有意义上的完整性，同时具有实现称名功能的能力——表示事件、情景或主题。

六、句子的意义结构

众所周知，19世纪和20世纪前半叶的传统句法学，并没有关注句子意义方面的描写。

那个时期的句法学研究只是把句子形式作为研究的对象，特别是把那些由具有不同语法类别特征的同族词构成的句法结构作为研究的对象，例如，Он болеет.—Он болен.—Ему больно. 以及同一词的不同形式：Он работает.—Ему работать. 正如 Н. Д. Арутюнова 指出的那样："句法作为语法的一个分支，它努力不超越语法自身的范围界限。"（1976:17）

Белошапкова 指出，句子意义是其本质不同的各种组分的综合体：结构意义、内容意义（思想意义）和交际意义。这一提法，为更进一步揭示句子结构和语义关系，提供了理论武器。而在句子的语义研究方面，她提出了这样的思想：在句子的内容（语义）中，并存着两种完全不同类型的意义，借用瑞士学者Ш.Балли 的术语来表达：диктум（客观意义）——表示真实的客观情况；модус（主观意义）——表示思维主体对该客观情况的态度（1989:679）。

Белошапкова 概括总结出俄语句子内容中三种必须的主观意义：（1）述谓性，即现实性/非现实性；（2）目的意向性，即疑问性/非疑问性；（3）确信度，即确定性/非确定性。第一种主观意义是指，句子通过述谓成分自身的特征而实现的时间意义和情态意义统一的综合体现（讲话人制定的句子内容与客观实际的关系）：Ночь была темная. –Была бы ночь темная; –Пусть ночь была бы темная! 第二种是指讲话人的交际目的的体现，即他只想向谈话对方传递包含在句子中的客观信息，还是意欲了解对方就所传递的内容的某种反馈：Поезд пришел. –Поезд пришел? 第三种是指讲话人从他的确信程度，即对有关知识的自信程度，对句子的客观内容作出的评价：Дождь идет. – Кажется, дождь идет. 俄语语法结构迫使讲话人在借助语法形式构成句子时，使所要传递的任何信息都具备这些主观意义。也就是说，任何一个句子都必须具备上述三种主观意义，对这三对参数作出必择其一的选择。这些意义参数的不同组合搭配，便构成了句子中各种不同类型的语义含量和情态意义。

七、句子的“三项式”理论

“三项式”理论源于捷克语言学家 Франтишек Данеш在《A threelevel approach to Syntax》一文中提出的“从三个层次的不同角度研究句法”的思想。早在20世 纪60年代，在对复合句进行研究时，Белошапкова 就接受了这一思想，并给予了应有的评价。她在充分肯定这一思想对句法学理论和俄语句子实际描写的“革命性”作用的同时，提出了自己对复合句的独特分类。这一分类原则是她当时撰写博士论文的理论依据，并依此完成了科学院《70年语法》中关于复合句的描写任务。在此过程中，她关于句子的“三项式”理论已日趋成熟，并开始用这一新的理论观点来审视现代句法学的内容和结构配置。1977年她主编出版了《现代俄语》（«Современный русский язык»）教程，反映了她这一时期的理论思想。在1981和1989年的《现代俄语》再版中，这一句法学思想已经相当成熟，成为贯穿整个句法学体系性研究的一条主线。

所谓“三项式”理论，是指在句法学研究中，存在三个不同的研究层次和侧面，亦可称作句法结构中的三种机制：结构机制（конструктивное устройство）、语义机制（семантическое устройство）和交际机制（коммуникативное устройство）。这三种机制（侧面）相互支撑，互为补充，构成了整个句法学研究的完整体系；而在每个句法单位内部，同样存在着三个方面或三种形式的内容：形式内容、语义内容和交际内容，这三种内容是实现句子的话语交际功能的三大要素。

这一理论思想的先进性在于，它改变了对句法学现象的整体看法：从传统的、只要求研究人员去寻找所研究对象的统一的线性分类的单层次、单侧面的句法学观点，转向全方位的、大范围的句法学研究，以便找出句法结构的多侧面性特征，建立一个能兼顾到句子三个方面的所有本质特征——形式特征、语义特征和交际特征，以及它们相互联系的各种情形的多维度分类体系。

值得注意的是，在“三项式”理论研究的初期，引起Белошапкова关注的是该理论的区分性功能（дифференцирующая сила），这使她在句子中看到了三种不同的实质，并力图证明它们各自的相对独立性，建立用于研究和描写句法各个方面的概念化体系。这一研究的结果是，形成了三个相对独立的句法学体系：结构句法（конструктивный синтаксис）、语义句法（семантический синтаксис）和交际句法 (коммуникативный синтаксис)。在此之后，她的研究重点转向了这三个方面的相互关系，即转向了它们在对称/非对称界面上彼此之间相互联系问题的研究，从而揭示了该理论的联合性功能（интегрирующая сила）。这一研究的理论和成果，从一个侧面证实了她提出的“句法学最终将趋于联合”的论断的正确性（1995:48）。

参考文献

[1] Арутюнова Н.Д. Предложение и его смысл[М]. М., 1976.

[2] Белошапкова В.А. Современный русский язык. Синтаксис[М]. М., 1977.

[3] Белошапкова В.А. О принципах описания русской синтаксической системы в целях преподавания русского языка нерусским[J]. // «Русский язык за рубежом». 1981. № 5.

[4] Белошапкова В.А. Современный русский язык[M]. М., 1989.

[5] Белошапкова В.А., Шмелева Т.В. В.В.Виноградов и современный синтаксис[J]. // Вестник Московского университета. 1995. № 1.

（原载《外语与外语教学》，2000年第10期）

简述 А.В.Бондарко 的功能语义场理论

一、功能语法与功能语义场理论

功能语法是一种旨在研究和描写语言结构单位及这些语言单位在与不同层级的环境因素的相互作用下的使用规律，在一个统一的系统中研究属于不同语言层次，但在其语义功能上联合起来的那些语言手段的语法。在以功能为方向的语法研究中，功能被提到第一位。语言单位的功能——是指语言系统中的单位所特有的完成某种效能和使用于言语的能力。与此同时，功能又是一种使用结果，即被实现了的效能，在言语中达到的目的。语言结构单位，这里主要指词的语法形式和句法结构，以及由此构建成的词汇单位（词位）。因此，功能语法研究的主要是词的语法形式、句法结构和词位的功能。研究的直接对象是语言单位在各种语句中实现的功能。语句是语言单位用于话语交际的最小单位，这里它可相当于句子、超句统一体的言语体现形式，也可以指根据所研究的功能最终实现的范围把这些统一体联合成的综合体。

语言结构并不是以绝对"纯的语法框架"的形式存在的，它把语法单位与其典型的词汇体现形式统一起来。语言结构单位（词的语法形式、句法结构及"建筑"性词位）的使用是在与语言内外环境的各种因素相互作用中得以实现的。因此，它们之间的这种相互作用也应纳入功能语法研究的范围。

А.В.Бондарко指出："功能语法——这是一部多层次语法，按其主要优势来讲是一部系统性整合语法。”（1985：7）这种语法的特点在于它的综合和整合性研究方法，其基础是语法的语义范畴和语义功能。用这一方法进行的语言学分析旨在研究不同层次的语言成分在功能基础上的相互作用，包括具有各种体系基础的分析对象。它的研究范围与许多其他研究领域，如语法分类、句法结构、比较语法、篇章的语法语义分析、心理语言学、语义语言学、语用语言学等相交叉。因此，严格地说，功能语法不是一个独立的学科，功能语义场也不是孤立的研究领域，它作为现代语言学系统中各学科的一个交叉成分，是语言学中整体功能模式的一部分，代表了功能主义流派总的方向。这一理论是语言学中功能主义理论与语义学研究理论的成功结合，充分体现了功能语法理论跨学科的交叉性特征。

功能语义场是根据一定的语义范畴对句法单位和“建筑材料”——词汇单位以及在其语义功能的共同点上相互作用的各种组合手段进行的分类研究。功能语义场是一个既包括内容又包括其表达方式的组合统一体，每一个语义场包括一定的语义范畴系统：种类、类型类别及其变体等。

功能语义场研究的主要任务是：

（1）研究语义功能结构的分类系统，即把语义场作为一种特殊的系统（从其成分的结构层次特征的角度看是多相系统）来进行分析研究；

（2）分析“语义内容—表达方式”统一体的结构特征（单中心和多中心结构）；

（3）揭示功能语义场中语义内容层面上多阶层的等级结构；

（4）研究各功能语义场的相互关系：功能语义场概念与某些时空概念相关，在特定的功能和手段空间内，形成语义场的中心成分和边缘成分，区分出与其他语义场的交叉区域。

功能语义场研究的基本方法是以其语义功能的共同特征为基础，根据某些语义范畴，对语法单位和词汇“建筑”单位进行划分，同时，从功能主义的角度对相互作用的各种组合手段进行划分。功能语义场研究的对象是：通过功能语义的逐层分类的方法研究得到的统一体，以及与这些统一体相对应的各种各样的表达方式及手段。

功能语义场理论首先与下列术语和概念相关。

1. 语法语义范畴和范畴情景

语法的语义范畴（семантическая категория грамматики）是指以各种变体形式体现在语言意义和功能中的主要不变体范畴特征（语义常体——семантический констант），是把语法意义和语义功能划分成相互交叉和相互作用的“内容层面”的基础。具体的语句不是为了表现语义范畴，它的目的在于传递言语的内容和思想。但具体思想的表达是靠某些常体——表现为某种变体的语义范畴来规范化的。例如，句子Я хочу домой包含下列语法语义范畴：情态——表达意愿的一种方式；时间——表达意愿所对应的时间（现在）；体——感受意愿的状态；角色——意愿与讲话人的关系；态——行为的方式（主动态）；处所——表示拟运动的方向和终点。在交际过程中，讲话人试图表达某种具体的想法，在这种想法的形成中，某些范畴语义特征载负着具体被传递的内容参加进来：讲话某一时刻能实现的，希望实现的，现实存在的，以及对空间的某种定位等。因此说，各种变体中语义范畴的存在方式与思维–言语活动实际过程有关，因为语义范畴的基础源于反映在人的意识和思维中的语言外现实。

语义范畴的特点是其对管辖的内容变体的子系统具有主导（支配）地位，例如，语义范畴“延续性”对“确定性/非确定性、限定性/非限定性、不间断的延续/间断的延续”等语义特征具有主导地位。

范畴情景（категориальная ситуация）是由各种表达手段表示的

典型的内容结构。这种内容结构一方面以一定的语义范畴及由该语义范畴构成的功能语义场为依据，另一方面它是句子或语段表达的总的情景中的一个方面，是句子语法范畴（体、时间、情态、方位等）的典型特征。范畴情景概念与功能语义场概念一样，反映了语言现象的两个方面，即是内容结构与其形式化表达方式的统一体。在很多情况下，按内容特征来讲，句子中占主导地位的范畴情景常常与句子类型的称名相对应，例如，存在句、所有格句、评定句、比较句等。

在语义范畴与范畴情景，以及由其构成的功能语义场与范畴情景之间都存在着十分复杂的相互制约关系。范畴情景是比较具体的现象，因为它由某一单个句子的语法范畴因素体现出来，正是这些因素构成了功能语义场的一种复杂的聚合体关系。从这一意义上讲，功能语义场是从范畴情景中派生出来的。从另一个角度看，在一种语言中存在的功能语义场的内容，即某种语义范畴和表示该范畴的语言手段的某些组成部分，是该语义场在具体语句中的所有局部体现的基础。如果说，功能语义场概念是语言系统中能把语言手段划分开的理论原则，范畴情景概念则是把语言系统与言语系统联系在一起的语义基础。作为相对于一定类型的语言手段的典型内容结构，它可以被划归到语言系统；而作为以各种变体的形式出现在句子中的结构，它又可被划归为言语系统。

2. 语义功能和结构功能

语义功能（семантическая функция）包含以某种形式体现出来的意义内容的全部组成部分，并与语言外实际存在相对应，是对外部世界的概念化的结果。结构功能（структурная функция）则是语言组成部分的系统–结构组织功能。结构功能虽然没有意义内容，但与意义直接相联系，因为它是意义的承载单位。例如，形容词与名词在性、数、格上的一致再一次强调了特征与其载体之间的关系，重复再现了名词的语法范畴。语义功能与结构功能的关系在句法中得到充分的体现。

3. 语义功能和语用功能

语义功能与语用功能处于一种复杂的相互关系中。Бондарко认为，语用功能（прагматическая функция）在这里被看作是语义功能的一个特殊方面，旨在传递语言单位或整个句子中关于话语行为的条件及对参加者态度的信息（1985：9）。试比较，在使用动词命令式*иди, идите*时所体现出的语义功能，含有祈使意义的语用因素。与此同时，语用功能又与修辞功能相交叉，体现语言语用学与语言学内外的一系列研究的关系。

4. 语言环境与言语环境

语言的功能是当语言系统中各种单位与其周围环境相互作用时得以实现的。系统性原则决定了在对某一系统进行研究时，必须研究其与外部环境的作用。 Бондарко 早在1985发表的《关于系统与周围环境的相关性的语言学解释初探》中就指出，系统与环境的相互作用隶属于功能，没有环境的参与，任何一个语言单位自身都无法完成自己的功能（1987：17）。如果把某种语言单位、分类和范畴作为原始系统，环境则是指大量的语言组成部分（包括语言外因素）。根据其相对于语言系统中不同对象的关系，可划分出两种环境：第一种是语言环境（языковая среда，又称聚合体环境），该环境指语言单位在语言聚合体系中的环境。例如，限定性/非限定性动词的词汇—语法类别，以及与其相关的行为方式，对动词的“体”的语法范畴而言， 这些行为方式起语言环境（语义条件）的作用。第二种是言语环境（речевая среда），主要指该语言单位在话语中的交际环境，即上下文和话语情景。这种环境包括语言外的社会因素，以及这些因素在讲话人和听众的头脑中的反应。上下文纳入语言内环境的概念中，而话语情景属于语言外环境。

二、功能语义场的分类

1. 功能语义场的分类原则和基础

众所周知，功能语法是以“从语义到表达方式”（即“从意义到形式”）的方法为基本出发点的。尽管在这一出发点的框架内，在研究的不同阶段出现了“从意义到形式”或“从形式到意义”不同方向的描写，但功能语法本质特性所表现出来的全部特征，决定了在组织语法描写时采用从语义出发的原则。这一原则的主导作用主要与讲话人话语活动的思维定向的特殊意义紧密相关。在构词造句过程中，讲话人是从他想要传递的思想出发，然后到表达方式的确定。当把所形成的思想与作为其支撑点的某种内部语言结构统一起来时，在构成句子的动态过程中起重要作用的因素是讲话人，想表达的思想先于用来表示这一思想的表达手段。从意义出发的语法描写恰好对应于讲话人思维–言语活动的这一层级和侧面。

功能语义场的划分建立于语言表达中使用的语言手段与其功能的统一，即传统语法的“从形式到意义”和功能语法的“从意义到表达方式”的有机结合。之所以能在功能语义场的描写中把这两个方向的描写结合起来，是基于这样的事实：每一个语义功能都可以由不同的语言手段来实现；另一方面，同一语言手段可以而且能够具有不同的语义功能。当我们区分出某一表达方式及其语义功能时，不可避免地要涉及和牵扯到与实现这一功能相关的其他语言手段，最终在所研究的语义范畴内找出用来表达一整套语义特征及其变体的语言手段的整个链条。例如，当在表示“趋向性”的语义中划分出“行为依次进行”语义的形动词结构时，我们会关注下列类型的相似表达方式：

Допив чай, он заговорил о происшествии;

Он допил чай и заговорил о происшествии;

Когда он допил чай, заговорил о происшествии.

功能语义场的分类基础是语法范畴的语义概念，这些语义概念源于句子或语段的句法结构语义，并通过这种结构与词类及其语法范畴的语义相关联。也就是说，功能语义场的划分表现为一种具有语法特点的语言概念化过程，它首先与句子的语义结构紧密相关，其次与词类及其特有的语法范畴相关。然而，在俄语语法中尚未找到一种具有全面概括性和极大抽象性的语义范畴，以至于没有一个语义范畴能够涵盖所有的语法语义。Бонларко在功能语义场研究中指出："语法范畴的语义是在句子内容、语言单位意义及其各种组合中表现出来的、有代表性的规则性基础上划分出来的。"（1987：30）根据语法范畴的这一语义概念特点和功能语义场分类的基本原则，以具有较高抽象性的语法语义特征为区分特征，可以把体系性联系的语言整体划分为以下几大语义场类别。

2. 功能语义场类型

（1）以述谓成分为核心的功能语义场（ФСП с предикативным ядром）

该功能语义场类型是以句子中述谓成分承载的语法范畴为基础的。这一类型反映了语法范畴特点的语言概念化，是功能语义场的基本类型之一。它包括：

◆ 体和体-时关系的综合性功能语义场：体的意义、时间的定位、时间的趋性（временный таксис）、时间与体以及该综合语义场中其他语义场的关系；

◆ 时间性、情态性、存在性；

◆ 述谓性与主体和客体关系的综合语义场：人称、动词的态、（主动/被动态、反身态、相互态、及物/不及物等）；

（2）以主体–客体为核心的功能语义场（ФСП с субъектно-объективным ядром）

该类型主要是主体语义及其与动词的关系，它包括主体性、客体性、句子的交际情景等；根据某些特征，限定性/非限定性也属于该类别的语义场范围，同时它与属于其他类别的语义场有广泛的联系（其中，与时间的定位/非定位、与性质等语义场的联系非常密切）。

（3）以质量—数量为核心的功能语义场（ФСП с качественно-количественным ядром）

这一类别的语义场的显著特点是，进入该类别的语义场的语言手段都与“特征性”这一语义相关，与此同时，与动词和名词性范畴保持着一定的联系。它包括：性质、数量、比较，这一类别还包括所有格语义场。这一语义场一方面倾向于表征关系（从这一角度看，它与物体的性质评定相关），而另一方面它又倾向于述语性关系。

（4）以状态为核心的功能语义场（ФСП с обстоятельственным ядром）

该类别主要对应于状语语义，但又远远超出了这一语义范畴，因为这里所指的是在制约性范围内的述语间关系。它包括：方位性、制约性条件的综合语义场（原因、目的、条件、让步、结果）。从述谓的状语性能特征上看，方位性与制约性语义相关；而从其他特征上看，它与涉及述谓间关系范围的制约性相关；因此，句子的空间特征属于不同的语义范围。

Бондарко 及其他研究人员力图在这些功能语义场系统中反映出主要的、属于语法范畴的功能统一体。尽管很难确定这些语义场能否覆盖所有的语言现象，但“重要的是在这一统一体的体系性原则中应包括属于语法概念的所有语义范畴”（1987：33）。在这样的方法论原则基础上，在整个功能语义场结构中共可划分出30多个功能语义场。需要指出的是，语义场是不断变化、不断细化的开放性系统，在研究的过程中还会被逐步地细化。仅以时间语义场为例，人们在划分各种不同类型的时间关系时，通常根据的是不同方面的特征，这些特征构成了时间场语义特征的阶梯式扇面形结构。既然时间首先是指示范畴，在等级的最高位置上的是由时间指示特点决定的特征：（1）讲话时刻定位的现实性/非现实性；（2）相对时间/绝对时间；（3）时间关系的固定性/非固定性；（4）行为时间相对话语时刻远近程度的表现性/非表现性。第二个层级的区别特征是时间关系的语言注释特点：（1）时间的外延概念/内涵概念；（2）表达的范畴化类型；（3）行为的时间概念类型（直义/转义）。第三个层级的特征与跨范畴概念的相互作用关系：（1）时间性与客观情态；（2）时间段与时间指示；（3）情态评定性与情态指示性等。

3. 功能语义场的结构类型

从结构上讲，功能语义场可分为两种类型：多中心结构和单中心结构。

多中心结构的功能语义场的典型特点是可划分为几个部分，每一个部分都有自己的中心成分和边缘成分。在俄语中，大部分功能语义场属于这一类结构的语义场。例如，在表示所有关系的语义场中可以划分出限定语中心和述谓中心的语义场。限定语中心主要联合具有指示代词、形容词、名词间接格形式的结构，如мой дом, отцовский дом, дом отца；表示所有关系的述谓中心结构，如 у меня есть..., я имею..., в моем распоряжении имеется...等。所有关系的限定语中心和述谓中心表示不同类型的“所有”语义功能，这种功能决定了语言手段的不同，由此产生了该语义场的多中心结构。

单中心结构的功能语义场本身又可分为两类：

（1）具有完整的语法核心的单中心语义场，即以一个语法范畴为依据。在俄语中，属于这一类语义场的有：时间语义场（核心是时间的语法范畴）；客观情态语义场（核心是动词的式的范畴）；主动/被动语义场（核心是态的语法范畴）；比较语义场（核心是形容词和副词的比较级范畴）。

（2）具有综合性核心的单中心语义场，即以属于语言系统的不同层次（词法、句法、词汇—语法等）的一系列相互作用的语言手段的综合体为依据。在俄语中，属于这一类语义场的有：延续性语义场、时间定位语义场等。

在具有完整语法核心的语义场中，单中心结构特点表现得十分清楚，至于具有综合性核心的功能语义场，按其某些特征来讲，更接近多中心功能语义场。Бондарко 之所以把这些语义场划入单中心结构，唯一的依据是，联合成固定的综合体的那些语言手段不属于语义场的不同中心，而是同一中心的相互作用的不同成分。

三、功能语义场的系统性特征

任何一种系统都具有“完整性”特征。这一特征在不同系统中的表现便是其区别于其他系统的重要特征。在功能语义场系统中，该特征表现为基于一定语法的语义范畴的语义场内容。至于其语义内容的表达方式，总体上讲，不具备完整性特点，因为它们属于不同的语言层次，其结构也完全不同。Бондарко 在对功能语义场和语法范畴进行了全面的对比之后，得出了关于语义场系统性特征的结论：功能语义场作为一个系统，它的显著特点是在表达方式上不具备完整性和同一性，在内容上具有多方面表现的可能性。从这一意义上讲，功能语义场具有相对的完整性（1987：30）。

然而，这些并不等于说，功能语义场不具有系统性，或者说它的系统性特征表现得很弱。事实上，功能语义场具有“更大”的系统性特征。这种大的系统性特征首先表现在，功能语义场包括所有以一定的语法语义范畴为基础的功能。例如，俄语的时间性语义场囊括时间关系的所有范畴，其中包括那些位于时间的语法形式界限以外的关系：如表示很近的过去和将来或很远的过去和将来的关系：только что—давно; вот-вот；скоро; сейчас—нескоро；через много лет и т. п.；其次是该语义场所包含的表达方式在特点和类型上没有限制，即形式上的无限制性。语义范畴作为该统一体的基础，可以用任何语言手段来表示：词法手段、句法手段、构词手段、词汇手段，或它们的任意组合。在该语义场语义的表达手段中，可以有间断的和连续的方法，有内涵和外延的方法，有直接和间接的方法，可以是纯语言的方法，也可以是语言手段与话语情景成分的组合。在这一方面，功能语义场与语法范畴有本质的不同。对语法范畴而言，其典型特点是，不仅在内容上，而且在表达方式上都有严格的限制性。

功能语义场的系统性还表现在“场”的结构性上，即语义场具有的核心区和边缘区结构。譬如，根据上述三个层级的区别特征的抽象程度，可以依次划分出时间语义场的核心区、近核心区和远核心区（边缘区）。在时间语义场中，位于语义场核心区的时间范畴是由动词主动态陈述式表示出来的时间形式体系（рассматривал, рассмотрел—рассматриваю—буду рассматрвать, рассмотрю）。这些形式是时间概念这一语法范畴的主要表达方式。紧靠核心区形成一个近核心区，在这一区域中主要有下列语言成分：（1）可分式被动行动词（был рассмотрен—рассмотрен—будет рассмотрен）；（2）过去时行动词长尾形式（рассматривавший, рассмотревший, рассмотренный）和现在时行动词长尾形式（рассматривающий, рассматриваемый）；

（3）具有“过去的习俗”意义的词形（говаривал, едал, живал, напивал, певал, хаживал）；（4）具有现在时意义的非动词句法结构（Брат—учитель. Ночь тиха. Утро свежо. Мать—в саду. Ждать мучительно. Кто это? Интересная работа у вас. До шуток ли ему? Много дел. Некому работать. Холодно. Ночь. Тишина.）等。在靠近核心区的外围是远核心区，或称作边缘区。它们之间的界限是动态的、移动不定的。在这一区域中，语言手段不是纯粹的时间表达方式，而同时具有指示性和情态性特点，这使得这些语言手段被划归于边缘区。这一区域具有以下表示时间关系的语言手段：（1）副动词结构中的副动词；（2）具有情态意义的句法结构，其中，情态意义中内含情景或情景的一部分与将来时有对应关系（Уйдите! Построиться! Отдохнуть бы. Вам в наряд идти! Помочь тебе? Ко мне могут зайти знакомые）等；（3）状语指示性词汇手段（сейчас, завтра, через две недели, год тому назад, давно）；（4）带有时间连词的句法结构，这类结构（复合句中的从句部分）包括时间趋向性的表达，同时完成与上述词汇手段的时间状语相类似的功能（когда, пока, в то время как, как только, лишь только, едва）；（5）传递时间关系的各种语境手段，这些手段没有一定的相同的结构特征，例如 тогдашний..., в более поздних произведениях..., вспоминается... 等。

概括起来讲，时间关系的功能语义场具有以下几个典型的体系结构特征：（1）时间语义场的核心是时间的语法范畴，它们依赖于基本的概括性时间关系的语法形式体系，这些语法形式本身由其他语言手段来具体化并发生变化；（2）在边缘区起重要作用的是表示时间意义的具体状语性词汇；在占据边缘区的语义场成分中，存在含有情态意义的句法结构，这些结构中含有情景或情景的某一部分，表示与将来时间相对应的关系。

总体上讲，功能语义场是一个交叉的、完整的系统性综合体，每一个功能语义场都进入范围更宽的功能语义系统，或叫作功能语义类别。如果把某一语义场作为原始系统，那么，该类别中的所有语义场都充当该原始系统的周围环境角色，并与该语义场相互作用，参与其系统的形成、维持和发展。

四、结语

A.B.Бондарко的功能语义场理论研究的对象是句子，其着眼点是句子语法范畴的功能语义，并以此作为划分语义场的分类原则。与传统的语义研究相比，功能语义场理论具有下列特性和特征：（1）功能语义场研究的是活的言语行为，具有明显的动态性特点；（2）功能语义场的划分不是以语言表达手段的语义含量来判断，而是以语法意义的功能来评定的。例如，进入表示时间意义的功能语义场核心的不是表示时间概念的词汇，而是句子中具有句法时间意义的述谓成分；（3）进入同一词汇语义场的不是该语义的所有词汇，而是表达该语义功能的所有语言表达手段。因此，与词汇语义场相比，功能语义场的意义内容更广泛、更丰富，语义场结构更复杂。

功能语义场理论研究的迫切性一方面是语言学理论发展逻辑所致，另一方面为主动学习语言的实践所迫。一个人要学习语言，他首先应得到这样一些信息：用什么样的语言手段能表达时间、空间、尺度、数量、可能性、条件、各种主观情态等功能语义内容及其变体。功能语义场理论的提出和研究正是从语言实际使用的角度来研究语言的。俄罗斯语言学家A.B. Бондарко等人在这一领域的研究成果，为进一步研究功能语法、功能语义场、句法结构语义及其表达手段提供了新的视角和领域，对我国语言学中的功能语法研究无疑是一个推动和促进。

参考文献

[1] Бондарко А.В. Функциональная грамматика[M]. Л., Наука,1984.

[2] Бондарко А.В. Опыт лингвистической интерпретации соотношения системы и среды [J]. // Вопросы языкознания. 1985. № 1.

[3] Бондарко А.В. Теория функциональной грамматики. Временная локализованность. Таксис[M]. Л., Наука, 1987.

（原载《外语学刊》，2000年第2期）

Н.Ю.Шведова语言学理论中的“体系性”思想及其方法论

一、引言

Н.Ю.Шведова（1916—2009）是俄罗斯语言学界卓越的代表人物，在俄语语法学、词汇学、词典学和俄语史等研究领域都很有建树。由于对俄语语言学的卓越贡献，1984年她当选文学与语言学通讯院士，1997年当选俄罗斯科学院院士。

迄今为止，Шведова共发表了170多种著述，其中不乏大量的理论经典，成为俄语学研究中不可取代的基础理论著作，主要包括：《俄语口语句法学概论》（1960）、《简单句体系的变化》（1964）、《现代俄语句法的积极发展过程》（1966）、《简单句句法学》（《现代俄语标准语语法》（1970）、科学院两卷本《俄语语法》（1980）和《简明俄语语法》（1989）中的句法学部分）、《意义结构——语言活力的基础》（1991）、《代词系统——语言意义结构和意义范畴的起源》（与А.С.Белоусова合著，1995）、《代词与意义》（1998）等。

在半个多世纪的学术生涯中，Шведова领导并参与了许多大型集体科研项目：（1）附有简介的八卷本《俄语语言学（1925—1980）文献目录》的编写和出版工作并任主编，此项目获苏联科学院主席团奖章；（2）《现代俄语标准语语法》（1970）、两卷本的科学院《俄语语法》（1980）和《简明俄语语法》（1989）三个大型的集体语法项目；（3）主编《В.В.Виноградов文选》中的《语法卷》（1975）；（4）两卷本研究性著作《语言的词汇和语法规则》（与В.В. Лопатин共同主编，1989）；（5）主持Виноградов院士的专著《词汇的历史》（1994）的整理、出版工作；（6）编撰和陆续出版《俄语语义词典》，这部词典首次将现代俄语常用词汇的体系性用多层级的不同词汇语义类别展示出来，是俄语词典编纂历史上前所未有的一部多卷本集体著作。

Шведова 是一位传统的语言学理论家。她在继承俄罗斯传统语言学理论思想的同时，又发展了现代语言学理论，在20世纪后期的俄语语言学理论建设中，起着举足轻重的作用。Виноградов 的许多句法学思想，譬如关于研究具体语言所有形式和句子结构特点的构想，在Шведова 的现代句法学研究中得到了继承和发展，并形成了系统的句法学理论和独立的语言学流派。因此可以说，作为Виноградов的学生，她既是 Виноградов 语言学派的突出代表，同时又创立了自己的学术流派。Шведова曾经说："我的学术观点的形成和对语言科学任务的认识首先要归功于Виноградов院士和整个俄罗斯古典语言学。"（2005：12）

在Шведова整个语言学理论研究中，贯穿始终的一条主线是从Виноградов语言学思想精髓中传承下来的关于语言体系性的理念：从词汇语义的体系性到语法结构的体系性。这种体系性思想鲜明地体现在她的语法学、句法学、词汇学和词典学等领域的研究中，主要研究成果集中表现在两个研究方向上：（1）完善和重构语法体系（2）编纂词典。Шведова将自己身为俄语语法理论家和词典学家的两个立场交汇融通，将两个不同的研究视角合二为一，从语言大体系的高度去审视和把握自己的研究领域和研究对象，在其语言学思想中进一步体现和完善了语言体系中语法—词汇两分法的研究模式和理念。Шведова把科学探索的注意力同时放在性质不同但又相互交叉的两个方向上，在经历了科学跋涉的艰辛和痛苦之后发现了，确切地说是更深刻地体验到了语言中的词汇和语法“两分法”博弈的实质：词汇语义和语法语义的对立与结合，有时甚至是冲突与妥协，是推动语言发展、促使语言体系发生变化的内动力；这两种因素的对立与结合既体现在语言的整体层面上，也体现在词汇层面上。Шведова认为，词汇和语法是语言学中两个重要的基础分科，它们的相互配合和交叉、独立与整合是语言完成交际目的和任务的前提和保障（2005a：39-43）。

基于这样的理念，Шведова提出了“俄语意义语法”的理论纲领（2005b：20-38）。这一理论纲领的依据是：意义范畴是一种属于语言本身并被语言形式化了的物质结构。她的一系列论著，譬如在《意义结构——语言活力的基础》（1991）、《代词系统——语言意义结构和意义范畴的起源》（与А.С.Белоусова合著，1995）、《代词与意义》（1998）等论著以及在许多关于俄语词汇语义的研究中，都对这一纲领的理论概念基础作了精辟的阐述。《俄语语义词典》和关于代词研究的专著是Шведова实践这一纲领的新的理论飞跃的产物，是现代语言学研究方法论基础的具体体现。

认真研读Шведова在不同时期和不同领域的理论研究文献就会发现，她在所有的研究中都始终如一地坚持着统一的研究方法，使之浑然一体地构成了Шведова语言学理论研究的一条主线。这一理论研究方法可以称作“从形式到意义的方法”。这是她对俄罗斯古典语言学传统的继承和发扬。她完全接受和认同俄语语言学传统中的一个经典论题：在任何情况下，形式本身都具有意义。她认为，形式上的微小的差别总是会引起意义上的差异，这些意义上的差异有时可能只是部分的，有时甚至是很难察觉的。Шведова指出“形式和意义是一个不可分割的整体”，并明确提出“在形成某种语言意义时形式是无条件的和最基本的参与者”（2005：9）。在Шведова的语言学理论构想中，语言意义范畴组合了不同程度的意义抽象：意义既是包含了最高抽象性意义的普遍性范畴，也是代表不同分层次上意义的个别范畴。语言意义可以理解为是一种关于存在的普遍概念，这种概念借助于能够代表整个词汇类别的高度抽象的词汇来表示。词汇手段、语法手段、成语手段和词形手段都对应于意义起始点，存在于不同的意义范畴之间，并通过彼此不同的组合表达出语言意义。

Шведова提出的一系列具有前沿性和前瞻性的语言学思想，以及对语言学的贡献主要体现在以下几个方面：

（1）指出俄语口语的句法结构具有成语性特点，实现了口语文本的句法结构的研究和描写；

（2）确定了语法描写要完全符合语言使用真实形式的宗旨，重新思考和审视俄罗斯科学院《俄语语法》（1954）结构的描写规则，在主编的《现代俄语标准语语法》（1970）和《俄语语法》（1980）中完成了俄语语法的科学性研究和描写；

（3）提出了简单句结构模式的完整方案，区分并界定了俄语的句法单位和句法对象，实现了对俄语简单句的模式化处理；

（4）提出了俄语句子形式与内容统一和非对称的理论，实现了对句子从形式到意义的描写路径；

（5）用19—20世纪俄语标准语中大量而翔实的语言材料论证了代词是一个具有意义起始点性质的词汇类别，是一个体系，这个体系能生成普遍的和个别的语言意义范畴，而这些语言意义范畴是整个语言意义结构的基础；

（6）提出并证实了语言的词汇体系理论，根据这一理论构拟了《俄语语义词典》的编写方案和原则，在俄语学历史上开创了在词典中对词汇语义进行系统性描写的先河。

Шведова所进行的语言学理论探索和实践集中在三个领域：俄语语法学理论研究、俄语词汇学研究、俄语词典学研究和词典编纂。

二、俄语语法学理论研究

1. 口语句法结构研究

在Шведова诸多的句法结构研究中，俄语口语句法结构研究占据重要地位。她的《俄语口语句法概论》（1960）是对俄语语言学的巨大贡献，该书开创了俄罗斯语言学口语前沿性研究的先河，对在其他斯拉夫语国家中开展这一问题的研究是一个极大的推动。她在这一原创性研究中充分揭示出口语句法结构的独立性，确定了纯口语属性的语言学材料的范围界限。此外，Шведова在这部著作中还论及了以下问题：（1）活的言语的富于民族特色的表现形式；（2）口语句法的成语性模式；（3）俄语语言中人的因素对语言和言语意义的影响，进一步证实了，语言中人的主观评价因素始终渗透在语言实体的全部组织中。这些问题一直是俄罗斯传统语言学流派密切关注的对象，到目前为止，她的研究仍然是俄语言语行为成语化理论最有权威性的科学源头。

2. 俄语语法的科学描写

撰写反映同时代语言和语言科学状况的权威性描写语法，历来都是俄罗斯科学院俄语研究所的主要任务之一。1952—1954年，苏联科学院出版了俄语科学性描写语法——《俄语语法》（简称《54年语法》）。到60年代初，学者们已经注意到，虽然《54年语法》作为一项史无前例的巨作，对俄语的推广和普及曾起到了良好的作用，但它很快就无法满足时代的需求了，因为语法中许多章节完成于20世纪三四十年代，到出版时显然已经无法反映出1960年代俄语语法理论的现状，需要做重大改动和增补了。正是在这种情况下，Шведова逐渐形成了编写新的俄语描写语法的构想，并在Виноградов的直接部署下开始了这项任务的准备工作。1963年，科学院俄语研究所组成了专门的编写小组，开始着手编制俄语科学描写语法的计划和理论原则。1966年他们完成了该项目的扩展性方案，称作“现代俄语标准语描写语法构建基础”，这一方案在各种出版物上和专门的会议上经过了广泛的讨论，在此基础上撰写、出版了《现代俄语标准语语法》（简称《70年语法》）。

《70年语法》在科学界引起的震动和反响是众所周知的。虽然作者在前言中申明，该语法不试图占据“科学院标准语法”的位置，但许多读者仍将它视作一部严格的科学院标准语法。当然，《70年语法》也引起了广泛的讨论，对它的评价也是各种各样的，其中有些观点是相互对立，甚至是相互排斥的。事实上，《70年语法》无论是在语言学理论的探索方面，还是在语言材料组织方面都起到了表率作用，成为语法理论进一步探索的出发点。《70年语法》中许多主要章节的观点都编入了高校俄语语法教科书。然而，《70年语法》并不是严格意义上的“科学院语法”，它无法满足传统理解上对“科学院语法”的要求。无论是此前的《54年语法》还是《70年语法》，都没有解决好各章节之间的协调和统一问题。

由Шведова带领的团队从1969年开始着手编写两卷本的《俄语语法》（简称《80年语法》）。1972年新《语法》的编写方案发表了，被提交到专门的学术会议上进行充分讨论，得到了广泛的赞同。《80年语法》从准备到最后的定稿出版，共经历了10年的时间。

科学院《80年语法》给自己制定的任务是全面、科学地描写俄语标准语语法的现状，其中还包括了对语音、音位、重音、语调的描写。与此同时，《80年语法》力求解决各章节在术语和概念上的统一和协调问题，使其真正同时做到既是科学语法、描写语法，也是标准语法。在语法结构的内部组织上，Шведова坚持这样一个理论原则：现代俄语标准语是一个体系，它的所有方面都处在必须的相互关系之中，语言的发声部分如此，语言的词汇部分如此，语言的语法部分也是如此。语法结构是用语法手段把若干个局部性分体系联合在一起的统一体，每一个分体系又用语法手段把形式相同、抽象意义相同和功能相同的子体系联合在一起，而每一个子体系都有自己的结构和成分。在语法学框架内部这些分体系就是语音学、词素学、构词学、词法学和句法学（1974：14-20）。在《80年语法》中，这些分体系对应的每一个章节都有引言，阐明了该分体系中相关的基本理论、概念和范畴。

《80年语法》是一部对各种不同体裁和风格的俄语标准语现状最全面的科学描写巨作；是对大量的不同类型的语言材料，诸如古典的和现代的文学作品、期刊、政论、科学作品和科普读物、回忆录、日记、书信、日常口语、戏剧、电影、广播电视中的话语等进行的全面研究和科学总结；是对俄语语法体系的现状、发展规律及其所有的复杂性和矛盾性的重新思考和认识。正如华劭指出："自从1954年的《俄语语法》出版以来，已经过去二三十年了。在这段时间内，无论是普通语言学和俄语语言学都发生了很大的变化，积累了大量新材料。语言在发展中也部分地改变了原有的规范。该书作者力图反映这种情况，该书具有材料新、观点新、术语新的特点。"（1991：195）在《80年语法》中，语法理论方面的所有的重大成就、对俄语语言体系认识的新观点不仅在完整的理论概念的基础上融合成流畅、准确的描述，而且得到了发展和深化。

我国对《80年语法》的译介开始于1983年前后，最早由上海外国语学院院长胡孟浩主持翻译，后来黑龙江大学华劭等改编为简编本。《80年语法》的"理论基础和传统语法大不相同，所使用的术语对我国的读者来说也很陌生"（华劭1991：195）。为此我国俄语学界还专门召开了《80年语法》理论研讨会，引起很大的反响。此后《80年语法》一直是我国俄语学界教学和研究中的一部重要的工具书。

鉴于Шведова作为《80年语法》整个编写工作的领导者、主编和其中某些主要章节的作者对俄语界这项史无前例的基础理论工作的贡献，1982年她被授予苏联国家奖章。

3. 句法结构研究

20世纪中期语言学发展的典型特点是对理论研究的兴趣明显增加，各种理论不断出现，形成了热烈的学术争鸣氛围。在这样的形势下，句法学研究，特别是句子意义方面的研究和句法语义结构的研究，呈现出多层面、多视角的特点，采用了不同的方法和手段，其中最有代表性的是从句子的形式结构到意义结构的研究。Шведова是这一研究方向的代表人物。

Шведова认为，句法学是语法学的主要组成部分，应包括所有有关词汇的联系、由这些联系手段构成的语言单位的组织结构、简单句和复合句的构建、句子的扩展和使用规则等知识。句法结构是语言单位有等级的组织系统，而语言单位则是形式与语义的统一（1980:5-12）。基于这一思想，她在《80年语法》中实现了一个革新性的创举：把句法学确定为语言语法体系的核心部分，这一核心部分涵盖能完成信息交流的各种不同类型的语言结构，并通过弄清楚这些结构中语言单位所有的基本特征和语言行为规则，准确划分出句法学中能构成体系性结构的元素，首先是句法结构单位和与之相适应的句法结构体系的组成部分：（1）词汇结构；（2）词组结构；（3）简单句结构；（4）复合句结构；（5）词形结构。按照Шведова的观点，“上述句法结构中的任何一个分体系，对其他分体系都没有支配权，都不能将其划归到自己的结构中”（2005b：20）。对句法结构体系构成要素的这种划分、这种形式清晰的分类体系奠定了句法学整体结构布局的基础。

Шведова对词组概念有自己独到的理解和界定，她认为“词组是由主从关系（匹配关系、支配关系和依附关系）联合两个或两个以上的实词构成的”（1990：402），进而又提出了“词组联系中的主导词语义预言性”的观点。在她看来，即便词的组合在结构上是正确的，但如果语义上只是偶然性的组合，仍不应将其视为词组（Белошапкова 1997：588-601）。她把由自由联合关系联结的名词的各格形式看作是状语成分，而不看作是由从属关系联结的词组，试比较жить в городе（住在城里），гулять в парке（在公园里散步）这样的现象：从形式结构看，两种情况都是动词+名词六格形式，意义上都表示方位。但Шведова认为，前者是词组，而后者不是词组（1990:355-403）。因为在前一个词组中主导词“住”（жить）后面所接的表示方位的成分在结构语义上是必须的，且是不可预知的（它可以用不同的词汇的不同形式表示，如жить за городом 住在城外, жить в деревне 住在农村）。换句话说，动词“住”（жить）后面表方位的成分的存在是一种必然，是由该动词的语义预示出来的，因为该动词本身语义不能“自足”，没有表方位的成分，它的语义不完整，因此，它不能省略表示地点的成分单独使用，譬如不能说 * Он живет.（他住）。在гулять в парке中，动词“散步”（гулять）后面所接的表示方位的成分在结构语义上既不是必须的，也不是可预知的。这一成分是否存在，需要根据讲话人交际目的的变化来决定，具有偶然性：“散步”这一行为可以发生在楼房周围（около дома），可以在街上（на улице），也可以在广场上（на площади）；或者可以完全忽略地点，只传递“散步”这一信息，譬如Он гуляет.（他在散步）。Шведова甚至缩小了传统理解中支配关系的范围，认为从属关系是由主导词语义性能所决定的关系。例如читать книгу, строить дом, писать роман, любоваться природой这类词组所表示的关系在结构语义上既是必须的，也是可以预知的。在这些词组中，动词的语义不仅要求其后面必须接有补语（宾语）成分，而且要知道它的支配模式。在她的理解中，支配联系作为一种展词联系，不仅与组合联系相对立，而且与所有的句子关系，包括主要成分之间的述语关系相对立。在她主编的1990年出版的《俄语语法》中，"词的从属联系和词组"作为独立的一部分，与词、词法和句子平行，构成了该语法体系的四大组成部分。显然，Шведова对词与词之间的组合形式和结构关系给予了特别的重视，并对词组的理解和界定提出了严格的语义规则和限定，虽然略显苛刻，但不乏新意，具有极高的理论价值。

对于句子的形式与意义的整合性描写，她的理论观点的基础是，对具有不同语义结构的句子的划分，应由句子的语法特征来检验和校正。在把这一原则用于单部称名句的实际语言材料的研究时，她令人信服地证明，没有任何一种语义类型能够仅仅根据词汇的称名语义来确定（1980: 8）。她的这一思想在分析其他结构模式的句子时也得到了证实：任何一种类型的句子结构模式，无论填充什么样的具体词汇，其本身就是该句子语义结构中一个至关重要的因素。例如：Иванов приехал（伊万诺夫来了）；Идет урок（在上课）；Пойдет дождь（要下雨）中的句子结构模式"N_1（名词短语主格）+V_f（动词变位形式）"具有抽象结构语义"说话人确信并通过这种陈述句模式告知受话人：特征载体与过程特征（行为或状态）在特定时间层面构成相互关系"，这种句子的结构语义是以抽象化的形式表现出来的一种信息内容，这种内容所揭示的是固定在语言系统中的各种典型意义成分之间的相互关系，不以词汇意义为转移。

因此，在描写按单个结构模式划分的语义结构时，必须根据综合特征——纯语法特征和词汇语义特征加以区别。Шведова始终坚持"语法描写要完全符合语言使用真实形式"的宗旨，和"句法学范畴描写的方法论原则和宗旨应与其他的分体系相同"的思想（1980:11）。在由她主编的科学院《70年语法》和《80年语法》中，完成了俄语简单句句法的研究和描写，使她的现代句法学理论和概念、关于句子描写原则的新思想得到了集中体现。

以“句子最小结构模式”概念为基础的句子形式结构的描写方法，于20世纪60年代出现在俄语学界。Шведова在《70年语法》中首次提出了简单句结构模式的完整方案，并在此后的研究中对该方案进行了多次修改和调整，使该方案的理论思想得到了进一步的完善和发展。《70年语法》和《80年语法》，用该方法对各种不同类型的句子进行了分类和描写，并在有关俄语句法和普通句法理论的文章和专著中就此展开了广泛的讨论。引入句子结构模式概念，符合对语言学对象进行形式化和模式化处理的总趋势，这一趋势表现在现代语言学的各个流派和各个领域，代表了时代潮流。然而，关于句子形式结构的这种新的描写方法，并不是一下子就被认识和接受了的，围绕着句子结构模式的问题曾有过激烈的争论。这一领域的研究成果集中体现在《80年语法》第二卷中的句法学部分。

以 Шведова 为代表的科学院语言学派认为，句子的形式结构应看作是述语单位的形式结构。这种对句子结构模式的理解和描写与传统的“句子主要成分”的学说是一致的，《70年语法》和《80年语法》中列出的句子最小结构模式，正是从这样的立场出发来进行描述的。按照她的理论构想，在语法体系中，词组体系和简单句体系只能展示那些不要求指出词汇充填规则和趋向的最概括、最抽象的模式。这种结构模式具有很宽泛的适应性——可用于很多类型的句子。与此同时，它具有极大的抽象性，它只包括能构成述语单位（又称述语核心）的句子成分，而完全忽略了那些不是述语单位的成分，如那些在句子中按“词+词的形式”构成句法关系的成分，譬如由前置词+名词构成的前置词短语，以及述语要求的那些必须的扩展成分，譬如及物动词要求的必需的补语成分等，都没有纳入该模式。因此，这样的最小结构模式远非在填充任何词汇的情况下都能构成作为称名单位和交际单位的现实句子。例如，句子 Грачи прилетели（白嘴鸦飞来了） 和 Парк находится в центре города（公园位于市中心），可划入同一结构模式：N_1+V_f（名词一格+动词相应的变位形式）。可是，若第二个句子只按模式来填充词汇，却无法得到意义完整的现实句子：＊Парк находится（公园位于）。基于这样的理解，她提出了把语法描写和词汇描写结合起来的整合描写思想，这是Шведова句法理论的又一创新，实现了结构语义学这一原创性构想。正是这一崭新的描写方法为《80年语法》确定了俄语语法描写的路径，事实上创立了整合描写的一个最有前景的纲领。随着《80年语法》的诞生，俄语句法学研究进入了一个新的历史时期。

三、俄语词汇学研究

在俄语词汇学研究中，Шведова站在语言体系性研究的宏观角度上，提出了一系列重要的前沿性理论观点。

1. 词汇是一个体系

Шведова指出，任何一个自然的体系都具有以下几个共同特征：（1）复杂的结构，即一个体系本身拥有若干独立的分体系，而这些分体系又具有自己复杂的内部结构；（2）复杂的关系，即这些分体系始终处于一种必须的相互联系和关系之中，并相互作用；（3）整体上的调控作用，即一个体系最主要的作用不仅是把若干独立的分体系联合起来，还要协调和控制在这些分体系中发生的各种过程（1988a：163）/（2005：20）。她认为，词汇具有一个完整体系结构所具有的所有特征，在任何一种高度发达的标准语中，词汇都具有不可置疑的体系性，而且在很大程度上是体系的体系。此外，词汇的体系性丝毫不比语法的体系性差，甚至可以说比语法的体系性还要稳定。词汇体系中的单位不是单个的词，而是一组或一群词（1988b）/（2005：5）。例如，随着社会的发展，表示家庭成员身份的词汇发生了不同程度的变化，但作为表示社会机体的一个细胞——家庭结构的词，已形成一个稳定的词汇群，成为词汇中一个子体系。语言词汇的一个共同特征是具有关联性，即词汇内部各个分体系之间的相互关联。

2. 词汇同时属于两个语言层次

语言体系的本体是由其最基本的语言层次——语音、词汇、语法，以及这些层次之间的相互关系构成的。其中，词汇是枢纽性语言层次，占有极其特殊的地位，因为词汇是同时属于词汇学和语法学两个领域的描写对象。Шведова在研究中发现，语法学的词法部分和句法部分的描写对象都是词汇。在词汇研究中，重要的不仅是要了解词汇的双重属性，更重要的是要认识到，无论是它的语法属性还是词汇属性都要融于词汇的意义中，是不可分割的（2005:285-92）。词的语法意义必然要进入词汇意义，没有语法意义，词汇意义也无法存在。所以，当把词作为词汇体系单位来研究时，离开语法意义是不可能的。因此，当我们说词汇是一个体系时，是指语言中整个词汇相对于语法结构整体而言的。

3. 词汇的宏观研究——词典学

词汇是语言的核心单位，是词典注释的对象。在Шведова对词汇语义进行体系性研究的构想中，词汇的体系性本身不是研究目的，而是研究对象，是对该体系进行理论性概括和描述的前提。Шведова发现，许多研究者在认同词汇是一个体系的同时，把自己的研究局限于一个词汇语义群、一个或几个语义场、一个或几个词汇类别，而忽略了所选择描写的词汇部分与全部词汇的整体关系这一重要问题。为了解决这个问题，Шведова 对俄语词汇进行了多方面的研究：决定词汇多层面描写的上下文的类型；语法中和词典中的词汇；以词汇为例论证语言中的变体概念；俄语动词的词汇语义分类；词汇的活跃趋势；词典中词条注释的悖论；动词作为俄语词汇的主要部分等。正是基于对词汇的宏观研究和所得出的结论，Шведова提出了创建俄语语义词典的构想。

依据上述主要论点，Шведова有针对性地、系统深入地研究了词汇体系中的许多部分，其中主要是动词和代词。

在对动词进行描写时，Шведова打破了把动词划分为“行为动词/状态动词”的两分法模式，这种模式在传统中被作为公理而广泛采用。Шведова（2000）的研究表明，在俄语中有一类动词，其“行为”与“状态”的语义是对立的；还有一类动词，上述两种语义没有严格的区分，或者是模糊的。这两类动词的对立本身是现实的，也是符合整个动词词汇类别本质的。她认为，带有纯指示性初始意义的动词（指示性动词）是一个独立的词汇类别，是语言信息交流的基础，是对语言情景进行分类的依据。在研究动词语义的许多论著中，Шведова都论证了这一理论构想。譬如，她将动词быть（有；是；在）看作是俄语词汇体系中的主要成分之一，对该词的复杂性进行了重新认识和全新思考（2001a）。她的观察和研究表明，动词быть的语义基调不是多义性，而是多功能性——它是一个多功能语言单位，是一种特殊的词汇现象。

Шведова把代词视作构成语言意义框架的普遍概念的出发点，对其进行了深入研究，解决了语言学的一个基本问题——从语言中抽取出可以作为全面功能描写基础的那些意义范畴（1998：19-50）。她用19—20世纪俄语标准语的大量翔实的语言材料论证了代词是一个体系，该体系的框架内的一个基本概念是“存在”。这个体系集语言各种意义于一身，把语言的不同层次（词汇、成语、构词、语法）联合在一起；这个体系能生成普遍的和个别的语言意义范畴，而这些范畴是整个语言意义结构的基础。代词作为关于客观存在、物质世界和精神世界最普遍概念的载体，它表示着诸如时间、空间、生命体和非生命体、现象、特征、数量、物体存在方式等基本概念。这些概念是人们认识世界的基本点，人们通常通过代词完成认识的第一次划分。首先由疑问代词表示：外在的和本质的特征（какой, каков“什么样”），归属性（чей, который“谁的”），泛指时间、时间点和时间长度（когда“什么时候”），一般空间意义、方向、出发点和终点（где“在哪里”，куда“去哪儿”，откуда“从哪儿”，докуда“到什么地方”），数量和计量（сколько“多少”, насколько“有多少，到什么程度”），行为方式（как“怎样”）等。Шведова在确定疑问代词是一个具有起始意义的代词类别时，着重强调该词类一个十分重要的性能——人类中心论，因此，疑问代词кто“谁”是整个初始代词体系中的核心。

表达这些普遍性初始概念的代词有下列三种情态视角：（1）确定性、自觉性和可知性；（2）不确定性、不完全可知性和可疑性；（3）不可知性、不确定性和不存在。换句话说，每一个疑问代词对应一个语言情景范畴，每一个范畴都有三种不同类型的代词，代表着人的三种主观判断。试比较：

КТО（谁）：

（1）确定的——я, ты, он (она,оно), мы, вы, они, сам (сама, само), сами；

（2）不确定的——некто, кто-то, кто-нибудь, кто-либо, кое-кто；

（3）不存在的——никто, некого；

ЧТО（什么）：

（1）确定的——это, то, он (она,оно), сам (сама, само)；

（2）不确定的——нечто, что-то, что-нибудь, что-либо, кое-что；

（3）不存在的——ничто, нечего；

ГДЕ（在哪里）：

（1）确定的——тут, там；

（2）不确定的——где-то, где-нибудь, где-либо, кое-где；

（3）不存在的——нигде, негде（Шведова 1999：3-16）

几乎所有的疑问代词都可以引导出三种不同判断的代词。这种确定代词体系构成潜能的划分，使代词词汇类别的新理论在方法论方面更有价值。在Шведова制定的理论纲领的语境下，代词这一微观世界是承载意义起点的物质—语言基础，正是在这些意义的基础上才可能实现原始意义的裂变并在语言的宏观世界中构建意义的等级层次结构。Шведова的这些研究在不断加深对词汇现象认识的同时，不仅对词汇学和称名理论做出了贡献，而且提高了词典学研究的权威性和科学分量。

四、俄语词典学研究和词典编纂

Шведова科学生涯中另一个重要的领域是词典学研究和词典的编纂工作。按照她的观点，词典中的词条是一种独立的语言学体裁，它所传递的不仅是词本身的信息，而且还有词所处的各种不同类型的语言环境的信息：上下文的、词汇类别的、联想派生的、成语的、功能的等等。因此，Шведова指出，“词典学者必须时刻关注非语言学读者的需求，必须严格遵守‘游戏规则’：在详解词典中，在保留科学性注释的同时，词条必须是严格组织的，必须是能读懂的。词条的任务就是言简意赅地提供有关某个词的知识，而不是用很复杂的形式、多义和模糊不清的定义、谁都不能用的例证把这些知识编成密码。如果说语言学文章的作者可以想写什么就写什么，想怎么写就怎么写的话，词典编写人员则没有这样的权利，他们是语言科学所有体裁中最苛刻的一种体裁的奴隶”（2001b：14）。同时，她还强调，详解词典中的每一个词条都是对该词在其多界面的上下文中和词类环境中存在情况的研究成果；而词条描写的悖论就在于，它要把不断发展的动态的语言现象表现为静态的现象，也就是说，在发展过程的某一瞬间的截面上来描写发展（1988b）/（2005：5）。面对词典学研究的状况和词条描写的悖论，Шведова明确提出了自己的观点：对于不同的读者，词条应该同时解决两个不同的问题，实现两种不同的功效，满足两种不同的需求。一些人可以获得关于某一个词在实践意义上重要的信息，即应用性信息；另一些人可以获得他所关注的词汇的语言环境总体分类。而后一种任务是词典必须包含的纯科学信息（2001b：13-6）。基于对词典功能的这种深刻理解，她把词条所承担的两个方面的任务很好地结合在一起，使对词条的描写有了明确的理论概括和语言学解释。Шведова在词典学方面的突出成就主要体现在以下几部词典中。

1. С.И.Ожегов《俄语词典》（Словарь русского языка）

Ожегов主编的《俄语词典》是一部在俄罗斯和国外都享有盛誉的词典，从1949年开始出版，到1991年共出了23版，已发行了几百万册。Ожегов在世时共出了6版，其中第2版和第4版有增补。Ожегов在去世前不久曾写信给苏联百科出版社，表示不能再按原版出版这部词典，希望能有实质性的改动和增补。可惜作者的这一想法没能亲自实现。

Шведова曾参加过这部词典第二版的词汇编辑工作。在Ожегов去世后，Шведова作为责任编辑和合作者继续着这部词典的工作，力求实现作者的生前遗愿。在她的不懈努力下，由她主持修订、增补的第9版Ожегов《俄语词典》于1972年面世。在这一版中增加了4千个词条，并对原版的每一词条都进行了核对和完善。此后，该词典的编写和修订工作一直在Шведова的领导和亲自参与下继续着，从1972至1991年共再版14次，进行了多次的修订和增补。1989年出的第21版对该词典进行了大幅度的修改，使词典的容量有了很大的增加，词条从5万7千条增加到7万条；扩充了多义词语义结构的描写；丰富了释义部分，给出了成语和派生词之间的联系。随着科学院《80年语法》的出版和1989年《俄语正音法词典》的问世，第21版的词典中收录了相关的语法和重音资料。与Ожегов生前最后一次改版的第4版（1960）相比，第21版的Ожегов《俄语词典》实质上是一部全新的词典。与此同时，词典传承了原有的词典学原则和理论基础：词汇的选择和描写原则、词条结构、意义划分的根据；保留了修辞和词源注释体系原有的形式。1990年，苏联科学院通过决议，授予Ожегов《俄语词典》普希金奖章。

2.《俄语语义词典》（Русский семантический словарь）

《俄语语义词典》是近年来俄罗斯科学院俄语研究所在俄罗斯人文科学基金会的资助下进行的一项浩大工程，由 Шведова 主持，俄语研究所词典学研究室承担。第一卷已于1998年出版，第二卷于2000年出版，第三和第四卷于2003年付梓，第五卷于2004年付梓。

Шведова是《俄语语义词典》理论构想的创始人，该词典是她的词汇语义学理论和词典学理论的具体体现。她要在词典学界用另一种全新的视角描写词汇，恢复历史中自然形成的语言体系，表现出这一体系的结构关系及从属于这一体系的所有词汇单位。确定这一任务的理论出发点是，无论语法范畴，还是词汇—语法范畴，最开始时都是从每一个具体词中抽象出来的，因此，它们都要服从普通语言学的某种规律。从这一点来讲，语言的词汇和语法应是一个整体。在这一整体中，对语法规则与词汇成分之间关系最高程度的概括是词类体系。现代俄语词汇作为一个语言层面具有自己特有的组织结构，这种结构是语言本身创造的并由语言来调整。俄语词汇体系逐渐积累到目前的状态，涵盖了19世纪和20世纪的词汇，因此，词典中应该反映出词汇与刚刚过去的时代之间的紧密联系。对词汇类别的划分不仅应根据词的语法特性和词的形式特性，还应根据它们的功能，而功能特征在某些词汇类别中是起主要作用的。应该从组成成分和结构的角度去研究每一个分类，其研究结果就是用树形图表现出来的多等级的分类体系。这一分类体系应表现出每个词汇类别的自然结构和进入该词汇类别的各组成成分之间的关系：

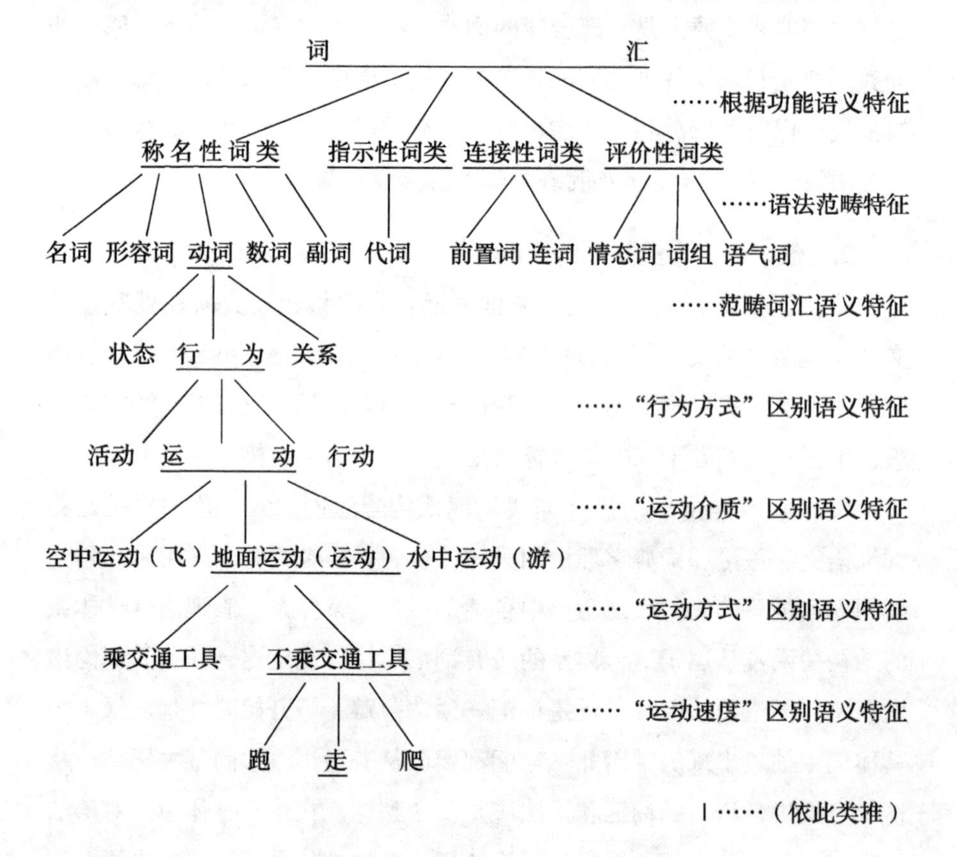

根据上述任务、理论和原则，该词典对从现代俄语详解词典中收录的近三十万条词义进行了分类处理。分析研究的第一级语言单位是词。根据词的主要特征，可把所有的词汇划分成4大基础类别：（1）称名性词类——表示物体、过程和非过程性特征的词（名词、动词、形容词、数词、副词和述语副词）；（2）指示性词类（代词）；（3）连接性词类（前置词、连词）；（4）评价性词类（情态词和词组、语气词）。

在《俄语语义词典》中词汇体系的结构是多层级的，用下列概念和术语表述：

（1）宏观类别（亦称词类）：这里所划的词类与传统的语法词类不完全对等，因为词典的分类原则是语义功能，依据宏观的功能语义特征和语法范畴把俄语的全部词汇划分为四大宏观类别，每一个类别都是由按概念域划分出来的纯词汇类别构成。

（2）词汇类别（亦称词汇语义类别）：进入某一宏观类别的词汇类别是整个语言词汇体系中的主要组成部分，通常与其他词汇语义类别一起位于某一方面概念域范围内，并通过构词、语义或成语化等手段与其他词汇类别相联系。词汇类别的主要特性有：内部的结构性（即它所包含的分类别的数量和容量），以及它们之间的关联性特点；自己特有的内部语法；自己固有的构词潜能；与同一类别中的某些语言单位构成成语的连带性；具有开放或封闭的特点。

（3）词汇分类别：词汇分类别和其子类别是词汇树上构成该词汇类别的枝叉，由自己的组成部分和所处的位置决定其结构。位于分类别和其子类别的词汇可以划分出许多层级。

（4）词汇语义序列：词汇语义序列是词汇树上最终端的一级，在这一层级上联合的是语义相近或相反的词义。进入词汇语义序列这一级的单个的词汇意义是词典描写的直接对象，并借助于词汇语义序列进入词汇类别的词汇体系，继而进入该宏观词汇类别的结构。

《俄语语义词典》中共有三十多万条词义，分为6卷：（1）前言、参考资料、俄语词汇总分类表、词典部分：指示词和数词；所有表示有生命物体的词（动物、植物）；（2）表示无生命物体的词（大自然产物和人的活动产物）；（3）表示抽象概念的词（人的存在、人的精神世界）；（4）表示非过程性特征的词（形容词、副词、述语词）；（5）表示过程性特征的词（动词）；（6）表示过程性特征的词（动词）、连接词和评定词、结束语。

根据分类原则和描写原则，所有的标题词（词义）按照词类、分类别、子类别这样的顺序排列。每个词条释文含有6个方面的内容：（1）标题词，（2）语法和发音特点，（3）词的定义，（4）例证，（5）构词族，（6）成语和固定词组。

该词典概括了近三十年来词汇语义学研究的主要成果，是第一部全面系统的语义词典。它不仅对教学实践具有重大意义，而且对理论语言学和应用语言学具有极大的价值。

Шведова主持修订、增补和编纂的颇具影响力的词典是她的词汇学和词典学理论思想在实践中的科学结晶，充分体现了她始终坚持和不断丰富、发展的关于俄语词汇学和词典学的重要思想：

（1）词汇本身是一个历史形成的不断发展的开放性体系

自从索绪尔提出语言是一个符号系统以来，语言学者们一直努力证实语言各个分支的体系性。在很长一段时期内，一直困惑俄语词汇学家的问题是如何证实词汇的体系性，词汇到底是一个功能体系，还是无规律的无序堆砌。词汇语义研究的发展为词汇的体系性研究打开了大门。20世纪70年代以来，对词汇语义场、语义群的大量研究已经证实了词汇的体系性。然而，以往的研究对象通常只是单个的词汇语义群或单个的词汇语义场。Шведова坚持认为， 应该站在词汇语义功能分析的高度，从俄语全部词汇的宏观角度对俄语词汇中的所有词类、语义场、语义群进行全面的分析和研究，以证实语言的词汇是一个功能体系的观点是客观的和正确的（1996：7）。《俄语语义词典》成功实现了Шведова的夙愿：其中的词汇分类的自然性和完全性，以及对这种分类与词的语法类别的关系分析都可以证实，语言的词汇是一个历史形成的活的语言体系，并按自然体系固有的规律存在着；词汇和语法一样是以体系的形式存在和发展的，这一体系有能力以自己所属的范畴表现出来。

（2）词汇语义具有等级结构和从属关系

词汇的类别和分类别都有自己独立的结构，这种结构类型因包含的词的属性差异而不同。尽管如此，词汇的等级结构都是按照同样的规律形成的。在词汇语义的树形图（前图）中可以看出：①下一层的分支总是从上一层中分出来的，也就是说下一层的词汇语义中总是包含着上一层词汇的基本语义，它们彼此处于相互生成和相互从属的关系中；②在每一个层级上的各分支彼此之间紧密联系并相互作用，它们具有共同的语义——上一层词汇的基本语义，同时又借助于区别语义特征将彼此划分为不同的子类别，它们之间具有交叉和对立关系；③词汇树形图代表着具有复杂结构的词汇分类图，根据词汇类别语义含量的不同，词汇树形图语义组织呈不均匀分布，总的体现形式是阶梯式包含关系和交叉对立关系。

（3）每个词汇类别和分类别都有自己的语法规则和形式化语法特征

词汇总的类别和分类别都有自己的语法和语法形式特征，这些特征是由该词汇—语法类别的语法性能和典型的语法特征构成的。这一结论是在对不同词汇群进行研究的基础上发现的，这个发现给那些从事形式语法研究、语法与词汇关系研究的学者提出了新的任务：揭示单个词汇语义群的语法，找出能代表该词汇语义群典型语法性能的特征。这里所指的无论是词汇还是语法都具有极高的抽象性，正如语法范畴是从大量的词形和词形之间的关系中抽象出来一样，词汇的树形结构也是从大量词与词之间的关系中抽象出来的。无论是在语法结构中，还是在词典中，语言都充分展示出其多层次的复杂结构，语言体系中的任何一个语言单位都服从于这一结构的规律和规则。从这样一个崭新的视角进行的研究可以证实关于词汇与语法有根源上联系的设想，这种设想虽然早已被语言学界所接受并习以为常，却又一直没有被经过认真严格的研究而证实过。在《俄语语义词典》中进行的研究和观察使这一设想得到了令人信服的具有普遍意义的理论和实践上的确认。

（4）词汇类别结构和多义词结构存在深层的同质现象

在《俄语语义词典》的编写过程中，Шведова及词典编写人员专门对多义词和词汇类别在各种语言环境和语言行为中的相似和差异进行了具体的分析和比较研究，找出了词的结构与词汇类别结构相同或相似的特点。一个词就像一个微观世界，这个世界的结构表现出词汇类别作为宏观世界的所有基本性能。它们在其结构上、发展趋势上、语言创新以及其组成部分表现出来的不同语体要素等方面都有惊人的相似。这种现象可以解释为，无论是词还是词汇类别都是一个具有某种本质特征的整体意义单位，词是词汇意义按等级组织成的一个整体，词汇类别是一个整合该词类所有词汇的意义构成的多级的整体。

五、结语

Шведова在俄语理论语法、历史句法学、词法学、词汇理论、详解词典等方面的理论研究与实践，以及语言学其他领域，如俄语标准语历史、功能修辞学和作家语言研究等方面都取得了巨大成就，显示出她在语言科学方面的与众不同：她的研究目标总是集中在整个语言体系上。Шведова把语言科学中具有同等重要本质属性的两个学科——词汇学和语法学同时作为自己的专业研究领域，把自己的科学兴趣与这两个相互交叉的世界有机地结合在一起，使纯粹的句法结构研究和词汇学及词典学研究拥有了很高的科学信息价值，成为认识语言作为一个体系的实质的重要源泉。

Шведова始终是一位前沿型学者，她的每一项研究、每一部著作都标志着语言科学发展的一个新阶段，都具有里程碑式的标志性意义。她在《俄语口语句法结构概论》中提出的“俄语口语句法结构具有成语性特点”的理论开创了俄语口语研究的先河，在20世纪中期掀起了一股口语研究的热潮；她的俄语句法结构模式理论的提出，《80年语法》的问世，创立了语言结构—功能整合描写的一个最有前景的纲领，实现了结构语义学这一原创性构想；她主编的《俄语语义词典》在俄语学历史上第一次把俄语标准语所有词汇按词汇语义类别进行分类和描写，证实了现代俄语词汇是一个具有自己特有的组织结构的语言体系，揭示了这一体系的结构关系及从属于这一体系的所有词汇单位在历史中自然形成的语义联系，把词汇语义研究与词典学研究紧密结合起来，成为俄语语言体系整合性描写的又一典范。

Шведова是一位学术个性鲜明的学者，她具有从全新的角度审视和把握自己的研究对象的非凡能力，并善于在汲取前人经验的基础上不断增强这一能力。她的学术权威性，她对语言学理论的宏观把握、对前沿性问题思考的深度和具有基础理论性研究特点的大量论著对俄罗斯语言科学的发展产生了巨大的影响。

参考文献

[1] Русская грамматика. 1980. Под ред. Н.Ю.Шведовой. Москва: Наука.

[2] Русский семантический словарь. Т.1,1998, Т.2, 2000. Под ред. Н.Ю.Шведовой, Москва: Азбуковик.

[3] Шведова Н. 1960. Очерки по синтаксису русской разговорной речи. Москва: изд-во АН СССР.

[4] Шведова Н. 1974. Русская научная описательная грамматика в русской Академии наук. Вопросы языкознания 6:14-20.

[5] Шведова Н. 2005a. Об основных синтаксических единицах и аспектах их изучения. Русский Язык. Избранные Работы. Москва: Языки славянской культуры. с.39-43.

[6] Шведова Н. 2005b, О принципах построения и проблематике «Русской грамматики»., Русский Язык. Избранные Работы. Москва: Языки славянской культуры. с.20-38.

[7] Шведова Н. 1988a. Лексическая система и ее отражение в толковом словаре. Русистика сегодня. Язык: система и ее функционирование. Москва: Наука. с. 73.

[8] Шведова Н. 1988b. Парадоксы словарной статьи. Национальная специфика языка и ее отражение в нормативном словаре. Москва: Наука. с. 5.

[9] Шведова Н. 1996. Русский семантический словарь (опыт описания лексики как системы). Вестник РГНФ, 1: 7.

[10] Шведова Н. 1998. Местоимение и смысл. Москва: Азбуковик.

[11] Шведова Н. 2000. Русская дейктическая форма “сделано” и означаемый ею тип сообщения. Слово в тексте и в словаре. Москва: Языки русской культуры. с.66.

[12] Шведова Н. 2001a. Еще раз о глаголе «быть». Вопросы языкознания, 2:3-12.

[13] Шведова Н. 2001b. Автор и составитель? (Об ответственноти лексикографа) Культура русской речи: к 100-летию со дня рождения С.И.Ожегова. Москва: Индрик. с.6.

[14] Шведова Н. 2005. Русский язык. Избранные работы. Москва: Языки славянской культуры.

[15] Белошапкова В. 1997. Современный русский язык. Москва: Высшая школа.
[16] 华劭，1991，《华劭论文选》，哈尔滨：黑龙江人民出版社。

（原载《当代语言学》，2007年第4期）

感悟俄语

大学的俄语启蒙，开启了我学习俄语的漫长时空过程。真正走进俄语世界的自由王国是在博士留学期间，开始啃读俄语原著，研读理论典籍，尝试用俄语去思考，找到俄语语言意识的自觉；从读俄语到用俄语写文章。在这一过程中我才真实地体验到俄语的魅力，感悟到语言的奥妙。

Компонентный анализ семантики глаголов вращательного движения

Глаголы, обозначающие вращательное движение в современном русском языке, представляя собой часть семантического поля глаголов движения, образуют самостоятельную, четко вычленяющуюся лексико-семантическую группу (ЛСГ) с общим семантическим признаком(СП) «вращение», в котором конкретизируется абстрактная семантическая категория «характер движения».

Однако, традиционно эта группа считается слабо структурированной и не дифференцирующейся ни по каким семантисеским признакам, и до сих пор не получила полного системного описания. Хотя отдельные аспекты семантики глаголов вращательного движения освещены в работах В.Л.Ибрагимовой[1982] и Е.А.Нефедовой (на диалектном материале)[1985], но все же не разработана их четкая классификация по семантическим признакам; не описаны модели синтаксической и лексической сочетаемости; практически не исследован динамический аспект семантики глаголов вращательного движения, проявляющийся в их переносных значениях.

Задачей настоящей работы является комплексный анализ семантики глаголов вращательного движения по линии парадигматических, синтагматических и эпидиматических отношений и классификация этих глаголов по их семантическим признакам.

В ЛСГ глаголов вращательного движения входят глаголы *вернуться, вертеться, воротиться, вращаться, кружиться, крутиться, обернуться, обращаться* и их каузативные *вернуть, вертеть, воротить, ворочать, вращать, кружить, крутить, обернуть, обращать* и их приставочные образования. Базовое положение в этой группе занимают глаголы *вертеть/-ся/, вращать/-ся/, крутить/-ся/.*

Вращательное движение—это такое движение, при котором все точки вращающегося тела описывают окружности вокруг центра, лежащего на оси вращения. В зависимости от места нахождения оси вращения—в самом предмете или вне его, предмет совершает вращение на одном месте или перемещается вокруг чего-либо. Первый вид движения назван непоступательным вращением, второй вид—поступательным вращением или вращением-перемещением.

Таким образом, глаголы вращательного движения могут быть дифференцированы по сематической субкатегории «характер вращения», которая конкретизируется в семах «поступательное вращение» и «непоступательное вращение».

Различия в этих дифференциальных семантических признаках (ДП) находят формальное выражение в синтаксической конструкции. Значение «непоступательно вращаться вокруг своей оси» реализуется в минимальной двучленной конструкции N_1+V, локальное обстоятельство здесь является факультативным. В этом случае вращательное движение совершается на одном месте, непоступательно.

Например:

Колеса некоторых станков вращались с быстротой двадцати оборотов в секунду. [Купр. «Молох»]

А реализация значения «вращаться вокруг оси, находящейся вне вращающегося предмета» осуществляется в минимальной трехчленной конструкции: $N_1+V_f+Pr+Ncas.obi$ (где N—имя, V—глагол, Pr—предлог, Cas.obi(oblique case)—косвенный падеж, N_1—субъект действия, N_4—объект действия), в которой требуется обязательная позиция локальности, указывающая на путь кругового движения. Например:

Спутник вращается вокруг Земли.

Земля вращается вокруг Солнца.

Вращательное движение (поступательное и непоступательное) может завершаться возвращением в исходную точку по замкнутой кривой и может прекращаться до такого возвращения, либо завершаться возвращением в исходную точку по незамкнутой кривой. В соответствии с этим по субкатегориальной семе «цикл вращения» в семантике глоголов выделяются семы «полный цикл вращения» и «неполный цикл вращения».

Семантические субкатегории «характер вращения» и «цикл вращения» находят обязательное выражение в семантике глаголов вращательного движения. Конкретизирующие их семантические признаки выделяются на основе привативной оппозиции. Они являются дифференциальными в значениях более высокого уровня абстракции и идентифицирующими в значениях более низкого уровня. Например:

Колесо медленно ворочалось.(непоступ., полный цикл)

/Еремин/ медленно повернулся к Сабурову. (непоступ., неполный цикл)

Вращательное движение как полного, так и неполного цикла может совершаться однократно и многократно. Последнее определяется количеством прохождения движущимся телом исходной точки вращения. Эта особенность находит свое отражение в семантической субкатегории «кратность вращения», по которой в семантике глаголов выделяются признаки «однократное вращение» и «неоднократное врещение». Эти признаки являются дифференцирующими лишь в части значений глаголов вращательного движения, в семантике других глаголов они присутствуют потенциально и могут актуализироваться при реализации семантического потенциала глаголов вращательного движения—в их переносных значениях.

Признаки «кратность движения» могут характеризовать разные глаголы (повернуть голову и повертеть шеей), и разные виды одного глагола.

Рассмотренные семантические признаки дают основание для выделения в группе глаголов вращательного движения подгрупп с разной комбинацией этих признаков.

Такие глаголы, как *вертеться, ворочаться, вращаться, кружиться, крутиться, обернуться, обращаться* и их каузативные *вертеть, ворочать, вращать, кружить, крутить, обернуть, обращать* могут обозначать и поступательное и непоступательное вращение, вращение полного и неполного цикла.

Соответствующие глаголы разными своими значениями входят в разные семантические подгруппы. Внутри подгрупп возможно дальнейшее деление на микрогруппы по семам, определяемым семантикой голагольных актантов. Например: подгруппа «вращаться, опираясь на какую-то поверхность» разделяется на микрогруппы: «вращение живых существ» и «вращение механизмов или их частей», например:

Плясун кружится на одной ноге. [СУ, т.1, с.202]

...на крутом берегу вертелись сотни небольших мельниц. [А. Толстой «Петр I»]

В группе глаголов вращательного движения большое место занимают префиксальные глаголы. Выражая те же значения, что и соответствующие бесприставочные глаголы, они характеризуются дополнительными смысловыми оттенками, привносимыми приставками. При этом роль приставок с пространственными и количественно-временными значениями неодинакова.

Приставки с пространственными значениями сочетаются с глаголами, обозначающими неполный цикл непоступательного и поступательного вращения, и маркируют значения этих глаголов ДП, которые определяют в привативной оппозиции бесприставочных глаголов и в эквиполентной оппозиции приставочных глаголов друг другу. Ср.:

ворочаться и переворачиваться с боку на бок;

повернуться к кому-л. и отвернуться от кого-л.;

повернуться и развернуться и т.д..

Сочетание глаголов полного цикла поступательного и

непоступательного вращения с приставками в пространственных значениях может приводить к более глубокой трансформации значений, состоящей в смене архисемы(напр. *вертеть* и *провертеть*—«вращая, образовать»).

Приставки с количественно-временными значениями сочетаются преимущественно с глаголами поступательного и непоступательного движения полного цикла. Сочетание с глаголами неполного цикла движения возможно лишь при наличии у них СП «неоднократность»(вертеть головой—повертеть головой).

Исследование прямых значений приводит к выводам, что группа глаголов вращптельного движения представляет собой иерархически организованную структуру, где каждое последующее семное значение вносит уточняющие дифференциации к предшествующему.

Первую ступень иерархии семантических признаков глаголов вращательного движения составляет признак «вращение», выступающий как архисема.

Такие признаки, как «харектер вращения», «цикл вращения», «кратность вращения», «обязательность возвращения в исходную точку» выделяются на основе привативных оппозиций разных уровней обобщения и на основе эквиполентных оппозиций одного уровня обобщения. Признаки низшего уровня определяются семантикой глагольных актантов и семантикой префиксальных морфем приставочных глаголов. Таким образом, в зависимости от уровня противопоставления семантические признаки могут выступать как дифференцирующие или как объединяющие.

Соответственно этому, между компонентами ЛСГ устанавливаются родо-видовые отношения. Один и тот же глагол может одновременно включаться в несколько оппозитивных связей. Например, в парадигматических отношениях привативной оппозиции сема «полный цикл вращения» противопоставлена семе высшей ступени «непоступательное вращение» и семам нижней ступени «вращаться, опираясь на какую-л. поверхность» и «вращаться, не имея точки опоры». Вместе с тем в эквиполентной оппозиции она противопоставлена семе «неполный цикл вращения». Единство этих привативных и эквиполентных оппозитивных связей составляет в целом парадигматическую структуру ЛСГ глаголов вращательного движения, определяя место каждого глагола и его лексико-семантического варианта(ЛСВ) в системе лексико-семантической группы и в общей системе языка, его участие в лексико-семантических группировках на основе общности интегральных признаков и противопоставленности дифференциальных признаков.

Исследование показало, что чем уже значение глаголов вращательного движения, тем конкретнее и богаче его смысловое содержание; чем ниже находятся признаки в семной структуре, тем ярче проявляется синтагматическая зависимость этих признаков.

Семантические признаки I-III уровней членения, несомненно, носят парадигматический характер. Они выявляются на основе семантических оппозиций и играют существенную роль в формировании лексических значений глаголов. Семантические признаки V уровня и часть СП IV уровня членения носят синтагматический характер. Они зависят от семантики актантов и не всегда дифференцируют отдельные значения.

Для глаголов данной ЛСГ характерно их функционирование в предложениях, реализующих одну синтаксическую модель. Компонетнами такой модели являются предикатная позиция, соотнесенная с категориально-лексической семой, и актантные позиции, в которых реализуется типовая сочетаемость глаголов данной группы, прежде всего с именами существительными. Каждый глагол, сохраняя в своем значении общие семантические признаки, отличается от другого дополнительными семантическими признаками, зависящими от семантики их актантов.

Анализ семантики глаголов вращательного движения позволяет сделать вывод о полевом характере ЛСГ, о наличии в ней ядра и периферии. Ядерные элементы ЛСГ глаголов данной группы составляют значения, в которых признак «вращение» выступает как архисема. Вокруг него находятся значения с дополнительными семантическими признаками «характер вращения», «цикл вращения», «кратность вращения», «обязательность возвращения в исходную точку движения», которые в зависимости от уровня противопоставления могут выступать или как дифференцирующие, или как объединяющие.

Ближнюю периферию группы образует подгруппа «поступательное вращение полного цикла с необязательным возвращением в исходную точку». Глаголы этой подгруппы могут недифференцированно обозначать как движение по замкнутой кривой, так и спиралевидное движение(например, *ястреб кружит, снег крутился*). Это сближает их с глаголами *летать, виться, порхать, вихриться* и др. К периферии группы относятся также глаголы, образующие переходную зону между глаголами вращательного и поступательного движения(*вернуться, возвращаться, повернуться, свернуться* и т.д.).

Наличие периферийных семантических участков группы связано с внутренней динамикой сем, с возможностью сем вступать в различные группировки. Одной из возможных интерпретаций семной иерархии периферийных глаголов может быть представление по метонимическому типу отношений: «вращаясь, кружа, летать», «повернув, пойти...».

Наличие периферийных зон усложняет выделение идентификатора всей группы глаголов вращательного движения. Глаголы *вращать/-ся/, вертеть/-ся/, кружить/-ся/, крутить/-ся/*, претендующие на роль идентификатора в силу широты своей семантики, которая может исчерпываться семой «вращение», с наибольшим успехом выполняют ее по отношению к ядру группы.

Примечания

1. Васильев Л.М. Принципы семантической идентификации глагольной лексики. // Семантические классы русских глаголов. Урал.1982.
2. Васильев Л.М. Придикаты отношения (общая структура семантического поля). Семантика слова, образа, текста(тезисы международной конференции). Архангельск. 1995.
3. Ибрагимова В.Л. Семантические классы глаголов колебательного и вращательного движения в русском языке. // Исследование по семантике.Уфа, 1982.

4. Ибрагимова В.Л. Глаголы пространственной локализации в современном русском языке. Екатеринбург.1994.
5. Нефедова Е.А. Семантика глагольного слова и некоторые особенности его сочетаемости. // Лексика и фразеология говоров территории позднего заселения. Кемерово.1985.
6. Нефедова Е.А. Семантика глагольного слова в парадигматическом аспекте. // Актуальные проблемы диалектной лексикографии. Кемерово. 1989.

（原载«Актуальные проблемы социогуманитарного знания » // Сборник научных трудов кафедры философии МПГУ, Москва, 2001, выпуск X, с. 73-76）

Семантические соотношения в метонимических значениях глаголов вращательного движения

В языковой практике смысловое содержание слов так велико, что системные отношения слов как двусторонних единиц не исчерпываются парадигматическими и синтагматическими связями. Д.Н. Шмелев отмечает: «Будучи двусторонними единицами, единицы лексики находятся в таких отношениях друг с другом, которые не могут быть сведены к их парадигматическим и синтагматическим отношениям: благодаря тому, что каждая из этих единиц имеет материальную «форму» и смысловое содержание, она является в какой-то мере средоточием и этих двухсторонних связей, объединяющих ее, с одной стороны, с рядами «формально» близких слов, с другой стороны,—с теми точками «семантического пространства», с которыми так или иначе соприкасается ее собственно-смысловое «содержание». Таким образом, семантическая структура каждого отдельного многозначного слова может рассматриваться как отражение этого вида отношений, которые могут быть названы эпидигматическим или деривационным (в широком смысле слова)» [1, с. 191].

Семантическая деривация(эпидигматика) существенно отличается от парадигматики и синтагматики. «Если парадигматика и синтагматика являются как бы обстрактной моделью речи, воспроизводящей их принципиально цепочечный строй, то эпидигматика лежит в совершенно иной плоскости категориальных семантических переходов» и имеет более сложный строй[2, с.133]. Она базируется на лексической многозначности слов, что понимается способность слова иметь несколько разных связанных друг с другом значений.

В современной науке принято разграничение значений на первичное и вторичное, прямое и переносное, связанное и свободное, конкретное и абстрактное и т.п. Вторичное(переносное) значение отталкивается от первичного и связано с ним деривационно. «Ассоциативно-деривационные отношения в лексике связаны с понятием мотивированности. Лексическое значение может быть мотивировано двояко—во-первых, морфемным составом слова, во-вторых, другим значением (или значениями) того же слова» [3, с. 227].

Метонимия как один из чрезвычайно употребительных способов семантического переноса в современной русской лексике заслуживает особого внимания. Она понимается перенос наименования того или иного предмета или явления на другой предмет или явление по смежности.

Метонимические переносы подчиняются существующим формулам, регулярным моделям, согласно которым происходит семантическая трансформация значений слов. Д.Н.Шмелев несколько раз подчеркивает, что дело здесь не «в изменении значения данного конкретного слова, ... а в реализации некоторой обобщенной семантической формулы(модели)» [3, с.107]. «дело, таким образом, не в том, что каждое из них в отдельности приобрело соответствующее значение, а в том, что существует общая возможность такого метонимического их применения» [3, с.221]. Эту особенность метонимических значений многозначных слов отмечает и Ю.Д.Апресян: «Регулярность—отличительная черта метонимических переносов, нерегулярная полисемия более характерна для метафорических переносов. С другой стороны, регулярность обычно свойственна непосредственной полисемии; опосредствованная полисемия чаще бывает не регулярной» [4, с. 190].

Метонимическим соотношением значений характеризуется целый ряд глаголов. Ср: *рубить дрова—рубить поленья; вертеть доску—вертеть дыру.*

При исследовании метонимических значений глаголов большое внимание было уделено синтаксическим связям соответствующих слов, соотношениям предиката с актантом, а также влиянию семантики актанта на семантику глаголов в переносных значениях. Рассматривая характерные черты метонимической связи в значениях глагольной лексики, Д.Н.Шмелев отмечает: «Принцип метонимии, осуществляющийся в языке, естественно, влияет на синтаксические связи соответствующих слов, а следовательно, и на сочетаемость других слов» [1, с. 226]. Так разграничиваются типичные метонимические употребления глаголов по их возможной сочетаемости с существительными, и выделяется «группа глаголов, способных обозначать либо воздействие на объект, либо действие, уничтожающее свой объект, ср: *брить клиента и брить бороду*» [5, с. 114]; и «группа глаголов, имеющих значение воздействия на объект и глаголов, имеющих значение действия, создающего свой объект, ср: *варить картофель—варить суп*» [1, с. 229].

Все глаголы вращательного движения многозначны. Многие из них проявляют регулярность в образовании новых значений, что дает возможность выделить подгруппы(парадигмы) с общим компонентом значения, в которые входят как бесприставочные, так и приставочные глаголы. В данной работе представлена классификация метонимических значений глаголов вращательного движения на основе закономерностей соотношений прежней и новой архисем.

При описании глаголов вращательного движения типы метонимических значений устанавливаются не для каждого отдельного слова, а для группы слов с общим семантическим признаком.

1. Соотношения одновременности действий

В семантике метонимических значений глаголов данной группы четко проявляются соотношения одновременности действий, обозначаемых прежней и новой архисемами. При этом сема «вращение» (поворот) сохраняется, но, превращаясь в его отличительный признак, она играет уже не главную роль в обозначении действия. Соотношения одновременности действий между прежней и новой архисемами дают глаголам вращательного движения целый ряд новых значений:

1.1. Рассматривать с разных сторон, изучать внимательно

Проводница окинула меня подозрительным взглядом и долго вертела билет перед носом. [Нагибин]

Каюсь, сам несколько раз в спешке покупал имитацию, потом долго плевался и теперь, прежде чем отдать деньги, всегда кручу пачку в руках. [МК, 07.08.1994 г., с. 2]

1.2. Танцевать

Хочется ей повертеться под музыку, пощелкать пальцами, похлопать в ладоши. [Сергеев-Ценский]

К Василию...подбежал Нелька: «Пошли Вася, покружимся?»—«Я никогда не танцевал.» [Уксусов]

1.3. Искать нужное направление

Глаголы в данном значении обозначают не намеренное действие агентивного субъекта, а какое-то неожиданное состояние, в котором оказался субъект.

Мы едем за ним/проводником/, кружим по всему городу и наконец приезжаем. [Гарин]

/Мальчик/ попал в Краков и заплутался в нем. Он долго кружился по улицам города и все не мог выбраться на простор поля. [М. Горький]

1.4. От семы «поворот» образовано несколько антонимических пар значений, в которых противоположная направленность действий выражается приставками. Семантика каждой антонимической пары реализуется в условиях ограниченной сочетаемости и определяется ею.

1.4.1. Загибать—отгибать

— *«Вот наденешь это пальто, рукава подвернешь, да и подвертывать не надо, по крайности руки не будут мерзнуть.»* [Лейк]

Этот ученый носил гимназическую шинель, воротник которой отворачивал наподобие штатской. [А. Островский]

1.4.2. Распускать/-ся/—закрывать /-ся/

Целый месяц ежедневно собирают ее сначала в долинах, где черемша только-только развернула листья. [Емельянова]

Листья на березах, рябинах и черемухах пожелтели, как в сентябре, свертываются и опадают. [Арамилов]

1.4.3. Складывать—распрямлять

Свернули два билета, он положил их в фуражку..., я вынул опять первый нумер. [Пушкин]

Девушка принесла сложенный вчетверо план, развернула его и положила на стол. [Паустовский]

1.5. Переворачивать /-ся/ внутренней стороной наружу

В сочетании с названиями одежды возможно употребление наречия *наизнанку.*

/Полковник/ начал стаскивать с себя гимнастерку. При этом он невольно вывернул ее наизнанку. [Симонов]

Молек выворотил карман у штанов, вытряхнул на ладонь последние крошки(табаку). [Неверов]

1.6. Перелицовывать

От предыдущего значения «вывернуть внутренней стороной наружу» метонимическим способом образуется вторичный перенос значения у глаголов—*перелицевать, перешить*. В современном русском языке это значение является устаревшим.

/Дарья Федоровна/ начала отдавать штопать, чинить старое белье, переделывать и выворачивать свои платья. [Шеллер-Михайловский]

Нужно или нет шить к лету холодную шинель? Старая моя переворoченная, еще ничего, годится. [Чернышевский]

1.7. Перевертывать на противоположную сторону

/Чичиков/ узнал, что афиша была напечатана в типографии губернского правления, потом переворотил на другую сторону — узнать, нет ли и там чего-нибудь. [Гоголь]

В условиях узкой сочетаемости общая идея переворота на противоположную сторону конкретизируется в значении «перелистать».

Он взял письмо и поднес к свету... Через несколько минут он быстро обернул на четвертую страницу и прочел подпись. [Достоевский]

Павел Петрович взял с комода замасленную книгу... перевернул несколько страниц. [Тургенев]

2. Соотношения последовательности действий

Некоторые глаголы вращательного движения (*закрутить, подвернуть, скрутить*) способны в своих переносных значениях обозначать два действия, которые совершаются одно за другим. В семантике этих переносных значений содержатся две семы: одна из них, превращаясь от архисемы прямого значения, выполняет функцию дифференциального признака; другая, как новая архисема, обозначает действие, которое совершается за предыдущим. Находясь в отношениях временной последовательности, эти действия достаточно автономны по отношению друг к другу. Общая часть этих значений может быть определена как «повернув, поместить куда-либо». Она реализуется в следующих конкретных значениях.

2.1. <u>Заламывая руки назад, связывать их или удерживать в таком положении</u>

Это значение имеется у глаголов *закрутить, скрутить скручивать.* По значению эта подгруппа сходна с подгруппой 3.4.4, у которой в семантике тоже имеется сема «связывать». Различие между ними состоит в том, что первая соотносится с семантическим признаком прямых значений «неполный цикл вращения(поворот)», а последняя—с признаком, полный цикл вращения. Кроме того, употребление этого значения ограничено лексической сочетаемостью: словом *рука.*

Голова у Жилина разбита, кровь запеклась над глазами...Руки так закручены, что в ключице ломит. [Л. Толстой]

Из-за лошади двое драгун вывели босого человека. Руки его были скручены за спиной. [Паустовский]

2.2. Согнув, поместить подо что-либо

Такое значение обнаруживается у глагола *подвернуть.*

«В дощатых сенях ничком лежал Давид Давидыч, подвернув под себя руки». [Л. Толстой]

«/Гаврила/ сел на подушку, повернув под себя здоровую ногу». [Новинов-Прибой]

2.3. Согнув, поместить подо что-либо, спрятать

Это значение соотноситься с двумя предыдущими метонимическими значениями глагола подвернуть/-ся/.

Гуси завертывают голову под крыло, ложатся или лучше сказать, опускаются на хлупь и брюхо и засыпают. [С. Аксаков]

Коричневый пойнтер старшего егеря Покорни спит, удобно подвернув голову под переднюю лапу. [Емельянова]

2.4. Загнув края чего-либо, поместить внутрь, под низ, вниз

Глаголы *подвернуть, подворотить* в том значении сочетаются с названиями предметов, совместимых с понятиями «сторона, край, конец».

/Я/ закрыл голову одеялом, подвернул его под себя со всех сторон. [Л. Толстой]

У порога он останавливается, неловко надевает на голову папаху, один край которой подвернулся внутрь. [Новиков-Прибой]

Следует отметить близость значений подгрупп 2.1, 2.2, 2.3, 2.4 и 3.4, имеющих общую сему «помещать». Их различие состоит в том, что первая соотносится с семой «однократное вращение неполного цикла»; а вторые—с семой прямых значений «неоднократное вращение полного цикла».

3. Соотношения способа действия и действия

Значения, входящие в данную группу, также обозначают смежные действия, совершающиеся одновременно. Отличие от 1-й группы состоит в том, что одно из действий выступает как способ осуществления другого: архисема нового значения обозначает основное действие, архисема «вращение», превращаясь в ДП, обозначает способ, прием его осуществления.

Эти соотношения обнаруживаются у глаголов вращательного движения в следующих значениях:

3.1. Вращая, создавать, делать

За шатер Иван забился и давай дыру вертеть, чтобы царевну подсмотреть. [Ершов]

Это была металлическая терка, которую вставляют в коловорот, чтобы провертывать дырки. [Гайдар]

В этих примерах мы встречаем типичное метонимическое употребление глагола: дыра здесь не объект действия, а объект, создаваемый действием, иными словами, результат действия. Все это характеризует метонимию как вторичную, рассуждения строятся на семантике актантов.

3.2. Вращая, изготовлять

В этом метонимическом значении глаголы данной группы тоже обозначают действие, создающее свой объект. При этом в семантике глаголов кроме «изготовлять» имеется и потенциальный признак «из чего», который реализуется в контексте: поворачивать из стороны в сторону какой-л. материал (бумагу, мочало)— изготавливать что-либо из этого материала.

/Он/ с величайшей экономией в табаку крутит тончайшие папиросы. [Гл. Успенский]

3.3. Вращая, регулировать

Это значение относится к вторичной метонимии. Оно основано на смежности объекта действия: ручки регулятора и устройства, на котором она помещается или величину которого регулирует.

Мальчик сильно прикрутил фитиль, и фонарь горел еле-еле. [Катаев]

Под утро ... он подвернул лампу и подошел к окну, чтобы посмотреть, нельзя ли уже работать при утреннем свете. [Вс. Иванов]

3.4. Вращая, помещать/-ся/

Глаголы обозначают такое действие, при котором процесс вращения понимается как способ действия, а само действие имеет локативную направленность: «помещать во что-либо, на что-либо» и т.д., которая конкретизируется в семантике приставок.

3.4.1. Антонимичные значения «помещать внутрь чего-либо»— «вынимать из чего-либо»

Употребление глаголов в значении «помещать внутрь чего-либо» ограничено лексической сочетаемостью: словами винт, гайка, лампа и т. п.:

Отвертка быстро ввертывала в стену шуруп. [Н. Островский]

Он постучал ключом по железу:—«так нельзя ехать. Не

привертывается гайка до конца, резьба на болту забита». [Овечкин]

С первого раза вывернуть взрыватели не удалось... Садясь... Садясь верхом на скользкую торпеду, они орудовали ключом. [Колышкин]

3.4.2. Антонимичные значения «помещать на поверхность чего-либо»—«снимать с поверхности чего-либо»

Ты зачем, говорит /мать/, шар с кровати свернул? [Гайдар]

Скрывая боль от Науменко, я отвертывал кое-как винты, хватил раму и мчался обратно. [В. Беляев]

3.4.3. Помещать вокруг чего-либо

В этом метонимическом значении между прежней и новой архисемами существуют не только соотношения действия и способа действия, но и потенциально содержится указание на инструмент, устройство, которые подвергаются вращательному движению и с помощью вращения которых совершается действие. Такое метонимическое значение обладает особой спецификой.

—Во-первых, объект, который подвергается действию, обычно представляет собой длинный, мягкий, способный навиваться на какой-либо предмет.

—Во-вторых, данное действие совершается не самостоятельно (ср. «*Земля вращается вокруг Солнца*» и «*Дети кружат вокруг стола*», где субъект действует самостоятельно), а с помощью какого-либо инструмента (рук или каких-либо устройств), т.е. рука или устройство при этом делает круговое движение вокруг чего-либо и тем самым навивает данный предмет на что-либо.

—В-третьих, в отличие от видов движения в прямых значениях

глаголов, в данном значении глаголы обозначают такое движение, при котором предмет не двигается по какой-либо кривой в определенном расстоянии от оси, от центра, а примыкая, прямо навивается на нее.

В эту подгруппу кроме базовых глаголов вращательного движения входит глагол *мотать* с разными приставками, для которого это значение является прямым.

Оттенки данного значения проявляются в разных вариантах сочетаемости:

Мать намотала ему голубую шерстяную косынку вокруг шеи. [Тургенев]

Она была одета по-женскому—в белый халат, золотые волосы завиты в косу и обкручены вокруг головы. [А. Толстой]

Пров Кириакович навертел конец веревки на руку и, перебросив через плечо, потянул. [Лавренев]

Около другой фанзы сидел старик и крутил нитки. [Арсеньев]

Сергей Иванович замотал последнюю удочку. [Л. Толстой]

В теле было непривычное чувство страшной связанности, как будто его обкрутили канатом. [Симонов]

3.4.4. Связывать, скреплять

Восходя к метонимическому значению «навивать», это значение стоит на II ступени метонимических отношений в группе глаголов вращательного движения. Ср.: вертя, навивать что-либо на что-либо—навивая, привязать, прикрепить.

Пока увязывали и укручивали груз, пока варили обед, кормили быков и лошадей, совсем завечерело. [Бабаев]

Верхнюю губу кобылицы закрутили веревкой на закрутке. [Шолохов]

3.4.5. Лишать свободы движения

Сочетаясь с одушевленными существительными, глагол *скрутить* имеет еще одно переносное значение—«лишать свободы движения», которое стоит на III ступени метонимических значений в семантическом поле группы глаголов вращательного движения. Ср.: вертя, навивать что-либо на что-либо—навивая, связывать что-либо—связав, лишать свободы движения кого-либо.

Наконец его повалили на постель и скрутили крепче прежнего. [Гаршин]

Привели молодого человека с завязанными руками, босого...—«За что это его так скрутили?»—спросил я. [Герцен]

3.4.6. Помешать вокруг всей поверхности чего-либо

/Толя/ обвертывал кастрюльки газетой и одеялом, чтобы мать... нашла горячий обед. [Б. Полевой]

Как у Васьки Волчка вор стянул гусака...в полотенце и свернул, да поймал караул. [А. Толстой]

Старик, кряхтя, на бок перевернулся и в простыню тепленько завернулся, сомкнул глаза, заснул и стал храпеть. [Пушкин]

3.4.7. Налипать, облеплять

Это переносное значение близко по значению к предыдущему, отличие состоит в том, что предмет, который можно навернуть на что-либо, не длинный, мягкий, а рыхлый, дискретный. Особенности семантики актантов формируют более узкое значение.

На колеса медленно наворачивались толстые шины грязи с

прилипшими к ней степными цветами. [Катаев]

Дорога до Томска ужасная...насыпи размыло, колеса по трубицы, до еще на них накатывается глина. [В. Сурик]

3.5. Крутя, воспроизводить, показывать

Глаголы *крутить и прокрутить* в сочетании со словами пленка, фильм и т.п. имеют значение «воспроизвести снятый на пленку фильм или записанную на ленту музыку, пение и т.п., вращая ручку аппарата или устройства».

Нетрудно заметить, что и в этом значении ощущаются вышеперечисленные признаки подобного вида вращения: длинный предмет (в данном случае это пленка, лента и т.п.) навивается на что-либо при вращательном движении какого-либо аппарата или специального устройства.

Фильм уже начали крутить—на экране дама с белым зонтиком сидела у моря. [Никулин]

Каждый из нас /кинематографистов/ по собственной воле может сесть в зрительный зал перед экраном и прокрутить свои картины. [Герасимов]

3.6. Крутя, проходить(пропускать) через что-либо

В семантике глаголов с приставкой про- имеется сема «взаимодействие с неподвижной точкой в пространстве как преградой на пути движения предмета». При этом приставка дает дополнительный признак «через что-либо».

Винт провинтился сквозь доску. [ССРЛЯ, т. XI]

Круглые плоские семена какой-то травы, пропитавшись влагой, задвигались, начали разворачиваться спирально и ввинчиваться в мою куртку. Они провинтили ее насквозь. [Паустовский]

4. Соотношения причины и следствия

Метонимические значения данной группы соотносятся с прямыми значениями с семой «поворот». Общая часть этой группы метонимических значений, которая может быть определена как «повернув/-шись/, повредить», конкретизируется в зависимости от семантики слов, занимающих позицию объекта действия.

4.1. <u>Вывихнуть/-ся/</u>

Это значение у глагола *вернуть/-ся/* с приставками вы-, под-, с-. Глаголы с различными приставками, выражая то же самое значение, характеризуются разной лексической валентностью. Например:

Глагол *вывернуть/-ся/* обычно сочетается со словом *рука*:

Рука у меня вывернулась.

Глагол *подвернуть/-ся/*—со словом *нога*:

/Он/ поскользнулся и подвернул правую ногу... Врач сказал, что у Уленкова растяжение связок, нужно обязательно вылежать несколько дней в постели. [Саянов]

— Я катался на коньках, и у меня подвернулась нога. Прямо ступить нельзя, такая боль. [Куприн]

Глагол *свернуть/-ся/*—со словом *шея*:

Кондратий Замятин повернул голову так круто, что казалось, он свернет себе шею. [Короленко]

4.2. Перекосить ударом на сторону

Это значение имеют глаголы *разворотить, свернуть* и *своротить*, которые часто употребляются в сочетании со словами челюсть, нос, щека и т.п., обозначая какие-либо физические изменения на лице. Такое переносное значение обычно встречается в просторечии.

Свернуть челюсть в драке. [ССРЛЯ, т. XIII]

Глагол *своротить* в форме безличного употребления:

Своротило лицо у одного ратника. [Лажечников]

Ему перекосило от контузии лицо, на сторону своротило скулу, оттянуло верхнюю губу. [Фурманов]

Метонимические значения 4.3, 4.4, 4.5, 4.6 соотносятся с семой «поворот». Общее в этих значениях: «повернув/-шись/, изменить положение в пространстве». В разных контекстных условиях происходит конкретизация семы «изменение положения в пространстве».

4.3. Приводить в беспорядок

Они перевернули всю развалившуюся фанзу, не оставив на земле ни одного камня, но змеи не нашли. [Арсеньев]

Черняк оглядывал грязную, неприбранную караулку, развороченные постели. [Н. Островский]

При образном описании беспорядочного состояния эти глаголы могут употребляться в устойчивом словосочетании *перевернуть вверх дном*:

Конники и квартирьеты уже успели перевернуть в управе все вверх дном. Все было в хаотическом беспорядке. [Вершигора]

4.4. Освободиться от чего-либо сдерживающего, выскользнуть

—«Женат?»—спросил скорняк, намереваясь схватить меня за волосы, но я вывернулся. [М. Горький]

Сильные руки схватили его /Гаврика/. Он вывернулся. [В. Катаев]

4.5. Опрокинуть/-ся/

В этом значении глаголы сочетаются с названиями предметов, нормальное диспозициональное состояние которых определяется словом стоять. Последнее предопределяет наличие в метонимическом значении семы «на бок» или «вверх дном».

Затем начал он /Селифан/ слегка поворачивать бричку, поворачивал, поворачивал и наконец, выворотил ее совершенно на бок. [Гоголь]

Броненосец «Ушаков» перевернулся вверх килем. Но с минуту он еще держался на поверхности моря. [Новиков-Прибой]

4.6. Упасть(уронить)

Это значение отличается от предыдущего отсутствием семы «на бок», «вверх дном».

/Павел/ наткнулся на лоток с калачами и свернул его, сшиб с ног какую-то нищую старуху. [Писемский]

—«Сам я, будучи выпивши забрел в пруд да и свернулся в прорубь». [М. Горький]

4.7. Портить/-ся/

Это переносное значение употребляется для обозначения следствия долговременного или неправильного вращения, в эту подгруппу входят главным образом глаголы вращательного движения с приставками *из-, пере-, раз-, с-* и каждая приставка прибавляет в семантику дополнительный признак.

Старый винт извертелся совсем. [СУ, т. I]

Киноленту довертели до дыр. [СУ, т. I]

«Мы не спеша умнеем год за годом, мы привыкаем к своему углу. Игрушкой с перекрученном заводом спит наше детство где-то на полу.» [Симонов]

4.8. Глаголы с приставкой от- обозначают «крутя, оторвать, отломать какую-либо

В этом случае употребляются каузативные глаголы для обозначения намеренного действия субъекта. Позицию объекта могут занимать названия частей тела живых существ и названия предметов.

/Щетинин/, нахмурившись, глядел в окно и отвертывал кисть у своего халата. [Слепцов]

Он выгнал уток на берег, а потом откручивал им головы и жарил на костре. [Каверин]

4.9. Появляться, показываться

В этом значении у глаголов *вывернуться* и *навернуться* выделяется дифференциальная сема «поворот» и архисема «становиться видимым», соотносящиеся как действие и результат действия.

В семантике глаголов с приставкой *вы-* присутствует сема «внезапно»:

/Ольга/ еще ждала, а вдруг откуда-нибудь из толпы вывернется Лиля. [Лазутин]

В семантике глагола *навернуться* ДП «поворот», обозначающий способ действия, становится неактуальным и отходит на задний план. Метонимические отношения в данной группе осложнены дополнительными ассоциациями, что сближает их с метафорическими.

У него, у сорокачетырехлетнего человека, агронома и хозяина, навертывались слезы. [Тургенев]

Слезы у них наворачиваются на глаза даже от собственного повествования о дыре в зубе. [МК, 15.04.1994]

Заключение

При метонимическом переносе значений глаголов появляется у слова новая архисема с превращением прежней архисемы в дифференциальный компонент значения, в результате чего глаголы приобретают целый ряд новых значений, в семантике которых сема «вращение» уступает свое главное место, превращается в дифференциальную и играет вторичную, дополнительную роль(как способ вращения, образ вращения и т.п.), а на ее месте появляется новая архисема, соответствующая новому значению глагола.

Устанавливаются новые соотношения между старой и новой архисемами: обозначаемое глаголами вращательное движение и смежное с ним действие могут соотноситься как действие и способ действия, причина и следствие, находиться в соотношениях одновременности или временной последовательности действия.

Обычно в словарных толкованиях они выражаются деепричастием, отвечая на вопросы «как», «каким образом».

Большая часть метонимических значений глаголов вращательного движения основана на смежности обозначаемых ими действий: одновременности или следовании одного за другим. В одних случаях временные отношения между действиями выступают в чистом виде (группы1, 2), в других они осложнены дополнительной семантикой. Так, в группе 3 одно действие выступает как способ осуществления второго: вертя, изготовить; вертя, надеть и т.п., в группе 4 одно действие представляет собой следствие или результат другого: повернув, вывихнуть; повернув, уронить.

Некоторые комбинации семантических признаков прямых значений не вовлекаются в метонимическое переосмысление, например, «однократное поступательное вращение полного цикла», «однократное непоступательное вращение неполного цикла». Следует отметить важную роль признака «кратность движения» в семантике метонимических значений.

Группировка метонимических значений по их собственной семантике затруднительна и не охватывает все значения полностью. Однако можно выделить несколько групп таких значений с общим СП: «помещать», «нарушать нормальное положение, состояние чего-либо», «перевернуть на противоположную сторону».

Метонимические значения образованы двумя способами:1) способом семантической деривации; 2) способом лексической деривации. Метонимические значения первого типа восходят к прямым значениям соответствующих глаголов. Например:

вертеть колесо—вертеть папиросу;

крутить ручку—крутить кино;

вертится Земля—вертеться в вальсе;

снег кружит—кружиться по улицам.

В подобных случаях семантическое развитие происходит внутри глагола, архисема превращается в ДП, а новая архисема определяется семантикой актантов.

В других случаях метонимические значения образуются в языке как результат словообразовательного акта:

Вывернуть—«вертя, снять с чего-либо»;

Вывернуть—«вертя, помещать, надеть на что-либо»;

Провинтить—«вертя, пропустить сквозь что-либо».

Архисема приставочного глагола определяется двумя факторами: семантикой приставок и семантикой актантов. ДП является преобразованная архисема соответствующего бесприставочного глагола.

Явление словообразовательной метонимии очень характерно для группы глаголов вращательного движения.

Среди метонимических значений глаголов вращательного движения отмечены случаи вторичной метонимии, основанной на смежности объектов действия.

подвернуть фитиль—подвернуть лампу;

замотать шарф—замотать шею;

Их метонимические отношения могут быть организованы

по типу цепочечной полисемии: «вращая, помещать вокруг чего-либо»—«наматывая, связывать»—«связывая, лишать свободы движения».

В таких случаях конечная ступень семантического варьирования очень слабо связана с ядром группы.

Исследование показало, что переход архисемы «вращение» в дифференциальную сему в метонимическом переносе сопровождается семантизацией архисем, выходящих за пределы семантического поля движения. Однако, сохраняя в семантике сему «вращение», метонимические значения глаголов данной группы не выходят за пределы парадигмы вращательного движения и образуют на дальней периферии лексико-семантической группы глаголов вращательного движения различные подпарадигмы, в которых глаголы вращательного движения контактируют, пересекаются и связываются с различными группировками других сематических полей.

Литература

[1] Шмелев Д.Н. Проблемы семантического анализа лексики. М.,1973.

[2] Денисов П.Н. Лексика русского языка и принципы ее описания. М., 1993.

[3] Шмелев Д.Н. Лексика современного русского языка. М., 1968.

[4] Апресян Ю.Д. Лексическая семантика: Синонимические средства языка. М.,1974.

[5] Апресян Ю.Д. Экспериментальное исследование семантики русского глагола. М., 1967.

（原载 «Русский язык за рубежом», 2001, №4, с.21-29）

Метафорический перенос значения глаголов вращательного движения в современном русском языке

Метафора представляет собой более глубокую семантическую трансформацию, по сравнению с метонимией. Как прием создания новых значений слов она заслуживает всестороннего рассмотрения и описывается во многих лингвистических трудах. По наиболее распространенной в настоящее время концепции, метафора—«это изобразительное переосмысление "обычного" наименования»[1:199]. Метафоризация—это путь от смысла к свойствам того, что им обозначается вторично, а в случае косвенной номинации в игру вступает также смысл опорного наименования, «подгоняющий» под свою семантику как сферу денотации нового обозначаемого, так и его сигнификат.

Любая фигура речи, включающая семантическое изменение,—это некоторое преобразование буквального значения, основанное на сходстве или аналогии с тем, что выражение на самом деле обозначает. Иными словами, метафора—это всегда сравнение, по большей части эллиптированное, скрытое; переосмысленное значение сопоставляется здесь с буквальным на основе некоторой внутренней формы, лежащей в основе сравнения. «В этом и состоит качество метафоры: она создает сходства за счет двуплановости—

приложения к двум субъектам одновременно, так что свойства того, о ком идет речь, просматриваются через свойства того, чьим именем он обозначается»,—пишет В.Н.Телия[1:202].

Рассматривая метафору в семасиологическом аспекте, А.Ф. Журавлев отмечает: «Метафора представляет собою замену архисемы при сохранении дифференциальной семы или с превращением коннотативной семы в дифференциальную» [2:60]. В.Г. Гак в своей работе «Сопоставительная лексикология» подчеркивает то же самое: «Одна архисема заменяется при метафорическом переносе другой и общность двух значений определяется только дифференциальной, либо даже потенциальной семой» [3:112].

Метафоризации подвергаются прежде всего слова, обозначающие наиболее известные понятия и предметы из ближайшего окружения человека. Наименование того или иного предмета или понятия переносится на другой предмет или понятие на основании их сходства. Поэтому можно сказать, что в основе метафоры лежат объективированные ассоциативные связи, отражаемые в коннотативных признаках, несущих сведения либо об обиходно-практическом опыте данного языкового коллектива, либо о его культурно-историческом значении. Ассоциативный признак, «как бы только потенциально сопутствующий слову в его основном значении, подвергается своего рода “кристаллизации” в определенных контекстах “образного” применения слова; когда же такое применение становится достаточно устойчивым—в особом переносном значении» [4:227]. Метафорические значения могут быть образованы в результате переосмысления семантических признаков как от прямых, так и от переносных значений, так что они обычно являются перегулярными и находятся дальше от ядра семантики слова.

В связи с вышеперечисленными особенностями метафорического значения «метафорический перенос является в принципе более экспрессивным, чем метонимический» [3:112]. Переносное значение при этом выполняет помимо чисто номинативной еще одну важную дополнительную функцию при организации высказывания: это всегда предикации обозначаемому некоторого «несобственного» признака, приписываемого в силу сходства и аналогии. Поэтому метафорические значения—номинативно-производные или косвенно-номинативные—приспособлены и к выполнению характеризующей функции.

С учетом рассмотренных выше особенностей метафоры обратимся к рассмотрению метафорических значений, представленных в группе глаголов вращательного движения в современном русском языке. В прямых значениях глаголов этой группы наряду с общим семантическим признаком («вращение, круглое движение») имеется целый ряд дополнительных, дифференциальных и потенциальных признаков, обозначающих характер такого движения. Глаголы в переносных значениях группируются по семантическим признакам, на основе которых произошла метафоризация.

Метафорические соотношения между значениями глаголов этой группы очень разнообразны, их трудно подвести под определенные формулы, однако и в них можно отметить некоторые более или менее общие закономерности. Метафорический перенос значения представляет собой следующий этап развертывания семантики глаголов вращательного движения, состоящий в их образном, ассоциативном переосмыслении. Они могут быть образованы как на основе архисемы, так и на основе дифференциальных и ассоциативных (дополнительных или потенциальных) сем прямых и метонимических значений.

В данном исследовании метафорические значения сгруппированы по общности признака прямых и метонимических значений глаголов, послужившего основой переноса.

1. Значения, производные от семантического признака (СП) «вращательное движение»

Вращательное движение—это архисема глаголов вращательного движения, которая объединяет все глаголы в одну группу. На основе переосмысления этой архисемы происходит десемантизация СП «движение» и замена его более абстрактным признаком «действие». Семы «неоднократность» и «полный цикл» сохраняются в метафорических значениях в качестве дополнительного признака (ДП) или ассоциативного признака (АП). От СП «вращательное движение» образуются следующие переносные значения:

совершать денежный оборот; распространяться, быть в ходу (мысль, идея, слухи); испытывать головокружение; лишать способности сопротивляться влиянию, обаянию кого-либо; лишать способности здраво рассуждать; сбиться с правильного пути, избаловаться; устать, быть занятым; заставить жениться;

уклоняться от прямого ответа; хитрить; пьянствовать; вступать в любовные отношения.

2. Значения, производные от СП «неоднократность вращательного движения»

На основе ассоциативного переосмысления СП «неоднократность вращательного движения» по схеме «неоднократно»—«повторяясь много раз»—«много»—«постоянно, часто» образуется еще одна подгруппа переносных значений. Сюда относятся:

а) *«неоднократно»—«много»: надевать много; съесть много; рассказывать много; написать много; совершать много;*

б) *«много»—«постоянно»: находиться где-либо; пребывать среди кого-либо; неотвязно возвращаться к одному и тому же.*

3. Значения, производные от СП «в разные стороны» или «с(из) одной стороны на(в) другую»

В эту группу переносных значений включаются:

двигаться в разных направлениях; суетиться; скитаться, слоняться без дела; двигать, поводить глазами.

4. Значения, производные от СП «возвращение в исходную точку»

Значения данной группы восходят к прямому значению «повернув, пойти (прийти) назад». Метафоризация этих значений осуществляется путем сочетания глаголов с обстрактными словами. Хатактер сочетаемости формирует конкретные метафорические значения. Признак «возвращение в исходную точку» в метафорических значениях становится дифференциалным признаком, а признак «движение» заменяется более абстрактным признаком «состояние». Выделяются такие метафорические значения, как:

возвращаться к прежнему состоянию; вновь приниматься за что-либо прерванное, восстанавливаться; вспоминать о чем-либо.

5. Значения, производные от СП «поворот»

Метафорические значения данной группы восходят к прямому значению «повернув, изменить направление движения». На основе СП «изменение направления движения—изменение направления развития, протекания чего-либо» образовано переносное значение. СП «изменение» выполняет роль ДП в целом ряде метафорических значений.

В группу, выражающую данное переносное значение, входят глаголы *повернуть, поворотить/-ся/, своротить, завернуть, развернуться.* В связи с различием синтаксической сочетаемости и семантики приставок эти глаголы различаются между собой тонкими оттенками метафорического значения. Отмечаются следующие переносные значения:

изменение природного явления; изменение расположения природного объекта; изменение обстановки, обстоятельств; изменение темы разговора; изменение отношений; изменение физического состояния; изменение духовного состояния; изменение содержания чего-либо; изменение внешнего вида; изменение взглядов; изменение жизненного пути; изменение назначения чего-либо; изменение образа действия, поведения; превращение во что-либо.

6. Значения, производные от СП «изменение площади складываемого или раскладываемого предмета»

Эта группа значений реализуется глаголами *свернуть*, *развернуть* и восходит к их метонимическим значениям «сложить» и «разложить». В метонимических значениях содержатся ассоциативные признаки «уменьшение площади свертываемого предмета» и «увеличение площади развертываемого предмета».

В метафорических значениях эти признаки переходят в разряд ДП и получают переосмысление от конкретного к абстрактному. СП «изменение (уменьшение или увеличение)» определяется во многом семантикой глагольных приставок, в отличие от предыдущей группы, где он задается прежде всего корневой морфемой (семой «поворот»).

Метафорические значения:

изменение расположение; изменение масштаба действия; изменение объема чего-либо; развивать, проявлять в полной мере; открыться, стать видимым; излагать, описывать; выяснять действительное положение дел; рассказывать о себе.

7. Значения, производные от СП «быстро»

Сема «быстро»—это ассоциативный признак прямых значений глаголов вращательного движения, создающий представление о быстром, резком повороте. В одних группах метафорических значений он переходит в разряд ДП, в других переосмысливается по схемам:

1) «быстро»—«внезапно», «неожиданно»—«случайно»;

2) «быстро»—«ловко».

Такие значения представлены глаголами *завертеться, завернуть, обернуть, поворачиваться, свертеть, скрутить, накатать.*

а) «быстро»: *закончить, сходить, сбегать, уехать;*

б) «неожиданно»: *приехать, случиться;*

в) *кого-либо; оказаться в поле зрения, в зоне внимания кого-либо;*

г) «ловко»: *добиваться внимания кого-либо; распоряжаться по своему усмотрению; заставить повиноваться; сказать что-либо к месту; найти выход из затруднительного положения; избавиться.*

8. Значения, производные от СП «тяжело физически»

В прямых значениях некоторых глаголов вращательного движения (ворочать, своротить и др.) присутствует дополнительный семантический признак «тяжело». На основе метафорического переосмысления этого семантического признака по схеме **«физически тяжело»—«трудно»** образуется целый ряд значений с семантическим признаком «трудно»:

совершать трудную сложную работу; справляться с делами; управлять важными делами.

9. Значения, производные от АП метонимического значения «утомительно»

Это значение реализовано приставочными образованиями от глагола *мотать* («навивать, накручивать на что-либо»). В семантике этого глагола содержатся ассоциативные признаки «однообразно», «неприятно», «трудно», «вызывать утомление», которые выступают в качестве дифференциальных в метафорическом значении. В образовании этого метафорического значения приставки играют значительную роль. Переводя глаголы в совершенный вид, они включают в переносное значение дополнительные семантические признаки, указывающие на степень усталости: *устать, утомить; утомиться.*

Отмечается, что метафорические значения образуются на разных уровнях членения семантических признаков прямых значений и в разных комбинациях этих признаков. Признаки прямых значений неодинаково группируются и проявляются в метафорических значениях. Выделяются следующие типы признаков, порождающих метафорические значения:

а) архисема «вращение»

б) ДП «неоднократность», «полный—неполный цикл», «поворот», «возвращение в исходную точку», «тяжело»;

в) АП «быстро»;

г) АП метонимических значений «утомительно», «изменение площади складываемого и раскладываемого предмета».

Некоторые комбинации семантических признаков прямых значений не вовлекаются в метафорические ассоциации, например: «неоднократное поступательное вращение с необязательным возвращением в исходную точку», «совмещение поступательного и непоступательного вращения». Все признаки, имеющие синтагматический характер, также не вовлекаются в ассоциативное переосмысление.

Метафорические значения в ЛСГ глаголов вращательного движения могут быть образованы двумя способами:

1) способом семантической деривации;
2) способом лексической деривации.

В первом случае семантическое развитие происходит внутри глагола на основе переосмысления семантики глагола и его актантов. Например:

вертеть шапкой—вертеть мужем;

метель кружится—голова кружится;

крутить ручку—крутить роман с кем-либо.

Метафорические значения второго типа рассматриваются как результат словообразовательного акта, при котором важную роль играют приставки. В этом случае семантика корневых морфем при образовании новых значений может опустошаться, а переносное значение приставочного глагола образуется на основе семантики приставок и определяется непосредственно окружающим его контекстом, в частности управляемым им словосочетанием. Характеризуя такое явление как типичное для метафорических значений, Е.А.Нефёдова отмечает: «В определенных контекстных условиях может происходить рассогласование СП глаголов и его лексических партнеров за счет десемантизации корневой морфемы. В таких случаях значение приставки и контекстное окружение являются основными факторами формирования глагольной семантики» [6:76]. Например:

навернуть картошки—съесть картошки,

ввернуть слово—высказать, произнести.

Хотя метафорические значения имеют разнообразный, диффузный и единичный характер, но и в них обнаруживаются определенные закономерности ассоциативного переосмысления, позволяющие выделить более или менее регулярные типы метафорических значений.

Отмечая специфические черты метафорического переноса значений глагольной лексики, Д.Н.Шмелев пишет: «Среди глаголов, обозначающих конкретные физические действия и состояния, сравнительно немного таких, значения которых были бы ограничены указанной сферой,—большая часть этих глаголов используется также для обозначения действий, имеющих менее конкретный характер, для обозначения психических процессов и т.д.» [5:96]. Это наблюдение полностью подтверждается материалом изучаемой ЛСГ.

1) Перенос от конкретного действия к обстрактному:

Земля вращается вокруг Солнца—беседа вращается вокруг чего-либо;

девушка повернулась налево—дело повернулось к лучшему.

2) Перенос от физического действия к психическому:

колесо вертится—мысль вертелась вокруг чего-либо;

лодка перевернулась—все внутри перевернулось.

Метафорические значения в большинстве своем имеют коннотативный характер, так как ассоциативное переосмысление производит как на основе дифференциального признака, так и на основе дополнительного, даже потенциального признака и метафорические значения могут быть возведены к прямым, метонимичским, а также и метафорическим значениям. Например:

кружиться в танце—голова кружится;

кружить кому-л. голову (лишать способности сопротивляться обаянию, кокетству);

закрутиться, замотаться (устать, быть занятым);

развинтиться (стать непослушным, легкомысленным).

В заключениие отметим, что метафорические значения глаголов вращательного движения представляют собой открытую систему, обладающую высокими потенциями к перегруппировке и переосмыслению сем. Метафорическое переосмысление прямых и метонимических значений глаголов вращательного движения связано с внутренней динамикой сем, проявляющейся в реализации их семантического потенциала. Семантическое развитие от центра к периферии выводит метафорические значения за пределы ЛСГ вращения. Они образуют особые семантические зоны, в которых глаголы вращательного движения своими метафорическими значениями пересекаются, контактируют с различными группировками других семантических полей.

Литература

[1] Телия В.Н. Вторичная номинация и ее виды. // Языковая номинация. М.,1977.

[2] Журавлев А.Ф. Технические возможности русского языка в области предметной номинации. // Способы номинации в современном русском языке. М., 1982.

[3] Гак В.Г. Сопоставительная лексикология. М.,1977.

[4] Шмелев Д.Н. Современный русский язык. Лексика. М.,1977.

[5] Шмелев Д.Н. Русский язык в его функциональных разновидностях: К постановке проблемы. М.,1977.

[6] Нефедова Е.А. Семантика глагольного слова в парадигматическом аспекте. // Актуальные проблемы диалектной лексикографии. Кемерово, 1989.

（原载 «Русский язык за рубежом», 2004, №1, с.33-37）

Русские номинации в межкультурной художественной коммуникации

Русская художественная литература пользуется в Китае большой популярностью и уважением. Шедевры русских классиков, давно вошедшие в учебники как для начальной школы, так и для выших учебных заведений, читаются поколениями китайской интеллигенции, а произведения выдающихся современных писателей переводятся и издаются и государственным издательством, и местными коммерческими издательственными организациями. Русская художественная литература —это открытое окно, которое познакомило китайский народ с великим Пушкиным, Толстым и др., и через которое китайские читатели знакомятся с русским народом с его национальными традициями, и с русской культурой вообще.

Известно, текст художественной литературы—это форма «эстетического общения», воспроизводящая модель мира (Лотман Ю. М., 1970), где во всей полноте отражается специфика национальной наивной картины мира. Так как каждый язык располагает своим арсеналом языковых средств и приемов, обслуживающих речевую деятельность на данном языке, при строении художественного текста автор выбирает слова и сочетания слов, грамматические формы и прагматические средства связи, опираясь на адекватное понимание этих компонентов в сознании читателя, и располагает их в предложении так, чтобы высказывание, служащее конечной целью речевого акта, могло быть воспринято читателем и переработано его сознанием в представления, отвечающие коммуникативному намерению автора. Понимание текста возможно тогда, когда толкования кодов автора и читателя совпадают, а когда коды автора и читателя в толковании полностью не совпадают, понимание текста оказывается невозможным. Однако между восприятием читателя и замыслом автора одной же языковой общности нет тождества, не говоря уж о тождестве между автором и инокультурными читателями.

Эти особенности художественно-образного освоения действительности делают возможным рассматривать литературу как одно из средств моделирования иноязычной социокультурной среды в процессе чтения литературного произведения, которое становится для иностранного читателя формой приобщения к новой действительности. Соглашаясь с мнением Н.В.Кулибиной по поводу того, что чтение литературного произведения—это особый, усложненный вид коммуникации, художественного (эстетического) общения, а «восприятие (чтение) художественного текста читателем-инофоном—это акт межкультурной художественной коммуникации, в котором могут быть выделены как собственно коммуникативный, так и когнитивный аспекты» (Кулибина 2000: 168), хотим отметить, что при чтении (восприятии) инокультурного художественного текста в переводе ситуация намного усложняется,

– это еще более усложненный акт общения, который может быть представлен триадой, несколько иначе, чем предложенной ей: «автор – образ (текст в переводе) – читатель-инофон».

Многие явления культуры, отраженные в художественном тексте русской литературы различными средствами языкового выражения, не только представляют сами себя, но и являются некими знаками, передающими дополнительные смыслы, которые без труда прочитываются членами той же лингвокультурной общности, но остаются скрытыми для читателя-инофона.При восприятии художественного текста элементы культурной специфики могут ощущаться как трудности, непреодолимые без необходимых комментариев, и читатели-инофоны нередко ограничиваются пониманием основных сюжетных линий, не вдаваясь в смысл поступков и действий персонажей, т.е. не вникая в цели и мотивы их деятельности либо неверно их истолковывая.

Следует иметь в виду, что нередко при чтении инокультурного художественного текста в переводе читатель не может идентифицировать даже известную ситуацию: она представляется ему непонятной, чужой и т.п., что связано прежде всего с непривычными средствами языкового выражения, с неожиданным ракурсом описания, а отнюдь не только с незнакомой лексикой и др. Это объясняется тем, что тексты оригинала и перевода входят в коммуникативно равноценные отношения «текст – коммуникативная ситуация». При восприятии текста читатель организует незнакомые фреймы-сценарии в соответствии с имеющимися планами (сценариями, ориетированными на определенную цель) и схемами (сценариями, связанными с отдельными объектами или событиями действительности). В исходном и переводящем языке возможны различные стратегии планирования и отклонения от стереотипных скриптов. А.А. Леонтьев пишет: «Сопоставляя русский язык с крайне далекими от него по строю языками Востока, мы постоянно сталкиваемся с фактами, указывающими не просто на различия в характере оформления высказывания, но и на известное расхождение в способе семантической и семантико-грамматической категоризации действительности» (Леонтьев А.А., 1972). Художественные средства выражения русской национальной картины мира—быта, традиций, обычаев и т.д.—носителями иной (китайской) лингвокультурной общности могут быть восприняты не всегда адекватно в силу различий в менталитете, критерии нравственной нормы двух неблизкородственных народов.

В статье мы рассматриваем лишь один из национально-культурных факторов—русские собственные имена и имена нарицательные в художественной литературе, которые являются порой одним из заметных затруднений для китайских читателей при чтении и восприятии текста русской художественной литературы.

Существует представление о том, что номинация какого-л. персонажа в тексте не относится к содержательному оспекту целого текста, однако с прагматической и стилистической, даже смысловой точки зрения ее вес велик в организации текста как процесса и результата коммуникативных взаимодействий партнеров и выражении отношения автора ко всему изображаемому в тексте и, в конце концов, выражении авторского замысла. Дело в том, что согласно авторской целеустановки содержания произведения в мире художественного текста на первом месте всегда стоят персонажные пространства. Не случайно имплицитный текстовой интенциональный смысл часто структурируется с помощью изменения номинации персонажей текста. Номинативная деятельность персонажей представляет собой целостную, системно-содержательную языковую интерпретацию действительности, создание особого информационно-языкового видения мира в ходе развития событий произведения. В процессе номинации находит свое отражение социальный опыт носителей языка, связанный с культурно-историческим развитием конкретного народа и познавательным опытом всего человеческого коллектива.

Выражение персонажных имен делится на имена собственные (фамилия, имя, отчество, в т.ч. прозвище, уменьшительно-ласкательные и грубые варианты) и имена нарицательные. Эти два вида номинации по-разному вызывает затруднения у китайских читателей. Возьмем примеры из романа Б.Пастернака "Доктор Живаго" и рассказа В.Шукшина «Капроновая елочка».

1. номинация персонажа собственными именами

Собственные имена в художественном тексте присутствуют как в авторской речи, так и в речи персонажей, в том числе в речи своего партнера (при обращении), третьего лица, а также в самоназывании (при знакомстве), несут информацию об оценке называемого, об ориентировке в ситуации и в социальных признаках собеседника или третьего лица и т. д. Национально-культурная специфика имен собственных в художественных текстах сама по себе не составляет особую трудность для восприятия, важно другое:

а) У русских кроме фамилии есть имя и отчество, которые могут стоять до и после первого, более того они могут свободно сочетаться и употребляться отдельно, что отстуствует у китайцев. Например, в романе "Доктор Живаго" в состав номинации главного героя входят такие варианты, как "Юрий, Юра, Юрочка, Юрий Андреевич, Живаго, Юрий Живаго, Юрий Андреевич Живаго". Специфика самого состава фамилии и имени у русских, их относительно свободное сочетание и употребление оказываются китайцам как-то "чудными", потому что в Китае ребенок получает с рода фамилию отца и имя(без отчества), которое всегда стоит после фимилии и носит его на всю жизнь. Имя употребляется без фамилии только между родными и близкими людьми, в официальном и деловом отношении фамилия стоит только вначале и никогда не принято вначале имя вместо фамилии.

Кроме того, референция собственного имени к персонажу может влиять на раскрытие позиции автора к субъекту речи. То или иное название человека, выбранное автором в определенной ситуации общения, несет прагматическую информацию, имеет этикетное значение. Исходя из того, что, в русском языке уменьшительные и ласкательные имена носят глубокое семантическое значение и стилистически-эксприссивную окраску, можно предположить, что появление той или иной номинаций в развертываемом автором дискурсе является статистически-вероятностным процессом, т.е. вероятность появления определенных номинаций в зависимости от дискурсной семантики имеет определенную степень возрастания или падения. Так вот статистика по номинации главного героя в романе "Доктор Живаго" : Юра —103 раза, Юрий Андреевич—321 раз, Юрочка—62 раза, Живаго—42 раза, кроме того, встречаются и нарицательное звание: доктор Живаго—7 раз, доктор —249 раз, мальчик, брат, зять и т.д., не включая личное местоимение в соответственных формах. Пестрота названия одного и того же героя для китайских читателей является непривычной, несомненно, вызывает недоразумение в процессе чтения. Все это объясняется тем, что в когнитивном и культурном фрейме китайских читателей отсутствует подготовка и запас соответственных знаний, и они воспринимают художественный мир русской литературы через призму собственного национально-культурного стереотипа.

Явно, что при выборе каждой номинации для автора важна та интерпретация, которую он стремится сформировать у читателя. Номинация и оценка персонажа (со стороны автора или других персонажей) могут в равной степени присутствовать в авторском контексте и в обращении персонажей друг другу, а может превалировать одна из этих сторон. Например, в самом начале романа автор познакомил нас с мальчиком, плачущим на материнской могиле. Называя его Юрой (в первых трех частях), автор сигнализирует свое эмоциональное отношение к мальчику, и только в четвертой части стал его звать и "доктор Живаго", и "Юрий Андреевич". Русским читателям не трудно найти внутреннюю связь между словами "Юра" и "Юрий Адреевич", и легко понять, что в номинации "доктор Живаго" много кроется: возможно, возраст или статус героя, возможно, официальность обстановки и, во всяком случае, уважительность к герою. При этом у китайских читателей возникает трудность, во-первых, когда первый раз появляется название "доктор Живаго" и "Юрий Андреевич", они, не замечая внутреннюю связь этих названий, не замечают и то, что здесь речь идет именно о том же герое, которого раньше звали Юрой, а воспринимают как номинации разных персонажей; во-вторых, не могут точно понять значмости и роли семантических отношений и стилистических оттенок имен в развитии сюжета произведения.

Другой пример. В тексте "Доктор Живаго" обращение Юр*очка*, в котором доминирует функция социальной регуляции, оценочности и ослаблено номинативное значение вплоть до десемантизации функции адресации, во всем романе употребляли только два человека: жена Атонинна Александровна и любовница Лариса Федоровна для выражения свое близкое отношение к любимому человеку. Для читателя носителя языка изменение обращения к главному герою не вызывает удивления, оно полностью соответствует с национальной культурой этикета и с развитием сюжета в тексте. Каждое варьирование имени, вероятностно-статистическим механизмом попадая в данный отрезок дискурса, участвует в создании интегральной семантики этого отрезка и дискурса в целом. Здесь у китайских читателей возникает трудность в двух планах: во-первых, могут принимать «Юрочка» за другого человека по логике того, что у каждого героя фиксируется одно собственное имя; во-вторых, не понимая семантической и эмоционально-окрашенной нагрузки за пределом этого уменьшительно-ласкательного обращения, не могут догадывать, в чем разница между наименованиями «Юрий» и «Юрочка» и почему при встречи после долгого расставания Лара зовет Юрия Андреевича, этого взрослого мужчину "Юрочкой", которого до этого все звали или доктором, или Юрием Андреевичем.

б) Другое возможное затруднение относится к морфонеме, и к проблеме перевода русских имен на китайский язык. По правилам словообразования русского языка мы знаем, что Юра и Юрочка—все они производны от имени Юрий, и на русском языке нам не трудно обнаружить у них внутреннюю форму и словообразовательную связь. А когда эти имена переводят на китайский язык, такая связь и форма теряется. Ср:

Рус.я.: Юрий Юра Юрочка

Кит.я.: 尤利 尤拉 尤罗奇卡

Транс.кит.я.: Youli Youla Youloqika

Видно из примера, что в китайском переводе между этими словами кроме первого иероглифа, который одинаково пишется и произносится, не замечается никаких внешних и внутренних связей. Кроме того, по конвенциональному правилу перевода русские имена переводятся по исходному произношению, по звуку без учета ударения, что приведет к расхождению произношения одного и того же имени на русском и на китайском. Например, Юрочка—尤

罗奇卡（youloqika），где второй слог по-китайски произносят *-ро*, и ударение переходит на *-ка*, потому что она носит третий тон в китайском произношении. Итак, фонетическая оболочка и внешняя словоизменительная форма русских собственных имен составляет уж путаницу в голове у китайских читателей.

2. номинация персонажа нарицательными именами

Дело намного сложнее, когда автор художественного текста наименовывает своих героев нарицательными именами, несущими в своей семантике национально-культурный компонент (национально-культурный потенциал): безэквивалентные, фоновые и коннотативные. К именам нарицательным относятся термины родства, специфические вежливые формы обращений (в том числе такие, как *девушка, мальчик*, такие формы, как *женщина, мужчина*, неправомерно занявшие место традиционных обращений *господин, госпожа, сударь, сударыня*), наименования званий(*лейтенант*), окказиональные формы обращений (*милый*), особенно зоонимы (*зайка, киска*), наименования, связанные с частями тела (*лапочка, черноглазка*).Переплетение категориальных значений собственнсти и нарицательности в персонажных именованиях создает основания для эмотивно-аксиологической характеристики указанной авторской проекции в тексте произведения. Те или иные способы наименования нарицательными именами могут быть трудным моментом в восприятии текста. Приведем примеры из рассказа В.Шукшина " Капроновая елочка".

Известно, что в художественном тексте слово используется в особой эстетической функции и правильнее говорить о нем как о словесном образе. И образность художественной литературы представляется «всеобщая», ей свойственна «неизбежная образность каждого слова», по словам Г.О.Винокура (Винокур 1956), а Ю.М.Лотман отметил, что «всякое слово в художественном тексте – в идеале троп»(Лотман 1999,65).Говоря о особенностях номинации в рассказе " Капроновая елочка", важно отметить, что у одного из главных героев рассказа отсутствует собственное имя с начала до конца не только в авторской речи(в аписательных фрагментах и в авторских ремарках), его нет и в речи других персонажей. Отсутствие имен собственных в авторской речи свидетельствует об отстраненной позиции повествователя, что создает иллюзию стороннего наблюдения за происходящими событиями. Для номинации в авторской речи и в речи других персонажей используются имена нарицательные, обозначающие лицо по половому признаку (*мужчина*), по социально-профессиональной принадлежности (*снабженец*), а также ситуативные наименования (*посетитель*) и т. д. Вот целый список варьирования номинаций данного персонажа: *мужчина, этот человек, посетитель, попутчик, гость, гусь, ухажер, ворюга, мозгляк человек в дохе, на печке, снабженец.* Понятно, варьирование номинаций здесь несет большую художественную нагрузку. Такая экспрессивная вариантность наименования одного и того же героя в небольшом рассказе становится сложной для восприятия китайцев. Из-за культурного различия им трудно уловить такую тонкость: т.е.

каждая из этих вариантностей наименования выполняет важную стилистическую функцию, они не отдельно существуют в тексте, а тесно связаны с сюжетом, с развитием события в рассказе и служат способом изображения характерной черты персонажей и имплицитного выражения позиции автора-рассказка.

В прозаическом тексте словесные образы поддерживают, развивают, дополняют и уточняют друг друга, часть из них является ключевыми. В процессе восприятия художественного текста ключевые словесные образы как маленькие маячки освещают для читателя содержание текста: понятность ключевого словесного образа проясняет для читателя скрытые смыслы других словесных образов. Мы в полной мере разделяем мнение Н.В.Кулибиной, что «словесные образы – номинации героев всегда являются ключевыми», и осознание того, почему автор предпочел ноименовать персонажа именно таким словом, а не иным, в значительной степени определяет и правильное понимание всего текста (Кулибина 2000, 216-217) .

Рассмотрим два нарицательных имени из ряда варьирований номинации персонажа: "гусь" и "ухажер".

Слово *гусь* в рассказе «Капроновая елочка» используется явно не в своем прямом значении, а в переносном, т.е. в тех случаях, когда говорящий с презрением отзывается о людях-ловкачах, мошенниках, пройдохах и т.п. В образе «гусь» имплицитно выражается негативное отношение говорящего к незнакомому попутчику. Здесь важно и то, что к такому отношению присоединяется и автор-рассказчик, что существенно важно и для полноценного понимания творческого замысла целого текста. Однако китайские читатели видят в этом образе совсем другую «картинку». В китайском языке слово «鹅 (е) -гусь» не имеет того переносного значения, как в русском, и перевод этого словесного образа текста на китайский язык лишает их восприятие читателем живости, яркости, и выразительности, вследствие чего китайские читатели не смогут добиться правильного восприятия средств языкового выражения художественного текста даже на понятийном уровне, не говоря уж о полноценном его постижении: переживать художественный текст путем читательстких представлений. В подобных случаях в процессе восприятия китайским читателем художественного текста не происходит раскрытие заложенных в него писателем мыслей, чувств, представлений, интенций и т.п., иными словами, распредмечивание словесных образов.

Известно, что постижение смысла художественного текста становится возможным в том случае, когда читатель сможет воссоздать содержание текста в форме читательских представлений. А при чтении инокультурного художественного текста в переводе сделать это намного сложнее, иногда даже представляется невозможным, так как иностранные слова в переводе не всегда отзываются в воспринимающем сознании образными откликами, либо эти отклики возникают, но не всегда будут адекватными.

В рассказе слово *ухажер* используется для номинации того же персонажа в разных речевых планах: как в речи автора-рассказчика, так и в диалогах персонажей:

“Павел, продолжая нескромно разглядывать *ухажера*, спросил.”

“— Пешком,—решительно сказал Павел, отвлекаясь от *ухажера*.”

“Их догонял *ухажер* .”

“— Пошли!.. Иду с Вами!—объявил *ухажер* таким тоном, точно он кого-то очень обрадовал этим своим решением .”

“— Пойде-ешь! Как Исусик, пойдешь у меня, *ухажер* сучий. Я те зароюсь.”

В толковых словарях русского языка слово «ухажер» определяется, что ухажер—это просторечие, производное от второго значения глагола *ухаживать: За кем. Оказывать внимание (женщине, девушке), добивая расположения.* Следовательно, слово *ухажер* получает толкование: *Тот, кто ухаживает(во 2-знач.), поклонник, человек, который любит ухаживать за женщинами.* Сложность здесь проистекает из того, что в русском толковании заметно нейтральное значение у этого слова, а в переводе на китайский язык оно приобретает отрицательные оценки, что мешает правильно понимать и смысл высказывания, и намерение автора, и роль слова в отражении отношения персонажей и автора к данному человеку. К тому же по традиции моральности в Китае вообще нет слова для нейтрального выражения такого явления, когда семейный мужчина ухаживает за другой женщиной, и даже слова приблизительные по аналогичному значению всегда носят отрицательные окраски. Все это создает недоразумение в восприятии. О подобных случаях хорошо говорит Кулибина Н.В.:"при чтении иноязычного художественного текста опасность произвольных, неадекватных толкований усиливается из-за отрицательного действия факторов чужого языка и чужой культуры" (Кулибина, 1987). Необходимо иметь в виду и тот факт, что далеко не всегда читатель-инофон замечает неполноту или искаженность в переводе и в собственном восприятии инокультурного художественного текста.

Выше перечисленные моменты представляют собой различные типы затруднений на разных уровнях и в разных планах. Трудности первого типа носят характер поверхного межнационально-культурного расхождения. Для облегчения затруднений первого типа при переводе русских художественных произведений на китайский язык принято составить специальную табличку с указателем персонажей, которая печатается отдельно, как вставной лист. В табличке даются все варьирования собственного имени каждого персонажа с указанием его родственных отношений с другими персонажами в тексте, если есть. Признается, что такой способ полностью не лишает затруднений, китайским читателям приходится постоянно останавливаться, обращаться к этой табличке, чтобы выяснить, кто есть кто.

Второй тип затруднений имеет эстетически стилистические и семантические особености языкового выражения художественного текста. Однако преодоление препятствия этого типа труднее чем первого: различия однотипных художественных образов в разных литературах объясняется не только тем, что они опираются на своеобразные, непохожие друг на друга языковые системы. Причина коренится в специфике эстетической природы художественного образа в разных литературах, которая вытекает из историко-культурных, языковых и эмоционально-психологических особенностей различных наций, обусловливающих национальные черты, характер, вкусы, и т. п. В процессе распредмечивания тем меньше потерь, чем больше общего в жизненном опыте писателя и читателя, а также чем разнообразнее читательский опыт адресата художественного творчества, чем лучше его знакомство с иноязычной культурой, с ее национальными литературными традициями и эстетическими ресурсами того национального языка.

Таким образом, задается вопрос, возможно ли полноценное понимание иностранцем художественного текста на русском языке и в переводе на другой язык. Первый вопрос решается, исходя из того, что вторичная языковая личность у человека, владеющего иностранным языком, формируется под влиянием первичной языковой личности, сформированной родным языком человека. Можно поверить, что " уровень развития языковой личности, освоенность типов понимания на родном языке детерминирует готовности языковой личности на иностранном языке" (Васильева О.Ф. 2000, 286 с.).

Второй вопрос решается сложнее: для адекватного понимания инокультурного текста требуется анализ, наряду с вербальными, и невербальных средств выражения межкультурной коммуникации. Но освоение иноязычной культуры посредством знакомства с произведениями литературы может состояться только тогда, когда, во-первых, читатели обладают определенным запасом фоновых знаний, которые позволяют ему «увидеть» и понять значение реалий национальной культуры, часто представленных в тексте имплицитно, и, во-вторых, когда читатели обладают определенным запасом теоретических культуроведческих знаний, позволяющих ему понять художественную форму произведения.

Для плодотворности межкультурной коммуникации представляется необходимым учитывать научный (лингвистический) и культурный (эстетический) характер многоэтнического и многонационального евразийского типа русского языка-культуры. Поэтому рассмотрение лингвокультурологической проблематики является одним из перспективных направлений современной лингвистики, так как в этой области изучается связь и взаимодействие культуры и языка как интегральное отражение языком накопленного человеческого знания, и свидетельствует о том, что при восприятии и воспроизведении в переводе чужой языковой картины мира, воплощенной в оригинале новыми языковыми средствами, невозможно избежать отражения в переводе собственной языковой картины мира, причем не только национальной, но и индивидуальной – переводческой.

Закончим статью словами Е.М.Верещагина и В.Г.Костомарова: "Две национальные культуры никогда не совпадают полностью,— это следует из того, что каждая состоит из национальных и интернациональных элементов. Совокупности совпадающих (интернациональных) и расходящих (национальных) единиц для каждой пары сопоставляемых культур будут различными...Поэтому неудивительно, что приходится расходовать время и энергию на усвоение не только плана выражения некоторого языкового явления, но и плана содержания, т.е. надо вырабатывать в сознании обучающихся понятия о новых предметах и явлениях, не находящих аналогии ни в их родной культуре, ни в их родном языке"(1990, с.30).

Литература

[1] Васильева О.Ф. «Методика интерпретационного типа в практике обучения чтению», М., НОЦ «Школа Китайгородской», 2000.

[2] Верещагин Е.М. и Костомаров В.Г. «Язык и культура», М., 1990.

[3] Гачев Г.Д. Национальные образы мира. М., 1988.

[4] Кулибина Н.В. Методика лингвострановедческой работы. М., 1987.

[5] Кулибина Н.В. Художественный текст в лингводидактическом осмыслении. /монография/ М., 2000.

[6] Лотман Ю. М. Структура художественного текста. М., 1970.

[7] Леонтьев А.А. Важнейшие сопоставления русского языка и языков Востока (в связи с задачами обучения русскому языку) // МАПРЯЛ, Международный симпозиум «Актуальные проблемы преподавания русского языка в странах Азии, Африки, Среднего и Ближнего Востока»: Тезисы докладов. М., 1972.

[8] Шахнарович А.М. Текст как иерархия программ. // Перевод и автоматическая обработка текста. М., Ин-т яз-ния АН СССР, 1987 а.

（原载 «Русское слово в мировой культуре » // Круглые столы: Сборник докладов и сообщений – X конгресс МАПРЯЛ, 2003, с.207-215）

Семантическая связность организации континуума художественного текста

Художественный текст представляет собой не только структурное, семантическое, но и эстетическое единство, которое обладает материальной протяженностью и стоящим за ним гипертекстом, который мы называем *пространством*, и некоторой продолжительностью как отдельных состояний мира этого текста, так и интервалов между отдельными состояниями, которые мы называем *временем*. В лингвостилистическом анализе художественного текста с понятиями времени и пространства непосредственно связана категория *континуума*.

Сам термин «континуум» означает непрерывное образование чего-то, т.е. нерасчлененный поток движения во времени и пространстве. Континуум не может быть показан в тексте в его точных формально-временной и пространственной протяженностях. Время и пространство в художественном тексте являются лишь условным отображением содержательно-фактуальной информации и соединяют события и сюжеты в единое целое. Оставаясь по существу непрерывным в последовательной смене временных и пространственных фактов, континуум в текстовом воспроизведении одновременно разбивается на отдельные эпизоды, но наличие категории когезии дает возможность воспринимать весь текст как процесс. Таким образом, можно сделать предположение о том, что континуум обеспечивает конкретность и реалистичность описания в тексте. Особенности структурной организации дискурсного континуума определяются общим принципом организации художественного текста, связываются с решением эстетической задачи творческого замысла писателя. Таким образом, описание характерных черт в структуре континуума текста раскрывает особенности повествовательной формы художественного произведения.

Рассмотрим с этой точки зрения общие характеристики семантической и структурной организации континуума в рассказах В. Шукшина.

1. Основные типы структурной организации континуума текста

Рассказы Шукшина представляют важный этап развития русской новеллистики. Открытие Шукшина в сфере жанра рассказа, его высокие идейно-художественные достижения позволяют заново осмыслить его канонические и новообразованные формы выражения временного и пространственного соотношения.

Шукшинские рассказы—короткие, максимально объективные, лаконичные, емкие. В отличие от романа и повести рассказы Шукшина не имеют большой временной продолжительности и не освещают крупных исторических событий, чередующихся на нескольких линиях времени и пространства. Однако писатель умеет тонко и глубоко рассказать о самом простом, нарисовать на несколько страницах психологически сложный тип, опровергающий сложившиеся представления о герое, о человеке.

С точки зрения времени действие в рассказах Шукшина происходит в основном по временной оси в течении нескольких часов, в пределах одного дня, даже нескольких суток. Однако континуум художественного текста основан обычно на нарушении реальной последовательности событий. Иными словами, континуум не обязательно обеспечивается линейностью изложения. В этом плане писатель проявляет необычный талант в искусстве организации континуума в рассказе: мастерски членит временные отрезки излагаемого события, разбивает его на эпизоды, переплетает временные планы в повествовании и тем самым объединяет их в формально-содержательнно связанный континуум текста.

“Хронотоп в литературе имеет существенное жанровое значение. Можно прямо сказать, что жанр и жанровые разновидности определяются именно хронотопом, причем в литературе ведущим началом в хронотопе является время” [Бахтин, 1975]. Следовательно, любой жанр художественного произведения имеет свои особенности построения хронотопа.

Наблюдается несколько типов структурной организации текстового хронотопа в рассказах Шукшина.

1) Временной континуум линейно-последовательного изложения

В этом случае событие развивается с начала до конца последовательно по временной оси. Автор-рассказчик вместе с читателем находятся на точке “я-сейчас-здесь”, испытывают весь процесс развития события. Так, яркие примеры токого изложения мы наблюдаем в рассказах «Приезжий», «Капроновая елочка», «Коленчатые валы», «И разыгрались же кони в поле», «Заревой дождь» и др. Иногда текстовой континуум организуется с включением эпизода воспоминания, которое обычно кратко представлено в речи, в диалогах персонажей как условность и причина дальнейшего развития разговора.

2) Временной континуум обратного изложения

Здесь событие излагается с конечной точки на временной оси. Чаще всего рассказы имеют автобиографический характер—это воспоминание писателя о детстве, на которое выпала война. К рассказам с подобным изложением относятся «Далекие зимние вечера», «Из детских лет Ивана Попова», «Дядя Ермолай», «Рыжий», «Чужие» и т.д. Глубинная связь в рассказах проявляется в континууме времени и пространства на фоне каких-либо событий. Временной континуум рассказов осуществляется использованием глаголов в форме прошедшего времени.

3) Временной континуум изложения с середины событийного развития

Начальная точка временного континуума текста установлена на какой-то особый момент в процессе развития события. Континуум образуется в основном по схеме: момент, с чего начинается рассказ,—предыстория, необходимые информации до того момента,—дальнейшее развитие события. При этом рассказчик вводит читателя сразу в курс дела с первой фразы текста, где глагол употредляется в совершенном виде прошедшего времени. Приведем примеры.

Первая фраза рассказа «Степкина любовь»:"Весной, в апреле, Степан Емельянов *влюбился*" (т.1, с.134). Сразу со второй фразы речь пошла о том, кто такой Степан, как и в кого влюбился и т.д.

В рассказе «Классный водитель»:"Весной, в начале сева, в Быстрянке *появился* новый парень – шофер Пашка Холманский" (т.1, с.211).

Как будто в ответ на логичные вопросы читателя, откуда и как Пашка сюда попал, после нескольких штрихов портрета героя сразу следует: "В Быстрянку *он попал так*" (там же). Подобного типа организация временного континуума текста встречается во многих других рассказах В. Шукшина:

«Обида»—Сашку Ермолаева *обидели*... Что случилось?» (т.2, с.265).

«Суд»—Пимокат Валиков *подал в суд* на новых соседей своих... Дело было так...» (т. 2, с.36).

«Два письма»—Человеку во сне *приснилась родная деревня* ...И проснулся. И стал вспоминать. Деревня...» (т.1, с. 417).

4) Временной континуум смешанного типа

Категория континуума, проявляющаяся в разных формах течения времени, пространства, событий, представляет собой особое художественное осмысление категорий времени и пространства объективной действительности. Временной и пространственный континуум в художественном произведении—это лишь изображение действительного течения времени и действительного передвижения в пространстве. Читатель чувствует, видит и понимает последовательность не как одновременное, а разновременное, но не так, как в действительнсти.

Проиллюстрируем некоторые из таких сложных хронотопов анализом рассказов писателя.

Динамика и архитектоника повествования строится на противопоставлении настоящего прошлому, с одной стороны, и реального времени ирреальному, с другой. И. Гальперин говорит: "одно из основных начал искусства—условность—заставляет зрителя, слушателя, читателя постоянно воспринимать произведение в двух планах—в реальном и ирреальном" [Гальперин, с. 97].

Интересный структурный вариант организации временной последовательности представлен в рассказе «Билетик на второй сеанс». Здесь мир, воображаемый героем, представлен как реальный. Требуется определенный опыт чтения, чтобы постоянно удерживать в памяти нереальность происходящего, спроецированного в якобы реальные условия существования персонажей. В последней части рассказа настоящее время сменяется ирреальным будущим, когда герой рассказа принимает пришедшего к нему в гости тестя за Николая Угодника. Использование сослагательного наклонения глаголов не является здесь частотным, в основном употребляются изъявительные формы, но значение ирреальности создается фантастичностью хронотопа в целом. Тимофей мечтает родиться еще раз, и вторая жизнь ему представляется в розовом цвете: «—Перво-наперво я б на другой бабе женился... А с моей-то башкой—мне бы и в начальстве походить тоже бы не мешало...Из меня бы прокурор, я думаю, неплохой бы получился...». Однако даже в этой фантазии имеются референции к вполне реальным историческим событиям, что переводит нереальный континуум в аспект историчного пространства и времени. Тимофей вспоминает, как «церкви позакрывали», как тестя «в тридцатом году раскулачили», при этом герой продолжает «моделировать» возможное развитие событий, строит свой «виртуальный мир»: *«не приди большевики, я и теперь, может, верил бы... Я бы, может, и коммунистом стал»*.

Другой особенностью данного типа организации континуума в шукшинских рассказах является противопоставление континуальности, временной и пространственной протяженности,—точечности, моментальности, семантике «здесь и сейчас», осуществляющееся путем чередования глагольных форм настоящего и прошедшего времени. Форма настоящего времени появляется каждый раз там, где автору необходимо привлечь внимание читателя к актуальному дискурсу. Читатель ощущает движение времени благодаря своеобразному переплетению глагольных форм настоящего и прошедшего времени.

Рассказ начинается конструкцией «последнее время», играющей роль временного дискурсного маркера, противопоставленного другому, вводимому ниже («было время»): *«Последнее время что-то совсем неладно было на душе у Тимофея Худякова—опостылело все на свете... Было время, гордился, что жить умеет, теперь тосковал и злился»* (т.2, 304,305).

Такое противопоставление реализуется не только в художественных текстах, но часто используется и в обиходно-разговорной речи (ср. речевые схемы типа *«Что-то последнее время я стал плохо спать, а было время*—из пушки не рабудишь»). Сходства текстовой структуры у Шукшина с разговорной конструкцией едва ли является случайным: в основе обеих структур лежит одна и та же дискурсная схема. По мере развития рассказа временная локализация описываемых событий конкретизируется обстоятельственной конструкцией *«в тот день, в субботу»*. По этой же текстовой логике в следующем абзаце появляется еще одно временое уточнение: «Была осень после дождей. Не сильно дул сырой ветер, морщил лужи. А небо с закатного края прояснилось, выглянуло солнце. Окна в избах загорелись холодным желтым огнем. Холодно, тоскливо» (там же).

Противопоставление временных планов продолжается и по ходу развития события в рассказе. *«Тимофей...взял да свернул в знакомый переулок. Жила в том знакомом переулке Поля Тепляшина»; «Когда-то давно Тимофей с Полей крутили преступную любовь...»; «Спроси сейчас Тимофея, зачем он идет к Поле, он не сказал бы. Не знал»* (т.2, 306).

2. Способы выражения текстового континуума

Шукшинские рассказы в основном посвящены деревенской тематике и описывают разные стороны сельской жизни советских времен. Как образ героев в рассказах лишь подобие, типизация живого прототипа, так и временной и пространственный аспекты представляются лишь в своих типических проявлениях, более объективно. В рассказах редко встречается ориентация на точное время (час, минута и т.д.). Это объясняется тем, что сельские жители привыкли измерять время по-своему—например, по восходу и заходу солнца или луны, так как все это для них более ощутимо и привычно. Основные способы выражения временного континуума в деревенской прозе Шукшина таковы:

1) Отображение отрезка времени через природные явления (закат или восход солнца, луны м т.п.):

«Солнце, старик и девушка»: *«Солнце садилось за горы.* Вечером оно было огромное, красное»; *«Солнце коснулось вершин Алтая* и стало медленно погружаться в далекий синий мир»; *«А солнце опять садилось за горы.* Опять тихо горела заря» (т.1, 121).

«Демагог»*: «Солнце клонилось к закату»;* «Вода у берегов порозовела—*солнце садилось за далекие горы»* (т.1, 141).

«Светлые души»: «Михайло Беспалов...приехал в субботу, когда *солнце уже садилось»;* «За окнами стало светло: *взошла луна»;* «Спать легли совсем поздно. В окна лился негреющий *серебристый свет»* (т.1, 101).

Из последующих примеров видно, что вместо семантически дейктических слов,указывающих на время и пространство (минута, час, месяц, год, раньше, позже, а также: далеко, близко, высоко, низко и т.д.), Шукшин использует те же единицы измерения—явления и состояния природы, причем рассказчик, герой или персонажи рассказа являются наблюдателями.

«Солнце поднялось в ладонь уже; припоздал»(«Земляки» [т.1, 447]).

«Солнце клонилось к закату, а было жарко. Было душно» («Кукушкины слезки» [т.1, 352])

2) Употребление глагола вместо существительного

Когда писатель ставит на первый план повествования не просто событие как таковое, а событие в его естественном движении и развитии в соответствии с течением времени, в тексте отмечается тенденция к употреблению на месте существительных глаголов, имеющих в семантике временные признаки.

«*Уже стемнело*» («Светлые души»);

«*Вечерело.* Улица жила обычной жизнью—шумела» («Экзамен»);

«*Стало быстро темнеть*» («Капроновая елочка»);

«*Вечерело*. Горели розовым нежарким огнем стекла домов» («Игнаха приехал»).

3) Косвенное указание на временной аспект

В этом случае временной континуум может быть выражен без установленных единиц изменения (обозначения), т.к. само время не является объектом наблюдения и описания. Оставаясь лишь фоном, на котором развертываются события в рассказе, временной континуум связывает эти события и придает им реалистическую основу.

Герой рассказа «Ленька» наблюдал однажды около товарной станции, как рабочие разгружали вагоны с лесом. Читателю дается обобщенное представление о времени события предложением «*Тихо догорал жаркий июльский день*», а конкретный временной параметр события не указан: «...наблюдать за ними было очень интересно...—И-их, р-раз! И-ищ-що...оп!—раздается *в вечернем воздухе,* и слышится торопливо шелестящий шорох сосновой коры и глухой стук дерева по земле» (т.1, 148).

Здесь время воспринимается читателем уже опосредованно, через человеческий опыт, который откладывает в сознании установленные единицы измерения тех или иных временных отрезков. Выражение «вечерний воздух» здесь дает минимальную необходимую информацию, достаточную для того, чтобы читатель при помощи вербольно-ассоциативной сети языка без труда узнал конкретное время происходящего.

Другой пример:

«В долине большими клочьями *пополз туман*. В лесочке, неподалеку, робко вскрикнула *какая-то ночная птица.* Ей громко откликнулись с берега, с той стороны» («Солнце, старик и девушка» [т.1, 123]).

В данном случае автор не указал на время прямо, но в тексте можно найти косвенную информацию: «пополз туман», «какая-то ночная птица робко вскрикнула»,—из которой нетрудно определить, что наступает вечер, приближается ночь.

Иногда указание на временной аспект события может осуществляться с опорой на знание быта и культурных традиций народа: «За окнами стало светло: взошла луна. Где-то за деревней голосила *поздняя гармонь*»; «В окна лился негреющий серебристый свет. На полу, в светлом квадрате, шевелилось темное кружево теней. *Гармонь* ушла на покой...» (Светлые души» [т.1, 104-105]).

Слово «гармонь» дважды появляется в рассказе, но обозначает разные временные отрезки в контексте: в первом случае гармонь *голосит,* хотя и поздняя, значит ночь только начинается, деревня постепенно уходит от шумной дневной жизни. А под предложением «*гармонь ушла на покой*» подразумевается, что в деревне уже царит глубокая ночь, вся деревня спит.

4) Течение времени определяется сменой категорий пространства

Пространство и время относятся к разным категориям концептуклизации картины мира и могут получать самостоятельное выражение в языке. Между ними существует некая асимметрия: человек может находиться в одном и том же месте в разное время, но не может в одно и то же время быть в разных местах. Однако две эти категории тесно сопряжены друг с другом: конкретность, т.е. образность содержательно-фактуальной информации достигается в рассказе взаимозависимостью временных форм глаголов и пространственным континуумом.

В рассказе Шукшина «Капроновая елочка» событие «привязывается» к тому или иному пространству (к чайной, к дороге, к избе в зверосовхозе, к селу Буланово, к дому Нюры), т.е. к конкретному месту. При отсутствии прямого указания на время его течение легко воспринимается читателем, поскольку события разворачиваются последовательно: герои стояли на тракте, ожидая попутную машину; вошли в чайную; отправились на путь; пришли к избе; вернулись в Буланово. Таким образом, все действия рассказа развертываются в течении примерно одних суток, которые могут члениться на несколько временных отрезков по мере изменения сюжетного пространства. Особое значение в этом случае приобретает пространственный континуум, который реализуется в последовательном описании окружающей обстановки, как ее видят персонажи. Здесь глаголы движения употребляются для описания и пространственной, и временной лакализации: «*вышли* за город, остановились закурить.—Теперь так: этот лесок *пройдем*, спустимся в лог, *пройдем* логом—ферма Светлоозерская будет. От той фермы дорога повернет вправо, к реке...»; «*Прошли* лесок. Остановились еще закурить.—Половинку *прошли*,—сказал довольный Павел...»; «*Пошли* дальше. *Прошли* еще километра три-четыре, *прошли* лог, *свернули* вправо»; «Еще *прошли* немного»; «С полчаса медленно, с отчаянным злым упорством шли навстречу ветру, проваливаясь по колена в снег».

Такое подробное описание пути создает у читателя визуальное представление об окружающем персонажей пространстве. Именно эта конкретность описания деталей делает читателя «наблюдателем» происходящего. Читатель ощущает течение времени с движением персонажей в дороге. Таким образом, в большой протяженности действия писатель дает указание на время только тогда, когда персонажи добрались до избы («часа в четыре ночи»), а временной континуум всего рассказа обеспечивается именно изменением пространства и семантикой глаголов движения.

У Шукшина есть еще один рассказ, в котором вообще нет никаких временных примет. Само движение текста, его поступательный характер, заставляет читателя ощущать течение времени. Человеческий интеллект способен воспринимать время и движение вне зависимости от того, указаны или не указаны они в текстовом континууме.

В рассказе «Приезжий» нет указания на время, но пространство текста между сменяющимися картинами заполнено описаниями: *у председателя в кобинете, у ворот в дом Синкина, в доме хозяина, у чайной возле автомобильной станции*. Чтение такого рода «пространства» тоже требует времени, и это время силой художественного воздействия опосредованно дает представление о реальном периоде действия. События в рассказе разбиваются на несколько эпизодов по смене мест действия, когезия и связь которых служит средством реализации континуума. При этом такие языковые элементы, как «Приезжий *скоро* нашел большой дом Синкина»; «но *с минуты на минуту* может *прийти* на обед»; « Она *скоро* придет» и т.п., содержат семантический признак течения времени и воссоздают процесс этого течения в его коротком протяжении, и такие обозначающие появления новых действующих лиц, как «*Пришел Синкин*»; «*Вошла рослая, крепкая юная женщина*», дают в одном и том же пространстве разные временные приметы, новые темы разговора и вызывают новые конфликты.

Литература

[1] Бахтин М.М. Вопросы литературы и эстетика. М., Худож. лит., 1975.

[2] Гальперин И.Р. Текст как объект лингвистического исследования. // отв. ред. Г. В. Степанов. М., КомКнига, 2007.

[3] Шукшин В.М. Собрание сочинений в 6-ти книгах. М., 1998.

（原载 «Русский язык за рубежом», 2002, №3, с.102-106）

Некоторые особенности обучения русскому языку в китайской аудитории в свете психолингвистики

В данной статье предпринята попытка исследовать особые черты преподавания РКИ в китайской аудитории на основе выявления разницы между тем, как дети обучаются родному языку, а взрослые—иностранному. Процессы обучения иностранному языку рассматриваются автором как когнитивно-психические, особое внимание обращается на роль и функции человеческой памяти. Доказывается, что первоочередной задачей обучения иностранному языку является воспитание у учащихся языкового сознания.

Известно, что язык живет не изолированно, он функционирует, реализуется и воплощается в речи. Язык и речь обозначают два различных аспекта единого целого, существуют во взаимосвязи: нет языка без речи и нет речи без языка. Известный психолог С.Л. Рубинштейн отметил: «Речь—это деятельность общения – выражения, воздействия, сообщения—посредством языка; речь—это язык в действии; речь—это язык, функционирующий в контексте индивидуального сознания» (1999:720). Поэтому, если мы хотим добиться от людей действительно живого, действенного, активного владения иностранным языком, правильнее было бы говорить об обучении *иноязычной речи*. В конце концов иностранный язык человеку нужен для успешного общения с внешним миром.

Такое понимание речи важно для преподавания РКИ, потому что здесь поставлена задача обучить взрослых студентов в кратчайшие сроки и сделать это как можно более эффективно и результативно. Однако это не так легко, как, к примеру, научить ребенка родному языку. В этом плане кроме особенностей онтогенеза языкового сознания у детей существуют еще 3 ключевых момента. Во-первых, имеет место разница в речевой среде, во-вторых, разница в этапе развития ума на момент начала обучения, в-третьих, разница в речевой ситуации.

При обучении взрослых РКИ вырабатываются определенные условные связи в виде языковых, логических, целенаправленных действий по заучиванию правил языковой системы. Они остаются в аппарате головного мозга в качестве отражения формальных схем и операций. Однако эти связи так и закрепляются в форме грамматико-переводных действий и не обеспечивают ни автоматического восприятия иноязычной речи, ни автоматического ее воспроизведения. Такая ситуация наблюдается в традиционных, грамматико-переводных системах обучения русскому языку, которые отталкиваются от родного языка и идут по пути перевода лексических и грамматических структур.

В Китае в обучении РКИ до сих пор применяется метод «исправить ошибку», исходя из известного тезиса «учиться на ошибках». Например, преподаватель представляет студентам искусственно составленные сочетания, часть которых содержит ошибки: *дождь идет, дождь идут; дождь пошел, дождь пошло, дождь пошла, дождь пошли и т.д.*, и просит их сделать выбор. Кроме того, на современном этапе бурное распространение получила методика «тестирования уровней по русскому языку», содержащая большое количество так называемых объективных тестов, предполагающих выбор 1 правильного ответа из 4 вариантов. В связи с этим в китайской аудитории появилась тенденция обучения только тому материалу, который входит в тестирование. Естественно, возникает вопрос: смогут ли студенты овладеть языком в совершенстве, когда окажутся в той языковой ситуации и таком речевом окружении, где 75% информации является ошибочной?

В реальности метод исправления ошибок в обучении РКИ приводит к увеличению нагрузки на механизм памяти учащихся(в упражнениях или тестировании обычно нужно выбирать 1 под ответ из 4, т.е. студенты должны запомнить сразу 4 варианта выражений, к тому же 3 из них являются неправильными или не подходящими, что часто сбивает обучаемых с толку). Эксперименты в когнитивной психологии доказывают, что объем памяти и длительность хранения информации являются зависимыми параметрами: если количество информации превышает пропускную способность памяти, то «лишние» данные теряются.

Из сказанного нетрудно заметить, что обучение взрослых студентов иностранному языку в таких условиях не только не учитывает, но и нарушает естественные законы когнитивнопсихических процессов человека. С точки зрения психолингвистики овладение языком—это целый набор психических процессов, в котором восприятие и порождение речи находятся в тесном взаимоотношении прежде всего с вниманием и памятью, что как раз особенно важно при обучении.

В целях изменения нынешней ситуации и достижения более эффективных результатов в обучении РКИ предлагаем следующее.

1. Создать оптимальные условия для изучения русского языка

Для активизации развития познавательных процессов важно не только увеличить уровень сложности обучения, но и, соблюдая психологические законы, привести их в действие с помощью пусковых механизмов: интереса, новизны, яркости и неожиданности подачи материала. Именно эти механизмы вызывают мотивацию, заставляют обостряться восприятие, концентрируют внимание, улучшают память, совершенствуют мышление и воображение. Однако если рычаги интенсификации работы познавательных процессов остаются не задействованными, то высокий уровень сложности обучения может привести не к развитию русскоязычных навыков, а к прямо противоположным результатам. Ведь человек, погруженный в русскоязычное окружение и воспринимающий русскоязычную речь в синтетическом виде, освоит ее быстрее, чем тот, кто строит высказывания согласно отдельным правилам. Погружение и свертывание – основные механизмы развития и совершенствования психических функций, понимание которых дало возможность психологам-педагогам разрабатывать новые методы обучения.

2. Соблюдать естественные законы работы памяти при обучении

В нашей учебной практике в центре внимания чаще всего оказываются принципы обучения и результаты тестирования, но о механизмах ее организации мы заботимся мало и нередко нарушаем законы работы человеческой памяти.

Процессы запоминания начинаются с возникновения потребности и интереса, которые создают мотивацию, необходимую для привлечения внимания к тому, что желательно запомнить. Далее следует сконцентрировать это внимание и произвести определенную интеллектуальную и чувственно-эмоциональную работу по организации запоминаемого материала. Таким образом, чтобы русскоязычные слова прочно укоренялись в памяти, с одной стороны, студент сам должен применить сознательно-волевые усилия для управления процессами запоминания, а с другой—педагогу необходимо организовать учебный процесс и материал таким образом, чтобы образы русских слов были как можно богаче, ярче, необычнее и прочнее связывались со всей гаммой чувственных и двигательных восприятий. А самое важное — предложить единственное, самое подходящее для данной ситуации языковое выражение, чтобы студенты приняли, сохранили, запомнили и извлекли потом правильную информацию из кладовых памяти.

3. Формировать у студентов русскоязычное сознание

Цель обучения русскому языку заключается именно в том, чтобы воспитать в человеке привычный неосознанный автоматизм, с которым он будет оперировать русскоязычными средствами, научить его порождать речь на русском языке, как на родном. Его Формирование обеспечивается многократным повторением слов и выражений, постоянно присутствующим в системе целенаправленных упражнений. В связи с этим «следует обратить особое внимание на то, как изменяется роль учителя в условиях, когда внимание акцентируется именно на овладении языком, на оказании реальной помощи ученику в формировании его вторичной языковой личности» (Залевская, Медведева, 2002:194).

Для овладения русскоязычной речью необходимо, чтобы она вошла не только в память человека, но и в его психику, как в сознательную, так и в бессознательную зоны. Овладение русскоязычной речью взрослым студентом означает, что она стала неотъемлемой частью его самого, его мыслей и чувств, его сознания и подсознания. Только тогда можно говорить, что человек владеет русскоязычной речью, когда он неожиданно замечает, что он стал думать на русском языке, осознает, что ему намного проще построить фразы, написать письмо или сочинить рассказ прямо на русском, а не переводить все это с родного языка. В обыденной жизни такой уровень владения языком называется свободным.

Таким образом, только постоянное погружение в языковую среду, включение в верную ситуацию и повторение правильных для данной обстановки вариантов выражения поможет сформировать русскоязычную привычку, русскоязычное мышление и сознание и тем самым добиться приближения к поставленной цели—научить учащихся владеть русским языком в совершенстве.

Литература

[1] Рубинштейн С.Л. Основы общей психологии. СПБ., Питер, 1999.

[2] Залевская А.А., Медведева И.Л. Психолингвистические проблемы учебного двуязычия. Тверь, Твер. гос. ун-т, 2002.

（原载于 Русский язык и литература во времени и пространстве // XII конгресс МАПРЯЛ, 2011, Т.3, с.251-254；后被转刊发在 «Русский язык за рубежом»，2011, № 4, сс.40-42.）

探幽俄语语言学

科学的发展永无止境，人类对未知的研究探索也不会止步。在一个人的学术生涯中，最能反映其成长经历的莫过于他不同时期发表的论文。青涩、稚嫩、成熟、深刻甚至尖锐，这些虽然与年龄有关，与学业的起始点有关，但更与学海涉猎的深度和广度有关，与对科学认知的心理边际有关，与思维的敏捷度和自由度有关。

俄语句法中的世界图景

一、世界的朴素图景与语言图景

被称作世界图景的现象存在已久，早期世界图景的形成与人类起源学说发展的进程相伴。而近几个世纪以来形成的关于世界的朴素图景概念，则反映了某一语言群体在精神和物质文明进程中的经验和认知，形成了朴素几何学、朴素物理学、朴素心理学等认识世界的途径和成就。这种被称作“朴素现实主义”的认识世界方法论（Апресян, 1974：57），拓展了朴素的时—空物理概念、朴素的因果关系概念、朴素解剖学概念等。然而，直到20世纪中期，由术语“世界图景”描述的现实世界片段才成为哲学和语言科学研究的对象。

20世纪60年代末，在莫斯科语义学派中发展起来的世界朴素图景（另一种叫法为世界语言图景）思想（Апресян, 1968：5），为语言学，特别是语义学研究提供了新的可能性。

世界的朴素图景是人们对世界朴素认知的结果，这样的结果由语言表述出来，即是世界的语言图景。世界的语言图景通常被注释为是对世界日常的普通认知模式。世界朴素模式的思想包括：每一种自然语言中都反映了认识世界的一种独特方法，用这样的方法表现出来的意义形成为统一的认知体系，即集体认知观。沉淀在语言体系中的这种集体认知观以某一种语言形式的“必须”体现出来，作为先他而存在的法规和规则，“强加”给该语言群体中的所有人。

语言中所反映出来的世界图景在许多方面有别于世界的科学图景。俄国语言学家Л.В.谢尔巴最早注意到世界的朴素概念与科学概念的共性和差异，指出有些术语在普通标准语中和在专业语言中的意义内涵是不同的（Щерба, 1958：68）。既然用语言可以表现日常的朴素认识和科学理论共有的概念，那么，该如何解决某一世界图景的语言对应性问题，即：是什么影响语言的行为，是什么决定了语言单位的选择？是自然科学知识，还是对时—空、对认知过程的朴素日常概念？

莫斯科语义学派代表人物Ю.Д.阿普列相之所以将世界语言图景称作朴素图景，是因为他发现，某些科学定义在其内容和范围上并非总能与语言阐释的图景对应上，用语言描绘出来的世界形象在很多细节上都不同于世界的科学图景。阿普列相指出了世界朴素图景两个方面的特性：

（1）逻辑图景和科学图景是使用各种不同语言的人群所共有的，而朴素图景以其极具表现力的方式反映出的是某一个语言群体对世界的独特认知，譬如，朴素心理学把俄语中的“心”（сердце）解释为是“存放各种情感的器官”；

（2）科学图景是世界共有的、普遍的，与其描写语言无关；而不同民族通过分析的方法从语言中抽象出来的朴素图景却在很多细节上相互区别，譬如，在俄语中，描述沙发时关注的参数是“长度和宽度”，而阿普列相提到英语中关于这方面更多是说“长度和深度”（Апресян, 1995：57-60）。

语言是一个符号体系，符号是语言的外壳，意义是它的内含概念。长期以来，语言学家把语言意义看作是客观现实的某种直接反映，事实上，语言意义可能与现实事物并没有直接的联系，而是通过该语言体现出来的世界朴素模式中某些特定细节的参与而建立起联系。“语言符号的语义反映出来的是关于事物、性能、行为、过程、事件等的朴素概念。”（Апресян, 1995：56）由此可以得出，影响世界图景语言对应性的是人对世界的朴素认知概念。

每一种自然语言都反映出对世界的特定理解和概念化方法。概念化图景（或模式）与语言图景不同，概念化图景在反映认知和联想活动时会不断发生变化，而语言图景会长期保留着人类对宇宙某些片断残留下来的古老认识和理解。不同地域和不同民族认识世界的方法不同，因此，沉积在语言符号中的民族意识和文化传统也不尽相同，表现出来的世界语言图景亦不同。对于同一现象，不同民族在使用语言手段上是不同的，每一种民族语言都会反映出自己独特的民族性特点。由此而来，自然语言的语义中就包含了普遍性特点和独特民族性特点，研究和解释这些特点形成的基础和机制，可以揭示出语言意义构成的普遍性原则和基本方法，挖掘出此前认为是零散的那些现实事实的深层共性。

阿普列相指出："世界语言图景具有语言学和民族学独特性，也就是说，它反映的是该民族语言特有的独特世界观方法论，这种方法承载着传统文化意义并与其他语言相区别。这种'观察世界的独特方法'客观地体现在对一些核心思想（即语义上独特的主题意义）的具有民族性特色的组合中，其中的每一个主题意义都可以由性质完全不同的语言手段来表达—— 词法学手段、构词学手段、句法学手段、词汇学手段以及韵律学手段。"（Апресян, 2005：8）

本文重点研究上述诸多手段中的一种——俄语句法手段展现出来的世界图景，因为相对其他某种语言或其他多种语言而言，俄语语言的句法手段表现出的世界图景更具有民族特色，譬如：其语言单位（民族特色较强）的意义在其他语言中只能用描述手段表达；某种在其他语言中原则上也可以表示的现象，在该语言中则具有特殊的表达手段和表达形式。

二、俄语句法中的世界图景

阿普列相指出："建构世界语言图景的材料只能是语言事实——词位、语法形式、构词手段、韵律、句法结构、句位、词汇—语义匹配规则等。"（Апресян, 2005：7）在语言中，词汇被认为是个性的，对词汇意义的理解也因人而存在差异。而语法则是一个语言群体集体意识的产物，是最具共性意义的语言部分，其重复率、再现率最高，是该群体中每一个成员都掌握和遵守的语言规则。因此，句法关系、句法规则更能体现出一个民族的语言意识，投射出该民族的世界语言图景。

1. 俄语句法关系是俄罗斯民族认知心理的反映

在俄语中,句法关系是语言关系中最重要的一种组合关系，是语言中可以构建话语的较高层级的组合关系。每一种句法关系都会反映出一种现实逻辑关系,是人类社会关系在语言中的折射。俄语的句法关系不同于汉语的语法和词序规则，它拥有专门的语法表现形式和结构形态，譬如，俄语中"数"的概念、动词"体"的概念、名词"性"的概念在汉语中是没有的，因而形成的句法关系也有异于汉语，如匹配关系，一致性定语等语法规则和语言表述在汉语中是难以理解的。这些特殊的概念和句法关系特征构成俄罗斯民族一种独特的世界语言图景。

人类思维和交际活动中必须遵循先他而存在的逻辑关系和各种规则，这些关系和规则投射在语言中构成句法关系，反映在句子表层结构中是词与词之间的结构关系和组合规则。俄语句法中有很多规则，每一个规则都体现为一种句法关系。透过俄语句法结构的逻辑语义关系，可以构建出该语言描述的世界图景，窥探到俄罗斯民族认识世界的视角和方式，再现对世界进行概念化的心理轨迹和逻辑线索，也是解析俄语话语深层语义结构的钥匙。20世纪末期，俄语语言学家研究发现，在句法结构中可以抽象出以下四种逻辑语义关系：

（1）客体关系：客体关系是一种建立在表示行为和状态的词与表示该行为或状态涉及的物体、现象、事件的词之间的关系。这类关系多由动词词组或动名词词组表示，如читать газету, включение радио等。

（2）限定关系：限定关系是一种建立在表示物体、现象、事件的词与表示特征意义的词之间的关系。这类关系多表现在形容词词组和其他名词词组中，如талантливый мальчик, дом бабушки等。

（3）状态关系：这是一种疏状说明关系，是一种建立在表示行为或状态的词与表示该行为或状态所处的各种外部环境状况的词之间的关系，通常补充说明与行为或状态的发生相关的外部环境状况，包括行为的方式方法、时间、地点、程度、性质等。这类关系通常由副词或前置词词组表示，如приехать рано, вернуться ночью等。

（4）补足关系：补足关系是一种很宽泛的关系，主要指一个词要求从意义上对其补充或限定，指明一个物体与另一个物体的关系。这种关系多体现在名词性词组中，例如：начало фильма, много студентов等（杜桂枝，2019：47）。

句法关系是通过纯句法联系手段表示出来的语法意义和词汇意义的有机结合，因此，在构成句法结构模式时必须考虑词汇类别和语义限制。例如，词组是具有句法关系的最小句法单位，它不仅具有语法意义，而且具有词汇语义。词组有许多种类型，无论哪种类型，都具有一个共性特征：“一个物体与另一个物体（性质、特征）的关系。”然而，俄语中词组的类型不同，语法形式和语法意义亦不同。其中更具俄罗斯民族特色，即更能展现俄语世界语言图景的，是名词性词组N_1+N_2的模式。

用名词的二格形式限定说明另一个名词，构成非一致定语的名词性词组，是俄语中表示领属关系的典型句法手段，是俄语中特有的民族语言图景。试比较：在汉语中，所有的限定关系，无论修饰成分是什么词汇类别，都可以借助于助词“的”来参与构成：

幸福的生活（形容词）счастливая жизнь

铁定的规则（形容词）железный закон

他的房子（代词）его дом

哥哥的书（名词）книга брата

可以看出，汉语词组的构成是一样的，修饰成分都位于被修饰成分之前，由助词“的”连接。但是，在俄语中，不同的词类做修饰成分时有不同的搭配组合规则，没有统一的助词：前两个词组和汉语词组一样，由形容词+名词构成，不同的是，形容词与名词在性、数范畴上保持一致的前提下，可以直接与被修饰的词汇搭配组合，构成一致性词组。第三个词组由物主代词+名词构成，但物主代词没有词形变化，与所限定名词不构成一致关系。最后一个词组的俄语构成和汉语的不同：在俄语中，领属关系无法由形容词表示，因此，表示领属关系的限定成分由名词来充当，因为没有类似汉语助词“的”成分参与，名词限定成分与主导词无法构成一致性组合关系，从而转向支配性组合关系，将做限定成分的名词变换成第二格的形式，构成非一致定语词组，表示各种领属关系：

（1）отъезд гостей——行为及行为的发出者之间的关系；

（2）строительство завода——行为及行为的客体之间的关系；

（3）крыша дома——局部与整体之间的关系；

（4）страна гор——物体与其部分特征之间的关系。

这类词组表示的各类领属关系具有一个共性特征，即限定成分与主导词之间的语法形态永远是非一致的、单指向的、固定的，因而不会随主导词的变化而变化。

解析非一致性名词词组的句法关系，审视透过句法关系体现出的俄语世界图景，可以追溯到俄罗斯民族创建语言和使用语言的心理认知过程：如何发现语言本体的限制和缺欠，在其演化进程中找出解决该问题的方法，揭示出俄罗斯民族对世界进行语言概念化和范畴化的经验、传统和深邃智慧。

2. 述谓性是俄语中人本中心语言观的体现

每一种语言、语言的每一个层级都表现出其人文性特征，即人本主义——以人为本：任何一个词、一个句子或一段话语，其观察点和出发点永远是人；任何一个句子，无论其句子中的主语和主体是谁，背后永远站着讲话人。

在俄语句法结构中，述谓性是一个核心概念，是俄语语言图景中所特有的一个句法理论概念。这一概念在西方的语言范式中是没有的，汉语的语法范畴中也没有相应的表述。述谓性是指俄语句子共有的、能同时涵盖多个语法范畴的深层结构语义特征，这些特征是构成句子基本语义架构的核心要素。同时，每一个句子的述谓性都可以从形式上表现出来，是构成句子形式结构语法的本质属性。因此，述谓性是解释和研究俄语话语现象的关键抓手，同时也是句法学研究的一个核心理论问题。

述谓性的所指内涵涉及深层语法语义范畴，专指句子内容与现实的对应关系，通常借助于句子谓语词形、虚词、词序和语调的共同作用而表现出来，实现句子与现实情景的对接勾连。句子述谓性中的每一个范畴都有特定的内涵与外延，在话语的实现过程中，它们之间相互依存，相互支撑且又相互制约，构成句子的核心结构–语义框架。这些核心的语法范畴通过句子中述谓词的语法形态体现出来，传递讲话人所描述的句子内容与现实的对应关系，这些关系的整合与协调就构成句子的述谓性核心。述谓性核心概念主要包括三个语法范畴：**句法人称、句法时间和句法情态**（Виноградов, 1975：324）。

句法人称、句法时间、句法情态这三大要素是构成句子形式结构和语义结构的核心范畴，即句子的述谓形式。其中的每一个范畴都与讲话人密切相关，也就是说，它们都是讲话人在讲话时刻所面临的必须选择。正如阿普列相指出：“语言常常迫使讲话者表现这些概念，即便是这些概念对于他的表述并不十分重要。”（Апресян, 2005：8）

（1）句法人称

句法人称是指句子形式结构中的主语，即在句法上可以充当主语的成分，无论其词类属性、词汇语义类别和语法范畴特征如何，只要占据了主语的位置，必须遵循句法关系中的匹配关系，在某些范畴上与形式谓语保持一致。这种阐释方法来自维诺格拉多夫的述谓性理论。他把“句法人称”视作句子的句法范畴之一：人称性，这些范畴是述谓性的构成要素（Виноградов, 1975：270）。

句法人称是按照匹配关系规则，通过谓语动词或系词的变化形式表现出来的主语人称。P.O.雅戈布森在此基础上对人称范畴与讲话人之间的关系做了界定：“人称是用来描述被报道事实的参加者与事实报道者之间关系的。如，第一人称证明，被报道事实的参加者与事实的主动报道者是同一个人，而第二人称——被报道事实的参加者等同于事实报道中现实的或潜在的、被动的参加者，即与接受方是等同的。”（Якобсон, 1972:100）

无论句子中的句法人称由什么形式表现出来，它都可以揭示话语中的主语成分与讲话人的关系，即行为参与者与讲话人的关系：行为主体既可以是讲话人本身，也可以是谈话的对方或第三方。从句子的逻辑结构语义来分析，主语的形式是讲话人根据句式结构的需要决定的，除了表示句子中的主语功能外，还隐含着主语与讲话人的关系、讲话人的话语视角和态度。譬如，在下列句子中，既可以观察出情态评价的主体，也能体察出讲话人态度：

Отец прав.——父亲是对的。

Как по-твоему, отец прав?——你觉得父亲是对的吗?

Учитель считает твоего отца правым.——老师认为你父亲是对的。

Он сказал, что отец прав.——他说，父亲是对的。

（2）句法时间

句法时间是述谓性概念中的另一个语法范畴，特指句子形式上的述谓时间，表示句子所述内容与讲话时刻的相对关系。句子所述内容发生的时间范围，构成句法时间概念——时间性。之所以称之为句法时间，是因为它具有语法意义上的必须性：在话语实现的过程中，讲话人以说话时刻为基准点，必须为句子选择一种时间关系，并以句子谓语形式通过句法关系表现出来。

在时间的这样一种纯语法手段中仍然隐含着人的因素——讲话人。句法时间是每一个句子都必须有的，这种时间是俄语这种语言强迫讲话人必须做出的决定：即以他说话时刻为基准点，为现在时；此前发生的事件为过去时，此后的为将来时。

句法时间是指由句子中述谓核心表示出的句法时间，这种时间范畴除了必须性外，还具有公开性和模糊性：以讲话时刻为基准点，划分出现在、过去和将来，这些要素是可以通过句子的形式表现出来的，但句式本身不能准确指出具体的时间点或时间段。譬如：Дети вернулись. 从这个句子的表层形式可以得知，句子表示的是过去时间，即讲话时刻之前发生的事情，但并不能明确指出之前的具体时间。试比较：

Дети вернулись.

Дети вернулись вчера к обеду.

对比这两个句子，前者的时间性是笼统的、模糊的，由句子的谓语形式表现出来，是句子述谓性中句法时间范畴；后一个句子中，除了句子必有的时间性外，还有表明准确时间的具体词汇，这些词汇手段表示的时间不是每个句子必须有的，而是根据讲话人交际意图需求而决定的。

如果说，动词的体相是行为的“内部时间”，也就是行为在时间轴上的流动和分布的内部特点，那么，“时间性”就是具有明显标记特性的“外部时间”。俄语时间语义场中其他的时间指示性标记，以讲话人的话语时刻定位为时间轴线上的基准点，作为时间关系的原始出发点，构成言语中不同的时间概念场，其中，时间性作为句子结构关系中的主导要素，决定了在体—时综合体现实化中的重要作用。

（3）句法情态

句法情态是述谓性理论框架下的另一个句法范畴，特指句子必须承载的客观情态，即句子的形式结构本身传递出的讲话人对所述句子内容的选择性态度。在话语活动中，讲话人通过对句式的选择，传递出其交际意图和目的，并从不同的角度和侧面表明对句子所述内容的情态、评价、功能限定等态度。根据这种态度可以确定所述内容与现实的关系，这种关系就构成了句子的句法情态范畴。

讲话人在进行话语活动时，讲话人首先要做的一个下意识的语言意识活动，就是必须选择话语句式：现实句还是非现实句。选择现实性/非现实性的句式是实现话语意图的必须条件：是陈述事实、事件或态势，还是表示非现实的愿望、祈求等。在现实性/非现实性这一对情态范畴中，现实句属无标记情态范畴，是言语中的常态形式；非现实句是有标记情态范畴，常常借助于语气词бы等来标记，属有标记的言语形态。

句法情态是每一个句子都必须有的核心要素，是讲话人对自己所述句子内容的一种态度。这种态度不是借助于词汇来表示，而是通过选择的句式表现出来。也就是说，任何句子都承载着讲话人的一种态度，一种选择，而且是必择其一的选择。

Он читает книгу.（现实句）

Читал бы он книгу.（非现实句）

句法情态有许多层级和侧面，话语实践中的任何一个句子都不会只体现出一个层级或侧面，而是兼容着不同层面的特征，这些特征满足了讲话人设定的交际任务的形式和语义条件。譬如：Он читает книгу. 这个句子兼容着这样一些信息：现实句、陈述句、肯定句、确定句，这些信息叠加在一起，传递出的是讲话人说出此话的目的：讲话人确信“他在读书”这件事是真实的，并用陈述句的方式传递给听者。

综上所述，述谓性是讲话人从现实性/非现实性、话语内容与讲话时刻的关系、话语行为与人称的关系等角度，借助于一系列形式句法手段，使传递的内容与现实交际中某些现实或非现实的时间层面相对应，构建出句子的时、式、态之间的逻辑结构关系，并通过句子的述谓核心成分表现出来。述谓性中三种语法范畴不同搭配组合的结果，是对所述话语的句式框架和功能指向的总体评定态度。

分析可以看出，述谓性的核心是人本中心，述谓性所包括的句法情态、句法人称和句法时间无一不与讲话人的选择有关，也就是说，这些语法范畴是讲话人确定的所述内容与现实的总体对应关系。因此可以说，每一个句子都是讲话人根据其交际意图而选择的语法形式手段，这些手段使述谓性中的这些核心范畴达成不同组合，使句子传达的内容与现实对应的总体关系和结构语义体现出来，进而实现讲话人的话语目的，完成交际任务。

3. 俄语句式结构是一种独特的世界语言图景

语言符号的社会属性主要表现在它的工具性特征上。一方面，它是认识世界、认识自我的思维单位和通用工具；另一方面，它是人际交流和沟通的桥梁，是信息传播的媒介。无论从哪一方面讲，语言既是人对世界概念化的内省思维工具，也是人的思维产品的外化形式。从认知语言学的角度看，人类感知世界和认识世界的方式基本上是相同的，但是在用语言表述所观察到的世界时，不同的民族、不同的语言群体会带有自己独特的民族传统和文化基因。

民族的概念是一个群体语言与文化的集合。一个民族长久以来形成的对外部世界的认识会通过语言表现出来，构成世界的语言图景。这些语言图景隐含在该民族语言的字里行间。如果说，句法关系是人类逻辑思维在语言中的折射，那么，句式结构表现出的则是一个民族的认知心理。譬如，在对外部世界的认识和对事物的逻辑认识上，俄罗斯人和中国人在很多方面都是相同的，但在语言表述上却有很多的差异，俄语中有些句式完全不同于汉语的表达形式，是俄罗斯语言中特有的。在俄语中，不同的句式类型对应于不同的思维过程和心理体现形式。这些独特的句式体现出的是俄罗斯民族独特的认知心理，构成的是该民族特有的世界语言图景和文化形态。我们选其中比较典型的语言现象进行对比分析。

（1）存在句

存在句是俄语语言特有的一种逻辑结构句型，是俄罗斯民族世界图景的独特语言体现。这种句式的重要特性在于，俄语中具有一个与现实存在有关的特殊语言思维模式和话语模式。存在句和说明句一样，是一种积极的逻辑语义结构类型。不同的是，存在句式具有自己独特的语言表达方式：存在句表述的是物体存在关系，重点突出物体、事件、现象在某一时间—空间内的存在或不存在，而存在的地点和所有者不作为话语重点，以间接格的形式表述：

У меня есть брат.

В парке есть детский городок.

В мире есть много интересного.

俄语的这种句式反映出俄罗斯民族认识世界的角度、语言意识的形成心理和人文关系的社会定位，构成整个世界的完整语言图景。这种语言表述方法是俄语特有的，在其他（譬如，罗曼语、德语等）的一些语言中，这样的存在关系是按说明句模式构成的，汉语中也是按说明句的逻辑与语义结构模式构建的：

汉语中，“我有兄弟”这句话的出发点是“我”，句子强调的重点是主语“我”有什么。在这个意义上，存在句与其他说明句在句式结构上没有区别，试比较：

我读书。

我有书。

我不舒服。

汉语中，因为没有词形变化，三个句子中的“我”，从结构形式上看似乎一样，语义上和功能上差别也比较模糊，需要借助其他辅助手段或上下文语境来判断，句子结构语义的内涵完全取决于词汇的意义。相对于汉语而言，同样的意义在俄语中要使用不同类型的句式，各种不同的句式通过句法形式的变化，把“我”这一主体概念从强到弱区分出不同层次：

Я читаю книгу.——主语，行为主体；

У меня есть книга.——状语，存在句中的领属主体；

Мне плохо.——状语，无人称句的逻辑主体。

这样的变化反映的是俄罗斯民族认识世界和认识自我的立场、角度和逻辑。存在句逻辑语义结构的建构遵循一个基本原则：方位词通常由具有具指关系的词汇充当，而存在物体由具有概念性所指意义的名词充当。所指关系的这种分布的最有利证据是：指示代词этот（это, эта）可以用于标定方位词，而不能用于限定存在物体名词。试比较：

В саду есть клубника.—

可以说：В этом саду есть клубника.

但不能说：*В саду есть эта клубника.

存在句在俄语中是很重要的一种逻辑语义结构句型，存在句与说明句可以在一起使用。在俄罗斯民族的语言意识中，对物体、事件、现象存在的确定，先于对所存在的物体、事件和现象的描述，这是俄语语言意识的逻辑思维顺序。因此，在说明句的语义中隐含着对存在句的预设，换句话说，在俄语说明句中总隐含有一个存在句，譬如：

Яблоня у нас еще не плодоносит = Есть у нас в саду яблоня. Она еще не плодоносит.

在语言实践中，某种语言外的真实情况往往并不一定需要通过存在句表示出来，而是通过联想，或通过语言本身的语义预设隐性表示出来。但是，即便是在这种情况下，在说明句中也总是含有可以添加一个存在句的语义预设，例如：

Мой сын учится в Московском университете.（我儿子在莫斯科大学学习。）这个句子在语义里暗含着"我有儿子"这样的语义预设，因此，可以对这一说明句做如下转换：

У меня есть сын. Он учится в Московском университете.（我有一个儿子。他在莫斯科大学学习。）

"存在"这一语义通过确定或否定现实中物体、现象等的存在，来补充或加确说明句的述谓性关系；反之，对物体、现象等行为或状态的确定或否定性描述，也同样可以认证其事实的"存在"。因此，"存在"语义预设不能用于被否定，试比较：

Дождь перестал.（雨停了。）

Дождь еще не перестал.（雨还没有停。）

显然，这两个句子都是建立在"下雨了"前提基础上的，无论是肯定句还是否定句都不能否定“下雨了”（Был дождь.）这一事实存在的预设。

（2）单成分句

俄语中的单成分句是指句子中只有谓语成分而没有主语成分的句子。这种结构中没有形式主语的句式，从一定程度上减弱了主体的意义和功能。而汉语中很少能单独使用单成分句，至少在表层结构上是有主语的。

俄语中，单成分句的类型很多，使用也相当广泛，其中每一种都有其独特的表现形式和逻辑语义内涵。这里仅举其中的一些句式为例。

（a）不定人称句

不定人称句是单成分句中的一种，由专门的结构形式表达，通常由动词复数第三人称的陈述式现在时、过去时和将来时形式充当不定人称句谓语：

Из Москвы говорят;

Из Москвы будут говорить;

Из Москвы говорили.

这种句子的语义特点是，在不定人称句中通常突显的是行为和对行为进行具体化的补充和说明，讲话人和听话人的注意力都集中在行为本身，而不突出行为的主体，即句子的主语成分。句中行为实施者隐藏在暗处，因为对该交际活动的目的而言，知道不知道行为实施者并不重要。如：

Работают.

Стучат.

在俄语的现实话语过程中，不确定的人称可能对应于一个或多个行为者，对此，讲话人或者知道或者完全不知道，或者认识或者完全不认识。讲话人选择这样的句式既规避了由于不确定因素造成的表述困难，又可以隐去某些不希望听者知道的信息，并且可以精确地传递所需信息。譬如：

На палубе успокоились. (А.Толстой)

Удивлялся, что его не пускают домой. (А. Вайнер)

不定人称句在语义修辞上具有独特的表现力。在这类句子中，故意将行为者作为不确定的人称，反而更容易吸引听话对方的注意。这样的句式可以使隐去的行为者成为对话过程或复杂话语结构整体的话题核心。譬如：

—А завтра меня в кино приглашают.

—Кто же это?—спросила мать.

—Да Виктор,—ответила Луша. (В. Лидин)

有时，在具体的语境中已经指出了行为者，但有意地隐去他的名字反而会使行为更具体化，使其获得更细微的语义添加色彩，譬如：

Прощаясь, Ипполитов поцеловал ей руку. Впервые в жизни ей целовали руку. (Д. Гранин)（生平第一次有人亲吻了她的手。）

可以看出，不定人称句的使用，体现出的逻辑主体脱离感更明显，事件性更强烈，修辞色彩也更多样。

对于这类语言现象，在汉语中使用最多的是不定人称代词“有人”，从句子结构看，由不定代词参与构成的句子是典型的双成分句：

有人敲门。

有人告诉我，……

在汉语中不定代词的语义具有模糊性，既可以指一个人也可以指很多人，显然在上述的语境中大多是指一个人；而在俄语中，Стучат.（有人敲门），形式结构上看，复数第三人称是不定人称句必须的典型形式；从语义上看，敲门的可能是一个人，也可能是多人，但是必须使用复数的谓语形式，此时，复数第三人称谓语结构在语法范畴上是准确的，但在数的语义概念上却具有模糊性。

（б）称名句

称名句是俄语中独特的一种单成分句型，常用于文学作品或报刊媒体的新闻语体中，可以通过使用单一成分来指称外部世界的一种现象、一种状态或环境。称名句的特点是句子简短，但语义所指明确，表现力强。它们通常指出事物和现象的具体状态和特征，确认其存在，特别是强调时间、地点等语义要素。称名句通常多用于文学作品章节的开头，可以快速引导读者进入事件作用域，促进对情节发展的快速把握和理解。在俄语句法学研究中，称名句既包括名词性称名句，也包括动词性称名句。

名词性称名句：

名词性称名句的典型语法形式是合成谓语：现在时为零位系词形式，通常表示静态情景，指称时间或空间的定位：

Весна .—春天。

Вечер. —傍晚。

称名句在文学作品和诗歌中以其简洁的笔触刻画出作家描述的具体场景：

Ночь. Улица. Фонарь. Аптека. (Блок) —深夜。街道。路灯。药店。

Двадцать первое. Ночь. Понедельник. Очертанья столицы во мгле(Ахматова) —21日。深夜。星期一。夜幕中的首都轮廓。

动词性称名句：

动词性称名句的语法形式常用单数、第三人称、现在时的形式，描写话语时刻的动态场景、正在变化着的状态，有时也会用中性过去时形式，表示过去某一时刻的情形。

Вечернеет. —夜色渐浓。

Смеркает. —天色昏暗起来。

从上述例子中可以看出，名词性称名句的表述特点和使用功能与汉语中的情形相似，可以不添加任何修饰成分直接对译成汉语：

Белый снег. —白雪。

Тишина. —寂静。

但是，动词性称名句的表述特点和使用功能却与汉语中的情形有很大的不同：

Темнеет. —天色渐渐变黑。

Рассветает. —天渐渐亮了。

从上述对应的翻译比较中可以发现，在俄语中，用动词称名句形式表述的情景，翻译成汉语时需要添加主语成分，使俄语中的单成分句变成汉语的双成分句，否则无法表达出俄语动词性称名句描述的场景。非常明显，在这里，汉民族与俄罗斯民族认识世界和描述世界的方法是有差异的，即世界语言图景不同。汉语中，在表示自然界的一些现象时，经常会使用到“天”和“地”的概念和词语，充当这类表述的主语，给予自然现象一个拟人化的施为者，体现出汉语文化中天人合一的宇宙观：

“天不下雨，天不刮风，天上有太阳”，这是中国人的朴素认知、朴素的语言图景。从句式结构看，每一个小句都是主谓齐全的双成分句；从语义上看，表现的都是一种纯自然现象，但却显露出中华民族长久以来的神话、童话和传说等文化基因在语言形式上的留痕。

如果仅就不同语言的句式结构去研究，不做文学修饰方面的考量的话，同样的这一现象，对译成俄语时，毫无遗漏地全部变成了单成分的称名句：

Нет ветра. Нет дождя. Солнце.

这是俄语中表示这类现象的独特句式，描述聚焦于自然现象本身的特征，与天、地无关，非常干练、精准。但如若将此句式再直接对译成汉语就变成：没有风，没有雨，有太阳。这样的表述在汉语中会感觉缺少些什么，至少会有突兀之感，缺少语言的动感美，失去了描述的律动和画面感。这也许就是不同语言的民族独特性之所在。

综上可见，对于任何民族语言来说，句式的选择、词汇的选用、修辞手段和色彩的取舍等语言形式手段，所表达的不仅是讲话人的话语意图和交际目的，更是民族语言特色和民族文化的体现和彰显。

三、结语

本文通过对俄语中独特句法手段的研究，深入分析句法结构的深层语义，描绘出独特的世界俄语图景，揭示出语言表达与民族认知心理的特殊关系。

对于俄语学习和研究者而言，关注俄语句法结构的独特性，捕捉独特句式的结构语义展现出的不同语言图景，体察这些语言图景传递出的民族认知心理和民族文化，是培养外语语言意识和外语思维能力的有效途径。

在翻译实践和教学中，能深悟到不同语言展示出的民族独特认知图景和文化图景，熟识相应表达手段和语义文化内涵，方可自由行走于不同语言与文化之间，实现跨文化翻译从“形似”到“神似”的升华与飞跃。

注释

对于名词性称名句的界定，从19世纪以来俄语学界一直存在不同的见解。一些语言学者（А.А.波捷布尼亚、Ф.Ф.福尔图纳托夫、А.М.别什科夫斯基等）认为，名词性称名句的成分是谓语；另一些学者（Д.Н.奥夫相科–库里科夫斯基、B.A.博戈罗季茨基等）认为名词性称名句的成分是主语；还有一种观点力图回避句子成分的界定，而是关注句子的“存在性”语义功能（科学院俄语语法）。20世纪后半期以来，随着句法结构和句法语义研究的深入，对B.B.维诺格拉多夫所述的“述谓性”的理解更加深入，越来越多学者认同句子的“述谓性”是句子的唯一本质属性特征。据此，很多学者们认为，作为单成分句的名词性称名句，其成分只能是述谓成分。这样的观点散见于当代语言学家，特别是句法学家的论著中：

В.А.Белошапкова: «Современный русский язык», 1989, сс.533-534, 561;

Л.Л.Касаткин: «Русский язык», 2004, сс. 682-684;

Н.С.Валкина: «Синтаксис современного русского языка », 2000, сс. 171-174;

Я.Г. Тестелец: «Введение в общий синтаксис», 2001, сс. 252-253;

Е.И. Диброва: «Современный русский язык», Т. 2. сс. 326-327, 343-345.

本文坚持遵循维诺格拉多夫句法学理论中的“述谓性”，故将名词性称名句中的名词判定为谓语成分。

参考文献

[1] Апресян Ю.Д. О языке для описания значений слов[J]. // Изв. АН СССР Сер. лит. и яз. 1969 № 5. стр.51-67.

[2] Апресян Ю.Д. Дейксис в лексике и грамматике и наивная модель мира[A]. // Семиотика и информатика[C]. вып. 28, М., Русские словари,1986, стр.1-13.

[3] Апресян Ю.Д. Избранные труды, Т. II. Интегральное описание языка и системная лексикография[M]. М., Языки русской культуры, 1995.

[4] Апресян Ю. Д. О Московской семантической школе[J]. // Вопросы языкознания, 2005, №1, стр. 3-30.

[5] Виноградов В. В. Из истории изучения русского синтаксиса[M]. М., Наука 1958，1975.

[6] Щерба Л.В. Опыт общей теории лексикографии. // Избранные работы по языкознанию и фонетике[M]. М., Наука,1958, т. 1.

[7] Якобсон Р. Шифтеры, глагольные категории и русский глагол // Принципы типологического анализа языков различного строя[M]. М., Прогресс.1972.

[8] 杜桂枝，《现代俄语句法学》[M]，北京，北京大学出版社，2019年。

[9] 杜桂枝，俄语主从关系的结构语义阐释[J],《外语学刊》，2008年第5期，41—45页。

[10] 杜桂枝，俄语句子逻辑语义结构及相关句式类型[J],《中国俄语教学》，2009年第1期，1—5页。

[11] 杜桂枝，语言中不确定情景的多维度阐释[J],《中国俄语教学》，2012年第2期，9—13页。

（原载《中国俄语教学》，2020年第2期）

重视培养翻译人才的工匠精神

近年来，俄语界越来越多地关注翻译理论的探索和翻译教学研究。2015年11月14日，“全国高校首届俄语翻译硕士人才培养教学与研究学术研讨会”在北京外国语大学召开。2016年5月27—30日，第八届全国高校俄语翻译理论与翻译教学研究学术会议在解放军外国语学院举行。在这些会议上，与会的专家代表讨论最多的是翻译人才的培养问题、翻译教学理念和培养模式问题、当前国际大形势和中俄关系发展对俄语翻译人才的需求以及复合型人才的培养等问题。

类似研究在《中国俄语教学》上也有同样的体现，我们仅对2010至2015年间发表的文章做粗略统计显示，有关翻译问题的文章有68篇，其中涉及翻译理论研究的占24篇（包括翻译理论、文学诗歌翻译和翻译修辞等理论），涉及翻译技巧、方法、策略的13篇，口译、翻译教学及教材的17篇，汉译俄研究的7篇，实践性研究的4篇，翻译批评的3篇，但论及翻译者的职业操守和翻译素养方面培养的文章几乎没有。四川外国语大学的朱达秋教授曾经指出：“现在，在翻译研究界有一个值得注意的倾向，就是重理论探讨，轻实践批评。这不难理解，一是因为层出不穷的理论翻新更容易引领潮流，吸引眼球，更能显示思想的新颖、格调的高雅；二是因为与翻译理论研究相比，翻译实践批评更为出力不讨好。”（朱达秋，2011：1）

毋庸置疑，目前对高层次俄语翻译人才的需求是迫切的，是大量的。然而，在这些翻译理论研究与高层次翻译人才的产出之间，还有多大的距离要克服，还有多少具体的工作要完成？值得思考的问题是：对学生来说，是否有了市场需求就会有学习的动力和刻苦学习的精神？对教育者来说，是否有了翻译硕士的培养理念和教学模式就能培养出社会需求的合格人才？在翻译教学中，是应注重翻译技巧的培养还是更应注重翻译人才素质的培养？这些问题都是俄语翻译人才培养中需要深入思考和认真探讨的。

一、翻译技巧的培养 VS 语言能力的培养

翻译学是一门独具特色的专门科学，是培养翻译人员综合能力的一门学科。它不仅要求我们具有很好的外语基本功和很宽博的知识，要求具备深厚的母语功力，还要求掌握一定的翻译技巧和综合语言能力。然而，在这些因素中，到底什么是第一位的？是翻译理论和技巧还是语言能力？

翻译理论是那些从事多年翻译工作的大家之感悟和体会，是他们长期的工作积累和经验。他们有良好的外语能力，有深厚的本国语底蕴和修养，有宽博的文化知识和视野。一部优秀的翻译作品一定是上述各种因素的组合，并加上严谨的态度和追求完美的工匠精神而完成的。历史上诸如鲁迅、胡适、林语堂等等一大批翻译家，他们对翻译的感悟之升华可以称之为理论，譬如严复的译事三难：信、达、雅；他们翻译的经验之说，可以视之为技巧，譬如傅雷的译品随感。至于翻译标准，早在20世纪20—30年代就曾发生过激烈的争论，这样的争论一直延续到现在，从没有停止过。然而，对于翻译教学和翻译人才的培养来说，谈论翻译理论和翻译标准似乎还遥远了些，我们面临的现实是，教学中应该更偏重培养翻译技巧还是重在提高综合语言能力？

在翻译技巧与语言能力的取舍上，本人认为应首选语言能力，因为这是基础之基础，是我们可以谈论翻译技巧和从事翻译工作的底气。由

于工作的原因，本人有机会看到许多俄语翻译类论文，常常会遇到这样的情况：作者在大谈翻译理论的同时，翻译的例句中却出现非常低级的语言错误。每每面对这些错误，我都会反复思考上面的这些问题：到底是语言问题还是翻译技巧问题？仅举几个例子（下文中的标号均为原文中例句序号，斜体字部分均为文章作者的原文）。

[2] До ареста агроном Управления домами отдыха ЦК Союза работников Высшей школы.（《*ЛУБЯНКА. Сталин и МГБ СССР*》*272*页段*4*）

译文：在被捕前，他是中央委员会高校公职人员疗养院管理处的农艺师。

这是某高校承担的社科院解密档案材料的翻译。译者以其翻译的体会，专门撰文谈翻译的技巧问题。在这段译文中，可以发现的显性错误是*中央委员会高校公职人员疗养院管理处*，原文是Управления домами отдыха ЦК Союза работников Высшей школы，如果纯粹从翻译的技巧讲，对于这样一个复杂的词组，应遵循从后向前处理的翻译顺序，而不能从中间下手。在这8个单词中，除了Высшей是前置的一致定语外，其他词都是后置定语，修饰前一个名词或专用缩写词，其中，除дом отдыха（疗养院）外均用大写。我们可以把文中的дом отдыха, ЦК, Союз работников, Высшей школы看作表示机构名称的固定词组，分别是疗养院、中央委员会、工会、高校。因此，正确的译文应是：<u>高校工会（的）中央委员会（的）疗养院（的）管理处</u>。这里的错误除翻译得不准确（如高校公职人员）外，还有明显的语法错误带来的逻辑错误：应是“工会中央委员会”，而不是“中央委员会高校公职人员”。

更可怕的隐性的语言错误是在对这段译文翻译的所谓“理论分

析”中：

> 例[2]中没有动词，没有主语，完全由名词变格组成。乍看上去，不知所云。仔细观察，其前句叙述内容为：普罗斯维林，1901年生，俄罗斯人，被联共（布）开除。那么，例[2]应是关于此人的职务或职业的。句中*агроном*，是农艺师的第五格，文章叙述的是过去发生的事情，“体察”到其语法上省略了*был*，因为был要求第五格。

显然，译者不知道*агроном*是第一格形式，接着就为该词找到了第五格的依据，竟然推断是省略了был一词。这类错误表面上反映出译者对俄语词汇掌握得不够精准，深层上看出译者的翻译工作态度。

另一个例子：在《参考消息》2015年5月9日的头版上，刊登了题为《“习普会”促中俄合作上新台阶》的文章。其中有一句话是这样的：*“普京新闻秘书佩斯科夫当天早些时候说，莫斯科和北京有意在落实欧亚经济联盟和丝绸之路经济带这两大项目方面协调行动。他认为，这是俄中双边关系中*非常有趣的*、新的战略性实体”。

这里的问题出现在“*非常有趣的*”这一词上，无论从功能语体上、还是内容的逻辑语义上看，“非常有趣”在这里都显得很扎眼，很不贴切。根据推测，这里使用的俄语应该是интересный, 但интересный这个词的意思中不仅仅只有“有趣的”这一个意义，还有“有意义的”“重要的”，在上文中还可以推导出“意义重大的”“利益攸关的”。这个句子应该译为：“他认为，这是俄中双边关系中<u>非常重要的、新的战略性实体</u>”。所以，在翻译中，语言能力的掌握是非常重要的环节，否则，在词义的选择上就会出现只知其一不知其二的现象，翻译中就会发生意义不准确或者修辞不正确的现象，有时可能还会铸成严重的错误。

语言能力还表现在对语言的整体理解和把握上，特别是在翻译阅读文学作品时，语言能力显得尤为重要。常常会看到这样的论文，文章作者把自己看不懂或理解不准的句子，拿出来当作错误或语言异常来分析，这样的文章不仅缺乏说服力，更容易误导读者对原文的理解。

从“*Церковь стояла **на краю деревни**, и **за ней** уж начиналась пустынность осени (А. Платонов)*”*一句中，我们可以得出*“*осень начиналась только за деревней, в деревне её не бало*”*这样一个非真实事件的描写*（*в деревне её не бало*原文如此——本文作者注）。

这句原文取自于著名的苏联作家普拉东诺夫，在原文中，这个句子是对外部环境的描写，铺开的是地图式的语境情景，осени在句子中是第二格的形式，修饰的是荒漠，与动词начиналась并不直接发生关系。但巧妙的是，作家在这样一个简单的句子中不仅描绘出了空间图景，而且给出了时间定位，但时间在这里是给地点做背景衬托的，即秋季的荒漠。不知文章作者从哪里读出了“只有村外开始了秋天，而在村子里没有”的隐含意义？还评论说这是一个非真实事件的描写，这样的解读是没有体悟到作家的写作风格，没有理解句子的准确意义，还是理解得太深，以至于读出了隐含意义？

上述这些例子从不同层面表明，即便在如此简单的俄语句子翻译中，通常犯错误并非因为技巧不够，而恰恰是语言能力问题，是因为对语言的语法规则和词汇意义掌握得不够精、不够全、不够深。如果语言不能过关，那么，在翻译教学中奢谈翻译理论和翻译技巧会有何功效，教出来的学生又怎么可能胜任更复杂文本的翻译？

二、语言能力的培养 VS 百科知识的储备

我们再来探讨另一个问题：在翻译人才的培养过程中，更应该关注

语言能力的培养还是百科知识的培养?

21世纪是信息和知识的世纪，“所以说，21世纪的翻译是以知识为基础的翻译”（文军等，2002：39）。这里所说的百科知识，不是指我们用母语掌握了的那些知识，而是指那些需要用外语掌握的一般常识性百科知识。“翻译要涉及知识的习得、组织、挑选和运用。因此，是知识决定了一个译员能否很好地完成翻译任务，译员知识的局限也就限制了他们的工作质量。”（同上）

前一段时间，英语界流传着Chiang Kai-shek被误译成常凯申的段子。此事出在一本名为《中俄国界东段学术史研究：中国、俄国、西方学者视野中的中俄国界东段问题》的学术专著中，作者为清华大学历史系副主任王奇，由中央编译出版社出版。在这样一部学术史料研究的著作中，却偏偏出现大量翻译错误，除了把蒋介石译为常凯申外，许多其他的人名、书名也译得莫名其妙，令人费解。中国人竟然辨认不出自己国家历史上出现的人和事，学习外语的竟然不知道自己国家中名人名事的外文译法。难怪有人调侃说，“可怜蒋介石出口转内销后，坐改姓行改名，面目全非”。

这样的事不仅仅发生在英语界。在俄语界，在引介俄国哲学、文学、语言学等领域的著作时，类似的事件也时有发生。朱达秋教授就曾在《中国俄语教学》发文：“谈学术著作翻译的常态性批评——兼评别尔嘉耶夫的《俄罗斯思想》中文译本。”她指出：“该书作为现代西方学术文库的套书之一，由雷永生、邱守娟翻译，权威出版社生活·读书·新知三联书店1995年出版第一版。”（朱达秋 2011：2）在这样一部重要的哲学著作中，在对俄国著名哲学家和思想家的重要思想的翻译中同样出现了文化、知识等方面的许多错误。朱达秋教授在文章中做了认真的评述，指出了该书翻译中的许多错误，特别是涉及宗教、哲学和历史等百科知识方面的错误。譬如：

... я никогда не упрекал себя за то, что **<u>Венеция</u>**, Рим, Париж, сокровища **<u>их</u>** наук и искусства, вся история **<u>их</u>** – мне милее, чем Россия. (с.69)

*比起俄罗斯来，我觉得<u>维也纳</u>、罗马、巴黎、<u>欧洲</u>的科学与艺术珍宝，<u>欧洲</u>的全部历史更可爱，无论何时，我都不会因此而指责自己。（P69）

稍微仔细一点，就能够看出Венеция绝不是“维也纳”，而是“威尼斯”，维也纳的俄语是Вена.（朱达秋 2011：2）

Высказывалась мысль, что перевод Священного Писания **<u>Кириллом и Мефодием</u>** на славянский язык был неблагоприятен для развития русской умственной культуры... (с.10)

*有一种思想认为，**<u>基里洛姆（*Кириллом*）和梅弗基叶姆（*Мефодием*）</u>**将圣经翻译成斯拉夫语对于俄罗斯智力文化的发展是不利的……（P4）

译者为了让中文读者明白，还特别在两个人的译名后附加了原文名字，可是译者却没有注意到Кириллом и Мефодием是第五格，作为перевод（翻译）这一行为的主体，译者把第五格形式完全音译，夹注中的原文人名也没有变回原形，而它们的原形应当是Кирилл（基里尔）和Мефодий（梅福季）。基里尔和梅福季在俄罗斯文化史上占有一席之地，是他们两兄弟创造了教会斯拉夫语字母，现在俄语还叫基里尔文字。译者只要细心查证一下，这一误译完全可以避免（朱达秋 2011：5）。

这类的所谓百科知识性的错误在我们教师的学术论文中也会经常遇到：

**很难说托翁强调这种思想的初衷源自哪里：源自个人的体验？源自斯多葛派哲学家们的哲学？源自思皮诺扎（Спиноза）、格格里（Гегель）或者也许源自卡·马克思？*

这里三个外国姓氏就翻错了两个，足以说明我们对所学语言中使用外国人名方面知识的匮乏。事实上，Спиноза——斯宾诺莎，17世纪的荷兰哲学家；Гегель——黑格尔，18世纪的德国哲学家，德国古典哲学最著名的代表。类似这种将西方哲学家、文学家、艺术家的姓名翻译错的情况还有很多。

翻译中这类错误，都属知识类的，表面上看，这与语言能力似乎没有关系，其实深层还是语言的基本功不够，读的书不够多，见识不够广，储备的知识不够博。然而，这类的不足是可以消解的，我们在翻译俄语作品时，如果碰到明显不是俄罗斯人的人名姓氏时，就应该意识到这是外国的人名，应该去查找文献和辞书，而不是按照俄语的发音对译过来。这类的知识之所以称之为百科知识，是因为这类知识可以借助工具书来获得，但必须有严谨的学术态度为前提。

三、百科知识的储备 VS 工匠精神的培养

相比上述百科全书类知识的缺失，目前学界所缺失的严谨认真的学习态度和精益求精的工匠精神，更令人担忧和不安。对于语言能力和知识的不足，尚可以通过努力和认真来弥补，可缺失严谨的态度却是无从补救的硬伤。一旦形成了这样的工作作风，在翻译中出现错误就会成为司空见惯的常态。因此，缺乏严谨认真的态度是从事翻译工作之大忌，也是俄语翻译人才培养过程中必须认识到的一个重要问题。然而，在当今学术浮躁的形势下，在“讲效率、讲成果、讲项目、讲课题”评价体

制的推动下，不那么严谨、不那么认真似乎成了常态，错误百出的翻译作品、编译作品、论文、专著标上各种各样的项目名称和名著标签，堂而皇之地摆上了我们的书架。最最可怕的是，这样的作品正坑害着我们一代又一代的学生，以讹传讹地误导着他们。

譬如，学术著作中人名的汉译由于缺乏统一的标准，学界的惯常做法是约定俗成，不提倡标新立异，使读者减少误解和误读。但错译乱译的现象依然是屡见不鲜。打开《俄罗斯语言学通史》的572页，文中出现的“奇科巴娃”（Чикобава）、“谢利谢夫”（Селищев）、“布布里赫”（Бублих）等人名姓氏的翻译，还有“芬兰—乌果尔学”这一术语，其谬误令人惊讶，尤其是对“Чикобава”的翻译堪称奇葩之笔。下面分别描述这几个错误：

（1）关于Чикобава А.С.

这是一位格鲁吉亚语言学家，男性，全称是：Арнольд Степанович Чикобава，看到他的名字和父称，根据一般的知识就可以推断出了，翻译成汉语时，他的姓不能使用表示女性的“娃”结尾，应该是阿尔诺里德·斯捷潘诺维奇·契科巴瓦。关于他的生平和介绍，在有关苏联语言学史的书籍中都可以找到。2000年，本人翻译出版了一本专门介绍苏联语言学马尔统治时期的史料性文学专著《世初有道》。书中有大量的篇幅涉及Чикобава，介绍契科巴瓦与1950年那场语言学大辩论、与斯大林的语言学论著的关系。也就是说，在遇到Чикобава这个人的姓氏时，如果认真去查找一下资料，即便是在国内也是可以找到相关资料的。遗憾的是，在学界被认为非常重要的这本专著中，本该使用“瓦”的地方使用了“娃”，就这样把一个历史人物瞬间变了性：由大男人翻译成了女性。在不明就里的读者那里Чикобава自然就被定格为女学者了。

其实，在翻译和研究中对外国学者的男女性别不做认真考究，凭“想当然”轻率处理的情况绝非上述一例。В. В.Красных 是中国俄语学者熟悉的俄罗斯语言文化学专家，不仅著作论文很多，而且多次来中国开会、讲学。В.В.Красных的全名为Красных Виктория Владимировна，但同样有人把她变为了男性：“在狭义上，它是一种体现语言文化特点的语义构成，以克拉斯特内赫（В. В.Красных）的定义为代表。*他*认为，……”（《外语学刊》，2014年第3期，145页）。如果我们在翻译人名时能够认真一点，不要用自己掌握的关于姓氏最肤浅的知识去做判断，不要见到元音字母结尾就以为是女性，见到辅音字母结尾就以为是男性，至少应该去追究考证一下名字和父称，这类的错误是完全可以避免的；如果治学态度更严谨些，完全可以上网查阅到**Красных,** Виктория Владимировна的信息：Родилась в семье потомственного металлурга Владимира Ивановича **Красных** и профессионального переводчика Людмилы Николаевны **Красных** ... 这样一小段文字不仅指明了她的性别，还告知了家庭背景、父母姓氏名字。

（2）关于Селищев А.М., Бублих Д.В.

在已有的俄译汉文献中没有查到相关的译法。对这两个姓氏的异议在于：俄语的Селищев中，音节Се和音节ще是不同的两个发音，一个是硬辅音，一个是软辅音，这两个不同的发音不应译成同一个字，尽管黑龙江大学辞书研究所给出的译音表中确实两个音都译成了“谢”，但在这两个音同时出现在一个姓氏中时，正确的译法应该是谢利舍夫会更好些；同样的问题，在俄语Бублих中Бу和б是两个不同的音阶，不应该译成同一个汉字，“Бу”应译成“布”，“б”应译成“勃”。这样的译法是有史据可查的，譬如，Брежнев（勃列日涅夫），Бухарин（布哈林）。因此，Бублих应译为布勃利赫。

（3）关于芬兰—乌果尔学

关于语族的划分，国内的很多普通语言学著作中都会涉及，可以查到正确的译法：芬兰—乌戈尔语系语言学，俄语为финно-угроведение，在黑龙江大学辞书研究所出版的四卷本俄汉大词典中，翻译成“研究芬兰—乌戈尔语系的语言学”。在俄汉大词典上还给出了финно-угровед（芬兰—乌戈尔语专家），финно-угры（芬兰—乌戈尔语系民族），финно-угорский（芬兰—乌戈尔语系民族的），финно-угорские языки（芬兰—乌戈尔诸语言）等相关词条（俄汉大词典T4：5673）。芬兰—乌戈尔语系也可以称作乌戈尔—芬兰语系，俄语的表述是：угро-финские языки（俄汉大词典T4：5486）。需要指出的是，无论取自现有文献中的哪一种翻译，都不能将乌戈尔翻译成乌果尔。不知是作者粗心还是根本就没有查阅辞书，随意按音节翻译出来。

由此联想到学界的一种较为普遍现象：在翻译或写作时，不习惯于去查阅相关文献和资料，不屑于借助于已有的、约定俗成的译法，不喜欢使用学界公认的定义、术语和概念，而是自顾自地翻译或创造一些很个性、很生僻的术语，其结果一是造成概念上的混乱，二是令人不知所云，引起读者的误解和误判。

四、结语

中国俄语教学研究会会长刘利民在第六届全国俄语翻译教学与研究学术研讨会上指出：我们的俄语翻译界也存在各种问题，也有些出版社出版一些翻译质量不够好的产品。特别是对一些在俄罗斯国内和在国际上都很有名望的大家学者，对他们的思想和理论翻译不准确，不仅会使不懂俄语的学者产生误解、误读，而且可能会造成思想和学术的混乱，甚至造成文化冲突、外交冲突。因此，沿用周恩来总理的话说，即“翻译无小事”。

学术专著中俄语翻译的错漏百出，折射了当前中国俄语教学及翻译人才培养的现实困境：一方面，在中国高校开设专业俄语的数量在不断增加，2001年教育部还启动翻译硕士人才培养工程，每年为社会提供有大量的俄语毕业生，学生面临就业难的压力；另一方面，真正精通俄语、能够满足翻译需要的专才又严重不足，该精的不精，该博的不博，用人单位选不到合适的人才，这已经成为中国俄语教育面临的重要问题。

特别需要引起我们重视的是，上述例句大多选自俄语教师的文章（有的已刊登，按责编要求做过修改，有的文章没有被刊用）。这些例句并不涉及深奥的专业，也不是很难理解的俄语表述，不需要高深的翻译理论和技巧，问题出在对待翻译的态度上，出在翻译中缺少精益求精的工匠精神。中国有句俗话：师傅不高，徒弟弯腰。教师本身尚且如此，对学生的影响怎能正能量？

教师是俄语翻译人才的培养者、生产者，学生的学习态度、翻译习惯、翻译能力全出自教师言传身教。习近平总书记说，打铁还须自身硬。教师要想培养出好的学生，首先必须夯实自己的语言功底，养成严谨的工作态度和工匠精神，这样才能培养出高质量的翻译人才。

总而言之，翻译不仅仅是两种语言的转换，翻译是一项复杂而慎重的文化活动，在这一活动中译者是传播者，一个国家的决策、一个领导人的讲话，无一不是通过作为传播者的翻译人员传递给全世界大众的；翻译是人类思想交流的桥梁，是不同社会文化相互移植的一个过程，在这一过程中译者是文化使者，传播不同民族的文明、文学与文化，使不同文化相互理解和融合。因此，对翻译人才的培养是保证翻译质量的重中之重，语言能力、百科知识和工匠精神的培养是一个合格翻译之必备，三个基本功缺一不可。

参考文献

[1] 文军、马步宁等，《当代翻译理论著作评介》[M]，成都，四川人民出版社，2002.
[2] 姜治文、文军，《翻译标准论》[M]，成都，四川人民出版社，2000.
[3] 朱达秋，谈学术著作翻译的常态性批评——兼评别尔嘉耶夫的《俄罗斯思想》中文译本[J]，《中国俄语教学》，2011年第1期，1—6页。
[4] 朱达秋，再谈学术著作翻译的常态性批评——以《俄罗斯思想》的中文译本为例[J]，《中国俄语教学》，2013年第1期，1—6页。
[5] 郭著章等，《翻译名家研究》[M]，武汉，湖北教育出版社，1999.
[6] 左少兴，“十分可喜的开端”之后……[J]，《中国俄语教学》，2015年第3期，78—82页。
[7] 严辰松，《中国翻译研究论文精选》[M]，上海，上海外语教育出版社，2006.
[8] 李声权，儿童文学译作分析[J]，《中国俄语教学》，2016年第1期，56—60页。

（原载《中国俄语教学》，2016年第3期）

俄语动词词汇语义组

一、动词语义组研究的现实意义

在俄语词汇学研究中，动词词汇语义组（лексико-семантическая группа глагольных слов）的研究近几十年来一直受到特别的重视。从词汇学的角度来看，这首先是因为动词作为一个词类其词义极具复杂性，其次是因为动词语义组更具有结构性，为研究词汇中的系统关系提供了丰富的材料。从语法学和构词学的角度来看，如果忽视了对体现在单个词汇语义组基本词汇单位中的标准词汇语义的研究，便不能对动词的许多语法及构词现象作出合乎逻辑的解释。在构词学领域中，许多学者正是以最抽象的词汇语义为依据，确立了派生动词的一般分类标准。В.В.Виноградов曾强调，在确立动词性构词模式时，必须明确派生性基础动词的标准词义。他指出："某些词的构词类型是与其较狭窄的词汇语义类别密切相关的。"（1977）

句法学家们对动词词汇语义组的研究亦甚感兴趣，其中包括那些所谓的句子中心论的倡导者。现代俄语句法学中的重大转变 ——即从对句子的词法结构特征的研究转向对句子功能语义特征的研究——同样离不开对动词词汇语义的研究。Н.Ю. Шведова认为，确定动词词义的语义形式是对动词性句子按其语义结构特征进行分类的必要前提（1983）。

В. А. Белошапкова亦指出，"正在进行的始于60年代并兴趣日增的下列两项研究为解决'句子的综合摸式'问题提供了便利：（1）对句子个别类型的描述；（2）对述语词（首先是动词）个别语义类别的描述”（1981）。

显而易见，词汇学家和语法学家们都在向一个共同的研究对象靠近——动词的抽象词汇语义。它既是动词词汇聚合变化的分类基础，也是句子的某些语义模式中述语功能分类的基础。

对俄语动词词汇语义组的系统性研究始于60年代，先后有许多综述性著作和文章问世，分别论述某些动词词汇语义组的研究特点及其研究现状。如：Салимов Ш.Г.: К вопросу об изучении глаголов речи русского языка; Хамидуллина А.М.: К истории изучения глаголов движения; Ибрагимова В.Л.: К синтагматической характеристике глаголов движения в современном русском языке // Семантика и структура предложения; Васильева Т.П.: К истории изучения глаголов движения // Вопросы семасиологии и грамматики.等。

二、动词语义组的分类

在俄语动词的研究中，语义组成分的确定和语义组界限的划分问题十分重要。在进行语义分类时采用了不同的标准，大致可分为两种：（1）语言外标准，即从语言外部确定语义组的成分，如利用某种现实和过程类别的科学研究材料；（2）语言内标准，其前提是对最初凭直感收集的材料进行预先分析，它们可以是构词学方面的特征，也包括搭配特点，因为不考虑搭配特点，就很难划分动词词组。这两种标准被视为区分动词语义组的两种基本方法，一种是根据词汇的语言外联系，另一种是根据纯语言的联系。

在对单个语义组成功描述的基础上，许多学者开始尝试对全部俄语动词进行综合性分类，并已经做了大量工作，如Л.М. Васильев:

Семантические классы глаголов чувства, мысли, речи // Очерки по семантике русского глагола; Семантика русского глагола. Глаголы речи, звучания и поведения. Кузнецов А.М.: Структурно-семантические параметры в лексике; Новицкая И.С.: Значение глаголов и вопросы компонентного анализа лексики // Слово как предмет изучения; Слесарева И.П.: Проблемы описания и преподавания русской лексики.还有学者曾试图依据句法特征来实现对动词的全面分类（Апресян Ю. Д. Экспериментальное исследование семантики русского глагола. М., 1967）。乌拉尔大学现代俄语教研室就以等级鉴定的方法对俄语动词作词汇语义的综合分类问题做了大量的实验工作。Л.М. Васильев 指出：在根据语义对动词进行分类时主要遵循三个原则：（1）词汇的主要表意原则（主题原因）；（2）聚合原则；（3）组合原则。在心理语言学实验中还广泛采用了联想原则。

动词语义组的等级原则是动词词汇分类的主要方法。动词的词汇意义是由两大类成分组成的：表示情境特征的可分等级的最小表意语义和不可分等级的非表意的最小语义。Л.М. Васильев认为，在把动词划分成主要的语义类别和分类别时，看来首先应依据的是表意原则（主题原则）（1982）。

动词词义中的最小表意语义最具等级特点。动词的表意内容是某一种情境、某一个事件，动词词义的语义单位中表示出这种情境和事件要素的两种类型：（1）个别的分离出来的事物（实体）及其特征；（2）行为、状态、关系及其特征。因此，在动词词义的最小语义中又可分为两种，即实体化的和非实体化的。

在非实体化最小语义的等级排列中，第一等级是最抽象的语义，亦即形成语义和存在语义，其使用频率最高。这些语义由于十分抽象，故无法准确地界定，而只能大致地描述其内容。存在语义表示事实的存在和事件，表示它们的内部静态，而不指出其发展及内部运动。形成语义表示内部的发展和运动，表示某种事实和事件的形成。根据这两种语义可把动词分成宽泛的两大类。

在第二个等级上是表示“行为、事件、关系”的语义，其频率稍低些。这些语义的内容同样具有很高的抽象性，也难以对其准确地下定义。以这些语义为依据可将动词分为三个语义类别：行为动词、状态动词、关系动词。在第三个等级上，上述三个类别的每一类都可按其行为特点、状态特点和关系特点具体地再次分类。动词在这一个等级上的组合即形成了语言学中所称的动词词汇语义组。根据这些语义，在行为动词范围内可分出下列语义组：表示运动的、表示有目的行为的、表示思维活动的、表示品行的；在状态动词中可分出：表示外部特征变化的、表示空间状态的、生理状况的；在关系动词中可分为：表示均衡的、表示优势的、表示相似的、表示相符的、表示所属的、表示限定性的，等等。依据每个语义组特有的非实体化语义，上述语义组本身还可以继续划分出更小更具体的语义组。

实体化语义在动词词义中形成了第二类语义等级。这些语义表示进入某一情境中的物体的功能、质量、数量等特征。表示某一情境参与者的功能特征和数量特征的语义，在动词的词法——句法分布构成中起决定性作用。如果表示情境参与者的概括—性质特征，它便决定了将要与动词搭配的名词的概括性语义。这些语义构成了动词的语义组合体。

三、俄语动词语义组的研究现状

动词语义组研究范围的扩大，越来越清楚地显示出，没有总体上的动词语义分类和对语义组结构的全面描述，就很难形成较为完整的语义划分理论，因此，在动词词汇语义组分类日趋成熟的情况下，动词语义类型的研究开始进入一个新阶段。

新阶段的特征首先表现为，所研究的对象不再是个别的动词语义组，而是包括几个语义组的语义场。В. П. Абрамов在表示“传递”（передача）的动词语义组中区分出中心和外围，指出了该语义组结构中的语义场特点。语义组的中心是该组成员的层次构成——一个非专门化的类别和许多个语义结构上更为复杂的专门化的次类别。语义组的外围是表示“传递”的相邻类别的动词（1983）。对动词语义组语义场结构进行研究的学者有：Афанасьева Н. В.—группы глаголов "уменьшения" ; Потапенко Т. А.— группы глаголов воздействия.

对由反义关系相联系的动词语义组进行比较研究的学者有：Гончарова Т. В.—группы глаголов типа “давать” и “брать”；Анищева О. Н.—группы глаголов созидания и разрушения.

也有学者把具有共同语义的不同词类同置于一个语义场范围内来研究，譬如Е.Е. Жуковская、Э. А. Лазарева等。

近年来，动词词汇语义组的语义场概念有日益拓宽的趋势，即把带有表现力色彩语义的语言单位也纳涵到同一个语义场的研究中（В. С. Третьякова），甚至从潜在表现力的角度来研究不同动词语义组中的成分（Е.В. Скворецкая）。在这种情况下，研究的对象不仅是语义组中的核心词，而且还有其外围词，它们的使用范围有限，表示说话人的主观立场。

关于动词语义组的相互作用和相互交叉的问题也成为许多学者研究的重点，如В. П. Абрамов、Э. В. Кузнецова、Н. П. Сидорова、Т. И. Новоселова、А. А. Кретов等人，他们的研究都涉及了不同语义组中动词功能相互影响的问题。

80年代对个别动词语义组从不同侧面进行的研究日益深入：聚合形式（Чудинов, Ибрагимова）；词汇—语法方面（Ничман,

Жданова, Вечер）；词汇—语义方面（Дубровская, Шмелева, Кретов, Ерхов, Новоженова）；社会语言学方面（Балашова）；历史学方面（Блогава, Державина）；功能学方面（Бобенко, Болотнова, Пастухова）；比较语言学方面（Грицик, Жанкасиева, Собинников, Симм）。不难看出，上述各种研究都是以动词词语的聚合关系和组合关系为基础来进行的。同一个语义组中动词的典型的聚合关系和组合关系，决定着该组动词的规律性的功能等效性和与此相关的无规律的多义性。

参考文献

[1] Виноградов В. В. Избранные труды. Лексикология и лексикография[M]. М., 1977.

[2] Шведова Н.Ю. Лексическая классификация русского глагола[A].—Славянское языкознание: IX международный съезд славистов[C]. М., 1983.

[3] Белошапкова В. А. О принципах описания русской синтаксической системы в целях преподавания русского языка нерусским[J]. «Русский язык за рубежом». 1981, № 5.

[4] Васильев Л. М. Принципы семантической идентификации глагольной лексики, Семантические классы русских глаголов [M]. Урал. 1982.

[5] Абрамов В. П. Выражение передачи глаголами, смежными с классом глаголов передачи[A]. Лингвистическая семантика и логика. М., 1983.

（原载《中国俄语教学》1996年第3期）

俄语运动动词的词汇—语义群研究

一

运动动词词汇—语义群是从行为动词中分离出来的词汇容量最大的一个独立的语义群。据Г.Н.普洛特尼科夫的统计，该语义群包括66个运动动词，如ехать, плыть, шевелить, вращаться, трепетать 等，其中将近半数（27个）是表示行为主体自身运动的动词。运动动词语义群，因其词汇容量的庞大和内部结构的复杂一直受到语言学者，尤其是词汇学者们的关注。据不完全统计，近十几年来，论述此问题的各类专门性文献就有130篇之多。学者们从不同角度，在不同层次上对运动动词的词汇—语义群进行了描述和分类，如同义词、对比、篇章修辞、综合语义分析、历史发展和演变等角度。也有学者从构词学角度，专门考察了不同的前缀对运动动词语义的影响，探讨了词汇的语义与构词体系之间的内在联系。

尽管学者们的研究角度和侧重点有所不同，但概括地说，其注意力主要放在运动动词词汇—语义群的语义聚合和语义组合两个方面，并在此基础上，按照运动动词语义中抽象的类别特征，对俄语运动动词进行了系统全面的分类。

二

运动动词的一般词汇语义特征是表示“空间位置变化”，各个具体运动动词语义中则含有其抽象的区别特征，如表示“运动特点”（характер движения）、“运动方式”（способ движения）、“运动介质”（среда движения）、“运动总体方向”（общая направленность движения）等等。这些特征分别揭示现实生活中的某个特定方面。

在运动动词词汇—语义群的范围内，其核心词是“двигаться—двинуться”。它具有所有运动动词普遍的语义特征，但不具有抽象的类别特征，即不指明运动的特点、方式、介质、方向等。相对于具体语义来说，抽象语义特征犹如“超级语义”或“最广语义”，是划分词汇—语义群的基础。按照抽象的语义特征，所有运动动词分属不同的词汇—语义群，并在其中形成结构与复杂程度各异的子语义群。

在运动动词词汇—语义群分类的第一个层次上，以抽象的区别特征“运动的特点”为依据，可划分出三个基本语义群，即表示行进运动（поступательное движение）、摇摆运动（колебательное движение）、旋转运动动词（вращательное движение）。每个语义群都有核心动词，都是独立的，都有其一系列的语义场，并可以再划分为更具体的子语义群。

2.1 行进—*移动运动动词*

行进运动意指有方向地移动（движение—перемещение）。这类动词数量最多，核心词是“передвигаться—передвинуться”和“перемещаться—переместиться”，它们代表了这个语义群中所有动词的抽象语义特征，即“行进……移动运动”。

处于核心词周围的其他动词，如идти, нести, тягать, погружаться, течь, литься 等，本身都带有不同的补充语义，按照“运动的介质”可分为三个子语义群。

2.1.1 表示沿硬质表面移动的动词

俄语中没有专门表示这种运动的动词。属于该子语义群的动词，都带有各种补充语义特征，可再次划分成三个更小的语义群。

2.1.1.1 表示独立移动的动词

这类动词表示不借助交通工具或其他辅助性工具而进行独立、积极的运动，又可分两种类型：

（1）表示徒步行进。核心词是идти—ходить和及物动词вести—водить，其外围词包括：бегать, бежать, близиться, приблизиться, гнать, гонять, отправиться, взобраться, подниматься, снизиться, бросаться, мчаться, толкаться, налить, кидать, переться, везти, возить, нести 等。这些动词都分别带有复杂的补充语义，并可以继续划分为不同的语义群。

（2）表示爬行移动。此类动词数量有限，主要是пресмыкаться, ползти, ползать.

2.1.1.2 表示非独立移动的动词

指借助交通工具或其他辅助性工具进行的非独立的移动，其核心词是ехать和 ездить.

2.1.1.3 表示拖曳移动的动词

指物体由于某种原因不能够进行通常那种积极的独立移动而进行的非独立的运动。这种拉动、拖曳通常是借助人手或某种交通工具来实现。这里一般为使役动词，如：волочь, волочить, влечь, влачить, возить, тащить, тянуть, таскать, тягать 等。它们没有对应的非使役性动词。某些反身形式如：влачиться, влечься, тащиться, тянуться 等，则多用在被动结构中，表示类似的使役情境。

2.1.2 表示空中移动的动词

指飞禽或物体在空中的移动，核心词是 летать,лететь，它们的词义极具概括性，不表明运动的方向和运动方式，其搭配范围也很宽泛，如：

“Малинин летел в Москву...”

“У окна летала ласточка.”

“Самолеты по небу летят.”

2.1.3 表示水中移动运动的动词

这类动词表示动物或物体在液体介质当中或沿其表面的移动，核心词为плыть, плавать.

动词плавать还可表示“浮动”及在水面上停留的能力，如：Дерево плавает на воде.

根据“运动的方式”“运动的方向”等区别性语义特征，还可以把该语义群中的动词做更具体的划分，如一部分动词在运动的方向性上特征较为明显，主要表示向下的纵向移动，其核心词是погружаться—погрузиться，如 Катер быстро погрузилсл ко дну.

2.1.4 表示无介质的移动运动动词

某些表示移动的动词不指明运动的特定环境。它们表示（A）水流或某种液体的流动：течь, струиться, литься;（B）空气或其他气体的流动：дуть.如：С запада дует сильный ветер. Во дворе льется затяжной дождь.

2.1.5 行进—移动动词如何表示方向

所有表示行进—移动的动词，其词义中都包含着一个抽象的语义特征，即“运动的总体方向”。在大部分动词的语义中，这一特征表现得较为具体，即指明运动的方向：是单一方向或多方向，即所谓运动的定向与不定向。表示定向运动的动词有 идти, лететь, плыть，ехать，вести，везти 等；表示不定向运动的动词有 ходить, летать, плавать, ездить, водить, возить等。不定向动词多用来表示经常性、多次性及往返的运动。不过有一些动词，如 перемещаться, шагать, маршировать, пресмыкаться等，本身不指明运动的方向，只能依据上下文或具体情节来确定其运动方向。

2.2 摇摆运动动词

从运动特点来看，摇摆动词的区别性特征是“非行进性”，其具体语义表示“原地运动”或“有限空间范围内的运动”。属于这一语义群的动词可分为两类：（1）无序的不规则的多方向运动；（2）均匀、单调的单向运动或由上往下的运动。

2.2.1 表示不规则摇摆的动词

该类动词表示动物的随意自由运动，以及物体在外力作用下产生的不规则运动，其核心词是 шевелиться, шевелить. 如 В темноте слышно, как шевелятся листья.

2.2.2 表示均匀摇摆的动词

该语义群有动词трясти; дрожать, вздрагивать, дергаться, вибрировать, трепетать, трепыхать等。它们所表示的摇摆运动在均匀性、节奏及频率等方面互有差别。

2.3 旋转运动动词

同行进动词和摇摆动词相比，旋转动词在运动动词中占据着特殊的位置，它们既表示空间中的移动，又表示原地的运动。这一特点决定了在对这类动词进行语义分类时会出现一定的复杂性。

旋转运动是指物体围绕着一个轴心进行的圆周运动。但是，轴心可以位于旋转体自身之内，如：Земля вращается вокруг своей оси. 也可以位于旋转物之外，如Ласточка кружится над деревом. 在第一种情况下，物体进行的是原地旋转运动，没有空间中的移动。此时，这种运动与摇摆运动相类似，故可称作“非行进性旋转运动”。在第二种情况下，旋转体进行的是移动旋转运动，与行进性运动相似，姑且称之为“行进性旋转运动”。俄语中上述两种旋转运动又可由同一动词来表示，如：вертеться, ворочаться, вращаться, кружиться, крутиться, обернуться, обращаться 等，还有与它们相对应的使役动词：вертеть, ворочать, вращать, кружить, крутить, обернуть, обращать等。这些动词都共有“旋转”这一语义特征，同时又各带区别性语义特征，即表示“空间中移动”和“原地运动”。

需要指出的是，大部分旋转动词都不指明其运动的“介质”。它们所指运动，既可在硬质表面上进行，也可在空中、水中或水上进行。因此，伊勃拉基莫娃（Ибрагимова）在《俄语动词的语义》一文中就指出：“俄语旋转运动动词无论按哪个区别特征都难以对它们进行分类。”从词汇学的研究情况来看，俄语动词词汇—语义群的研究正向词汇语义的深层发展。就运动动词而言，多年来学者们主要是对行进—移动动词进行了较为系统全面的研究，从词汇学、语义学等不同角度对其作了较为详尽的描述，已有不少论著问世。相比之下，对摇摆动词和旋转动词的研究涉足者不多。尤其是旋转运动动词，其复杂的区别性语义特征，以及丰富的多义用法，都是词汇学研究领域有待探讨的新课题，正在引起研究者们越来越多的关注。

参考文献

[1] Виноградов В. В. Избранные труды: лексикология и лексикография[М]. М., 1977.

[2] Шведова М. Ю. Лексическая классификация русского глагола[А]. «Славянское языкознание: IX международный съезд славистов». М.,1983.

[3] Белошапкова В. А. О принципах описания русской синтаксической системы в целях преподавания русского языка нерусским[J]. «Русский язык за рубежом».

1981, №5.

[4] Васильев Л. М. Принципы семантической идентификации глагольной лексики [A]. «Семантические классы русских глаголов». Урал. 1982.

[5] Абрамов В. П. Выражение передачи глаголами, смежными с классом глаголов передачи[A]. «Лингвистическая семантика и логика». М.,1983.

[6] Ибрагимова В.П. Семантика русского глагола .лексика движения. Уфа, 1988.

（原载《外语学刊》，1996年第3期）

俄语口语研究中的若干问题

从20世纪60年代开始，俄语学界日益关注口语的系统研究。尽管起初很多人对把口语作为现代标准语的研究对象表示过怀疑，但口语的标准语地位还是很快得到了承认。许多学者认同口语是标准语的一个组成部分，并证实，持俄语标准语的人都能掌握并熟练使用口语，而且，讲话人的文化程度越高，对语言的感悟能力越强，对语言功能语义的理解越准确，运用口语的修辞手法就越细腻，话语的交际功能越显著，语用效果亦越大。随着研究的深入，学者们很快发现，俄语口语是自成体系的，这一体系与普通标准语言体系并不完全相应。这一现象表层上属于语言的功能语体问题，实际上是语言学中语言与言语的体系性的问题。

在俄语口语研究中，关于如何界定口语体系的范围——它是专指日常口语（разговорная речь），还是应包括所有的口头表达形式（устная речь），以及口语在标准语中的地位、口语与标准语的关系、口语与其他语体之间的关系等问题始终是学者们争论的焦点，至今仍未取得一致观点，可谓仁者见仁，智者见智。

在俄语口语研究领域存在的许多理论和观点中，学者们争论的主要问题有：

（1）话语的口头性特点（устность）能否成为区分口语与书面语言的决定因素?

（2）口语与标准语中的哪一部分对应?

（3）在公众场合怎样讲话及讲演语（публичная речь）能否纳入标准语的口语体系?

这三个问题实质上是一个问题：能否使用标准文字语言讲话。对于这个问题，俄罗斯科学院俄语研究所的E.A.Земская和以O.A.Лаптева为代表的另一派的观点相左，她们之间关于俄语口语问题的学术争鸣已持续了多年。

一、关于俄语的口头性特点

Земская不赞同把口头性作为区分口语的主要特征，认为不能混淆口头形式与口语的概念。她指出："口头形式并不是那样一种决定因素，以至于能够把语言统一体划分成两个独立的、具有能构成一个特殊体系的所有典型结构特征的、相互对立的功能范围。"（1980：62）

Лаптева则认为，口头形式不能独立起作用，而应与某些特定因素相结合，尤其是应与话题的对应性相结合，话题可以暗示话语的类型并显示出某些口头语成分或书面语成分。此外，在生成口头语时起作用的心理过程和规律与生成书面形式时的心理过程和规律完全不同，这些规律决定了话语中会出现某些特点，而这些特点是典型口语现象形成的基础。Земская认为，Лаптева过分强调了口头性的作用，即把口头性看作是话语中出现口语成分的决定因素。她坚持强调在话语中起主要作用的是诸多语言外因素——交际环境的非正式性、交际双方关系的非正式性，以及其他一些情景因素，这些因素决定话语的随意、直接、不需思考、不需准备等特点，除此以外，口语不具有演讲特点并有很强的针对性。Лаптева则声明，她并无意贬低这些因素的作用，但同时必须指出，这些因素属于不同类型，并且是不确定因素（例如，我们如何捕捉谈话对方的非正式程度和熟悉程度）。而且上述语言外特征不仅仅适用于口语，也适用于演讲语，它同样是直接的、有针对性的、自发的（1992：152-153）。

Земская及其流派特别强调口语交际的直接性和反应的连续性，从而把书面形式的口语排除在其范围之外，也不包括文学作品中的口语对话形式。他们坚持强调口语交际双方关系的非正式性，又把口语与标准文字语言截然分开，用她使用的一个例子来讲："可能会有这样的情况：有两个朋友同在一个单位或工厂工作，当他们充当某种角色时（领导—下属，指挥者—执行者），他们讲话时主要使用标准文字语言，而当他们在作客时相遇，或在单位以外相遇，但由于某种事情或原因，不要求强调他们之间的正式关系，则可使用口语。"（2003：44）

显然，这样的情景是研究口语时设想的一种理想化的情景。在现实语言活动中，口语和标准文字语言之间并没有明显的界限。还以上述例子为证，如果两个朋友在作客时相遇了，他们应该用口语交谈，可是如果他们的话题转到单位的工作、单位领导竞选、人事变动、科研工作时，应使用什么语言？再如，学生到导师家做客，无疑会谈到学习、论文、答辩等话题，此时应使用什么语言？如果说学生考虑到对导师的尊敬，可能会在选词和表达方式上作考虑，而这些只能算作语体问题。况且人们在进行语言活动时，可能会无暇先考虑此时谈话者之间是一种什么关系，然后再决定采用什么语言。Лаптева不止一次地指出，没有一个人只用口语讲话，也没有一个人只用标准文字语言讲话（1990：46）。事实上，在人们的言语活动中，采用什么语言讲话是一个十分复杂的语感问题。它首先受制于场合、情景的大氛围，其次便是讲话人的个人因素了：他的文化程度、语言修养、历史知识、社会地位、交往的群体、幽默感程度等。这就是为什么在同一场合，有的人讲起话来妙语连珠，生动风趣，有的人讲出话来却苍白无力，索然无味。

二、关于口语的涵盖范围及与标准语的对应问题

进入20世纪90年代以来，俄语发展的一大特点就是口语成分大量涌进标准语，出现在电视广播、报纸杂志、科学报告、文学作品、集会演讲、议会代表发言等各种场合，如“Пятерка в Шанхае”（中亚五国上海首脑会议）这样的表达形式曾出现在广播电视的新闻报道中，出现在各大报刊的标题中。总体上讲，越来越多的行话、俗语进入口语的范畴，而越来越多的口语成分涌入标准语的行列，构成了俄语语言发展流向的动态画面。

萨拉托夫大学的学者也观察到，在功能语体的书面形式中，各语体之间没有明显的界线，而是存在一个相互交叉的过渡区。在口头形式中仍然重复着这一过渡区的交叉，如：科普读物与科普讲座都是科学语体和政论语体交叉的结果。此外，在口语形式中，还存在一些与书面形式无法对应的特殊口语分体，从它们本身的使用特征和外部语境来讲，既不能将其划归到某一功能语体，也不能划归到日常口语中。按照这些学者的观点，在现代俄语口头语言中应包括日常口语、专业性对话和口头讲演语，如法官和律师的语言等。

Лаптева从语言内部对这一现象进行了分析研究。她指出，在标准语各个分体边缘区出现一个相互交叉的过渡区域，在这一区域中，各分体所具有的语言规则发生动摇和变化，而且这种变化可以从零到完全超出规则的范围，正是在这里发生了语言功能体系的转变。Лаптева的这一理论不仅再一次证明了语义场交叉理论，而且清楚地描述了口语与其他语言分体相关联产生跨语体的语言范畴的深层机理。

Лаптева在口头语言规则研究中划分出文字标准规则和非文字标准规则。按照她提出的“次标准规则”理论（1992：150），具有非文字

化规则的口头形式也应纳入口语的范围，这样一来，方言、俗语、行话等都纳入了口语研究的范围。事实上，在现实生活中，活的口语语言中从来没有离开过这些语言形式，而且使用得非常广泛。作为口语修辞的手段之一，这些语言形式在口语中十分活跃，被广泛用于日常生活口语中，甚至用于其他正式场合的各种语体中。因此，近几年来学者们对这类语言的研究表现出极大的兴趣，其中特别重视对行话的研究。

行话是言语的一个分体，主要用于某一个按职业或年龄层次划分的相对稳定的社会群体的口头交际。它渗透到语言活动的许多领域，成了文学作品和电影中塑造独特的表现力和情调的手段，最主要的是，它成了日常语言交际的重要部分，创建了一个特殊的修辞语义场。行话是现代俄语标准语的源泉之一。行话不断渗透到标准语中，不仅是俄语发展的传统，也是目前俄语标准语快速充实的一个特点。И.Юганов,Ф. Юганова 在一本俄语行话词典中写道：监狱、集中营行话，罪犯圈内的语言正在变成普遍使用的口语语言（Тюремный, лагерный жаргон, язык криминального мира переходит в общеупотребительную разговорную речь）（1997：5）。

在行话和俗语研究方面，以Земская为代表的俄罗斯科学院俄语研究所的学者们作了不懈的努力和大量的工作。虽然在她所提出的口语理论中对标准文字语言和口语语言作了相当严格的划分和界定，但却没有明确规定口语的研究对象和范围。俗语、俚语、行话、黑话、骂人话能否纳入口语的范畴？按照Земская理论，标准文字语言和口语是标准语的两个子系统，因而口语也是标准语[2003：43]。而根据对标准语的传统理解，俗语、俚语、行话、黑话、骂人话并不是标准语，按照这样的推理，不能把它们划入口语的范畴。但是，近年来，特别是90年代以来，Земская等人对上述各种语言形式进行了大量的研究，例如，

Земская的《俄语标准语言与城市俗语：相同之处及差别》（Русский язык и городское просторечие: сходства и различия, 1990）、《关于现代城市语言研究问题》（Проблемы изучения языка современного города, 1994）、《论现代俄语行话词典：编写原则及词条范例》（О словаре современного русского жаргона. Принципы составления и образцы словарных статей. 1994）、《20世纪90年代俄罗斯都市语言中的俗语与行话》（Просторечие и жаргон в языке русского города 90-х гг.XX столетия. 1995）等。最近Земская等人编写的 «Слова для всех»（М. 1999），实际上是一部行话词典。这说明他们也特别关注这类词在口语中的作用，把口语研究范围不断扩大到这类语言现象。

三、口头演讲语能否纳入标准语的口语体系

近年来，在研究口语的同时，口头演讲语也成了学者们研究的热点。按照Лаптева 提出的口语统一体的理论，标准口头语言由口语和口头演讲语构成，口头演讲语又包括口头科学语言和广播电视语言。在这一理论基础上，俄语口语研究从对日常口语的关注转向这一领域的各种语言现象；科普报告、专题报告、专业性对话、集会演说、杜马代表发言以及各种不同类型的广播电视节目都成了这一时期口语研究的对象。所以，口头演讲语这一术语越来越频繁地出现在学术文献中。

那么，演讲语到底应划入哪个语言体系？按照Земская的意见，演讲语应划归到标准文字语言；而按照Лаптева的意见，应划归到现代俄语标准语的口头形式的口语体系[1992：159]。归纳起来，其主要分歧如下：

Е. А. Земская	О. А. Лаптева
口语性不是主要的，主要的是话语存在的条件；	口语性和话题一起决定话语的性质，口头语具有自发性；
口语与标准文字语言对立，讲话人可以使用两个语言体系：口语体系和标准文字语言体系；	口语与专业书面语言相对立，讲话人可以使用普通标准语、口语、口头标准语，甚至书面语言；
因此，口头演讲语是标准文字语言。	因此，口头演讲语是口头标准语的一部分。

从 Земская勾画的口语图景及定义可以看出，口语是一种自封闭的、范围比较狭窄的语言系统，它没有文字，是靠人们之间相互直接交流而被掌握的，表示非正式关系且对语言环境有一定要求。它无法用文字全方位表现出来，一旦用文字记录下来便失去了其语音和结构上的许多特点，便不再是纯粹的原来的口语形式了。

Земская和Е.Н. Ширяев在研究中得出这样一个结论："从总体上讲，口头演讲语总是依附于标准文字语言体系，而不是口语语言体系的。"（1988：126）这一结论的根据是，口头演讲语没有自发性，因为它是事先准备好的，事先思考过的。Лаптева对此提出反驳。她认为，口头演讲语是事先准备好的说法是不现实的。如果讲话人没有提纲，他无法预先知道将会使用哪些语言手段，他怎么能事先准备好呢？这种语言是在话语过程中直接产生的，因此是自发的（1992：155）。对于这一观点，Земская的看法在后来稍有变化，她在1988年的《俄语口语》一文中承认，所有用口头形式讲出的话语都是无准备的。但她仍坚持演讲语属于标准文字语言，"有一种特殊语言，虽然表现为口头形式，但应定位在笔头形式（书面形式）"（1988：24）。按照这一定义，既然口语与标准文字语言对应，那么它也与作为其中一部分的演讲语相对应。对此Лаптева指出，我们确实注意到了口语与标准文字语言的对应，但这只是对立双方最边缘成分的对应：在“专业言语”（Шмелев的提法）（1989：18）——科学语体和公文语体中特别集中地表现出来。把演讲语定位于文字语形式就是不承认口语和演讲语一同与书面语言相对应。从语言表达方式来看，这样的结论抽去了语言本质内容：属于口语或书面语形式的语言手段既可用于口语，也可用于演讲语。事实上怎样呢？Лаптева做了一个比较[1992：157]：

形式	口头口语语言 УРР	口头演讲语言 УПР	专业书面语言 СПР
手段	口语、口头标准语	口语、口头标准语	
	普通标准语	普通标准语	普通标准语
	笔头–书面语	笔头–书面语	笔头–书面语

在公众场合应用什么语言讲演？从上表中可以看出，演讲时可以同时使用四种语言表达手段：口头口语、口头标准语、普通标准语、笔头–书面语。用标准书面语言是不能演讲的，标准书面语言只与后两种形式对应。

在目前的口语研究中，许多学者赞同Лаптева提出的标准口头语言统一体的观点，认为标准口头语言应包括日常口语和口头讲演语，并对这两种主要的口语分体进行了深入研究。如果说日常口语表现出相对单一的口语特征的话，那么，口头演讲语表现出来的特征带有明显的“混合”和“聚合”特点，而且这种聚合通常不是两种，而是多种语体特征的聚合。例如，在律师的语言中可以发现口语、公文语体、政论语体、科学语体、文学语体的特征。如果说功能语体理论的贡献在于，它试图从语言外因素出发，根据语言的功能特征把语言统一体划分成特点各异的功能分体，那么口头演讲语范畴的作用是把各种语体特征有机地结合在一起，从而拥有多语体特征，以至于无法用单一的功能语体理论来研究和描述这些语言现象。这就是为什么近年来有些学者大声疾呼“功能语体研究走入死胡同”。

研究表明，这种多种语体特征结合的结果是，在这一口语范畴内出现了许多跨语体的分体结构，如：口头科学语体（устная научная речь）、专业性对话（профессиональный диалог）、科普讲座（научно-популярная лекция）、广播电视语言（речь радио и телевидения）等。Д.Н .Шмелев 曾指出：“在语言的实际使用中发现有许多‘中间型’语言现象，如科普读物、在某些正式场合的口头发言、就某一政治话题的报告等。”（1989：18）他还指出，“我认为，把专家之间的专题谈话区分出来，比放在日常口语中更正确”，“由此可以分出三个独立分体：口语语言、文学语言和专业性语言”（同上）。他的这种提法已经打破了功能语体的分类界限。

综上所述不难看出，在俄语口语研究中，Земская和Лаптева之间始终存在不同的观点和争论，争论的焦点无外乎是采用什么样的分类标准来划分口语，如何界定口语的研究对象和研究范围，如何确定口语在标准语言中的地位及与其他语言体系的关系。

无论俄语口语研究中存在有多少种观点和理论，无论有关口语界定的学术之争将会持续多久，所有这些研究都从不同的侧面证实了同一个论点：口语体系是一个开放的、不断发展和变化的、与其他体系相互依存并相互交叉的语言体系，我们在活的语言过程中遇到的一切都是文字规范和非文字规范的不同组合和交替。

目前俄语口语研究呈现出的一个倾向是不可忽视的，这就是“口语”这一概念所包括的内容越来越多，涵盖的范围越来越大。可以说，目前的俄语口语研究几乎成了包罗万象的语言范畴，它包括日常口语和口头演讲语，日常口语中纳入了俗语、方言和行话；口头演讲语包括口头科学语体和广播电视语言。按照体裁、结构、模式及语言外因素和功能还可以把它们细化成不同的分体，如专业性对话、新闻报道、人物专访等等，因而可以说，口语研究已经涉及所有的语体和语言层次。

参考文献

[1] Земская Е.А. Ширяев Е.Н. Устная публичная речь: разговорная или кодифицированная? [A]. // Вопросы языкознания, М.,1980, № 2.

[2] Лаптева О.А. Дискурссионные вопросы изучения устной литературной речи в аспекте теории нормы[A]. // Статус стилистики в современном языкознании[C]. Пермь, 1992.

[3] Земская Е.А. Кодифицированный литературный язык и разговорный язык. // Современный русский язык[M]. Под ред. В. А. Белошапковой. М., 2003.

[4] Лаптева О.А. Современная русская устная речь[M]. Красноярск.1990.

[5] Юганов И., Юганова Ф. Словарь русского сленга[Z]. М., 1997.

[6] Земская Е.А. Ширяев Е.Н. Русская разговорная речь: итоги и переспективы исследования[A]. // Русистика сегодня[C]. М., 1988.

[7] Земская Е.А. Городская устная речь и задачи ее изучения. // Разновидности городской устной речи. М., 1988.

[8] Шмелев Д. Н. Функционально-стилистическая дифференциация языковых средств[A]. //Грамматические исследования. Функционально-стилистический аспект[C]. М., 1989.

（原载《首都外语论坛》，2006年第1辑）

假设性不确定判断句浅析

在现代俄语的句法语义研究中，句子的主观意义（客观情态意义）被视为是句子特有的重要语法特征之一。这种主观意义蕴涵在句子的述语核心之中，它外延性地表达句子的语用信息，表示话语的作者——讲话人对所述客观内容的态度。在传统的俄语学研究中，对句子的主观意义的研究通常是与句子的句法语义结构联系在一起的。例如，根据B.B.Виноградов句法学理论中关于述语中心论的学说，讲话人作为外部世界的观察者和思维主体，不能在句子中表现出自己，但必须在句子中体现出他对所观察的客观事物和所思考的问题的态度或立场。因此，在构建句子时，讲话人必须同时完成两个语言思维运作过程：（1）使句子要传递的客观内容现实化，即讲话人与话语环境的对应关系，在这一层面上要解决的是句子的时空（Я—ЗДЕСЬ—СЕЙЧАС）问题；（2）要表达一系列能够进入句子内容的主观意义，这些主观意义是每一个句子或所有的句子都必须具有的（Виноградов, 2001）。B.A.Белошапкова在《现代俄语》一书中，在对句子的句法语义结构进行系统的研究和描述时，对句子的主观意义做了十分明确的界定："源于讲话人的必须的主观意义是：（1）述语性（现实性——非现实性，时间）；（2）目的性（疑问性——非疑问性）；（3）说服力（可信度——非可信度）"（Белошапкова，1989：682）。按照Белошапкова的观点，俄语语法结构迫使讲话人在使用符合语法的句子传递客观信息时必须对这些意义中的两个对立项做出必择其一的选择。正是这些意义的不同结合构成了句子的不同的时、态、式等语法参数，揭示了讲话人对所述内容的立场和态度，构成了句子内容中最低限度的主观内容含量。

在人们的日常生活和交际中，需要做出判断的情形随时随处可见。任何句子都在句法结构中含有这一判据，或者是确定句，或者是不确定句。不确定判断句是根据主观意义中“说服力”的判据（可信度——非可信度）生成的，表示讲话人对自己所述话语内容的一种不确定的态度。确定句的判据隐含在句子的句法结构中，没有外延的表现。换句话说，任何一个句子，如果没有明确的不确定标示词，那么，它就是确定句。不确定判断句具有外延的表示手段，在句子结构上的明显标志就是，句子中有插入语或语气词成分（вероятно, может быть, наверно, возможно, должно быть, кажется, как будто, очевидно, по-видимому, пожалуй, вряд ли, едва ли, неужели）。这些词的语义中都含有语义成分“可能性”（возможность），这种可能性实质上就是不确定性（проблематичность）。

有理论认为，有三个标准许可人们将一种断定视为有效，即允许人们做出确定判断：（1）由直接经验所作的证实，（2）不可否定的推断，（3）值得信赖的证据。也就是说，在上述三种情况下所做出的判断可以认为是准确的、确定的，反之，就是不准确或不确定的。根据判断的依据的不同，以及这些判断标示词的语义内涵不同和语用意向不同，可以将不确定判断划分为三种类型：假设性判断、不确定判断和不确定比较判断。本文拟从认知、语义、语用的角度对假设性不确定判断句的特点、假设性标示词所要求的语用环境及其某些话语行为的限制加以论述。

一、假设性不确定判断句的认知过程

现代认知语言学理论认为，任何一个句子的生成，都必须经历人脑认知活动的四个阶段：（1）获取原始信息；（2）对所获信息的加工处理；（3）文化层面上的背景知识的吸取；（4）结论性评价。只有经历了这些过程，讲话人才能最终决定他对所述内容的态度：是要将信息传递给对方，还是想从对方处获得有关信息；是对所述信息确信无疑，还是不够确定，甚至表示怀疑。所有这些主观情态因素都要在句子生成时加入进去，并透过句子的句法结构体现出来。

假设性判断通常指讲话人对所述内容缺乏可信的信息来源，但他可以根据自己的认知经验，调动大脑中储存的相关的社会文化背景知识和语言知识，激活所需的知识信息，做出情态逻辑上的推测和假定，并根据约定俗成的语言习惯和规律，表示出讲话人对自己所述的内容的可信程度的不确定。Т.В.Булыгина、А.Д.Шмелёв从语义和语用的角度对这一语言现象进行了研究，认为“假设和猜想产生于认识的可能性”（Шмелев，1997：295）。在这种情况下，讲话人并不对句子命题本身的真伪做出评价，而是对该命题赖以存在的情景的可能性做出推测。

假设性不确定判断句的重要标志是在句子中使用假设性标示词（вероятно, возможно, должно быть, может быть, наверно, пожалуй）。这些词都有一个共同的语义特征——“确定性/不确定性”（достоверность/ недостоверность），同时还表示一种“具有可能性”的假设性判断。试比较：

По годам он, **возможно**, был старше всех на поляне. Но, **может быть**, лишь так казалось. (Г.Марков)

Вы, **вероятно**, устали, вам пора спать . (Г.Марков)

所有假设性不确定判断句都有一个共同的特点：讲话人对假设的命题内容的真实性缺少可靠的信息，这也是使用假设性标示词的一个必须的条件，因此这些标示词的假设性语义（认识上的可能性）便成了假设性判断句中必不可少的一个约定俗成的语义涵项（句子中必不可少的常项）。这种语义涵项是句子类型的标志，它既不能被取消，也不能被其他的涵项取代、增补或涵盖。一旦发生这样的使用或组配，句子的内容和句子的类型都将随之发生变化。这就是我们常说的必择其一原则。例如，在俄语中不可能出现这样语义信息自相矛盾的句式结构：не только может быть, но и точно；更不能说：может быть и точно. 如果要明确表示所述内容不是可能性的假设，而是准确性的肯定，则应该说：не может быть, а точно. 从分析可以看出，这里不仅涉及语义和语用问题，而且涉及语言的认知问题，因而在其区别语义特征、语用意向和认知过程上都表现出独特的差别。

二、假设性不确定判断句的语用意向

按照传统的语法理论，插入语不作为句子的主要成分，它的加入不会改变句子的句法结构和意义。然而，从认知–语用交际的角度看，在不确定判断句中，这些插入语不仅不是可有可无的，而且是十分重要的、必不可少的标示。它的重要性在于：（1）改变了句法结构必须承载的句子的主观意义结构：没有插入语的句子是确定句式；加进了插入语后，改变了句子原有的主观意义——变成了不确定句式。（2）改变了句子的语用意向：在没有插入语的句子中，讲话人的目的是要把自己确切知道的信息传递给对方，同时表明自己对所述信息的确信态度；加进了插入语后，讲话人的话语意向性明确地发生了变化：或者讲话人不想明确告诉对方，这个信息是否可靠，或者讲话人自己真的对自己所述信息内容不敢确定、不能肯定。在这种情况下，做这样的假设性推测的目的是让话语交谈对方对所述推断的可能性予以注意。这种话语行为的意向功能表现在两方面：当交谈对方不了解所述情景的实际情况时，他会接收这一假设的可能性，并在接下来的话语过程中予以关注；如果谈话对方知道事情的真实情况，他会依据话语合作原则，将真实情况告诉讲话人，不会让他继续不知情。例如：

"Он пропал куда-то, вот мы боимся, не случилось ли чего-нибудь".

"А что же может случиться?" —спросила она.

"Может, заболел?"— предположил я.

"Ах, может, заболел!—воскликнула она.—Нет. Не заболел. Сегодня Михаил Степанович встретил его в городе."(Ю. Домбровский)

"Он уж, **наверное**, хорошо говорит?—спрашивал Петр Петрович о сыне." (К.Федин)

"А может, не так все было? Может, ждали они ее? ... Может, не он на них охотился, а они на него?"(Б.Васильев)

三、假设性不确定判断句的"间接话语行为"

假设性不确定判断标示词（插入语成分）在与句子的命题组合时，不会形成新的命题，而是形成另一种特殊的意向性类型，以表示假设性这一特殊的话语行为，相对应的词汇可以看作是表示假设性意向的标示词。既然这些词汇是一种特别的意向性参项，它们就不能与另一种意向性标示词并存，但可以完成具有某种意向性的话语行为。

（1）假设性意向的标示词不能用于带疑问代词或带疑问词ли的疑问句中，因为疑问句的目的是获得新的信息，这时候讲话人话语行为的意向性是确定的，也就是说，在疑问句中蕴涵着确定性的语义，因此不能使用表示不确定意义的词汇。例如，我们在发问的时候可以说：

—Кто пришел? – 但不能说： * Кто, пожалуй, пришел?

试比较：*Куда, может быть, ты?

*Есть ли у вас, вероятно, англо-русский словарь?

*Знаете ли вы, должно быть, английский язык?

同样道理，带有表现力色彩的表示确定意义的词汇也不能用于疑问句，例如，不能说：

*Кто, несомненно, разбил окно?

*Кто, конечно, пришел?

*Куда, разумеется, ты?

需要强调的是，由表示假设的不确定判断意义的词汇参与构成的不确定判断句可以作为疑问句使用，例如：

Может быть, ты хочешь отдохнуть?

Вы, должно быть, устал?

Ты, наверное, читал Пушкина?

在这种情况下，假设的意向性相当于疑问的意向性，讲话人期待的是对方能提供新的信息，在书面形式中句尾常使用问号。试比较：

Он пришел? —Возможно, он пришел?

—Кажется, он пришел?

—Может быть, он пришел?

Вы знаете английский язык? – Вы, должно быть, знаете английский язык?

У вас есть англо-русский словарь? – У вас, наверно, есть англо-русский словарь?

虽然这种假设判断句起到了疑问句的功效，但仍不能把它与疑问句等同起来。它们之间的差别在语义上，甚至在语调上都可以区分出来。Шмелев 认为，可以把这类句子称作“间接话语行为”（Шмелев，

1997：295）。一般疑问句也有类似的情况，加上具有不确定判断意义的词汇后，构成了与原句子本质上完全不同的特殊的复杂意义，其意向性在于消除纯疑问句的意义特征，进而形成一种复杂的假设性。这类句子的目的与其说是征询新的信息，不如说是检验所得信息的可信度（确定/不确定）。对于类似的情况，Шмелев不作为疑问句来对待，而仍然看作是具有疑问功能的假设句，也就是“间接话语行为”（Шмелев，1997：296）。

（2）假设性意向不能与祈使意向同时使用。希求和祈使意义表示的是讲话人期望的一种非现实的存在，在这种意义中不含有不确定语义成分。因此，祈使意义和假设性不能在句子中构成符合命题意义的现实情态意义。譬如，不能说 Вероятно, сходи за книгами?

但是，假设性不确定判断句同样具有另外一种“间接话语行为”功能——可以用来表示请求、建议、提议等意义：

Может быть, ты сходишь за книгами?

Может, не будем об этом говорить?

值得注意的是，在这类句子的末尾都标有疑问符号，但这并不意味着这种假设性不确定判断句在完成疑问句的功能。俄语中，把疑问句用作祈使句是有一定的约束条件的：在疑问句中一定要有否定语气词。试比较：

Ты не сходишь за книгами?

Ты не мог бы сходить за книгами?

与纯粹的祈使句相比，无论是疑问句，还是假设性不确定判断句，在表达祈使句意义时，其希求的语义要弱一些，语气要婉转一些。但它们之间还是具有明显的语义差别的。试比较：

А может быть, тебе стоит уйти на пенсию? – Не уйти ли тебе на пенсию?

Может, не будем обсуждать этот вопрос? – Не отказаться ли нам от обсуждения этого вопроса?

四、假设性判断句 / 不确定判断句的语义辨析

假设性判断的话语行为条件是讲话人不知道事实真相，不确定判断的话语行为条件是所述信息还是来自第三方，或者只是自己的亲身感受，但由于某种原因不能确定。Н.Д.Арутюнова 从语义的逻辑分析的角度对表示不确定意义的词汇在句子构建中的作用和行为进行了分析，认为句子的生成要满足两方面的条件：一是根据称名与思维客体相符的原则选择称名，二是根据情态与讲话人对事态的了解相对应的原则选择所用情态（ Арутюнова，1997：22）。按照Арутюнова提出的句子生成的两个条件，根据所述信息来源的不同，讲话人在叙述句子的客观内容的同时，必须作出相应的情态选择。研究表明，假设性标示词受其语义的限制，对适用范围和环境有一定的选择。

（1）不能用于有信息来源的情形。例如，如果有人告诉我们说：Сергей уехал в Санкт-петербург. 当我们要把这一信息传递给第三方时，我们可以说：

Кажется, Сергей уехал в Санкт-петербург.

Сергей как будто уехал в Санкт-петербург.

Сергей вроде уехал в Санкт-петербург.

但不能说：

Может быть, Сергей уехал в Санкт-петербург.

虽然假设性标示词和对源于他人的信息的不确定判断的标示词（кажется, как будто）都表示不确定判断，但它们不能互换使用。如果用一组词代替另一组词，那么，句子的意义就随之发生变化，试

比较：

Его мать, наверно, была красавицей.（表示一种推理判断：譬如，看到他妈妈上了年纪后的样子，推理她年轻时可能很漂亮）

Его мать, кажется, была красавицей.（表示一种传闻：听说，他妈妈年轻的时候很漂亮）

前一个句子中的判断是讲话人凭借自己的经验和对客观世界的概念化知识得出的，后一个句子则表示一种从别处得来的信息，而且讲话人对这一信息并非百分之百的确信，只是把这样的信息转告给第三方。

（2）不能用于凭自己的直观感受获得信息的场合。例如，当你走进一个房间，感觉到房间里有煤气味时，在正常情况下不能说：Наверно, здесь пахнет газом. 再如，当你感觉很热时，同样不能说：Должно быть, здесь жарко. 因为从人的正常认知过程来讲，人对自己亲身感受到的情况应该做出准确的判断，如感受到了热就是热，没有感受到热就是不热，不可能有实际上是热的，但讲话人没有感受到而需要作出猜测的情况。如果由于某种原因，讲话人对自己的感受不敢肯定，或要表示一种婉转的语气，他可以说：Кажется, здесь пахнет газом. 或Здесь как будто жарко. 这两种情况虽然都表示不确定判断，但它们的认知过程的判断依据和出发点都不同，所以传递的语用信息也是不同的。直观感觉有可能只是外观上的表面现象。哲学的观点认为，感觉并不是以确信为前提的，它可能只是一种假象。但这种不确定性是可以改变已知的特征的：感觉上的不可靠让位于认识上的不确定性，因此，感觉获得了“可能性”的意义。从这个意义上讲，感觉和假设的语义相近，但感觉的痕迹仍然明显可见。所以，假设性标示词不能与表示自己不确定的直观性感觉的标示词互换使用。例如接听电话时的情形：当听到电话铃响，而你还没有拿起话筒时，你可以说：

Наверно, это звонит декан.

而当你拿起了话筒，听到了对方的声音时，你只能使用表示直观感觉的判断词：

Кажется, это звонит декан.

对这两个句子的认知过程进行分析，可以发现：前一个句子虽然没有直接的信息来源，但在具体的使用中，一定是有某些前置预设条件的，譬如说，你正在等主任的电话；或者，你事先知道主任有某件事需要向你安排或询问等，你做出的判断是假设、推测性的；而后一个句子传递的是讲话人在听到对方声音后，对自己感觉的不确定。

认知语义研究表明，外部的客观现实反映在人的大脑中，既是一个思维过程，也是一个知识的积累过程。人的头脑中的知识和对外部世界的反映通过语言体现出来。因此，人的自然语言行为不仅与外部世界相联系，而且与人的大脑的内部思维机制，与世界的语言图景及对世界的概念化相关联。因此，在语言交际过程中，在使用确定/不确定判断句时，每一个讲话人都会根据自己对外部世界的认识、语言文化知识、社会生活背景及交际环境等因素作出有确信程度的判断，选择能表达自己的评价色彩的语言手段。

参考文献

[1] Арутюнова Н. Д. Модальные и семантические операторы[A]. // Облик слова[C]. М., 1997. сс.22-40.

[2] Белошапкова В. А. Современный русский язык[M]. М.,1997.

[3] Булыгина Т. В., Шмелев А. Д. Языковая концептуализация мира[M]. М., 1997.

[4] Виноградов В.В. Русский язык[M]. М., 2001.

（原载《中国俄语教学》，2002年第3期）

句法关系的类型特征及其表现形式差异

句法关系的任何表达手段，都会在其深层结构中存在着某种抽象的关系特征，由它们组合成的结构被称作句法单位，其中两个成分彼此总是处于相互依存的关系，这种关系就叫作句法关系。本文在对俄语句法进行的深入研究中，揭示了句法关系的语法语义特征，并在此基础上区分出各种不同类型的联系手段的表现特征。

一、句法关系的类型特征

根据对句法关系的分析研究可以发现，语言的不同句法单位的抽象关系中，都有共性的特征存在：连接两个或两个以上的成分，构成语义相对完整的称名单位或交际单位。然而，由于联系手段和表达方式的不同，在语言的任何一组对立的句法关系中，一定存在着某些区别性语义特征。在句法关系中，最主要的区别语义特征就是“有无决定性因素”，也就是看在句法结构中有没有主要成分和次要成分，有没有“主人”和“仆人”的关系，有没有说明成分和被说明成分。依据这一主要区别特征，可以把句法关系划分成两大类型：在语法形式和意义上有主要和次要之分的，构成了句法的上主从关系（подчинительные отношения）；没有这种关系的，在句法上构成并联关系（сочинительные отношения）。

1. 主从关系

主从关系是一种重要的句法关系——在语法上互为条件的关系。在这种关系中，一个词对另一个词在语法上有支配能力，而后者在语法形式上的变化依赖于前者词汇语义和句法规则的要求。这种依赖关系通过一定的形式手段表现出来，前者称作主导词，后者称作从属词。主从关系的本质在于，某一语法形式处于对另一语法形式的某种句法依赖关系中。

主从关系不会对句法形式产生数量上的繁化，而能使语法形式体系发生质的变化，使主导词和从属词始终处于不平等的地位。从逻辑语义的角度看，主导词具有更宽泛、更共性的概念，具有“种”的意义，而在语法上处于从属地位的词汇通常有指出该概念的某些特征，确切说明这一概念或确定它的范围等功能，属于“类”的范畴。例如，在письменый стол这一词组中，主导词стол是所有这一类物体的总的称名，代表着所有这类物体的共性特征；而从属词письменый在这里起修饰限定作用，是“桌子”的语义具体化——特指所有桌子中的某一类，使“书桌”与其他各种用途的桌子区别开来。从属词的这一区别语义功能在其他类型的主从关系的组合中也可以观察到，譬如：очень интересный, идти медленно, читать роман等。

2. 并列关系

在并列关系中没有这种“决定性因素”这一典型语义特征，因此这种联系手段联合起来的结构中的成分都是平等的，具有同等功效。在传统的语法学中，并列关系是一种灵活和相对松散的联系形式，对这种联系的限制也比较少。它在句法结构的构建中只能对某些句法形式产生数量上的繁化，而不会使句法形式发生质的变化，因此，对句法结构的总体组织不产生影响。

在俄语中，并列关系是借助于连词来实现的。并列连词传达一种“同等性”意义，表示由其连接的每一个成分与其他成分在构成一个整体时所起的作用是同等的，或者以同等的态度对待其中的另一共同成分。从逻辑学的角度讲，并列关系通常是指被联合的两个成分与第三成分具有相同的关系。因此，并列连词在构建句法结构时同时完成双重功能：（1）在两个成分表达的概念之间建立起联系，（2）将这两个概念与第三个概念建立起联系。例如：

Андрей и Петя читают.（两个主语共同与一个谓语建立联系）

Андрей читает и пишет.（一个主语同时与两个谓语建立联系）

Андрей читает газету и журнал.（一个谓语同时与两个补语建立联系）

从上述句子可以看出，在简单句内部，同等成分之间并列联系的确立通常并不是依靠并列成分内部的句法联系，而是依靠这些成分在与其他某一成分之间构成句法联系时相同的特点。因此，这些成分必须属于同一个词汇语义类别。

需要指出的是，连接词可以连接词与词，也可以连接任何同等功能的组分：或者是词的形式，或者是句子。但是，并列联系手段所连接的具有同等功效的成分并不意味着这些成分的形式也必须相同。由并列联系手段联合起来的同等功效的成分可以是各种不同类型：Вовремя и без потерь убрать урожай; Червонец был запачками и в пыли. 此外，并列联系手段连接的词组的成分的同等功效要求它们必须具有语义同层次性，这种同层次性并不是传统概念中划分句子成分的依据。譬如，在句子中并列联系手段可以连接充当不同成分的疑问代词、否定代词、不定代词和总括性代词：Где, когда, какой великий выбирал путь, чтоб был протоптанный и легче? Мы все учились понемногу чему-нибудь и как-нибудь.

二、句法关系的逻辑结构意义

现代逻辑语义学和认知语义学的研究表明，符号与符号之间的关系不仅仅表现为结构上的一种关系或一种联系，它是外部世界逻辑关系在句法结构上的折射。换句话说，句法单位中各个组成部分处于某一种意义上或逻辑思维上的联系之中，也就是处在一定的“角色”关系之中。这种角色结构要求准确地区分它们的形式。因此，句法单位中各种成分的形式与其说是为了表现它们彼此之间的关系，不如说是为了标识它们的角色语义。这种角色语义不是由词汇意义决定的，而是由一类词共有的语法范畴和语法形式决定的。

句法关系是通过纯句法联系手段表示出来的语法意义和词汇意义的有机结合，因此，在构成句法结构模式时必须考虑词汇意义限制。由于词汇的数量和语义的复杂，句法结构模式的构成是非常复杂的，有时属于同一种类型的意义结构可以由几种属于不同类型的联系手段表达，例如，восковые фигуры和 фигуры из воска都表示限定修饰关系；而有时在同一个结构模式下，相同的联系手段表示出不同的逻辑结构意义。例如，词组是最基本的句法单位，不仅具有语法意义，而且具有词汇语义。同是名词性词组$N+N_2$的模式，具有相同的语法意义，即表示一个物体与另一个物体的关系，但填充不同的词汇，构成的词组却具有不同的逻辑结构意义：

（1）отъезд гостей——行为及行为的发出者之间的关系；

（2）строительство завода——行为及行为的对象之间的关系；

（3）крыша дома——局部与整体之间的关系；

（4）страна гор——物体与其特征部分之间的关系。

毋庸讳言，到目前为止尚没有一个公认可行的对句法结构的意义关系的分类。20世纪末语言学家广泛接受的可行的分类方案，是在《80年语法》基础上推出的。根据这一分类系统，句法结构中可以抽象出以下四种语法上的逻辑意义关系。

1. 客体关系

客体关系是一种表示行为和状态的词与表示该行为或状态涉及的物体、现象、事件的词之间的关系，如 читать газету, писать письмо, заниматься спортом, сознавать вину, ликвидация аварии, выполнение задания, включение радио等。这类关系多由动词词组或动名词词组表示。

2. 限定关系

限定关系是一种表示物体、现象、事件的词与表示特征意义的词之间的关系，如талантливый мальчик, высшее образование, моя книга, платье из лена, кофе с молоком, мороженое со шоколадом等。这类关系多表现在形容词词组中。

3. 状态说明关系

状态说明关系是一种表示行为或状态的词与表示该行为或状态所处的各种外部环境状况的词之间的关系。在《80年语法》中，这种关系被视为限定关系的变体。语料分析表明，这类关系是完全不同于限定关系的，它们通常补充说明与行为或状态的发生相关的外部环境状况，包括行为的方式方法，时间、地点、程度、性质等：приехать рано, вернуться ночью, опоздать из-за дождя, работать дружно等。这类关系通常由副词或前置词词组表示。

4. 补足关系

补足关系是一种很宽泛的关系，主要指一个词要求从意义上对其补充或限定，指明一个物体与另一个物体的关系，例如：начало фильма, часть времени, много студентов, дом бабушки等。这种关系多体现在名词性词组中。

需要说明的是，这四种关系并不能包含语言现实中的全部情况。因为这几种关系通常并不是单独存在，而是相互作用构成复合式的意义关系。譬如 лететь над лесом 表示一种客体状态关系，因为就这个词组的主要成分提问，既可以提出关于客体格的问题лететь над чем?，也可以提出关于状态说明格问题 лететь где?

事实上，句法关系包含两个层面的内容：一方面，这种关系反映了现实世界的现象，因此，包含着自己特有的信息——一个物体与其特征、行为、对象等的关系；另一方面，它以纯句法单位中各成分之间相互依存和作用的关系为支撑，以譬如被支配词对支配词的依赖关系、匹配词与主导词之间的匹配关系等为基础，也就是以句法联系为基础。句法关系内容中的这种两面性是整个句法语义和句法单位语义的实质所在。

三、句法关系表现形式的差异

除了这一典型的区别性语法语义特征外，并列关系与主从关系在联系手段、表达方式和构成的句法单位的类型上也有很大的差别。

1. 构成的句法单位不同

并列联系手段构成的句法单位是词组或复合句，这就是说，并列联系手段不能构成简单句。例如： книга и журнал; Он читает книгу, а она читает журнал.而主从关系构成的句法单位是词组、简单句和复合句。试比较： читать книгу; Он читает. Он читает книгу, когда она вошла в комнату.

2. 表现形式上的差异

并列联系手段在各个句法层次上，也就是在各种句法单位（词组和复合句）中的表达方式是相同的；而主从联系的表达方式在不同的层次上表现不同，表现出来的关系亦不同。如在上述例子中，читать книгу是支配关系，Он читает是述语关系。Он читает книгу, когда она вошла в комнату是时间从属关系。

3. 表达方式不同

并列联系的主要表达方式是连接词，而不能直接用词的形式来表示，如：громко, <u>но</u> невнятно，而主从联系主要是通过词形变化表现出来的，不用连接词，如：врач <u>отца</u>, занятие <u>спортом.</u>

4. 连接成分的数量不同

并列联系手段连接的可以是两个或多个成分，且标识性连接手段多位于第二个成分前，如：работа или отдых，то ветер, то снег, то мороз；主从联系一次只能是两个成分，如：ставить палатку.

5. 在复杂化了的结构中表现不同

当把由并列联系手段和主从联系手段联合成的句法单位引用于更为复杂的结构时，其成分的同等功效性和不同功效性明显表现出来。在这种情况下，由主从联系手段联合的不同功能的成分在复杂结构中占不同的地位：如果主要成分在新联合的结构中充当说明成分，则从属成分就是这一说明成分的说明成分。这一点可以由结构扩展能力来检验：在构成的复杂结构中，在保留从属成分的情况下，主要成分不能省略。试比较：

интересная книга—читать интересную книгу—читать книгу而不能说 читать интересную. 这种情况同样也存在于复合句中：

Он вспомнил, кому отдал книгу.—Я требовал, чтобы он вспомнил, кому отдал книгу.—Я требовал, чтобы он вспомнил而不能说 Я требовал, кому он отдал книгу.

而由并列联系手段联合的组成部分具有同等功能，在新构成的复杂结构中作从属成分时占有同一地位。这一点可以通过在结构中去掉其中任何一个成分的方法来验证。如：

(и) газеты, (и) журналы, —Выписывать и газеты, и журналы.—Выписывать газеты.—Выписывать журналы.在复合句中亦是如此：

Книг нужных нет, и времени свободного мало.—Он сейчас не занимается, потому что книг нужных нет и времени свободного мало.—Он сейчас не занимается, потому что книг нужных нет.—Он сейчас не занимается, потому что времени свободного мало. 从例句中可以看出，去掉由连词连接的两个成分中的任何一个，都不影响句子的结构和意义的完整性。

由于上述区别语义特征、组成部分的功能差别和表达方式的不同，并列联系手段和主从联系手段在构建句子结构中的作用亦是不同的。主从关系是句子中必不可少的，而并列关系在句子中则不是必须的，而且，凡是在句子中出现的并列成分，原则上可以看作是两个同样的句子的简化组合，例如：В этом магазине торгуют конфетами и чаем = В этом магазине торгуют конфетами + В этом магазине торгуют чаем.

根据上述区别特征，可以划分出俄语句法关系的两大类别，表示这两种关系的句法联系手段分别叫作主从联系（подчинительная связь）和并列联系（сочинительная связь），进而形成两大句法联系手段。在每一类型内部还可根据其内部组成部分所含语义和功能的不同进行再次分类。

参考文献

[1] Русская грамматика. Глав. ред. Шведова Н.Ю. М., Наука, 1980.

[2] Русский язык. Под ред. Касаткина Л.Л. М., ACADEMA, 2004.

[3] Современный русский язык. Под ред. Белошапковой В.А. М., Высшая школа, 1989.

[4] Современный русский язык. Под ред. Дибровой. Е.И. М., ACADEMA, 2001.

[5] Современный русский язык. Под ред. Леканта П.А. М., Дрофа, 2000.

[6] Современный русский язык. Под ред. Новикова Л.А. СПБ, Лань, 2001.

[7] Чупашева О.М. Русский язык. Трудности синтаксического анализа. М., Русский язык медио, 2004.

（原载《首都外语论坛》，2007年第2辑）

现代俄语中的主语、主体与主位

按照传统的句法学理论，句子本身的机制决定了句子的形式和意义。因此，句子的每一个成分都具有一定的形式特征和内容特征，这些特征应该是相互对称，互为条件的。但是，现代语言学研究发现，句子结构的这些层面并非是完全对应的，也就是说，句子常常是处于结构和意义层面的各种形式的不对称状态中。正是句子所特有的这种各个层面的非对称性的潜质，才使得我们有可能利用有限的句法规则生成各种各样的句子，用来描绘五彩缤纷的世界，表达人类复杂丰富的思想。

在语言系统中，句子的不对称性主要表现在以下两个方面。

一方面，相同的形式结构表达的意义结构却不相同，譬如：

Дождь идёт.（下雨了。）

Автобус идёт.（公共汽车正开过来。）

Все устали.（大家都累了。）

在这种情形中，三个句子的形式结构是相同的，都是主谓结构，但表达的意义却各不相同：自然现象、事件、状态。

另一方面，相同的意义内容可以有多种不同的句子结构模式；譬如：

Он грустит.—Ему грустно.—Он грустен.—Он в грусти.（他很忧伤。）

在这种情形中，四个句子的句法结构各不相同，表达的意义却相同。

句子是一种复杂的现象，在它的结构中，至少同时共存着三层结构：形式结构、语义结构和交际结构。在第一个结构层面上，句子是自足的、独立的，它的所有特性都可以从语言内部去解释。第二个层面的特点是它的信息量，即意义。在这个层面上需要考量的是句子中不同词汇意义的参与程度。句子的第三个层面本身并不是以独立的句子的形式出现的，而是作为话语或篇章的组成部分，存在于语言学和语言外因素的具体上下文中。因此，句子的每一个层面都构成句法学一个特殊的研究客体和对象。

本文试图根据句子各个层面的非对称性特征，对句子形式结构层面的主语、语义结构层面的主体和交际结构层面的主位分别进行描述和研究。

一、句子形式结构中的主语

在句子的结构层面上，主语和谓语作为句子的主要成分，构成句子的述语核心。在这一核心中，主语和谓语处在特征的载体和特征本身的相互关系中，主语表示谓语所描述的行为、状态、关系和性能的承载者和发出者。

1. 主语的表达形式

在具体的语境中，特别是在无拘束的口语交际中，任何获得名词化意义的词形、词组、成语甚至句子都可以充当主语。在现代俄语中，句子的主语可以由多种形式来表示，主要形式有：

名词一格形式：

Музей работает.（博物馆正开放着。）

Весна идет.（春天来了。）

代名词：

Он учится.（他在学习。）

Кто-то поет.（有人在唱歌。）

Мы читаем новый журнал.（我们正在读新杂志。）

集合数词：

Семеро одного не ждут.（不能让七个人老等一个人。）

名词化的形容词或形动词一格形式：

Дежурный позвонил.（值班员打电话了。）

Столовая работает до семи.（食堂工作到7点钟。）

序数词的一格形式：

Первые уже приехали.（第一批人已经到了。）

动词不变式：

Советовать другим легко.（给别人提建议很容易。）

各类名词性词组：

Отец с сыном ушли на фронт.（父亲和儿子一起上前线去了。）

Мы с ним работаем в одном университете.（我和他在同一所大学里工作。）

Один из них пришел.（他们中有一个人来了。）

Много народу вышло на улицу.（很多人都来到了街上。）

Больше десяти человек было ранено（有十多个人受了伤。）

2. 主语的功能

述语性关系是句子形式结构的典型特征，即主语并非单方面依赖谓语，而是与谓语相互依存，也就是说不是简单地依靠谓语体现它的形式（单数、复数、第几人称等），而是要求谓语在性、数及人称上与它一致。主语之所以划归为句子的主要成分，是因它始终处在与谓语的相互关系中，参与构成句子的述语核心。这种关系和特性是句子的其他次要成分和表示主体意义的其他间接格形式所不具备的。

在主谓句中，根据主语位置上的词汇语义的不同，句子通常可以表示：

人的状态：

Я читаю.（我在读书。）

Студенты занимаются.（大学生们在学习。）

Дети играют.（孩子们在玩耍。）

物体特征：

Дом большой.（房子很大。）

Лес зеленеет.（树林渐渐变绿。）

行为属性：

Учиться—задача ученика.（学习是学生的任务。）

Курить вредно.（吸烟有害。）

事件过程：

Видеть друга—для него всегда радость.（看到朋友对他来说永远都是一件高兴的事。）

按照句法学的传统观点，关于句子的主要成分的学说完全是基于句子的结构层面的考虑，而且，只有在这种情况下，才能把名词一格形式与其他具有主体意义的间接格区分开来。然而，在这种抽象化句法层次上，无法解释其他间接格词形充当主语的现象，譬如，像Она в обмороке. У неё обморок.等类似句子，它们在意义上的共性就无法用术语来描述。为了更准确地阐述句子的意义层面，句法语义研究中使用了“主体—述体—客体”这样一组概念。

二、句子语义结构中的主体

句子主体不同于主语，它是句子意义层面上的主要成分，表示句子述体所描绘的特征的发出者或承载者。按照语言学术语词典的解释，“主体是句子所示的实际情景中行为的主要的积极或消极的参与者。”（Энциклопедия русского языка 1997:545）在现代句法语义研究中，用“主体”这一新的术语使我们可以区分不同类型的主体意义及其表达方式，譬如，句子的意义往往取决于主体的一些特性（主动性/被动性；能/否做有意向性行为）和述体的一些特征（行为的有意性/无意性；自发性、突发性、对主体意识的无依赖性）。

主体的主动性由句子中占据主体位置的名词一格形式体现出来，表示独立的行为和运动。而主体的被动性、它的无意识行为、不可控制的状况、性能、经常的或暂时的特征等都通过间接格意义表达出来。我们用X表示句子的主要成分及其称名——主体；用P表示句子的另一个主要成分——述体的特征。根据主体意义的功能语义特征，可以划分出以下几大类型：

1. 主体是述体特征 P 的发出者

这一层面的句子主体主要指传统俄语句法中的句子主语，主要由名词一格形式充当。在句法语义研究中，根据主体X的主动性和有意向性行为的特征，可以区分出两种不同的行为发出者：

1.1. 施事主体

施事主体是指主体X是述体特征P发生的决定性因素，也就是说经过主体X的努力，述体表示的行为P得以实现。在这种情况下，主体大多是表示人的名词，至少是动物名词。例如：

Он читает газету.（他在读报。）

Мы слушаем радио.（我们在听收音机。）

Дети играют во дворе.（孩子们在院子里玩耍。）

Птицы летают над домами.（鸟在房子的上方飞来飞去。）

1.2. 非施事主体

非施事主体并不说明主体X是消极的，它同样是述体特征P的发出者，不同的是，P的产生不（或不完全）取决于X本身的努力，而是取决于某种外在力量的作用。我们称这样的主体为非施事主体。这样的主体常与下列动词搭配：гореть（燃烧）, блестеть（闪烁）, сверкать（闪耀）, излучать（发光）, краснеть（变红）等。在这些词汇的语义中，主体X本身是不会发出行为的，但实现特征P和支持P所必需的动力（或载体）却源于X。例如：

Дрова горят.（木材在燃烧。）

Снег блестит.（雪闪烁着白光。）

2. 主体是述体特征 P 的承载者

承载述体特征P是主体的又一个语义功能，同时，这一类主体还具有特殊的语义–句法功能——表明主体X在事件结构中的中心地位。它表示某种客观上独立存在的或想象中独立存在的东西，没有它，述体描写的特征就无法存在。这种中心地位通过间接格意义表示，在句法结构上的典型特征是它与述体的语法搭配关系，以表示主体的被动性、行为的无意识性、不可控制的状况、性能、经常的或暂时的等特征。根据主体X与述体P的句法结构关系，可划分出：

2.1. 状态主体

通常用名词或代词第三格形式表示状态的承载主体。这种句式有许多种不同的主体意义：

（1）表示主体的心理状态与性格特点：是否实施某种行为或表现出某种状态。

Ему присуща беспечность.（他天生无忧无虑。）

Ребенку свойственна доверчивость.（孩子的本性是轻信。）

Мне стыдно смотреть ему в глаза.（我不好意思直面他的眼睛。）

Ей надоело читать.（她厌倦读书。）

（2）表示主体的情绪状态与生理特点：此类句子中多使用动词的反身形式，并常与否定语气词 не 连用：

Нам сегодня не работается.（我们今天工作不下去。）

Мне не спится.（我睡不着觉。）

Мальчику дома не сидится.（男孩子在家里是待不住的。）

（3）表示主体的身体状态：

Ему не здоровилось.（他不舒服了，身体感觉不好。）

Рукам холодно.（手很冷。）

（4）表示主体所处的环境状况：

Нам было тяжело говорить с ним.（我们很难与他说话。）

Ему было неудобно лежать в узкой кровати.（他躺在狭窄的床上很不舒服。）

表示状态的主体也可以用其他间接格形式，例如前置词+名词或代词二格，此时多表示心理或生理状态：

У нее душевная депрессия.（她心情抑郁。）

У меня тяжело на душе.（我心里很苦闷。）

Температура у него не в порядке.（他的体温不正常。）

У больного высокая температура.（病人发高烧。）

在下列无人称句中，名词补语形式同样表示主体的身体状态：

Больного лихорадит.（病人患寒热病。）

Его начинает знобить.（他开始发冷。）

2.2 关系主体

（1）主体拥有的领属关系：

У него есть мотоцикл.（他有一辆摩托车。）

У меня есть хорошая книга.（我有一本好书。）

У нас есть план.（我们有一个计划。）

（2）主体拥有的固定关系或长期关系：

У меня есть сын.（我有一个儿子。）

У него есть невеста.（他有未婚妻。）

（3）主体所固有的身体特征、特性、外表等：

У него длинный нос.（他鼻子很长。）

У нее красивые глаза.（她的眼睛很漂亮。）

У него хороший голос.（他有一副好嗓子。）

需要指出的是，这种句式中的一些客体必须与修饰语连用，指明或强调客体的特点，而且必须用быть的现在时есть的形式，否则，将可能出现病句和产生歧义。譬如，正常情况下，不能说У него есть нос.或У него нос.（他有鼻子）。

（4）主体拥有的其他特点（其他领属关系）：

У тебя хороший характер.（你的性格很好。）

У него талант к живописи.（他很有绘画天才。）

У мастера большой опыт.（大师很有经验。）

У нее высшее образование.（她受过高等教育。）

У них хорошая перспектива.（他们有很好的前途。）

2.3 存在主体

前置词+名词或代词第二格，表示各种不同类型的存在：

（1）在主体身上出现的病痛或消极的心理状态，与主体相关的外部事件：

У нее нервное заболевание.（她有神经系统的毛病。）

У него неприятности.（他有点不愉快的事。）

（2）在主体的参与下存在的事件或主体参与的事情：

У меня сегодня совещение.（我今天有会。）

У нее завтра будет лекция.（她明天有讲座。）

У студентов нашей группы завтра экзамен.（我们班的学生明天考试。）

У них сегодня гости.（他们今天有客人。）

（3）在主体范围内的纪念性事件：

У меня сегодня день рождения.（今天是我的生日。）

У моего руководителя вчера юбилей.（昨天是我导师的周年纪念日）

（4）在主体范围内出现或消失：

У него родился сын.（他家生了一个儿子。）

У Сережи появился друг.（谢廖沙有了一个新朋友。）

У сестры отсутствует аппетит.（姐姐没有食欲。）

（5）表示主体的身体的某一部位有或存在（某物）：

У молодого человека за спиной был рюкзак.（年轻人的背后背着一个旅行包。）

У нее на шее была цепочка.（在她的脖子上戴着一条项链。）

（6）表示主体范围内存在：

Среди участников собрания были известные ученые.（会议的参加者中有著名学者。）

Среди студентов были спортсмены.（在大学生中有运动员。）

（7）表示在主体的行为和活动中存在：

В его словах много правы.（他的话中有很多是正确的。）

В ее вопросе чувствовалось сомнение.（在她的问题中能感觉到疑问。）

В его шутке была доля истины.（在他的笑话中有真理的成分。）

2.4. 情态主体

2.4.1 主体三格+动词不定式表示：

（1）应该：

Ему сесть, а тебе встать!（他坐下，而你站起来！）

Не сидеть же мне здесь!（我不能就坐在这儿！）

Не плакать же мне из-за этого!（我不能为这件事而哭泣！）

（2）义务：

Тебе сегодня дежурить.（该你今天值班了。）

Нам завтра рано вставать.（明天我们得要早起。）

（3）愿望：

Вам бы лучше отдохнуть.（您最好休息一下。）

Не упасть бы тебе.（你可别摔倒了。）

Не заболевать бы мне.（我可千万别生病。）

（4）可能

Как нам пройти на вокзал?（我们怎样才能到火车站？）

Что нам делать?（我们该怎么办？）

Чем вам помочь?（能给您提供什么帮助？）

Мне не поднять этот камень.（我搬不动这块石头。）

2.4.2 主体三格+动词单数第三人称

语义中含有上述情态意义的动词有：следует, надлежит, стоит,

приходится, хочется, удалось, повезло, посчастливилось, пришлось, хватит等：

（1）表示应该、不得已、可能：

Нам следует хорошо подумать об этом.（我们应该好好思考一下这个问题。）

Ему приходится (придется) покинуть родину.（他不得不离开故乡。）

（2）表示得以、有幸/走运：

Вам удалось встретиться с этим известным ученым.（您/你们很幸运见到了这位著名学者。）

Ей посчастливилось слушать доклад.（她有幸听到了报告。）

（3）表示禁止、阻止：

Тебе не терпится спорить.（你忍不住要争论。）

Вам хватит ссориться.（你们别再争吵了。）

2.4.3 主体三格+情态副词+动词不定式

表示应该、可能、希望、禁止、不希望、不可能、不应该等情态意义，这样的副词有：можно（可以），надо（应该），возможно（可能），нужно（需要），необходимо（必须），нельзя（不能），невозможно（不可能），пора（该……了），довольно（别再）等。

Вам необходимо остаться здесь.（您必须留在这儿）

Мне пора вставать.（我该起床了）

Тебе довольно об этом говорить!（你别再说这些了！）

3. 被动结构中的行为主体

句子主体的第三个功能是在被动句中表示具有行为主体X的意义。在俄语中，典型的被动句是由具有被动态意义的带-ся动词和动词的被动形动词形式构成的。在这类句子中，行为的主体通常由名词或代词的第五格形式来表示：

Письма приносятся почтальоном.（信件是邮递员送来的。）

Дверь была закрыта кем-то.（门被什么人关上了。）

Тяжелый груз поднимается краном.（很重的货物被吊车吊起来。）

在现实的语言交际中，这些表示主体的第五格形式有时可以省略，句子的被动意义不变，但语义减弱。在这种情况下，讲话人或者不清楚行为的主体，或者不便指出行为的主体，或者认为它不是交际的重点，没有必要指出，譬如：

Он был награжден дипломом.（他被授予了证书。）

Наш магазин открывается в 8 часов.（我们商店8点开门。）

В нашем городе строится много высоких домов.（在我们这座城市里正在兴建很多高楼大厦。）

Его ранило пулей.（他被子弹打伤了。）

在这个意义上，被动句与不定人称句十分相似，试比较：

Ему поручили важное дело.（主动句、不定人称句）—Ему было поручено важное дело.（被动句）（他被委任以很重要的事情。）

在这两个句子中，ему（他）都是行为的受体，而不是行为的发出者。真正的行为发出者被省略了。然而，有些学者认为，在这样的句子中，ему仍然可以被看作是句子的主体，因为它是句子述语特征的承受者，这正是句子主体的另一个“特别的功能——表示句子的核心客体”（А.М.Шелякин, 2001：183）。这种观点适用于解释某些从形式结构上看是主动句，而从语义层面上分析则是被动句的句式，譬如：

Нас порозили его слова.（我们被他的话震惊了。）

На меня напал страх.（一股恐惧向我袭来。）

Её охватила радость.（她充满了快乐。）

这类句子中，语义层面上的主体实际上是某种外力的承受者，在结构层面上恰恰是作补语（宾语）的。

三、句子交际结构层面上的主位

1. 实义切分与意义结构

对于句子的交际层面而言，区分句子的主要成分和次要成分并不重要，因为在交际层面上，任何单位都有可能成为主要成分，只要它的意义能完成交际任务。换句话说，句子的任何成分或成分组合都既可以作主位，也可以作述位。主位—述位是句子实义切分中的概念和术语。句子实义切分是句子的一个特别的层面——交际层面的分析方法，句子实义切分不改变句子的形式结构和语义结构。

句子实义切分是两元划分法，即根据句子的实际交际任务的需要把句子划分为主位和述位，以确保句子意义的理解和交际功能的实现，确保句子传递最重要的信息。对同一个句子的不同切分就叫作句子的各种交际变体。

把句子划分为主位和述位，与句子的主语和谓语，以及主体和述体没有直接的对应联系。例如，对句子“Вчера Иван Иванович уехал.”，在它的形式和内容都不变的情况下，可以通过不同的切分传递不同的信息，回答不同的问题：

（1）Вчера Иван Иваннович / уехал.（昨天伊万·伊万诺维奇走了。）回答“昨天伊万·伊万诺维奇做什么了？”的问题，谓语作述位。

（2）Вчера уехал / Иван Иваннович.（昨天走的是伊万·伊万诺维奇。）回答“昨天谁走了？”的问题，主语作述位。

（3）Иван Иваннович уехал / вчера.（伊万·伊万诺维奇昨天走

的。）回答“伊万·伊万诺维奇什么时候走的？”的问题，时间状语作述位。

从上述句子分析可以看出，三个句子的主位是不同的。这并不是说它与句子的语义结构没有关系，尤其不能理解为句子实义切分即是把句子机械地划分为主位和述位。恰恰相反，句子的语义结构特点决定着实义切分各种方案的可能性，因为根据交际目的的不同要求，对同一个句子可以有不同的切分方案。

2. 实义切分中的主位

句子实义切分的表达方式有：句子的逻辑重音、语调、词序和某些词汇手段。这些方式经常相互配合，有时也会单独使用。把独立的句子划分为主位—述位的顺序叫作句子的中态实义切分。在中态切分中，即在中态的词序情况下，主位通常在句首，表示已知的信息；述位总是在主位之后，在句尾，而信息量最大的常常是述位的最后一个词或词组。

在句子的实义切分理论中，主位可以理解为是已知的，在引导出述位之前就存在的。这种已知的信息不仅仅是对讲话人而言，对听话人来说也是已知的。这是完成交际任务的前提。讲话人通常根据以下情况判断听话人已知信息的拥有量：

（1）根据实际的交际情景，谈话对方可以大体了解话题在谈什么：В этом доме/ живет известный писатель.（这所房子里住着一位著名作家。）

（2）根据谈话双方在现实世界中的时空定位：Сегодня в Петербурге / состоится митинг.（今天在彼得堡举行群众集会。）

（3）根据谈话双方对所发生事件的时间和地点的了解：В городе же / он постоянно казался беспокоен и насторожен.（在城里他会常常感到惊恐和不安。）

（4）根据上下文的语境关系：В вечерних сумерках показался большой одноэтажный дом с ржавой крышей и с темными окнами. Этот дом /назывался постоялым домом. (Чехов)（夜幕中显现出一座很大的平房，房顶锈迹斑斑，窗口昏暗。这座房子就叫大车店。）

3. 主位的基本特征及其判断

需要指出的是，在特定的情景和具体上下文中，并非任意一种“已知信息”都可以被视作主位。句子的主位永远是交际的焦点，讲话人总是把注意力放在这个焦点上，以便引出随后的信息。具备什么样的条件才能够充当主位，或者说主位应当具有哪些特征呢？

（1）主位是交际行为的出发点，也就是说句子从主位那儿开始。在不同的句子模式中，这个出发点是不同的，譬如，在一般陈述句中，主位通常是句子的主语或主体：Завтра я / поеду в командировку.（明天我去出差）。 而在存在句中，作主位的通常是逻辑主体或表示处所的前置词词组：

У меня / есть хороший друг.（我有一个好朋友。）

В парке /был памятник.（公园里曾经有一个纪念碑。）

（2）已知的或在前文中出现过的部分：

Однажды я пробрался на одну из литературных сред. Писатели / собрались в старом особняке. (Паустовский)（有一次，我挤进了一个文学圈子，作家们集聚在一座古老的独栋房子里。）

（3）承载的意义比较少或不重要：

Море / смеялось（大海欢笑了。）

（4）如果用潜在的问题对句子提问，出现在问题句中的那部分就是该句的主位。试比较：

— Как он читает?—Он читает хорошо.（他读得怎么样？他读得很好。）

— Что случилось с Ивановым?—Иванов уехал в Сибирь.

（伊万诺夫出了什么事？—伊万诺夫到西伯利亚去了。）

— Когда вы прочитали этот роман?—Этот роман я прочитал в прошлом году.

（您是什么时候读完这部长篇的？—这部长篇我是去年读完的。）

（5）在否定句中，不能对主位作否定，而只能否定述位：

— Сомнение появилось у него?—Сомнение появилось /не у него, а у меня.

（怀疑出现在他那儿？怀疑不是出现在他那儿，而在我这儿。）

— Сергей пришёл? Сергей /не пришёл.

（谢尔盖来了吗？谢尔盖没有来。）

— Вчера приехал Андрей?—Приехал / не Андрей , а Алексей.

（昨天来的是安德烈吗？昨天来的不是安德烈，而是阿列克谢。）

— Андрей приехал вчера? Он приехал / не вчера, а сегодня.

（安德烈是昨天来的吗？他不是昨天来的， 而是今天。）

（6）有指示代词этот (эта, это, эти) 作修饰语的部分通常是主位：

Это большое здание—наше общежитие.（这座大楼是我们的宿舍。）

Эту книгу я купил вчера.（这本书是我昨天买的。）

这类指示词通常表示某件具体的物体或事物在谈话双方的视野之内，或者是双方正在谈论的人和事，如：Этот старик был мой отец（这位老人就是我的父亲）。

从形式上看，任何一个句子都可以按照二元对立的原则划分出主位和述位。在现实的交际中，在这二元中述位是必须的，因为它是交际的中心。而主位的存在却不是必须的，在特定的上下文中，如果主位部分是已知信息的载体，那么它就可以不表现出来。譬如，在省略句和问答句中常有省略主位部分的情形：Она пришла.—Кто? – Моя.（她来了。——谁？—— 我妻子）。但这并不能认为是没有主位，因为在任何时候和任何情况下，主位都是句子的出发点，都是客观存在的。

需要说明的是，本文所论述的只是正常词序的中态性句子的主位—述位的实义切分，至于具有感情表现力色彩和特殊修辞色彩的句子的实义切分问题，自然有其特殊性，本文未论及。

四、结语

长期以来，句子一直是句法学研究的核心对象，受到了特别的关注。在现代句法学理论中，句子被看作是一个多面体，是几个相对独立的分系统的有机组合。因此，必须从不同的侧面去观察和研究句子，分析研究同一现象在句子的不同结构层面中的表现方式和行为特征，才有可能准确把握这一研究对象的本质和特点，并对其进行完整全面的描写。

参考文献

[1] Бондарко А.В. Теория значения в системе функциональной грамматики[М]. М., "Языки славянской культуры", 2002.

[2] Современный русский язык[М]. под ред. Белошапковой В.А. М., "Высшая школа", 1989.

[3] Тестелец Я.Г. Введение в общий синтаксис[М]. М., "Открытое общество", 2001.

[4] Шелякин М.А. Функциональная грамматика русского языка[М]. М., "Русский язык", 2001.

[5] Караулов Ю.Н. Энциклопедия: русский язык[М]. М., "Большая российская

энциклопедия", 1997.

[6] 杜桂枝，В.А.Белошапкова的句法学理论[J].《外语与外语教学》，2000年第10期，29—32页。

[7] 杜桂枝，假设性不确定判断句浅析[J].《中国俄语教学》，2002年第3期，7—11页。

[8] 杜桂枝，俄语主从关系的结构语义阐释[J].《外语学刊》，2008年第5期，41—45页。

（原载《中国俄语教学研究理论与实践：纪念中国俄语年文集》，外语教学与研究出版社，2009年，440—447页）

主观判断语义句式的比较研究

——汉俄语中不确定判断句式的结构语义比较

根据对调查结果的研究可以发现，汉语中“好像”一词的语义特征的划分，基本上与俄语中的不确定判断句相对应，同时也存在着一些差别。需要指出的是，两种语言在表示不确定判断意义时的差别，不仅仅表现在词汇上，还表现在句子的表达方式，即句式的结构语义上。本文拟对汉语和俄语中不确定判断句的结构语义进行对比研究。

一

汉语是一种综合性语言，它的词汇的语义比较概括，所以使用的范围比较宽泛，所表示的意义相对比较抽象。例如，在表示不确定判断意义时，汉语中“好像”一词除了表示基本语义“比较”外，还外显出它潜含的其他不同的区别语义特征：“情态比喻”“不确定推测”“假设和猜测”等。因此，它可以在该命题的三种不同类型的情形中使用，而且在每种情形下都有相应的同义词或近义词。在表示不确定比较判断和不确定推断时，其同义词有：“就像”“似乎”“仿佛”“宛如”等；当表示假设、猜测性判断时，其同义词有：“可能”“大概”“也许”“或许”“想必”等，联结所有这些同义词和近义词的基本语义是“比较”，从而构成了以“好像”为核心的“不确定判断”词汇语义场。从“不确定判断”这个总体意义的角度来看，“好像”一词使用在上述三种情形时，其语义差别很小，常常可以由其他同义或近义词替换使用。

“于是，人人都在等待9月2日。这一夜，<u>好像</u>（仿佛、似乎）特别长。”（《一张广告的风波》，刘志侠，《读者》，2001，№20，12）

“抬起头，我看见他正在看我，透彻的眼睛里<u>好像</u>（仿佛、似乎）有某种渊源，我慌乱地转身离去。”（《友善骆驼的等待》，文衣，《读友文摘》，2002，№1，32）

“这胡子是最切合他的，<u>好像</u>（也许、仿佛）天生就该如此才对。”（《另类的鲁迅》，吴志翔，《读者》，2002，№1，8）

“我真不敢相信这是真的，我的感觉<u>好像</u>（仿佛、似乎）做梦一般。”（《会跳舞的鞋》，周舟，《读友文摘》，2002，№1，22）

“两人一时间居然没说话。男人<u>似乎</u>（好像）有一点儿不敢看她。”（《五分钟和二十年》，乔叶，《读者》，2001，№20，7）

“晴朗的时候，则可以看见蔚蓝色的天空，深湛而且贴近，<u>似乎</u>（好像、仿佛）投身下去就可以融入蓝天里。”（《2001年诀别大话西游》，邢汶，《青年文摘》，2002，№1，41）

“我不知道他姓甚名谁，哪里人氏。从他那一条条自额头流到面颊上的汗水，我<u>仿佛</u>（好像、似乎）看到了他的那颗爱国的火热的红心在跳动。这一印象似刀刻般至今仍清楚地留在我的脑海。”（《尘封的传奇》，韩悦行，《读者》，2001，№20，8）

“妈妈的汤罐是一个蓝白相间的彩色瓷釉罐，现在想起，我<u>仿佛</u>（好像、似乎）还能看见它放在火炉上，里面煮的东西正在翻滚沸腾……”（《妈妈的汤罐》，《读友文摘》，2002，№1，31）

“<u>大概</u>（好像、也许）是二十几年前，街上开始流行那种便于携带的弹簧小秤……”（《秤》，《读者》，2002，№1，38）

"…… 虽然他们希望自己的球队能赢，但他们意识到德国人如果再输了是不会善罢甘休的，这可能（好像、也许）不仅仅是一场足球比赛。"（《精神与足球》，《读者》，2001，№20，17）

"学校在镇上，在镇上的一座老庙里，距家二里路，或许（好像、可能）二里多一些。"（《想父亲》，阎连科，《读者》，2001，№20，40）

"想必（好像、可能、也许）因为长年如此，他们全身的皮肤厚黑粗糙，简直就是直立的野兽。"（《读江》，王鼎钧，《读者》，2001，№20，10）

"也许（好像、可能）我的真诚使他动了恻隐之心，他取出一张表让我填。"（《会跳舞的鞋》，周舟，《读友文摘》，2002，№1，22）

需要指出的是，有一些词，如"可能""大概""几乎""差不多""看来""兴许"等，虽然也可以表示不确定判断，但并不是在任何时候都可以与"好像"替换使用的。因为在有些情景下，在它们的语义成分中"比较"的语义特征隐没了，而凸显出来的语义特征是表示假设的"可能性"。试比较：

"您是最强壮的了，您应当走出去。如果不是我和盖尔曼，也许您早就走出去了。"（《一封没有发出的信》，[俄]B.奥西波夫，王卉莲译，《读者》，2001，№20，4）

"此刻你在遥远的莫斯科可能早已入睡，而我却正飞往北方。"（《一封没有发出的信》，[俄]B.奥西波夫，王卉莲译，《读者》，2001，№20，4）

"村庄里的每个叔伯都渴望着我们成功，但我们可能失败，而我们既无法面对自己的失败，更无法面对同窗老友的失败……"（《长在台阶上的诗》，尹斌，《青年文摘》，2002，№1，12）

“如果我们果真把自己当成国家的主人……我们大概会像一个主人那样，自觉、小心地关照家里的秩序……”（《造化的报应》，吴思，《读者》，2001，№20，14）

“我们沿着河跑。兴许还能找到我们的船呢。”（《一封没有发出的信》，[俄]B.奥西波夫，王卉莲译，《读者》，2001，№20，4）

“杜拉斯想象道：为了让孩子们安静下来，说不定他们还唱着歌哄着孩子们入睡呢。”（《母亲墙，永远别绝望》，王莲，《读者》，2001，№20，23）

从例句中可以看出，在上述情景中，语义特征“可能性”成了这些表示不确定判断意义的词汇的基本语义，从而形成了不确定判断意义语义场中的一个子义群。

二

俄语中，不确定判断句的意义在于强调讲话人对自己所述句子内容的确信程度。传统的语言学理论认为，句子的确定/不确定意义是一个语法范畴，任何一个句子或者是确定句，或者是不确定句，二者必择其一。此外，俄语是一种分析性语言，具有具象化的特点。与汉语相比，俄语词汇的语义比较具体、细微，所以使用的范围相对较窄，所表示的意义亦更准确、具体和细腻，因而词汇比较丰富，表达手段多样。汉语中“好像”的上述意义，俄语中是由不同的词汇或句法手段来表示的：как будто, как бы, будто, точно, словно, кажется, может быть, должно быть, возможно, вероятно, наверно, пожалуй，видимо, по-видимому, очевидно. 传统上，虽然这些词都可以表示讲话人对自己所述话语内容的某种不确信，但它们所表达的讲话人的主观评价和不确信程度在语义上是有差异和区别的。

1. 表示不确定比较

不确定比较判断是讲话人在自己头脑的内部思维中假设出一个比较“对象”，并把某一事物与自己的想象和猜测的情景进行类比。这种不确定比较所表现的是一种情态上比喻的外观现象。

Вероятно, для постоянных участников она осталась чем-то **вроде** юбилейной встречи ветеранов и одновременно прощанием с прошлым.(С.Ю.Неклюдов)

Маша не ответила на мой вопрос, **как будто** его не слышала. (Н.Д.Арутюнова)

Как, вы здесь?—начал он ...таким тоном, **как бы** век был знаком. (Достоевский)

2. 表示自己的一种感觉或幻觉

这种情况是指讲话人自己对客观情况有直接的感受，但由于某种原因他不能做出准确的判断。

Они, **видно**, сильно промерзли, потому что кинулись сразу к железной печке греться. (Г.Марков)

Очевидно, ответ последовал утвердительный, потому что он протянул трубку Синцову. (К.Симонов)

Первые пяти минут **мне казалось**, что он пьян.

Мне кажется, что вы не думаете отступать. (К.Симонов)

Каждая из записочек **как будто** имела какой-то особенный характер, и через то **как будто** бы самые мужики получали свой собственный характер. (Гоголь)

Все стихло в чуткой темноте—**Как бы** таинственное дело решалось там—на высоте. (Тютчев)

3. 表示对来自他人的信息的不确信

这种情况是指信息来源于他人，讲话人对来自第二手的信息不能够完全相信时，做出不确定判断：

Он **как будто** уже уехал.

Его мать, **кажется**, была красавицей.

Говорят, фильм хороший.

Б работал в комиссии по расследованию деятельности ГКЧП, **вроде как** передал в прокуратуру документы о нелегальном вывозе золота за рубеж... (Известия, 1992, 25 июня)

4. 表示假设和猜测性判断

俄语中，假设、猜测性判断句是使用比较多，且特征十分明显的不确定判断句型，通常表示讲话人缺乏所述内容的信息来源，但他可以根据自己的认知经验和约定俗成的语言习惯和规律做出情态逻辑上的推测，用于表示讲话人对自己所述的内容的可信程度不确定的情景：

По годам он, **возможно**, был старше всех на поляне. Но, **может быть**, лишь так казалось. (Г.Марков)

Он уж, **наверное**, хорошо говорит?—спрашивал Петр Петрович о сыне. (К.Федин)

Вы, **вероятно**, устали, вам пора спать. (Г.Марков)

三

汉语中“好像”一词的语义是抽象而模糊的，其语义的涵盖面相当宽泛，准确的意义需根据具体的语境来确定。例如，“他好像病了”这句话在汉语中是成立的。在没有上下文的情况下，可以理解为“他可能病了”或“他仿佛（似乎）病了”。试比较：

小王的脸色不好看，好像是病了。（指讲话人的感觉：似乎是病了）

小王今天没来上课，好像是病了。（推测，假设：可能、也许是病了）

在这两个句子中，“好像是病了”只有在具体的上下文中才能确定它是表示“似乎、仿佛”，还是表示“可能、大概、也许”。俄语中，这种语义模糊的表达不多见，因为讲话人在选择使用不确定判断词的同时，就已经把所述情景具象化了。试比较：

Кажется, он заболел.——他看上去好像病了。（指讲话人的直观感受）

Говорят, что он как будто заболел.——听说他好像病了。（来自别人的消息）

Он, **может быть**, заболел.——他可能是病了。（表示讲话人的猜测）

这三个句子中使用了不同的判定指示词，它们分别显示出讲话人做出不确定判断时的不同的主观情态。这些指示词是不能互换的，因为一旦使用的词汇发生变化，句子所表达的语用信息也随之发生变化。又如：

如果讲话人没有看过这部电影，只是听别人说这部电影不错，那么，他可以说：

Кажется, фильм хороший.——看来，这部电影好像不错。（譬如说，知道是谁导演的、演员阵容怎样等）

Говорят, фильм хороший.——听说这部电影好像不错。（来源于他人的信息）

Фильм **как будто** (вроде бы) хороший.——这部电影好像不错。

（来源于他人的信息）

如果讲话人看过这部电影，他可以说：

Мне кажется, фильм хороший.——我觉得这部电影挺好。

在这个句子中，讲话人对所述内容的评价更确定，它所给出的信息的可信程度比前一种说法更大，或者说几乎接近肯定的判断。试比较：

Мне кажется, фильм хороший.——我觉得这部电影挺好。（不确定判断句）

Фильм хороший.——这部电影挺好。（确定判断句）

再如，当表示由于不准确的记忆而对某事不敢肯定时，无论遗忘的程度如何，汉语中均可以用“好像”，如可以说：（1）“记不清了，好像（可能）……”；（2）“全忘了，好像（可能）……”。在俄语中，这两种情景的表达有着明显的区别：表示“记不清了”时，使用кажется：

Как же ее звали, не помню... **Кажется**, Наташа.（她叫什么名字，我记不清了，好像是叫娜塔莎）

Между ними была ссора. Не помню из-за чего. **Кажется**, из-за какой-то комиссии, которую прислали из штаба фронта. (Ю.Трифонов)（他们之间发生了争吵，我记不清是因为什么了，好像是因为前线司令部派来的一个什么检查组）

如果某件事忘得一干二净，完全想不起来时，则应使用может быть：

Кто же тогда приехал? Начисто забыл. **Может быть** Сережа, **а может быть** Саша.（当时是谁来了呢？我全忘了，可能是谢廖沙，也可能是萨沙）

此外，在俄语中，有时为了强调或突出表示判断的不确定性，可以在同一个句子中叠加使用具有不确定判断意义的词汇。

Кажется, что кто-то **как бы** стучится в дверь.

Ему показалось, что его **как бы** окликнули.

Но, **казалось**, на лице ее отражалось подчас так много... **как бы** незащищенного, **как будто** боявшегося за каждое ощущение. (Достоевский)

四

从句法结构上看，汉语和俄语在表示不确定判断意义时的区别也比较大。汉语中表示不确定判断意义的句子，其句子结构较单一，多为紧缩型，词序亦固定，可以在类比事物的前面，也可以在谓语动词前面。俄语中句式多样，词序相对自由。汉语中比较连词的使用相对比较自由，无论是“好像、仿佛、似乎”，还是“说不定，可能、也许、大概”，都与它们要说明的情景紧连在一起，既可以连接名词、代词，也可以连接动词。从这些词在句子中充当的成分来看，汉语中“好像”等词一般情况下充当状语、谓语。与汉语不同的是，在俄语中，这类词是不能充当句子的主要成分的，它们只可充当连词、语气词、插入语等，而且在语义上和使用功能上也是不相同的。

1. 表示假设和猜测性判断

此类情景下常使用插入语，常用的这类插入语有 может быть, возможно, вероятно, должно быть, пожалуй, наверно等。

Пожалуй, в советской гуманитористике второй половины века не было ничего, сравнимого с Московско-Тартуской школой... (Неклюдов)

Вероятно, это был кто-то из чинов пристани, а **может быть**, даже и повыше, вроде управляющего пароходством. (Г. Марков)

Может быть, редакция куда-нибудь переместилась. (К.Симинов)

从例句中可以看出，插入语在句子中的位置比较灵活，可以在句首，也可以放在句子中间，它们的加入不影响句子的句法结构，也不影响句子的语义成分，只是明确显示出语用意义——讲话人对所述内容的假设和推理。

2. 表示不确定的推断

此类情景下通常使用语气词和某些插入语，常用词语如вроде, как будто, кажется, говорят, слышал/а等。

Кажется, что ты недоволен.

За дверью **как будто** кто-то стоял.

Говорят, **будто** он сам все и видел. (Г. Марков)

3. 表示不确定比较判断

俄语中常用вроде, вроде бы, как будто, как бы, будто, точно, словно等连词或语气词来表示这类判断。其中как будто, как бы通常连接从属句。在传统语言学理论中，比较连词как будто, как бы连接的这类不确定从句具有比较句（由как连接的）的特点，前一句为后一句的条件，或称作比较的依据，后一句为情态的载体句。这是由“不确定比较判断”的基本语义“比较”决定的。在这种情况下，词汇语义中的“比较”语义特征大于“不确定判断”，表示情态上的、象征性的比喻。

За морозными стеклами проезжала тень, **как будто** мелькнула чья-то фигура. (Н.Д.Арутюнова)

Что такое?—спросил графиня, **как будто** не зная, о чем говорит гостья. (Л.Толстой)

Тихон смотрел на него так, **как бы** (как будто) вовсе его не узнавал.

как будто和как бы可用作连词，连接两个述语结构，表示“不确定比较判断”，也可用作语气词，依附于述语谓词，表示“不确定判断”。Н.Д.Арутюнова指出，“比较的一个重要的特性就是它具有简化的倾向，比较性用语向述语谓词靠近，而把比较的根据挤掉了”（Арутюнова，1997：25）。在这种情况下，как будто, как бы改变了自己的词类属性，不再作为连接两个述语结构的连词使用，而成了纯粹的情态词——语气词或插入语，把主从复合句简化成紧缩的比较句，例如：

У него такое печальное лицо, **как будто** он чем-то огорчен. / Он **как будто** чем-то огорчен.

紧缩的不确定比较句在语义上更接近不确定判断句，如：

Тихон **как бы** его не узнавал.

需要指出的是，俄语中как будто和как бы均表示“好像、似乎”，但语义差别呈逐级递进状态，即它们所表示的判断，其不确定性越来越弱，一个比一个更接近真实和确定。试比较：

Белый **как будто** ни с кем не ссорился. (Б. Зайцев)

Тихон вдруг **как бы** рассердился.

..., когда одно из слов **как бы** повторяется в другом, включается в него, и в этом выражается сходство двух слов. (Э. В. Кузнецова)

结论

1. 汉语中“好像”一词的语义比较概括、抽象。在表示不确定判断时，基本的语义特征“比较”仍保留在词汇意义中。根据该词词义中

"比较"语义特征的多少，可将以"好像"为核心词的一组表示不确定判断意义的词汇划分为三个分组：不确定比较判断、不确定推断和假设、猜测性判断。这三个分组之间没有严格的界限，通常作为同义或近义词可以互换使用。有些词虽然也处在不确定判断的语义场中，但在有些上下文语境中，其词义中"比较"的语义完全不显现或完全消失，这时候它们距核心词较远，位于该语义场的边缘，因此，不能看作是"好像"的同义词或近义词。

2. 俄语中的情况与汉语不同，在表示不确定判断意义时，没有一个统一的核心词。虽然这些词按照语义特征亦可分为三个分组，但彼此之间的界限比较清晰，无论在词汇，还是在句法结构上彼此都有差异。如在第二组，当表示不确定推断意义时，"讲话人的感受"和"来自他人的信息"这两个语义特征是有严格区分的，它们之间的差异不仅是通过词汇，还通过句法结构体现出来，也就是说，这是一个语法范畴。

总之，不确定判断句是一个复杂的语言现象，它不仅要表达句子的客观命题内容，还要准确表达讲话人对所述内容的态度。因此在一个句式中既包括了语义成分，也包括了语用成分；句子本身是语义内容的表达形式，同时又是主观情态的载体。从认知语言学的角度看，从选择具有不确定判断意义的词汇到组织不确定判断句句式的过程本身就是一个复杂的认知过程，对此尚有待人们进一步研究和探讨。

（原载《外国语言学及应用语言学研究》，2002年第1辑）

认知科学框架下的心理、认识、语言

一、认知科学

1. 20世纪科学领域的三大革命

通常认为，认知科学产生于20世纪人类科学的三大创举：计算机的发明、心理学的发展、生成语法理论的出现。计算机信息处理要求人类提供经验上的理论依据；心理学的发展突破了实验心理学的束缚，转向分析信息的处理过程，研究包括认识、理解、记忆、思维、语言在内的心智过程；转换生成理论的提出和发展标志着认识论中的两种不同学派——经验论和唯理论在相互对抗中的力量对比发生了变化，标志着语言学理论中的纯描写主义开始向解释主义转变。这三大创举亦被称作20世纪科学界著名的三大革命：认知革命、信息革命（计算机革命）和乔姆斯基革命，它们之间相互关联，互为条件和依据。

认知革命指20世纪50年代末、60年代初在美国科学界发生的那些激烈变化。这些变化最初主要涉及心理学和语言学。对于20世纪的科学家来说，空间、时间、物质、能源是最基本的元科学范畴。而心理学家则认为，这些时空和能源等各种指标在现实世界中以主观的形式（体验、感受、理解等）在人脑中表现出来，人成了接受、存储、处理和使用这些指标的综合系统。

众所周知，在第二次世界大战后的美国，在20世纪50–60年代，由于战争造成的伤残和战后心理病患者的增多，人们明显地感到，必须加强恢复人脑正常功能方面的研究。对心理学来讲，最迫切的需求之一就是研究人的心理思维健康状况。然而，这一领域的学者很快就得出了结论：这些任务的解决是一个非常复杂的问题，它要求吸收所有研究有关“人是如何掌握知识”等问题的学者参与共同的研究。美国科学界对心理学的这种无能为力感到非常失望。在这种情况下，1960年，在米勒（G. Miller）主持和领导下，在哈佛大学建立了认知科学研究中心。当时参加组建该中心的专家确信，仅仅一门心理学无法担当起解决“人是如何掌握知识和利用知识”这样复杂问题的重任。虽然他们当时还不清楚将要发展一种什么思想，但是他们却十分清楚地知道他们在反对什么，以及为什么要用一种新的、有关人的行为的理论体系去取代行为主义心理学理论。认知科学研究中心的建立标志着认识论领域一场新的革命的开始，这场认知革命首先意味着对传统的心理学的行为主义和神经心理学的宣战和决裂。

在认知革命之前，心理学总是试图揭示知识的生物学状态、知识材料、知识的历史，以及传统的、普遍的逻辑规律，而不考虑知识的内容。行为主义简单地理解和解释人的心理过程和行为，把这些复杂的现象简单化地用“习惯”“刺激”“反应”这类术语来解释；而神经心理学则在神经过程的层面上寻找解释。认知革命从一开始就公开否定了这样“研究人”的简单方法，提出把人的思维活动作为一个信息处理系统来研究，其研究轨迹不仅仅定位在研究那些诸如教、学、记忆等现象上，还要研究更复杂的有计划的思维活动，最主要的是研究世界在人脑中的反应形式，以及人的头脑中形成的对世界的认识的知识概念及体现方式。所有这些被称为“人类思维活动”的现象，被形象化地解释为信息的获得、处理、储存及使用。

20世纪中期，普通科学分类学中又增添了信息科学的概念。对信息科学的认识的根本性转变与计算机的发明密切相关，因为计算机成了人类第一个能接受、存储、处理信息，并能利用信息解决人们提出的问题的人工智能系统。一场悄然开始的信息革命进而掀起了一场几乎涉及所有人文科学领域的认知革命。信息工程和控制论的出现使心理学研究有了进一步发展的可能，心理学家们试图将信息处理过程与人脑的认知心理过程联系起来，用计算机模拟程序再现人脑在信息获得、储存、处理和使用过程中的心理学状态和运作过程。

20世纪60年代发生的计算机革命和乔姆斯基革命是紧密相关的：计算机语言的产生、信息数据的处理、数学计算的方法、计算机工作原理与人脑思维活动的仿真模拟，以及人工智能理论等都与唯理论和假设–演绎理论相关。应该说，乔姆斯基当年所坚持的唯理论优于经验论的思想，由此产生的假设–演绎理论，亦成为生成主义的早期理论之一。尽管生成理论中渗透进了先验论的因素，因此常常引起人们的怀疑，甚至经常遭到严厉的批评。但是，关于人类智慧的形成、它的局限性、先天与后天的区别、有意识和无意识的区别等问题的提出，本身就是对认识论的重大突破和贡献。生成主义理论的一些基本命题，如“认知科学与语言的关系”“语言在人类认识世界和认识人本身时的作用”“语言作为思维能力的一部分在人脑中的表现形式”等问题，恰好是认知科学理论研究的重点。在对人的本质和人的行为的认识方面发生的变化中，话语的生成和转换理论的提出是一个重要因素。乔姆斯基提出的关于用假设–演绎法取代归纳法和经验论的构想是转换生成理论产生的理论前提。

乔姆斯基生成主义理论中关于语言能力和语言知识等内在语言理论的提出在很大程度上对认知科学的产生起到了催化作用。乔姆斯基利用笛卡儿的哲学思想来证实自己的语言学概念，他认为，语言是人类认识世界和进行思维活动的工具，语言学则是研究人是如何使用语言来进行这些活动的。因此，语言学的任务不仅仅是只注意某种语言的篇章结构，不仅仅局限于对经验主义的资料的描写，因为对已有的资料的任何描写都不能真正解释语言现象的本质。本质的东西是无法在直接的观察中获得的。转换生成语法的核心思想在于“透过句子的表层结构揭示其内在联系，从而把这些表层结构转换成能够传递隐性内容的深层结构”。生成主义理论中的这种把“研究重点放在语言中不能直接观察的现象上”的倾向，公开否定了经验主义，公开拒绝了纯描写主义，它声称要解释语言形成和发展的内部机理，揭示人类掌握语言的规律和机制，研究语言在人类的思维、认识和交际中的功能。可以肯定地说，转换生成理论揭示了作为主要认知成分的语言在人脑思维中的作用，这对认知科学的形成和发展起了十分重大的作用，亦是对整个人类科学的巨大贡献。

2. 认知科学

科学领域中发生的三大革命催生了认知科学，使它成为一个多学科、多领域的、新兴的跨学科科学。在认知科学这一科学体系的源头，有两位世界著名的科学家：一位是心理学家米勒（G. Miller），另一位是语言学家乔姆斯基 （N.Chomsky）。在认知科学的旗帜下集结了越来越多的语言学家、心理学家、人工智能系统工程研究人员、文学理论家、文化学者以及其他科学领域的学者。他们紧密配合，用各自学科特有的研究方法，探讨解决一个共同的课题——揭示人的认识的本质。

然而，一个值得注意的倾向是，随着认知科学研究的不断升温，认知科学的理论和术语的引用和使用出现了混乱。有人认为，认知就是认识，因此，凡是可以使用“认识”一词的地方，都可以使用“认知”。早在1988年，Harman在论述认知科学的研究范围时就曾指出：“有一种错误的诱导，把认知科学定义为是研究认识的科学。这种理解实在太狭窄了：一方面，语言位于认知科学关注的焦点，另一方面，语言学研究在多大程度可以作为认识结果的研究的组成部分，观点各不相同。因此，最好说，认知科学既包括对语言的研究，也包括对认识的研究，而且，这些研究还常常涉及哲学问题，甚至涉及纯工程技术问题。”（Harman，1988：259）。那么，认知科学到底是一门什么样的科学？它的研究范围、对象、方法又是如何界定的？

认知科学是关于认识和知识的科学：即研究人的具体思维活动过程和认识世界的结果，这些结果以某些被认识并被纳入一定体系的知识信息的形式在人脑中体现出来，形成了人的心智和认知过程。认知科学是一种研究人的智力及思维能力、状态和过程的科学，其直接的研究对象是与人的认识及与其有关的结构和过程，它包括人的知识在其获得、储存、处理和使用等所有方面的现象。因此，认知科学关注的主要问题是：（1）人是如何获得知识的；（2）人所获得的知识的类型；（3）知识在人脑中的储存方式和体现形式；（4）人是如何提取和利用知识的。

认知论是一种方法论，这种观点把人作为处理信息的一个系统来研究，因而人的行为应该用人的内部状态的术语来解释和描述。这种内部状态可以用语言外在地表现出来，这种外在的表现是可以观察到的，具体体现为信息的接收、储存，然后利用相应的信息，以便合理地理智地解决提出的问题。基于这样的理解，在认知科学形成的早期提出了两个假设：（1）人的心智可以看作是一个物质信号系统，它是一个特殊的机器，可以生成随时间不断发展的信号结构，这个信号结构就是人的心智体现；（2）心智信号系统应经受深层的分析研究，以便从该系统的生理和技术层面中抽象出来，从能引起信号发生某种运作的机制的物质层面中抽象出来。这样的假设使我们不得不承认，要把一个完整的认知过程描写出来不是某一独立学科所能胜任的，因为在其描写中还需要认知系统所有组成部分的参与：记忆力、注意力、想象力、理解力和思维能力等，其中每一个组成部分都有自己处理信息的独特的机制。为了验证上述的假设，解决认知过程的分析和描写任务，需要人文科学中许多学科的参与和协作。这形成了以认知研究为主要任务的认知科学。

认知科学是一个多学科、多领域的新兴的跨学科科学。对于这样一个综合性科学来说，与其说它要准确提出自己的研究对象，不如说应该描述它旗帜性的科学术语特征，在它的旗下汇聚了包括语言学、心理学、哲学、逻辑学、人工智能模式、控制论、信息科学、神经科学、人类学、计算机科学等在内的许多科学，以便解决许多特殊的跨学科的问题。概括起来，这些学科都与人类认识论问题的提出及解决有着直接的联系：认识知识的本质、知识的本源、知识的系统性、知识的进步与发展，以及与知识有关的所有过程。需要指出的是，不同的学科角度对认知科学的定义不同，因此，对于意识、认识、知识、信息、人的智力与思维、人脑作为相应系统的载体以及它的生理基础等问题，在不同学科中被称作不同的现象，各自对其分析研究的角度都为认知科学增添了自己学科独有的特色，而且，不同的研究流派和方向都要求有自己特有的经验主义支点和理论平台，每一个学科都要形成各自独立的研究方向、研究对象和研究方法。这样的情景使我们有理由认为，认知科学是联合多门科学学科而形成的一个跨学科的科学范式，它制定一系列整合不同专业方向的学术力量的科学研究方法，以便能够更真实更全面地解释人类最复杂的自然现象之一——人的智力与思维。本文将着重研究与人的认识、知识和语言紧密相关的学科：**认知心理学、心理语言学和认知语言学**。

2.1 认知心理学

早在相当久远的古代，先人哲学家们就把人的心智活动分为两个部分：（1）认识和理性部分；（2）感受和情感部分。在两千多年的历史长河中，哲学内部的心理学思想逐渐形成并发展。在这一过程中，哲学家们或者关注理性，或者关注感性。事实上，人们早已发现，人的心智是不可分的，理性的认知过程离不开激情，因此，对人的认识研究迟早要与分析人的情感因素紧密联系在一起。从19世纪初开始，心理学作为一个独立的实验性学科已经形成。在这一阶段，人类关于心理学的知识不断发展完善，概念也日益清晰确切。这一学科关注的主要问题是：人是如何看见、听到、触到物体的，人能记忆住什么，人对什么更关注，人是如何思考和如何做出决策的等等。这种全面研究人的心智活动的学科，如今被称作认知心理学。

20世纪自然科学的成就，包括认识哲学理论，是现代认知心理学形成的基础。自然科学领域的革命发生在20世纪20—30年代。数学科学，特别是像计算理论、终端自动化理论、信息理论、计算语言学等领域的快速发展和所取得的成就，在现代心理学的形成中起着重大作用。现代认知心理学形成的另一个前提是物理学中的量子力学革命。对事件的概率性描写不再被看作是关于世界的知识的不足，而被看作是对过程的对等反映，被看作是客体内部对某种行为所具有的潜在倾向的描述。应该说，一个客体实际上具有的各种可能性是无限大的，但在实践中与某种其他物体的相互作用的可能性只能是众多可能性中的一种。量子力学的出现使观察者作为生理实验的组成部分参与了实验，其结果引起了对人的意识和认识的特殊兴趣。

认知心理学作为一门独立的科学流派形成于20世纪的50—60年代。心理学研究专家认为，这是科学上的一个转折点，它标志着心理学研究的兴趣转向了关于意识、认识、知识等心理过程。这里有必要加以说明的是，应该说这是美国心理学发展中的一个转折，因为欧洲心理学传统的代表人物，从伍德学派到德国的心理–生理学始终都保持着对意识和认识问题研究的兴趣。美国的行为主义心理学派承认，美国心理学领域的认知革命首先与德国心理学流派移植于美国的土壤有关，这主要是指两次世界大战之间，众多的格式塔心理学的领军人物移民美国。其次是美国的心理学研究者开始接触欧洲的各个心理学派的思想和理论，这使得在最正统的行为主义心理学研究的温床上，发育形成了重新审视自身科学范式的前提。许多行为主义心理学的中坚人物开始严厉批评正统的观点，开始认为心理学应该研究知觉和认知过程，以便真正认识“刺激”对人体器官的作用。

计算机革命改变了人类的生活面貌，也改变了心理学家们对人的知识及其获得机制的认识。计算机的出现使人类信息革命发生了根本性的转变。计算机成为唯一可以模仿人的心智活动（譬如：演绎结论、计算、支配客体、储存和处理信息等）的心理计算系统，并创造了唯一可以用来帮助人实现纯粹的心智活动的劳动工具——人工智能，它在很多性能上甚至超过了人的思维能力，譬如信息处理的速度和准确性、信息存储量等。除此之外，计算机的工作都可以用人的思维过程的术语来描绘，譬如，计算机具有记忆，有传感输入系统，能做出决策和解决问题，可以操纵和进行对信息的分析。

然而，随着计算机技术的发展和完善，心理学家们逐渐认识到，计算机借助于控制系统的模块程序描述的不是人的心理结构，而是中枢神经系统的结构。而心理结构研究的特殊性，譬如在心理功能上没有准确的定位、心理的过程性、心理实践的不可切分性和多面性、完整性，以及认识过程的积极性等诸多因素，都使研究人员试图使用程序的保障系统作为描述信息处理过程的信息性隐喻。这种观点最早出现在G. Miller和他的学生U.Neisser的论著中。

G. Miller所受的专业教育是语言学，毕业后在哈佛大学工作，研究话语交际。他的第一部著作《语言与交际》主要介绍了他在心理语言学领域的研究成果。从20世纪50年代开始他潜心研究信息处理问题和利用计算机模拟人的思维的问题。他与同事及好友在哈佛大学成立了一个研究思维过程的研究中心，称作认知科学研究中心。

U. Neisser是G. Miller的学生。在认知科学研究中心接触到的格式塔心理学理论和信息理论对他的研究方向的选择和确定产生了很大的影响。在研究中，他们也曾使用过认知心理学这一术语，但目的只是为了将他们的研究与正统的行为主义心理学流派加以区别，当时并未赋予这一术语特定的内涵，用G. Miller本人的话讲，“它并不表示任何实义的物质内容”。当时他们关注的仍然是心理学问题，认为心理学不仅应该研究行为，而且应该研究思维过程，也就是说，关注的是“心智”心理学或“思维”心理学。直到1961年，U. Neisser发表了以《认知心理学》为书名的专著，为以认识过程为主要研究对象的新的心理学流派奠定了理论基础。从此，认识和研究理解过程、记忆过程、心智体现过程、思维过程和话语的生成和理解过程成了认知科学研究中心的主要研究课题。

对于认知心理学这一术语，现阶段有着各种不同的解释和定义，常见的有以下三种：

（1）认知心理学是50年代末产生于美国的一个心理学流派。这是一个以认知论为主要方向的特殊的心理学流派，主要用信息论的方法研究能决定人的行为的理性认识状态和思维过程。认知心理学作为实验心理学派生出来的一个分支，同样是通过实验的方法，研究在人的大脑中是如何进行理性思维过程的，研究这一过程的特点，以及保障该过程实现的体系和机制。

（2）认知心理学是认识过程的心理学，仍然是传统的心理学领域，它的研究包括感受、体验、记忆、注意力、想象、思维等，是普通心理学的一个分支。作为一个科学流派，认知心理学的范围要宽泛得多：从生理–心理学到社会心理学，甚至包括社会学。这里使用的是各种不同科学中解决问题的通用方法。

（3）认知心理学被看作是研究关于获得、储存、处理、生成和使用人类知识的过程的科学。这样的理解和定义，使得认知心理学的范围更加宽泛，除了上述的过程外，它还包括创造过程、采取决策的过程、评价过程、语义化过程、话语生成过程和理解过程，以及系统的认知过程（人工智能、元认知支配）等等。认知心理学还应区分出认识能力心理学和认识发展心理学。

总之，认知心理学作为研究人的心理思维的新流派，利用计算机仿真方法等现代技术模拟和描写人的心理过程，对修正传统心理学对人的认识的研究方法起了决定性作用。认知心理学的主要特点是把人类知识的处理机制作为人的心理的中心环节来研究，这是人类社会已进入信息时代这一大背景的产物。认知心理学把人的心理看作是整个信息处理的中心，计算机、人工智能、大众媒体、所有这些现象都成了人的心理的完整概念。在这一大的框架下，认知心理学的实验方法发生了重大变化：广泛采用了数学模式、信息科学理论和控制论理论，开始使用计算机研究诸如记忆力、注意力、想象力、行为及行为的策划之类的心理现象，而这一切又从根本上改变了认知心理学。由于获得了大量的新发现和大量的实验数据，认知心理学提供的认知模式亦在不断地改变，不断地明晰，有关人脑的认知系统和认知基础结构的一些组成部分得到了越来越复杂、越来越详细的解释。

2.2 心理语言学

（1）心理语言学的形成与发展

心理语言学是从心理学和语言学的角度研究人的语言和话语行为的科学。心理语言学关注的焦点是交际中的个体，它包括实验研究人在掌握和使用语言体系时的心理活动。纵观心理语言学的描写历史，可以说语言学与心理学的“合作”出现得比认知心理学要早许多。早在19世纪，著名语言学家如：B.洪堡特、A.施莱赫尔、G.保罗、A.波捷布尼亚、博杜恩·德·库尔特内等，就已经开始尝试从心理学的角度解释人类语言和言语活动。在这一时期语言学家的论著中，可以看到有关这方面研究的萌芽和雏形，他们的这类理论研究奠定了20世纪心理语言学发展的基础。

在语言学家发现并关注语言中的心理学因素的同时，心理学家们也开始把语言作为心理学研究的对象和课题。因为两个学科的专家们都注意到，语言与人的心理活动、与思维、与对世界的认识和理解等都有密不可分的联系。19世纪末、20世纪初最有影响的心理学派是德国的格式塔心理学和美国的行为主义心理学。尽管这两大流派在其研究中都不同程度地注意到了语言的问题，但他们均没有把语言作为心理学研究的主要对象和课题。需要提及的是，在格式塔心理学派的发展中，除了著名的心理学家，如 K. Koffka, B. Kohler, M.Wertheimer等外，还有一些被称作心理学第二梯队的心理学家，如 O. Niemeyer, O. Dittrich, F. Kainz , K. Buhler等，恰恰是他们在心理学研究中对语言学问题给予了更大的关注。O. Niemeyer 通过实验表明，在理解一个句子时，它的语法结构从一开始就是以类似格式塔的完整整体形式再现出来的。O. Dittrich甚至早在1913年就提出有必要建立一个既不同于心理学，也不同于语言学的特殊学科。他明确指出：“不只是语言，而且每一个单独的话语行为和话语理解都是十分复杂的系列化生理功能，因此需要区分的不仅是作为整体的语言，首要的是区分各个层面上的话语行为，而在每一个所研究的具体情况下每一个话语行为都是一个相对完整的整体。”（1925：25-26）他的这些思想在F. Kainz 的《论语言结构》中得到了具体的体现和发展。在众多的心理学家中，奥地利心理学家Karl. Buhler对语言学研究的贡献应给予充分的评价，特别是在认知心理学和心理语言学蓬勃发展的今天，他的跨学科的综合和整合研究方法更显出重要意义。

在实验心理学研究兴盛时期，学者们就已注意到语言学与心理学之间的联系，只是到了20世纪40年代末期，才发现这两个学科的联系是如此紧密，以至于可以讨论建立一个新的学科。1946年，一位名叫N. Pronko的学者在美国发表了标题为《语言与心理语言学》的长篇文章，这是“心理语言学”这一术语的第一次使用。1953年，在美国印第安纳州的布卢明顿市，著名心理学家J. Carroll 和Ch.Osgood 与语言学家、民俗学家Th. A. Sebeok共同组织召开了国际研讨会，会上正式使用了这一术语。一年以后，在美国出版了名为《心理语言学》的集体专著，标志着这一术语获得了具体的内容和形式，开始表示一个正在形成的新的科学理论。

20世纪50年代，俄罗斯心理学家Л.С.Выготский的专著《思维与言语》（Мышление и речь）重新发表，并被译成英文在西方语言学界广为流传。这部专著在世界的心理学界和语言学界引起了极大的反响。心理语言学作为研究人类语言交际的一门学科，得到了广泛的普及。从50年代到80年代，心理语言学本身的研究范围及其环境都发生了变化，特别是在出现了中枢神经语言学、病态语言学和儿童语言学等之后。心理语言学的研究宗旨和任务，随着各个时期语言学主导思潮的变化而变化。

（2）心理语言学的研究对象及任务

心理语言学可以说是一个相对新的学科，但它不仅很快取得了跨学科科学的地位，而且获得了新颖的研究方法。随着认知科学的日益发展，心理语言学的研究显示出越来越重要的意义和作用，而心理语言学的定义、研究对象和范围等也不断变化和扩大。

20世纪70年代以前，心理语言学研究把注意力放在句子上，主要研究语言的体系性；从80年代末开始，心理语言学研究更多地依赖于计算机，以便消除元语言的分歧，与此同时，80至90年代，心理语言学的重点移向交际功能的研究；现在则把重点放在篇章上，注重话语行为的分析。无论在什么年代，也无论发生了什么样的变化，心理语言学的主要研究任务都是：研究话语行为的设计过程；研究能够把语言知识的掌握和使用联合成统一整体的机制，其中包括话语的生成和理解的计算过程，以及在这一过程中外部环境与语言知识相互作用的认知过程等。

关于心理语言学的定义、研究对象等问题，不同的学者有不同的见解。此外，在心理语言学的形成和发展过程中，学者们的观点也在不断发展和完善。一些学者认为，心理语言学是把话语生成、理解，以及话语能力的形成过程放在这些过程与语言系统的对应关系中进行研究的科学。在这一定义中涉及三个研究客体：话语的生成、话语的理解和个体言语能力的形成。在所述的任何一种情况下，心理语言学关注的都是话语活动中受语言系统支配的那些方面。

美国学者Ch. Osgood的观点有所不同，他认为，心理语言学研究的是一种过程。在这种过程中，讲话人的意向变成该民族文化认同的代码符号，这些符号再变成听话人的解释。换句话说，心理语言学与编码和解码有关，因为代码把交际内容与参与交际的人联系起来（Osgood 1957：259-260）。根据这种观点，心理语言学是把话语的生成与理解过程放在这些过程与交际参与者的生理和心理状态的对应关系中进行研究。在这里，话语对应的不是语言系统，而是人本身，是人的心理。

俄罗斯学者A.A. Леонтьев的观点带有明显的折中特点。早在1968年，他对心理语言学同时做出了两个不同的定义：（1）“心理语言学是一门科学，它的研究对象是语言系统与语言能力之间的关系。”（1969：106）（2）“心理语言学的对象是话语活动整体及综合模拟话语活动的规律。”（同上：110）1989年，他又认为：“心理语言学研究的方向一方面是分析人的语言能力与话语活动的关系，另一方面是分析人的语言能力与语言系统之间的关系。”（1989：144）到了1996年，他又指出：“心理语言学的目的是根据话语活动在交际中的作用和个体的发育来研究话语生成机制和话语理解机制的工作特点。”（1996：298）

从上述的观点中，特别是A.A. Леонтьев在不同时期对心理语言学的不同定义中，可以看出对心理语言学的研究对象的认识的演变过程。事实上确实如此，随着认知心理学、认知语言学、社会语言学、神经语言学、计算机语言学、人工智能等交叉学科研究的快速发展，心理语言学的跨学科特点表现得日益明显，研究的范围也日益扩大。因此，如果试图给现代心理语言学做一个比较全面的准确的定义，似乎更加不容易。

众所周知，许多科学都把语言作为研究客体，如：语言学、心理学、生理学、话语病理学、诗学等。然而，由于在所有这些科学中进行的科学抽象过程各不相同，所得到的抽象客体也不相同，因此，每一个学科的具体研究对象和任务也不相同。那么，心理语言学作为一门跨学科的新兴学科，它的研究对象和任务到底是什么？与语言学相比有什么不同？语言学的研究对象是交际中使用的语言手段系统，心理语言学却与其有着完全不同的目的，它研究的不是语言符号系统的结构，而是语言符号在该语言持有者意识中生成和理解的过程。心理语言学的研究客体与语言学相同，而研究任务和研究方法与心理学相同——研究客观现实心理反应的形成、运用及其结构。关于心理语言学的研究对象，A.A. Леонтьев的最新观点得到了较普遍的认同：“心理语言学的对象一方面是语言个体与话语活动的结构和功能的对应关系，另一方面是语言作为人的世界形象的主要构成元素与语言个体的对应关系。”（1997：17）

概括地讲，在心理语言学的框架范围内有许多种不同的研究方法，俄罗斯心理语言学（话语活动理论，其中包括莫斯科心理语言学派）的宗旨，首先是描写思维信息的转换过程，其中心任务旨在揭示保障话语的生成与理解的内在心理过程，并对儿童语言能力的形成进行了大量研究。此外，从20世纪90年代开始，俄罗斯心理语言学对语言意识的形成和功能给予了极大的关注。语言意识这一概念被解释为“借助于语言单位（词、词组、句子和篇章）表述和表现出来的意识的各种形象的总和”（E. Тарасов 2000：26）。随着对话语的生成与理解、对语言的个体发育以及话语交际等问题的深入研究，分析语言意识成了近十多年来俄罗斯心理语言学研究的一个重要课题。

近年来，心理语言学的研究朝着社会心理学和社会心理语言学的方向发展。20世纪90年代，莫斯科心理语言学派开始关注民族心理语言学的研究，并逐步形成了该研究的方法论基础。他们认为，应把语言与文化看作是一种社会意识的存在形式，而社会意识既是自我形象的存在，也是他人形象的存在。在跨文化交际中造成理解差异的主要原因是交际中的不同的民族意识。既然民族文化被看作是历史选择的话语活动方式，则可以断定，所有的文化现象都有一个共同的功能——成为人类活动的手段。这一方向研究的主要对象是该文化持有者意识中存在的世界形象，这种形象被看作是一个民族文化的最基本元素。世界形象是一个民族适应外部世界的通用机制，在这种机制中表现出来的正是该民族的文化。因此，研究语言思维的民族文化特点就成了心理语言学研究的中心课题之一。

2.3 认知语言学

（1）认知语言学的研究现状及发展

认知语言学的产生是20世纪后二十五年间发生在语言学中的最引人注目、最显著的变革之一。近二十年来，认知语言学在西方语言学界和俄语学界都得到了相当快速的发展，并已成为21世纪语言学研究的一个热点。关于认知语言学产生的具体年代，有人认为是在20世纪70年代，有人认为在80年代，也有人把1989年由戴卫（B.L.Derwing）在德国的杜伊斯堡组织召开的“认知语言学国际研讨会”和国际认知语言学协会成立的日期作为认知语言学准确的诞生日。

在随后的年代里，特别是近十几年来，认知语言学的理论和方法论在语言学研究中得到了广泛的应用和发展。

在俄罗斯，认知语言学的发展十分迅速。从1999年开始，每年召开一次“语言学中的认知模式”（Когнитивное моделирование в лингвистике）国际研讨会。2000年10月23—24日，“语言学中的认知模式”国际研讨会在俄罗斯的佩列斯拉夫利市召开。参会的论文涉及的研究范围十分广泛，大致分为三大方向：心理语言学研究、语义学研究和应用研究。2001年的研讨会是作为俄罗斯人工智能学会年会的一个分会在莫斯科举行的。2002年9月，“语言学中的认知模式”国际研讨会在迪夫纳莫尔斯克举行；2003年和2004年度的“语言学中的认知模式”国际研讨会都在保加利亚举行。一年一度的国际研讨会成了认知语言学学者们进行研讨和切磋的极好机会。

2003年4月18日在俄罗斯的坦波夫市注册成立了全俄的民间学术机构“俄罗斯认知语言学工作者协会”（«Российская ассоциация лингвистов-когнитологов»—РАЛК），2004年正式出版“俄罗斯认知语言学工作者协会”会刊——《认知语言学问题》（«Вопросы когнитивной лингвистики»）。2004年4月24日，在莫斯科召开了“俄罗斯认知语言学工作者协会”主席团扩大会议，总结了协会成立一年来的工作，制定了2004–2007年的工作计划。“俄罗斯认知语言学工作者协会”的成立团结了全俄罗斯各地区认知语言学研究中分散的力量和分散的流派，标志着认知语言学研究向着整合、有序的方向发展。

在美国，认知语言学研究已经扩展到各个相关领域。2000年11月

3–4日，在美国的北卡罗来纳州大学召开了斯拉夫语认知语言学学会第一次代表大会。会上宣布正式成立斯拉夫语认知语言学学会。大会之所以在美国召开是有一定的背景和理由的。首先，从20世纪90年代开始，随着世界政治局势的变化，美国的斯拉夫语言学研究陷入了比较困难的境地。为了能在与其他语言学派的激烈竞争中立于不败之地，美国的斯拉夫语言学至少应逐渐在教学的理论水平上成熟起来，而把斯拉夫语言学的研究转到认知的轨道上来，是吸引大学生兴趣的一个可能的途径。其次，在美国语言学者的倡议下，成立了国际认知语言学学会，成为这一国际学会的集体成员，是斯拉夫语认知语言学学会的首要任务。

这次大会是由在美国的斯拉夫学者Лора Янда教授提议召开的。她认为，在认知语言学思想和方法在世界各国的语言学研究中都广泛传播的今天，应该使各国的斯拉夫语言学的认知语言学研究联合起来，协同合作。完成这一目标的途径就是成立学会。Лора Янда的这一提议得到了俄罗斯语言学者的热烈响应。Е.В.Падучева, А.Д.Шмелев, И.М.Кобазева, И.Б.Шатуновский, Анна А.Зализняк 等著名学者出席了会议，并作了报告。

大会的参加者通过了学会章程，选举了组织机构的领导，并提出了学会目前的三大任务或目标：（1）促进认知语言学的发展，特别是在激发大学生们在认知语言学的框架内进行斯拉夫语言学的研究；（2）促进认知语言学实际应用（特别是在斯拉夫语的教学中和教材的编制中）；（3）促进认知语言学的跨学科运用，特别是在文学作品的分析中。学会暂定每一年或两年召开一次代表大会。

认知语言学研究的迅速发展已是一个不争的事实。但对这一崭新学科的界定仍暂无统一的明确表述，甚至于有人把认知语言学定义为“语言学与其他人文科学（哲学、认识论、心理学、精神疗法、人类文化学）结合起来就形成了一门新的综合性学科——认知语言学”。这种缺乏科学性的定义、滥用和偷换概念的现象不仅在西方语言学界有，在俄罗斯和我国的语言学界也有。这种情况引起了国内外语言学家的普遍关注。在第三次“语言学的认知模式”国际会议上И.М.Кобозева 就“什么是语言学中的认知”这一有争议的问题做了专题发言，提出了关于认知语言学的界定的问题。她大声疾呼，“目前各种研究中滥用‘认知’这一术语，实际上恰恰阉割掉了这一科学的内容。因此，到了必须确定这一学科的基本方针和范围特征的时候了，以便有理论依据地划定哪些语言学研究应纳入认知语言学研究的方向” [Лукошевич, 2001：213] 。针对由于认知研究方法日益增长的威望和为追求时尚而滥用这一术语的现象，Е.С. Кубрякова先后多次发表文章，如《再论术语“认知”的意义》《关于认知科学的宗旨及认知语言学的迫切问题》等，阐述认知科学的精髓和实质，批评上述追求时髦、不求甚解的现象和不严肃的研究作风。她指出：“随着认知科学和认知语言学的发展，认知科学流派的各种观点的广泛传播是当前理论研究的一大潮流。由此而出现了大量的新术语和新概念，这些术语和概念中不可避免地要凸显出认知的本质属性和特征。然而，很多人对认知一词的理解和解释却各不相同，有的解释明显不具有公认特征，有时甚至是随意的和不合适的。”（Кубрякова，2002：90）。Кубрякова认为，在这种形势下，完全有必要再一次解释这一十分重要的术语的意义。

那么在认知语言学蓬勃发展的今天，它的研究目标和宗旨、研究对象和方法到底是什么呢？与它的创建初期相比，有没有变化呢？

（2）认知语言学的研究宗旨

认知语言学是在心理语言学和认知心理学的基础上发展起来的跨学科的新兴语言学科。这一学科把语言能力和语言知识作为一种内在认识结构，作为讲话人与听话人之间的动态结构来描述和解释，把语言作为处理信息的加工系统来研究，这一系统由数量有限的、具有独立模式的并与不同层次的语言信息相对应的模块构成。

认知语言学主要研究人所特有的认识结构和认识过程，系统地描写和解释人类掌握语言的内部机制及这些机制构成的原则。这一语言流派的理论依据是：语言是一种认识机制，是认识的工具，是在信息处理和传递中起重要作用的符号体系。与人类的其他符号工具不同，这一符号体系本身既是相对于主体的外部对象，同时又是该主体的内部对象。这一对象不依赖于主体而存在，并应在个体的发育中得以掌握。语言的这种两重性有别于其他形式的认识活动。在语言机制中重要的不仅仅是思维结构本身，而且还有这些结构以符号的形式与自己"本身"一起的物质化体现过程。思维过程不仅仅以内部体现为基础，而且与某些内部过程——认识计算相对应，从而提出了关于进行符号运作的数量和类型的问题。认知语言学研究还应包括对语言生成和语言理解的思维基础的研究。在这一基础上，语言知识参与信息处理过程。认知语言学的研究成果为揭示人类整个认识过程的机理，特别是为范畴化和概念化机制的研究提供了钥匙。与此同时，认知语言学通过人的认识过程的多棱镜来观察语言现象，特别是词义和内在语义的表征问题。因此，语言的词汇结构可解释为是人的认识过程与该语言固有的语义参数相互作用的结果。

（3）认知语言学的中心任务

认知语言学是认知科学的一个分支，其中心任务是把语言能力和语言知识作为一种内在认识结构，作为讲话人与听话人之间的动态结构来描述和解释，把语言作为处理信息的加工系统来研究。作为理论语言学和应用语言学研究的一个崭新的领域，其任务一方面是研究认知科学中的语言学问题，通过大量的语言信息加工来构建某些模式，仿真人在解决智力问题时的行为的外在表现，另一方面是研究词汇、语法和其他语言现象本身的认知现象。从这个意义上讲，认知语言学既研究语言知识本身在人的头脑中的反映，譬如在分析诸如口头及文字记忆、心理词典等现象以及在分析语言的生成和理解时还应涉及的认知心理学问题；同时还应研究人是怎样、用什么形式来表示在人的头脑中已经形成的知识结构的。因此，可以说认知语言学已深入关于如何描写世界和如何建立这种描写手段这样一个复杂的研究领域。

既然认知语言学涉及和包含这么多的交叉学科和领域，那么，它的研究对象到底应该如何界定？И.М.Кобозева分析了在语义学和认知科学中流行的术语的各种理解和注释，提出了语言学研究中的认知方法的区别特征：（1）设定的语言学结构必须要有心理上的体现；（2）在语言材料的特性与讲话人的心理变数之间应建立一种联系；（3）使用某种非纯语言知识的表现形式和这些结构的操作方式作为模式结构；（4）在解释语言现象时要参考记忆力、注意力这类的生理–心理学特征和因素[Лукошевич, 2001：215]。作者认为这些特征是在语言学和其他认知科学整合过程中形成的认知语言学的一个基本的坐标。

语言是认识或认识程序的显现，是传递有关世界信息的工具。它从各方面与这一信息的加工处理相联系，并与信息的表达方式的建立、组织和完善紧密相关。人类的交际活动是通过传递和使用大量的、相对重要和复杂的知识来进行的，语言最终是确保完成交际过程的手段。正如В.В.Лазарев强调指出的那样："语言符号的一个最主要的功能就是使符号体现手段符合基本的反应和思维过程，间接地抽象地表现出思考的内容，这些内容是以语言集体每一个成员共同认可的意义的形式历史地固定在符号中的，在此基础上保证人在所有活动范围内的交际功能。"（1999：9）。所有这些对语言的新的认识，赋予语言学研究以新的内容和新的方向。

语言能力和语言知识是一种内在认识结构，这一结构在讲话人与听话人之间构成了动态的语言运作机制。语言作为信息的加工系统是由有限数量的、独立的模块构成的，这些模块是与不同层次的语言信息相对应的，因此，应该从不同的侧面对这一系统进行整合性描述、解释和研究。

从认知的角度研究语言的“普遍性”和“差异性”，有助于深入了解语言的本质及其对人类心智的影响，进一步揭示人脑的功能及活动规律，全面研究语言与人的整个认识和思维过程的关系，即语言作为人类认识世界的符号信息载体，是如何在人脑中经过“输入—储存—加工处理—输出”这些程序最终用语言表达出来的。

建立现实世界图景的描写手段是当代网络信息时代的一大重要任务，是计算机技术迅速发展的要求。人机对话和机器翻译是21世纪人类交流的方便而快捷的方式，是信息时代发展的必然趋势。然而，在进行人机对话和机器翻译中遇到的首要问题就是：在信息的输入、保存、加工处理和输出的整个过程中，计算机应如何模仿人脑进行工作。为此，必须研究人类的思维能力、人脑的认知机制。语言是认知机制的基础，要研究人脑对信息的认知过程和处理过程，就必须把语言作为一个基本的认知机理来研究。因此，认知语言学领域的研究成果和突破直接关系到人机对话和机器翻译研究的进程。

（4）认知语言学的主要研究对象

认知语言学作为理论语言学和应用语言学研究的一个崭新的领域，已深入关于如何描写世界和如何建立这种描写手段这样一个复杂的研究领域。其任务一方面是研究认知科学中的语言学问题，另一方面是研究词汇、语法和其他语言现象本身的认识问题。从这个意义上讲，认知语言学既研究语言知识本身在人的头脑中的反映（在分析诸如口头及文字记忆、内部词典等现象以及在分析语言的生成和理解时还应涉及的认识心理学问题），同时还应研究人是怎样、用什么形式来表示在人的头脑中已经形成的知识结构的，其中最主要包括：语言知识结构如何体现信息处理这一过程并参加这一过程的？话语的生成和理解的思维基础是什么?

认知语言学是一门跨学科科学，其研究是一种多视角的综合性研究。大体上讲，可包括以下几个方面：一方面，根据对认知机制的不同理解，形成了许多流派，他们提出不同类型的认知语法、语体的认知论研究、认知词汇学等研究方案。另一方面，在语义研究十分活跃的领域出现了认知语义学的各种变体——典型语义学、概念化语义学、情景语义学——这些都是认知语言学中令人感兴趣的研究领域。另外，用认知论的观点还可以对一系列语言学问题做出新的解释，找出新的解决方法。这首先是指目前大量研究的范畴化和概念化问题、世界的语言图景问题、语言结构与认识结构的关系问题、词类构成的认知问题等等。也就是说，所有与人的心理反应及其语言“纽带”（相关的语言形式）的描述相关的问题都应纳入认知语言学的研究范围。此外，认知语言学与符号学有十分密切的关系，因此，诸如符号的形象性、指示性问题，符号的外形与其表达的概念的关系问题等，同时引起了这两个学科的共同关注。该研究的难点在于准确地剖析和把握语言现象所表达的动态的思维过程和结果，即语言的深层语义。如文学作品的认知语言学研究，要兼顾文学理论、美学原则、修辞学、作家风格以及读者的准确解读能力：宇宙观、知识储备、接受心理等因素。毫无疑问，认知理论将成为联合诸如篇章语言学、语言行为理论、语体分析及许多其他语法概念的聚合因素。认知语言学的形成使语言学完成了从结构–体系性描写向语言现象的深层语义认知分析的转变。这使语言学研究获得了一个新的特点——解释性特点。

综上所述，认知科学是一个由许多学科联合在一起的庞杂的跨学科科学。可以认为：认知科学起源于认知心理学和心理语言学，进而言之，认知心理学和心理语言学在研究目的、对象和研究方法上的相互配合和趋同是认知语言学产生和发展的基础。需要指出的是，在认知科学的框架下，认知心理学、心理语言学和认知语言学是三个联系十分密切，相互交叉和重叠的学科。然而，在人的整个认知过程中，它们代表不同的认知阶段，有着自己独特的体现形式和内容，因而它们有各自不同的分工和任务，有不同的研究对象和客体，有自己独立的研究方法和手段。

如果说认知心理学研究的是人的全部认识能力，及其各种认识功能（包括语言功能）在各种类型的活动中（首先是在交际活动中）的相互作用，则认知语言学只研究像语言这样的认识功能，以及语言在整个认知链中的地位和作用。从这一点上讲，这两个学科又是相互交叉、不可分割的。如果把认知语言学看成是传统的心理语言学的“倒置”，则不难理解认知语言学的本质。心理语言学是对各种语言假设的心理实践的解释，是这些假设的心理学基础。换句话说，就是采用心理学的方法研究语言学理论。这是一种心理学训练，而这种训练的理论责任由关于语言的科学承担。认知语言学恰好相反，它是对各种系列化假设的语言实践的解释，是这些假设的理论基础，也就是说用语言学的方法去研究心理学理论。这是纯粹的语言活动，这种语言活动的理论责任由心理学承担。

显而易见，在认知心理学、心理语言学和认知语言学的发展过程中，表现出两种共同的倾向：

（1）三个学科密切相关，相互渗透，相互交叉，其研究兴趣、对象和方法彼此相近，并出现趋同现象：在20世纪60年代，为研究并建立话语行为理论而专门创立的心理语言学已日益完善，并声称，话语生成、话语理解和话语交际是它的三大研究任务。在这一时期，不研究心理语言学，就无法研究和描述认知心理学；到70年代，同样是这些问题，却成了认知心理学分析的主要对象，从这一时期开始，心理语言学好像被吸收到认知心理学中去了；从80年代以来，心理语言学又努力去掌握并利用认知心理学的研究成果，继续着自己的研究和探索，调整和修正自己的研究方向和研究方法。

（2）无论是认知心理学、心理语言学，还是认知语言学，都把自己的研究转向有关人的心理思维过程的研究，转向对世界在人脑中的反映及其转换成话语行为的内部机制（即认知过程）的研究。

总之，随着认知科学的发展，特别是认知语言学的产生和发展，一个新的知识体系正在形成。这一知识体系所展示出的轮廓——研究宗旨、研究对象、研究方法都与认识论相关。可以说，认知理论本身不仅可以把与认识、知识、语言、交际等相关的问题纳入自己的研究纲领，而且要求用新的方法从整体上去研究语言思维活动。

二、认知过程与知识

在本文中，“认识”这一术语可理解为是形成人类知识的创造活动的社会历史进程。这些认识通过现实在人的思维中的反应而再现出来，并且受实践活动中主客观因素的相互作用，形成关于世界的新知识。同时，这一过程又是在人的认识中构建外部现实的特殊的概念化信息模式系统的过程。认识过程是人从肉体上和精神上去感悟世界的扩大过程，这一过程是以人们把信息和与此相关的客观存在对应起来的最普通的认识方法（指视觉、听觉、嗅觉和味觉）为基础的。

2.1 认知心理

为什么人要认识世界？对于这个问题，无论是哲学、自然科学还是心理学都未能找到准确的答案，心理学家们试图探索的是人类认识的规律和机制。

众所周知，人不是生活在一个个单个客体构成的世界中，而是生活在一个各种事物和现象互为关系的系统之中。人在自己创造的物质产品中发现了自己，就像照镜子一样。人本身作为一个系统，存在于与自然环境和社会文化环境相互作用之中。人具有主观能动性，不是各种刺激作用于人，而是人要进行各种活动，主动与外部环境中的一系列现实情景发生关系。在实践活动中人会遇到各种各样的问题。因此，人时刻都在寻找新的知识信息，以便解决这些问题。但在人的社会实践中重要的是，人要准确知道他要寻找什么样的信息，为此就得不断地提出各种猜测。人天生具有一种心理系统，可以生成各种关于外部世界的假设，并可以把这些假设与在实践中主动寻找而得到的信息进行比较。这样一来，人就产生了自己对世界的主观认识模式，或者叫“世界形象”。这种形象或模式与实际不可能是完全对等的，因为人对外部世界的归纳永远不会是完全的。在这种情况下，人的行为就像是在不停地尝试着去猜想游戏规则，并按着这样的规则去与自然界游戏。显然，在一般的情况下，人在习惯的情景中进行习惯性的机械行为时不需要心理调整和认识过程。只有当人遇到了障碍，遇到了新的环境时，才会启动有关相应活动的心理机制。人作为高级动物的这种定向性和检索的能动性是独立的，与执行能力是区分开的。

那么，人又是如何完成认识的呢?

20世纪的30—50年代，有关人的认识的观点发生了巨大变化。正是在这一时期自然科学中的一系列的转变完成了，形成了认识论，创造出了早期的计算机，心理学也在这一时期取得了高水平的发展，成了具有与其他科学相同的地位的独立学科。正是在这一时期，后行为主义心理学中出现了有目的行为主义体系。这一流派认为，人的机体具有某种目的性，也就是说有某种心理构造，这与传统的行为主义心理学教条是不相容的。既然任何一个行为都是有目的的，那么“刺激-反映”公式便无法解释行为的出现。因此，心理学家们假设存在有内在的思维因素，这些因素与刺激共同决定行为。为了解释行为，必须综合许多无法观察到的内部因素，这些因素被称作“中间变量”。通过对大鼠进行实验，心理学家得出了一个结论：机体组织记住的不是“刺激-反映”这样一种组合，而是形成一种内部的认知图景。借助于这种图景，可以通过不同的途径找到目标，无论寻找的出发点从哪儿开始，都能完成这一寻找任务，达到目标。这种内部的中间变量是不能直接观察到的，它是研究者为解释行为而自己构建的，但却可以通过行为的各种参数和行为在不同情景下的动态方式间接地测量出来。

在俄罗斯的心理学传统中，认识心理总体上被看作是在反映现实情况的基础上支配行为和活动、处理信息产品的系统。由此而来，人们传统上习惯把心理看作是连续处理信息的系统，这一系统由若干个独立的分散的组成部分（模块）构成。俄罗斯心理学家A.P.Лурия在研究中首先把结构模块描写用于传统心理学研究。A.P.Лурия把中枢神经系统分成三个模块：第一个模块负责计划和调整活动和行为；第二个模块负责认识和理解；第三个模块负责激活。根据这一设想，可以象征性地区分出用模块的手段来把心理作为信息处理系统加以描写的三种方法。

第一种方法是比较传统的线性法。这种方法认为，心理是一种按顺序接收和处理信息的模块系统，在这一系统中前一个模块的“产品”是下一个模块的“原料”。在这一过程中，认识理解过程分两个阶段进行：第一阶段在区分检测系统生理环境的性能的基础上形成无形态的形象；在第二阶段通过将这一形象与某一范畴对照来辨别它。在每一个阶段上实际都有两个信息流在相互作用，一个是从入口流向中心的输入流，一个是从中心流向出口的输出流。但这种方法无法解释下述问题：

（1）如何调整信息处理过程；

（2）是什么决定了信息处理方向；

（3）如何确定在认知过程中充当唯一观察者的认识主体，它是如何提出认知任务的。

第二种方法称作双层结构法，即在信息线性顺序处理系统中加入一个上层建筑——控制环节。这个环节相当于计算机的中央信息处理器，它实现了对信息处理过程的全程调控，并在必择其一的基础上做出决策。这就要求在认识过程心理学框架下研究诸如必择其一、做出决策、做出决策的准则，研究行为的预测和计划等过程的形成机理。20世纪60年代中期，俄罗斯学者Ю. М. Забродин提出了心理的双层结构模式，在这一模式中，决定性模块包括两个子模块：判定标准形成模块和采取决定的规则模块。这些假设和模式的提出基本解决了第一种方法无法解决的前两个问题。至于认识主体的问题尚未找到显而易见的解决方法（1977）。

第三种方法是一种结构层级法，也是俄罗斯心理学研究经常使用的一种方法。这种方法把心理看作是在不同发展阶段上形成的结构系统。在这一系统中每一个下一阶段都对应一个新的层级，而每一个层级都对应一个新的结构。后一个层级的心理要调整前一个层级的主动性，而前一个层级为后一个层级提供内容。最高层的心理调节结构对底下的各层级的结构进行整合，以保证行为的系统性调整。1973年，俄罗斯心理学家Я.А.Пономарев对这一模式进行了归纳总结，提出了“阶段-层级-结构”原则（1973）。

美国认知心理学的创始人之一U.Neisser最初把认识看作是按阶段处理信息的线性依次过程，这包括感知信息的获得、还原、加工、储存、再现和利用。他认为，人处理信息的过程是按一定的程序进行的，就像用计算机处理信息一样。计算机的程序保障就像是一种结构模式，而程序的使用就像人的认识的功能性动态模式。1976年，U.Neisser发表了他的第二本专著《认识与现实》。他承认，认知心理学已超出了在实验室研究人的认识的范围，并转向在人的生活活动现实条件下研究人的认识。他把人看作是一个活动的系统，人本身就是一个具有主动性的认知结构，而人的认识是一个连续的检验认知假设的过程。U.Neisser引用了认知模式概念，这一模式可以对外部环境信息进行异同识别处理，从得到的信息中分离出已知信息。这种模式是非情态性和概括性的，因此可以处理和识别具有不同情态性的信息。一个认知周期包括对来自外部的信息的预感，从信息流中分离出来，借助于认知模式和运动检索主动性进行组织，从而促进新信息的获得。U.Neisser的认识心理模式被看作是在人和环境的作用下进行的一个连续的主动性的过程。这一过程可以被具体化，并常常依赖过去的经验的参与形成有预见性的认知模式。

综上所述，关于人的认识始终有两大主要流派的争论。一派的学者认为，人的认识是间接实现的：人提出假设，对世界提出疑问，然后进行实验；开始时有关现实的信息是不完全的，需要不断地补充和反复验证；人的心理要比感受到的世界丰富；而且并不是所有的知识都是有意识的。另一派的学者认为，我们的知识的基础是直接感受：人是被动的，世界给他提供什么，他反映出来的就是什么；在刺激中包含着所有信息；人的心理反应贫乏于来自外部世界的信息；所有的知识都是有意识的。

认知心理学家早已得出结论：认识过程在两个层面上进行——有意识层面和无意识层面。而且，在无意识层面上，无论信息多么复杂，其处理过程更快，更有效。学者们自然会关注这样一个问题：意识在调整人的行为中的作用问题。无论如何应该把信息处理过程看作是一种在有意识和无意识两个层面上平行的、依此相互协调进行的过程。尽管持有认知观点的心理学家创造了内省法，并把这种方法变成“可以测定的内省法”，事实上，到今天为止，学者们都确认，内省法仍无法深入信息处理过程内部，包括提出论断、做出决策、弄清现象以及环境与人的行为之间的因果关系等。任何认识过程都具有周期性特征，由提出假设、接受信息和验证假设这样几个阶段组成。假设是在过去的经验的基础上提出的，具体体现为行为的动因和计划。显然，不同层级的认识心理过程的机理具有同质性特征。目前，对假设生成的机理，如大量接近真实的假设形成的机理，以及推翻这些假设和矫正这些假设的机理等问题仍在继续探索之中。

2.2 知识与概念

认知心理学作为一个科学流派不断深入发展，使认识过程心理学改变了传统心理学提出来的关于心理认识过程的观点，如今这一过程被看作是在一定的上下文中使用的统一系统，这一系统保证着认识、知识储存、处理和使用，以及生成新的知识（譬如，以假设、幻想、创造性产品等形式存在）。换句话说，认识心理学正在逐渐转变成为人类知识心理学。这里所指的知识是人类个体知识。事实上，认知革命浪潮同时也改变了社会知识结构。认知论的最主要的特点是，把对知识的加工处理机制看作是人的心理的中心环节。

我们通常把人的话语交际比喻成信息传递，也就是说是在话语生成的过程中传递知识，生成供谈话双方理解的符号载体。那么，毫无疑问可以把知识分成两种：一种是永久性知识，这种知识是交谈双方都具有的关于世界上事物的知识，他们带着这样的知识进入交际，应该说，具有共同的知识是人们进行语言交际的前提和保障。第二种知识是在交际过程中交谈双方从自己的永久性知识中产生出来的新的知识。无论是心理学还是语言学都十分认同这两种知识的差别。

在心理学界，这种差别被解释为是一次意识映象和二次意识映象的差别。简单说，在物质活动过程中形成的意识映象为一次映像；在处理和交错组合一次映象过程中形成的新的意识映象为二次映象。把两种知识的差别定位于意识映像的传统可以追溯到Л.С.Выготский，他指出，在人的意识中有两个层级：存在层和反射层。存在层中包含的知识是在认识外部物质世界时形成的知识；在反射层内存在的知识是在反映存在层知识时等到的知识（Выготский, 2004）。当然，这两个过程常常是不可分割的，因此在心理学界整个意识映象被看作是由智慧部分和情感部分组成的一种现象，认为情感部分形成于物质认识活动，而智慧部分形成于交际。在话语交际过程中，意识主体接收并理解话语信息，而接受的内容就作为新的知识在交际过程中形成。

在语言学界，俄罗斯语言学家Ю.С.Степанов把两种不同类型的知识的差别与区分两个不同词根的同义词词汇语义联系起来，即对比由词根зна-和词根вед- 构成的词的词汇语义。在现代俄语中由词根зна-构成的动词描写认识过程，指明知识是在物质认识活动中获得的；由зна-构成的词汇表示较高层次内的知识，属于智慧、真正的知识。由词根вед-构成的动词表示交际过程，指明知识是在交际过程中获得的。由词根вед-构成的词汇表示可以讲述、传递给别人的知识。

除了对知识的上述各种分类外，还可以把全部知识分成科学知识和一般知识。E.C. Кубрякова认为，作为研究方法论的前提，还可以把知识分为语言知识和客体知识，也就是分为关于语言的知识和关于世界的知识[Кубрякова, 2004：11]。

20世纪的70年代末和80年代初，许多的研究者注意到高层次的认知结构对思维、记忆和理解的作用。在这方面的研究中, G. Anderson提出了思维的“适应性控制”模式，又称作适应性控制理论。这一模式描述了知识的获得、改造和使用过程。Anderson理论使我们可以用新的方法去研究知识在记忆中的组织问题 、习得问题、知识的加工问题、知识从一个领域到另一个领域的过渡问题等。在“适应性控制”模式中，认知系统有三种类型的记忆构成：（1）工作记忆：工作记忆中所含的信息保证该系统当前的动态活力；（2）清单式记忆：清单式记忆中所含的信息是各种命题——对周围世界的确定、判断等；（3）生产型记忆：生产型记忆所含的信息是生产过程，即知识与使用知识的人及条件的运作过程（Anderson, 1987）。通常情况下，信息进入工作记忆中，并在此做预处理，然后进入清单式记忆，并储存在这里，在需要的时候就从这里调取。生产型记忆根据生产过程对解决现实问题的能力挑选并处理生产过程。对适用于解决问题的生产过程进行评估，其评估结果记录在生产型记忆中，这样一来，每一个生产过程都获得了一定的分量。这一生产过程在解决下一个问题时能否被再次启用的可能性与其自身分量成正比。习得过程就发生在生产型记忆阶段，习得也就是记载每一个生产过程成功的历史。新的生产过程在采用早先形成的生产过程轨迹上形成。新知识的获得发生在后两种类型的记忆中：

（1）清单式阶段：在这一阶段，清单式知识转变成程序性知识，其转变手段有三种：第一种手段是在知识与其使用条件及其他知识之间建立起一种联系，使知识产生所谓的增量，相对于其他知识而言，该知识是这一转变过程的“操作者”；第二种方法是用解决当前问题必须的具体意义取代清单中的通用性变量；第三种方法是把几种单个的生产过程组合成一个开放性的生产过程。

（2）程序阶段：在这一阶段，发生知识的综合，通过一系列的运作建成一个生产过程系统，即若干生产过程进行整合，其使用范围扩展到相关领域。

由此可以看出，知识同样是一种结构，这种结构具有恒定性，与所要完成的任务没有太大的关系。这里需要指出的是，具有一定形态的知识，其结构可以同时既是稳定的又是变化的。具有稳定结构的知识构成了我们关于世界的知识的基础，并具有命题性结构特征。Anderson认为，知识就是以命题的形式储存在记忆中的。命题是最小的知识单位，可以用单个的句子表示。具有不稳定结构的知识表现为适合当前情景的知识。Ж.Ф. Ришар 则把知识分为纯粹的知识和当前的表征[Ришар, 1998]。纯粹的知识表示相对稳定的知识体系，是长期记忆的一部分；当前的表征是指暂时的知识，这样的知识的形成只是为了完成某种行为，只负责反映情景，这种知识的存在依赖于目的和条件。

个体知识结构是可以演示主体与世界相互作用的诸多成分的总和，以及这些成分之间的相互关系，在这些成分中可以区分出许多有助于描写知识结构的参数。这项研究发现，这些参数中的一部分是从知识成分之间的凝集性和许多同时存在的对立的角度来描述主体知识结构，包括知识结构的具体成分；而另一部分成分是非交叉型成分，主要描述知识结构连贯性状态的承接性、前一个成分与后一个成分的逻辑关系和演替过程。知识的这些结构上的差异表现在形式上，即表现在语言术语上，就是**语义命题网络和语义联想网络**的差异。通常，对智商发展和认知特点的评价被看作是理性行为，这种行为与被视为**语义命题网络**的个体知识结构特性紧密相关；与直觉认识相关的评价与被视为**语义联想网络**的个体知识结构特性紧密相关。换句话说，理性的认知模式、没有依赖关系场、较高的抽象性、较高的分析能力等，是命题网络程序下的知识工作的典型状态，而直觉认知模式、有依赖关系场、当前的思维等，是联想网络程序下的知识工作的典型状态。知识的这两种表现模式在语言中可以找到对应：命题网络主要是指明对象范围内的本质性特征，是非隐喻性的，表示主从型复合句各成分之间的联系；联想网络对应的是隐喻性特征，表示并列复合句各组成部分之间的联系。第一种知识的组织结构和对应的语言表述是鉴定型知识的典型特点，第二种知识的组织结构和对应的语言表述是该对象范围内新知识的典型特点。

一个个体的完整的知识库不应被看作是一个消极的储藏室，或图书馆，而应看作是按一定的使用范围构建的积极的系统，这些使用范围叫作畴、域，进入概念化系统就形成了范畴。研究表明，我们所拥有的任何一个程序性知识都是半抽象或半具体的，一个单个的个体不具备对所有清单式知识进行处理的生产过程的抽象概括的能力，因为清单式知识总是与一定的范畴或一些范畴紧密联系在一起的。

人的所有认识活动都可以被看作是一种不断发展在世界中定位的能力的活动。为了保障这种活动的进行，人还必须要同时对所感知的各种客体进行异或同的区分，并由此产生出概念。概念是以知识和信息总和的形式存在于人的大脑中的，这些知识和信息包括在现实世界的具体环境中的各种情态、感受、联想等真实的或可能的事态。

概念是一个思维运作单位，它包括记忆、思维词库、概念化体系和大脑中的语言，以及反映在人的心理中的所有世界图景的内涵丰富的方方面面。概念是指人在进行思维过程中可以利用的那些意义，是反映人的知识和经验的内容和人类所有活动及认识世界的过程结果的内容的意义，最终会以某些量化的形式表现出来。根据对概念的不同的定义和理解，我们可以给概念区分出以下一些典型特征：

（1）概念是人类经验中的观念中最小的单位，借助于语言使其词语化，并具有场的结构；

（2）概念是加工处理、储存和传递知识的基本单位；

（3）概念具有移动的边界和具体的功能；

（4）概念具有社会性，其联想语义场决定了其语用功能；

（5）概念是民族文化的基本内核。

因此，概念代表人的头脑中的世界，形成概念化系统，人类语言符号用词的形式编码出这一系统的内容。

把概念理解为一种心智构成，不仅可以改造概念系统的持有者（人）的心智活动的现状，即他的世界概念图景、他的心理世界，而且可以塑造他的民族文化形象。按照Степанов 的观点，“概念是人的心智世界中民族文化氛围的一个特殊的窥孔”（1985：219）。在典型的语言规则、范例和程式化的系统中可以体现出按一定的社会民族文化传统思考的语言持有者对世界的看法和理解。

概念的一个重要特性是它的系统性：控制和指挥我们思维的概念并不是智慧的简单产物，而是一个复杂的系统。这一系统在日常现实的决策中起着核心作用，它可以指挥部署我们接受或拒绝什么；应该怎样在这个世界上运动；应该怎样对待别人。所以说，概念在认知理论中占有中心地位，并有别于形式语义和逻辑语义。很清楚，认知语义学的思想体系与人的视觉概念和形象化概念紧密联系在一起，也就是说，概念和认知理论中的其他构件一样，通常是勾画出来的，与此同时，它还可以解释视觉感观与语言理解接近的深层根源：人的各种认知系统其实是相互联系的，譬如，我们亲眼看到的东西更容易引起思考，思考的结果才能说出来。词汇是以概念的形式存在于人的头脑中的，概念中积存的各种义素反映了现实世界某一物体或现象的大量的特性。

但是，概念化系统并不等同于我们的朴素认识。我们在从事日常琐事的同时，总会自主或不自主地按照一定的程式去思考或行动。可这种程式是什么，我们并不清楚。要理解这一点的一个途径就是观察语言的使用特点。对词汇的理解问题和对客体的同异鉴别问题是认知心理学的重要课题。对实验心理学来说，迫切的问题是揭示概念化机理，或者说揭示人的直观经验转变成理性概念的内在机理。既然我们在思维和行动过程中使用的概念系统是交际的基础，语言就成了弄清楚这一系统所有信息的源泉和工具。在语言的解释系统中，词语意义体系对应于语言持有者的社会民族文化所涉及的范围，这一系统的概念化积累便形成了这个民族的理性的决定性的文化特征。既然语言中包含着文化，那么，模拟文化的材料就是自然语言。

概念的另一个重要特性是它的非独立性，也就是一个概念与另外一些概念的关联性。任何一个概念都是处在某个范畴中，而范畴构成了一种结构，这种结构类似于Fillmore提出的“图式”概念。

2.3 范畴化与类典型

范畴作为科学知识中的一个基础概念起源于科学本身的产生。范畴作为认识的结构和工具，长期以来是哲学家、数学家、自然科学家和科学历史学家们研究的对象。范畴作为一个科学概念早期一直隶属于逻辑学。从亚里士多德时期开始，学者们逐渐建立了等级制的范畴系统，以便整理关于世界的知识。为了认识世界并在这个世界从事活动，我们必须对我们所遇到的事物和生活情景用思维的方式进行范畴化。范畴化是把事物的一部分特性突显出来，把另一部分减弱，而把第三部分隐藏起来，在此基础上把不同事物和经验视为同一类别的自然方法。在人的认知过程中，范畴构成一种语义背景，在这样的背景下凸显出具体概念。语言使用的认知理论正是依靠概念化模式、概念化特征、概念化系统和概念化范围，来证明语言范畴化现象的所有界面。

范畴是人类知识和经验的概括和总结分类。有些范畴是从我们亲身的经验中直接产生出来的，有些是从人们相互关系的本质中产生出来的，有些是从自然环境和社会环境中产生出来的。从语言的认知功能范式的角度来看，世界的语言范畴化反映的是一个动态过程，这个过程就是在语言思维活动中把思维对象与某种概念范畴和某些语言符号对应起来。范畴化过程一方面与人的认知心理过程和机制相关，另一方面要揭示概念化结构反映的普遍性问题和认知分类与切分的总体原则，因此是综合相互关联的各个方面的整合行动。因此，在认知语义的研究中，语言范畴化是一个十分重要的课题。

根据知识的两种结构形式可以推导出来“永久性知识——暂时性知识”。知识的这种两分法可以用与知识单位的两种联系方式来解释：包含联系和局部-整体联系。这种知识结构的两分法曾被用于范畴的分析。Barsalou曾区分出两种范畴类型：一种是自然地按照分类法构成的范畴，另一种是根据目的和状况构成的范畴（1986）。这两种类型的范畴在表述上通常包括两种判断关系：（1）包含关系：一个客体或者是该范畴的成员，或者不是该范畴的成员，譬如，枪支属于“武器”的范畴，而孩子们玩的弹弓就不属于这一范畴；（2）上—下义关系：譬如，自然界可以划分出植物、动物、矿产等类别，在这些类别中可以确定某一范畴的位置。人类生产劳动创造的财富和产品同样具有上下位的范畴关系，譬如桌子——家具。显然，从亚里士多德时代开始人们逐渐形成的对世界认识的分类，包括范畴的包含关系和上下位关系这样典型的类别概念，已无法解释现代认知科学所涉及的许多问题。

美国学者Rosch曾设想，范畴作为一种思维现实，本身具有某种可以反映客观世界现实的内部结构。这一设想引起了心理学家和语言学家的极大关注。20世纪70年代，她又把学者们的注意力吸引到属于同一范畴的不同成分之间的关系上。在这里她所关注的已不是有没有可能把一个范畴内的不同成分按照“上下位”的关系分成若干个子类别的问题，而是在某一个范畴的框架内是否存在某种组织结构。在这种理念下首先要讨论的是，进入某一范畴的所有成员是否都具有同等的地位，譬如，进入鸟类这一范畴的所有的鸟是否都具有相同的特征和特性。很快研究就发现，在这一范畴中各种鸟根据其具有的典型特征的多少，在范畴内处于不同位置，譬如，企鹅按照分类是一种鸟，但它不具有其他鸟所具有的典型特征——会飞，而且它的活动空间不是在空中，而是在水中。与其他典型的鸟相比，企鹅是一种很特殊的鸟。因此，一般在说到鸟的时候，人们不会首先想到企鹅。根据这一研究， Rosch发现，在任何一个范畴中都有代表这一范畴最典型特征的成员，由此而来便产生了类典型理论。

类典型论是Rosch在1977年提出的一个心理学理论构想。按照她的理解，类典型——某一范畴中的一个成员，它在某种意义上能最大程度地代表该范畴最典型的性能和特点。譬如，所有的鸟都会飞，但鸵鸟和企鹅例外，它们不是典型的鸟，因此，在鸟类这一范畴中它们的位置只能在范畴的边缘。类典型理论的实质是：范畴概念具有“家族式类同”关系，在这种关系中，有一种典型的概念意义，或语言持有者所理解的原型意义，在认知语言学中称作类典型意义（E.Rosch，1977）。例如，在说到鸟时，持不同语言的人会有不同的联想反应：中国人首先想到的可能会是燕子、喜鹊；美国人首先想到的可能会是麻雀，而不会是鸵鸟。这种典型意义是这一类家族式类同关系的核心。人在理解任何一个范畴概念时，都可以根据这种家族式类同关系作出判定，或把它作为核心的典型意义，或看作是边缘意义（C. Mervis, E. Rosch，1981）。类典型意义只包括最典型的和使用频率最高的意义。

在语言学研究中，类典型理论起初只是用于词汇（主要是名词）的语言学分类研究。曾有人做过尝试，试图用统计的方法计算出，在语言中究竟有多少类典型意义，即通过大量的实验调查来确定，在语言持有者的认识中对类似“水果”“餐具”“病痛”“家具”等的类典型概念是什么样的。但这是一项相当复杂和困难的工作。首先，在不同的语言中对类典型的概念有不同，譬如，以英语为母语的人可能认为典型的水果是橙子，而以俄语为母语的人可能认为是苹果。其次，很难弄清，他们这样认为的根据是什么。

随着认知语言学研究的深入，类典型意义的构想也得到了完善和发展，并广泛用于认知语义的研究。学者们通过实验要寻找的不再是“水果”“动物”“飞禽”之类的类型，而是找出它们本质的代表性特征，即名词的类典型特性。正是从这一点出发，类典型意义的研究获得了语义学研究的地位。从语义学理论来讲，类典型意义是代表语义特征的集合，或者是语义元语言中的文本。在这两种情况下，语义概念的各个部分具有同等功效：语言单位解释中包括的所有语义信息具有相同的重要性。而由Rosch提出的类典型意义是一种对语言概念范畴的直觉概念，它第一次把语义分量不同的特征和特性联合在一起。

认知方法论认为，语言的范围内存在一个统一的认知空间，在这个认知空间中作用着共有的机制和原则，其中一个重要的原则是，在整个认知系统中有一个类典型机制。类典型机制可以进行意义的类型性构建——意义模式，又称作类典型模式。这种模式具有更大的灵活性和尽量小的严格性，也就是说，这是按另一种方式对语言进行的更模糊的注释。从某种意义上讲，这种模式更优秀，因为它能更真实地反映出，事实上人是怎样运用词义的：不考虑诸多的单个的特征，而是根据类比的方法勾画出概念形象。

采用语言类典型意义的构想首先标志着，无论是在语义描写中还是在语言学术语化过程中都原则上避免了严格的定义。譬如，人们对语言学中的一些最基本的概念：“词”“词素”“词根”“语法意义”等无法做出准确的定义。它们和自然语言的概念一样，没有明确的界限。透过类典型意义的多棱镜，世界的语言图景已不再像现实主义画家笔下的轮廓分明的物体造型，它更像印象派画家的绘画：物体的模糊不清的形象逐渐地显现出来。

采用类典型意义的方法来反映外部世界，能进一步揭示出语言的本质：任何语言形象任何时候都不会与现实中的具体物体相对应。外部世界的现实会投影到自然语言的语义中，但由此得到的语言图景却不能等同于现实世界。因为语言图景反映出的只是语言持有者关于某个物体应该是什么样的一些典型概念，譬如，鸟的典型概念是会飞；红色的典型概念是像火。在人的这种类比过程中，与这些典型概念意义相近的就是核心物体，与之较远的就是边缘物体。语义学研究中的语义搭配原则和语义划分原则正是根据这样的类典型原则构建的。

2.4 框架理论

现实生活中的每一个人都能感悟到完整的生活情景。这些情景被人们所认识并被储存在记忆中，必要时被用来调整行为。那么，这些情景是以什么形式，又是如何被储存在人的大脑中的呢？按照许多现代认知模式的构想，人的知识组织成框架形式，储存在人的大脑记忆中。完整的现实情景构成了人的信息心理单位，这些心理单位作为知识以概念和范畴的形式，按照一定的等级储存在人的长期记忆中，用来调整个人的行为。这种以概念和范畴的形式对知识进行分类和布局的构想，被称作框架理论。

框架的概念最早是M. Л.Минский 在1975年提出的，用于解决人工智能领域的问题，即建立能在相对不太长的记忆段中保持大量的信息这样一种智能系统。按照Минский的理解，框架是在过去记住的代表知识的一个概念单位，在接受新的当前情景时这些知识单位中的细节可以发生变化，也就是说，框架是人在新的情景中可以提取的完整的信息结构。这种结构能代表典型情景的知识结构，是某些行为和概念的典型结构，这种结构包括行为和概念的典型要素，可以同时揭示话语产品意义的理解过程（1979：7）。

框架——是围绕某些概念形成的一种文化知识范畴的概括性模式。由此可以进一步得出，框架是关于世界知识的结构，这种结构与具体的语言单位联系在一起。Е.Г.Беляевская就认为词汇意义是一种特殊的有机的微型框架（Маслова, 2004：36）。

每一个单个框架都有从“抽象到具体”这样的等级结构，并可以补充新信息，譬如使用框架的方法，以及使用框架的结果等信息。在新情景中得到的抽象化的框架或与情景不完全对等的框架在接受和处理信息时会被具体化，会被改造或补充，使其与现实情景相符。单个的框架彼此之间由“地址”和“出处”相互连接，构成了类似于记忆这样一种超文本的框架体系。这种体系具有由高到低的多层次等级制结构，并被纳入信息查询网络。在框架最高层上提供的是世界状况的基础性信息，而在下面的诸层次中含有具体的意义或信息。每一个层次都包括确定这些意义之间对应关系时必须满足的一定条件。在这样一个体系中，任何一个客体都可以用进入框架体系的不同框架和层次来分析。因此，不同的框架可以从不同的观察角度描述客体的形状。框架体系还可以揭示当客体从一个框架向另一个框架转变时发生改造的方法。如果一个框架不符合情景，另一个框架就会出现，依此类推。人类获得知识和改造知识的过程可以被看作是改造框架和框架体系的过程。

从概念化分析的角度来看，框架是词语知识结构的核心。因此，框架可以理解为一种概念结构，这种结构是用来外显地、有时是程序化地体现有关典型化了的情景或物体的典型特性的知识。如果我们把概念看作是一个思维单位，是某种知识，那么，框架就是这种知识的组织形式，是这种知识的思维结构。通俗地说，框架是在人的认识中储存积累起来的各式各样的经验和知识类别。

框架的典型特征是其百科知识性，在它的结构中集存着概念名称所指的各种各样的知识。框架是围绕某些概念组织起来的一个个结构，这些结构分别含有与某些概念相关联的基本的、典型的、潜在的、可能的信息。В.И.Хайруллин 根据信息的结构的不同提出了两种框架的假设：一种是认知语义框架，主要反映特殊的思维结构；另一种是文化框架，主要在提供有关文化的特别要素时被激活（Хайруллин，1997：9）。研究框架理论及其在人的知识结构中的作用，为揭示人类认知活动的机理，特别是对外部世界中的概念和现象进行语言的范畴化和概念化提供了途径。Fillmore主张把框架看作是动词的格框架——是包括在话语实践中的某些论据。这种具体的语境把框架解释为一种认识结构，这种结构反映了人的语言知识，因此，框架是一个语言手段的选择系统：语法规则、词汇单位、语言范畴。出于这样的理解，Fillmore把框架定义为“经验的组织手段和认识的工具”（1988：65）。

与框架相关联的是画格和画面。框架、画格与画面（фрейм, сценарий и скрипт）是表示人脑中认知结构的重要概念。在认知理论中，框架指的是人脑中被范畴化的认识和知识结构，它们以立体和多维的形式存在于人的认知结构中。每一个框架中都有许多概念系统，它们是对某一类事件的抽象称名，被称作画格；人对客观世界的认识就是以这种抽象称名的方式，即画格的形式储存在认知框架中。画面则是构成画格的连续的情景场面。形象地说，可以把框架比作是一场戏剧，画格就是该剧中各幕的名称，画面则是每一幕中连续出现的场景。

画格是人的认识结构中的不同形式，它们分门别类地储存在人的整个认识和知识构架中，是衔接框架和某一事件的连续性画面的中间结构。如果说我们把框架看作是一个静态的知识结构，所有的组成要素都同时分布在其中的话，那么，画格就是一个动态的结构，正如Lakoff指出：“画格具有下列结构：开始阶段、连续的行为、结束阶段。”（1987：134）在这个结构中，所有的情景要素按照一定的顺序排列着。

画面是人从童年起就不断地通过亲身体验和间接感悟获得的，它们以画格的形式，按照一定的规则储存在人脑的记忆中。实验研究表明，在人的头脑中的任何一个画格结构中，都储存着相关的连续情景画面。在人的思维活动中，当输入某一画格的信息时，与其相关联的画面便被自动激活，大脑便对它们进行思维扫描，一个个连续的情景场面在大脑中浮现并快速掠过。

用不同的方法解读同一个框架，会得出不同的画格，情景画面则是这些画格中最典型的，通常也是最常见的一种。在画格和画面中，组成部分调整为线性链条状。

框架概念的基础是其通用性。这一特点使得框架理论从人工智能领域扩展到语言学、心理学等领域，并用于自然语言的句法和语义研究领域。框架作为一个语言学概念，它具有自己的语言对应，由画格和画面构成。每一个画格都是一种与现实中所要描写的对象对应的信息类型，是由某一个实际情景中的不断变化的具体信息充填起来的结点。例如，我们知道，在人的认识-交际活动中，那些特别重要的现实世界的片段都被词汇化了，也就是创造出单词性或成语性的称名。称名单位的词汇意义通过其范畴化的过滤器并根据该单位的预定用途完成一定的句法和话语功能。这种范畴化过滤器就是框架。在语言中框架是由具有同一本质的一组词来表示的，因为这些词由统一的特殊知识结构和彼此之间相互关联的经验的图式化证实、决定并互为结构。任何一个潜在的信息片段都可以以某种形式词语化——语言形式（词汇化的）或文本形式（描写的）。在知识框架中有语言对应的板块，可以得到语言称名，也可以得到文本性描写，而语言上没有对应的板块则只能得到文本性描写。

框架理论在认知心理学中的不同体现，是目前描写人的认识过程方法中最接近现代信息网络理论成就的一种。然而，这一理论构想并没有解释和描写认知过程进行中程序—时间特性，没有揭示个体在认识主动性上的差异，没有解释意识在其实现中的作用，也没有提及主观性现实的本质。所有这些都给认知心理学和心理语言学研究留下了许多任务和更大的研究空间。

三、认知与语言

从现代认知语言学的观点看，人对外部世界信息的接收和处理，是一个复杂而有序的过程。其间除了人体感觉器官积极的活动外，还包括人主观意识上的积极行为，包括人的经验以及语言的参与。语言记载了一代又一代的经验，可以使人们超越直接得到的信息的范围，显而易见，在人的认知过程中语言的参与具有特别重要的意义和功能。

语言是作为社会个性的人的一种独特的符号记忆，以便人在社会进程中保存所获得的知识、劳动技巧，传递积累的社会经验。人类语言不仅仅是交流信息的工具，而且还是概括性思维活动所必须的手段，因此，在认识、了解和改造世界的过程中，语言是不可或缺的，具有任何东西都无法取代的特殊作用。

人们借助于语言进行的认识活动是通过语言符号来完成的。语言符号记载了社会实践活动综合出来的客观世界的典型特征，把人的认识经验和按自己的方式进行思考的经验，通过概念化处理用语言符号的形式固定下来并书写出来，使得人有可能将信息从一个人传递到另一个人，并可随时随地记载和保存下来。由于语言特有的社会历史传承性，综合性的社会经验在词汇的意义中固定下来。词汇意义决定了语言的中介作用，它借助于词汇实现了客观存在的语言表现，完成了对客观世界的语言思维。词汇意义反映了讲该种语言的人们认识其具体社会的经验，因此，人能够传统地、继承性地认识和理解世界。语言符号的中介作用正在于此。

1. 语言在认知科学中的地位和作用

在认知科学中，认知是一个与知识的获得、存储、使用、加工、传递相关联的过程。既然在这一过程中必然要直接使用语言，语言自然就成了认知科学研究关注的中心。认知语言学的出现，改变了传统的语言学理论对许多语言现象的理解和解释，在语言学界悄然引发着一场革命。这不仅仅因为认知革命首先发生在语言学中，也不仅仅因为语言学研究的目的和成果纳入了认知科学的总纲领，更重要的是因为语言在认识过程中起了特殊作用。这种特殊作用表现在三个方面：

（1）语言作为认识和思维的载体，其本身是认知科学中各学科的研究对象。米勒在20世纪40年代的题为“语言与交际心理学”的讲座中明显表现出对语言学的重视和偏爱，并试图重新研究那些解决普通心理学所必需的资料，这不仅包括声学、声音心理学，还包括语言学资料。正如他的学生后来回忆的那样，当他开始研究人的思维能力时，他首先关注的是语言学的一些问题：在对句子理解时的切分问题，在用词组成句子时相应词汇的填充问题等。从20世纪60年代开始，认知科学研究的主要课题是对思维过程的研究，其中不仅仅是研究指导人的行为的思维过程，而且包括研究与人的思维相关的知识的理解。尽管当时的许多学者对各种不同类型的课题都表现出极大的研究兴趣——记忆、理解、概念的形成、儿童发育心理学、计算机理论等，但这些研究的中心都逐渐移向了语言学，认为研究语言是研究认识的某种间接的途径。事实上，语言作为认识和思维的载体，与认识是分不开的，它既是人类认识活动的一个组成部分，同时又是认识活动的结果和外在表现。正因为认识与语言的这一特殊属性，认知科学旗下的许多学科，如心理学、哲学、逻辑学，包括控制论和信息科学在内的许多工程技术学科的研究都离不开语言学的参与，有的甚至把语言学作为研究的对象和中心。

（2）语言作为认知过程的产物和结果，其本身是认知科学研究的重点。我们试图解释，为什么人在进行思维时，或者说在对认识过程进行分析时不可避免地要把注意力转向语言学。对这一问题的回答，可以说既简单又复杂：语言既能体现认识过程，又能影响认识过程。因为语言材料是最明显、最自然地进入认知过程和认知机制的保障。语言材料的产生，本身就可以被看成是某种认识过程的结果，是与人的思维和认识活动相关的某些机制的行为。用现代的观点来看，如果承认思维是物质世界和精神世界在人的头脑中表现的一种过程，则应该承认，在这些表现中既存在有形象的或其他的图画形式的想象，也存在有语言和语言形式的想象，而我们在话语行为中观察到的语言表现行为的具体化就可以成为理解一系列认知过程的关键。当然，这一论断并没有明确指出，认知过程的产物到底指的是什么——是思想，是知识结构，还是知识的表达。但无论如何，只有语言才能把思维活动客观地表现出来，外在地展示出该活动的结果，并将其以书面形式保留下来。这一切都表明，语言是人类理性认识和非理性活动的难得的见证。语言甚至可以影响人的认识：能够对人具有什么样的概念、头脑里形成什么样的想法产生影响作用。因为语言形式的意义本身被界定为一种认识现象，而关于这种现象的任何资料都是了解认识结构的知识，这便构成了人的知识结构和认识模式的内部结构。这些结构有词语和非词语之分，准确地说，就是在自然语言的词语形式中有或没有相应的类似现象。在我们的大脑中和现有的认识和知识结构中，最重要的是存在有能构成语言符号的意义，能够借助于语言符号体现认知结构，并辨别反映在大脑中的各种知识和概念的那些东西——语言。

（3）语言的内部规则和机制，本身是一种认知状态和成果。语言应在自己的结构中表现认知过程的本质，指出认知过程的产物。自然语言的意义是一种语义符号化的信息结构。与传统的具体化语义的观念不同，语义在这里可理解为概念化结构，或是概念化结构的一种形式。概念化结构是由叫作形象图画的一种思维发展而来的。概念化结构的建立就是人脑对世界的认识的积累。按照乔姆斯基的观点，语言应被作为自己的结构实体——内部语言来研究，也就是说，作为语言的内部知识系统：语言范围、语言能力、语言习惯等来研究。乔姆斯基认为，一个人“知道了语言，标志着他已经处于一定的思维状态”，等于掌握了一定的思维机制。这种机制是由语言的内部规则和原则体系组成的，这些规则和原则能够把思维的结果转换生成具有特定语义内涵的语音符号表现形式—— 句子。不同的句子相对应于不同类型的思维过程和体现形式。基于这样的理解，他甚至认为，“语言学本身就成了心理学的一个分支”。稍晚些时候他又指出，“语言学把自己的注意力集中在一个特殊的认知领域和大脑的一个重要的功能——语言能力上”（Chomsky：1980）。

面对语言在认知科学中的重要地位和特殊作用，曾有人提出了两个设想：（1）是否有可能建立一种没有认知过程普遍理论的纯语言学理论；（2）是否有可能建立一种没有语言学理论和人的话语行为理论的普遍认知科学理论。对这些问题，认知科学研究的现阶段成果作了恰当的回答：概念化分析中大量的现实性问题的解决被看作是人类认识活动的语言表现形式的系统研究。这主要与人的大脑的深层结构——认知系统的结构紧密相关。这一系统保证了上述整个人类认识活动。语言被看作是上述深层结构的主要认知部分。人们已公认，对人的认知世界的研究主要是根据他的行为、所从事活动的类型来进行的，其中的大部分是由语言伴随进行的。因此，应该用有关智能和语言的现代理论共同解释存在于“认知过程—语言结构—语言行为”中的三位一体关系（Bever Th. G., Carrol J.M., Miller L., 1984）。实现这一纲领的理论前提是：一个人的行为在很大程度上取决于他的知识，而一个人的语言行为取决于他的语言知识。认知科学研究纲领中最引人注意的一个特点就是试图兼容上述现象的研究，旨在得到有关人的语言、思维和行为的整体图画。

这样一来，认知科学研究的主要论题之一——语言学问题，已从一门独立的科学逐渐变成越来越没有明确边缘的科学，并正在不断地扩大自己的研究领域。如果说，由于认知科学的形成，要求作为其分支的语言学在认识功能方面必须走出以前的框框，则语言学本身的边界的不断向外扩展为语言学内部研究开拓了新的前景。所有这些都为认知语言学的产生提供了必不可少的基础和先决条件。必须指出的是，认知语言学的形成是语言学研究和认知科学发展的必然，但是认知语言学既不是认知科学的全部，也不是语言学的全部。从认知科学来讲，认知语言学是其中的一个分支，是许多学科在认知理论背景下的一个交叉点，一个结合部；从语言学的角度看，认知语言学是语言学研究的一种新方法，一个新视角，从这个角度去研究语言学问题，对语言的解释能力更强、更有力，可以从深层解释语言学本质。俄罗斯语言学家 Кубрякова 对认知科学与语言学之间的关系及其现状作了精辟的论述："现在可以看出认知论研究与语言学研究相互靠近的明显趋势。但是，这种趋势既不会把认知科学变成只研究语言的科学，也不会把语言学变成只研究认知理论的科学。"（1995）当今认知科学的显著特征，是把认识过程的研究与语言学研究越来越紧密地联系在一起，而语言学成了认知科学，乃至整个人文科学中的核心学科。

2. 语言意识

在俄罗斯心理学和语言学的发展进程中，心理语言学源于言语活动理论，主要研究确保话语生成与理解的内部心理过程。近年来，心理语言学研究的核心问题就是语言意识问题。

语言意识这一概念具有很广阔的表征空间，包含了两个主要的形态类型：一个是动态——用词语的形式表达意识状态，并通过语言作用于意识；另一个是静态——由语言结构构成的结构形态，语言结构是由于人的心智经验和其意识活动的结果形成的。尽管语言意识这一概念的表征空间很大，但是，它还是有其自己的独特性。这种独特性就在于它注重的是整体性，更强调人的意识、思想和内心世界与相对于它而言的外部的语言和话语表述之间的紧密结合，恰恰是这一点揭示了语言和话语最主要的本质——表达讲话人的心理状态。

语言意识这一术语是由来自两个不同但关系十分密切的学科——语言学和心理学——的两个术语构成的，因此，这一术语所涉及的也是不同但又相互交叉领域的概念。正是这些概念把语言学和心理学紧密结合在一起，也正是这些概念的融合构成了现代科学范式发展的进步潮流。之所以称之为进步的潮流，是因为随着科学的发展，研究人员越来越清楚地认识到，在心理语言学出现之前，也就是把语言现象既作为语言学研究对象，也作为心理学研究对象之前，语言学研究的代价是牺牲其科学的客观性。当时语言和言语现象只是在纯现象学的框架内进行研究，孤立于语言的内涵，孤立于语言的心理学基础。然而，在现实的生活和研究中，我们会常常发现这些现象之间的密切联系。事实上，人们使用语言及语言的话语体现就是为了表达思想，表现意识状态，体现人的内心世界的心理内涵。无可置疑，这便是语言和言语的本质所在。当前，心理语言学研究的趋势正朝着一个崭新的方向发展，这就是不断克服和摆脱心理学与语言学研究相互脱节的倾向，努力加强各学科之间的协同和配合，整合各领域的知识和研究力量，进而更全面更准确地理解和认识自己研究的对象和客体。这一研究方向的具体体现就是把语言意识的概念置于心理语言学研究中，以便更方便更准确地解释心理语言学现象。

在俄罗斯的心理语言学研究中，语言意识被解释为借助于语言手段形成和外显出来的意识形象的共同体，语言手段在这里包括词、松散的和固定的词组、句子、篇章和联想语义场。显然，在“意识和语言”这一术语概念的两分法中占主要地位的是意识。

意识是心理学研究的一个很久远的对象，从某种意义上说，也是心理学研究的核心对象。早在19世纪，心理学领域就提出了许多著名的理论，譬如，统觉理论、意向行为、意识流、反射论等，这些理论都涉及了人的意识问题。在当时的研究中意识首先被定义为某种内涵在主体头脑中的体现性和显现性。20世纪的心理学研究也对意识做出了不同的解释和定义。许多学者把意识的发展看作是地球、动物、人类的进化过程中的一个阶段，并赋予意识这样一些性质：思维能力、创造能力、进行抽象和概括的能力，特别重要的是实现反射的能力。

在现代俄罗斯心理学研究中，Л.С.Рубинштейн 和А.Н.Леонтьев对意识这一论题都有很深入的研究。按照Рубинштейн的定义，意识是反射世界和自己本身的一种心理活动。意识行为的单位是由主体反映客体的一系列活动，包括两个相互对立的组成部分：知识和关系。而Леонтьев认为："意识实质上是为主体打开的世界图景，在这一图景中包含有他自己、他的行为和他的状态。"（Леонтьев，1975：167）在描述意识现象时，Леонтьев特别强调意识的系统性和心理学结构，认为这种结构中包括意义、个体的思想和感官组织，而后者为世界认知图景的实现提供了可能性。意识的功能就在于主体可以在得到的主观形象的基础上采取行动。

现代认知心理学对意识问题的研究做出了许多新的贡献。认知心理学通过表征结构、记忆过程的组织特点、信息的处理和储存过程等概念使意识这一概念更为丰满。在现代认知心理学的理解中，意识与人的心理功能的最高形式相关联，它包括：人的思维能力、理性、创造力、反射能力、认识世界潜在性能的能力、提炼抽象性和概括性概念的能力、形成情态概念、对自己的行为负责、利用大量的人力和自然资源实施大规模行动的能力等，特别是人的情感和激情。H. Anderson认为，现代认知流派从"引证"转回到"意识"，但要完全准确地描写意识，不仅要考虑那些在有意识层面发生的一切，而且更要关注在无意识层面发生的一切。对意识的研究来说，研究情感和激情的心理过程更重要（Anderson, 1996：17）。因此，在认知科学关于人的意识的研究中，认知学者们应当关注有意识和无意识认知过程之间的细微的差别，必须专门分析意识中像情感、意向这类成分，特别重要的是分析意识与通过概念化掌握的现实世界之间的联系，以及意识与代表意识的理念之间的联系。

至于对语言的定义，从古希腊时期的文化到20世纪认知语言学的出现，人们在对世界的认识的不断发展中，对语言的认识也在不断发展，而且不同学科，从哲学、逻辑学直到自然学科都对语言有着各自独特的界定和应用。语言学界本身对语言的认识和界定也有各种各样的不同观点，本文在此不做详细论述，而把重点放在语言意识上。那么，把两个不同学科——语言学和心理学中的主要对象结合在一起，语言+意识构成一个特殊的术语，其意义和功能又是什么呢?

语言意识是把两种不同的本质结合在一起：意识，即一种非物质化的特殊的心理现象，这种现象不能按空间特征来测量，没有时间定位，无法用视觉、听觉器官直接获得；语言，即一种可以发音和书写的物质化现象，是一种构成词语内部语言联系的生理过程：话语可以通过物理仪器记录下来，可以听到发音，可以记录发声肌的肌动图，可以记载词汇间关系的形成和消失。此外，话语还是承载信息的物质过程。这就是说，语言意识是把一个物质现象和一个非物质现象结合在一起的表述的概念。

在研究分析语言意识这一术语概念时，要解决的一个首要问题是要弄清楚，非物质的心理过程是如何转变成为物质化现象的，也就是如何从一种意识状态转变成语言和话语状态的，以及它的反向转变过程：有物质表现的行为过程（有声话语）是如何作用于听者的思维和意识的。这是一个十分复杂的问题，要想回答这一问题，我们需要掌握有关人类种群发育的本质问题的许多知识（譬如，人是如何通过庞大的生物演变过程从动物变成有思维能力、有语言的人），以及有关个体发育的许多知识（譬如新生儿如何激活天生的通用语法并接受环境刺激最终达到可以利用语言并借助于词语来表达心理状态，即新生儿是何时形成语言意识的）等等。从现有的科学研究的成果和对人类心理发育的认知研究成果出发，对上述问题只能给出一般性解答。目前，一个相当清楚且普遍认同的事实是，在话语的生成和理解的过程中存在着两个方面的因素，因此也可以从这两个方面进行分析研究。一方面，生成语言符号结构（口头和书面的形式）并用这些结构组织出话语表述，通过听或看达到理解；另一方面，以各种不同心理情态的意识形象的形式来操纵和使用知识。在这种情况下所描述的是两个心理过程：一个是在生成话语时，讲话人给说话之前形成的没有词汇包装的裸露的思想"穿上"词汇的衣服；另一个过程是接受方利用自己已有的意识形象构思并理解接受到的话语。在我们的生活中，这种语言意识的存在是显而易见的。我们头脑中的意识的任何一种状态，无论其完善程度如何，原则上都应该并可以由词语表达出来。无论是我们的日常口语，还是文学家、诗人、艺术家、学者、哲学家的作品，都毫无疑问地证实了这一点。这些以语言为表达方式的专业人员的工作正是用语言表达自己的理解、思想、情感，即全部的意识状态。从另一个角度讲，人的意识又总是不断地随时随地受到语言的影响。这种影响发生在每一天的日常生活中、课堂教学和其他方式的教育中、在科学家们的集会上、在各种政治辩论和各种社会问题的讨论中。

在研究分析语言意识这一术语概念时，需要关注的另一个问题是，是否可以认为，意识通过心理和生理的相互作用就可以在语言中得到反映？可以确切地说，关于心理对物质或物质对心理的影响的可能性的问题，科学界仍在继续探究之中。虽然大家都清楚，人的话语是一个完全不同于心灵感应现象的心理过程，用某种语言进行言语交际的能力可以自然获得或消失，采取正常决定的心理–生理过程可以再现。但到目前为止，语言意识的研究仍在不断深入，因为仅仅说语言产品中反映了意识，或意识在语言中得到了体现是不够的。认为话语中"反映了意识"，这一方面是我们日常生活中常见的事实，另一方面也是一个需要进行大量研究工作的重大科学问题。研究语言意识概念，为我们不仅扩大了有关语言与言语之间的关系知识，而且扩大了关于心理现象——意识中各种关系的知识。因此，心理语言学家们认为，目前研究语言意识的问题有两条路线：（1）话语能力的个体发育；（2）表现词汇间时间联系的心理–生理信息。

话语能力的个体发育问题主要涉及儿童的语言发育。目前，话语能力的早期发育问题吸引了国内外的许多专家的关注。这一研究方向的特点在于，把语言能力的发展和语言意识的发展放在其他功能的运用的同一环境下来研究：声音的表现、与周围人的交往、运动机能的发展等。这一问题更侧重于儿童语言发育的动态性研究。由于篇幅的原因在这里对此不做详细论述。本文着重分析第二种方法，以便使我们更能接近语言和意识的深层本质。

表现词汇间时间联系的心理–生理信息。这里是指这样一种现象，由语言、话语和意识的总的整合行动产生出一种独特的新的组织结构形式，这就是许多学者和研究人员描述过的现象：词语联想网络。在俄罗斯，这一研究课题吸引了各种研究人员：语言学家、心理学家、生物学家等。在众多的语言学和心理语言学研究中，需要特别提及的是由Ю.Н.Караулов, Ю.С.Сорокин, Е.ф.Тарасов, Н.В.Уфимцева, Г.А.Черкасова等学者进行的联想词语网络的大规模的问卷调查研究。他们的研究揭示出了上百万词汇用法的正向和反向联系。所得的数据资料可以作为研究人的语言能力的物质基础，因为这些数据是问卷应试者一生中形成的词汇间关系的一种反映，这种词汇间关系构成了他们神经系统中所谓的词语网络，因此成为判断语言意识的材料。按照这些学者的思路，这些数据和资料是语言持有者的语言词汇库，代表着它的语言意识。在每一个个体的语言意识中都可以划分出一个核心。这个语言意识的核心含有有限的几个“语言学处方”，这些“处方”决定着人的实际存在在语言学中的投射和反映，这种反映贯穿人的整个一生，确定着他在现实环境中的定位，并构成他的世界语言图景的基础。

在上述的周期性研究中，借助各种科学的实验和方法，人们得以近距离地触及心理成分与生理成分相互作用的问题。词语联想实验发现，在心理表现中有生理决定的时间联系，联想实验记录下来的是作为心理–生理活动的某些最终结果的复杂系统，但在词语联想网络研究的框架下并未涉及这一系统的形成和形成机理。词语联想法的优势在于它可以从整体上描述结构系统，揭示这一系统组织结构的民族性特色，弄清该语言群体的心智发展历史。这些研究表明，心理经验会引起生理时间联系系统和词语联想系统结构的改变。研究资料总体上证实了存在词汇间时间联系这一事实，表明人的生活条件和心理经验对词语联想网络形成了影响，从而进一步发现，用心理–生理信息研究词汇间时间联系的方法去综合在语言学研究中得到的数据，可以更接近语言意识的本质。

把个体的语言意识与集体的语言意识进行比较发现，社会中单个成员与社会整体对世界的意识形象可以构成四种对应关系：（1）在各自的基本评价中的形象相同，这种情况主要指所有人在日常交往中经常碰到的东西：物体、过程、事件、性质等；（2）个体的意识形象要比集体意识形象少得多，这种情况指那些对具体的个人意义不大，而对某些人或对整个文化而言是必须掌握的许多术语、某些概念和非常规的意义。人们只有借助种类特征，也就是要借助于上一级的概念才能确定这些概念，譬如，紫露草——植物，欧洲黄盖蝶——动物等；（3）个体的意识形象比集体意识形象要多，这种情况主要是指个体思想的积累，这些积累与个人的经历有关，譬如有的人对某一领域的活动了解和掌握得很深入很透彻，如画家、作家的艺术形象，科学家的科学意识形象等；（4）个体的意识形象与集体意识形象对不上，这是错误的概念，譬如，一个人把随意的一个思想通过发音联想的方式用自己都不懂的词表示出来。在这四种模式中，排除第四种错误的模式，第一种类型是常规的，第二种构成了类属等级，第三种类型是思维的一种联想型增长。

综上所述，语言意识这一概念突出了人在使用语言和进行话语活动时的心理功能的最重要的一面，强调了主体的内在心理状况和意识，揭示了进行话语活动的主要组成部分——心理学成分和语言学成分的结合和融合机理。

3. 世界的语言图景与认知语义

维特根斯坦曾对世界和物质做了一系列的解释和定义，概括为：（1）“世界就是正在发生的一切”，“世界是事件（факт）的总和”并“可以划分成无数个事件”；（2）世界并不是事件的无序的堆砌，“世界是在逻辑空间中的事件”。世界是事件有结构地组合的结果，而事件本身是各种事物的有序结构（упорядоченные структуры вещей）。事件是事物（положение вещей）的一种存在状态，而事物状态是各种物体之间的联系（связь предметов）（Wittgenstein L.1953）。

图景同样也是一个事件。事实上，形象和图景作为世界的一个部分不可能不是事件，但它是一种特别的事件。它必须与它所表现的东西，也就是另外的事件有共同点，一个事件要被称为图景也必须与形象有某些共同点，用维特根斯坦的话说，这是“形象化的形式”。形象化的形式是指图景的各种要素处于构成图像化事件的物体所处的相互关系中。

洪堡特曾设想，在我们周围“存在三个世界：现实世界、概念世界和词语世界”（Humboldt,1903:39-90）。这三个世界处在一种辩证的运动之中，很难说它们之中哪一个是第一性的，是从现实世界到词语世界，还是从词语世界到现实世界。

语言的一个主要功能就是再现现实世界的形象，当人们遇到这种形象时能够理解它并能把它说出来，这就叫作把世界言语化（ословливание），准确地说，是把概念化了的世界言语化，这个过程得出的结果就是用语言表现出来的世界图景。语言世界图景是上述三个世界的有机结合，因此，用语言表现出来的世界图景具有以下特征：

（1）语言作为一个多面体，它表现出来的世界图景是多种多样的：世界的信息图景、世界的概念图景、世界的联想图景等。各种图景反映的世界层面不同，人们的认知过程也不同。例如，当一个生活在北方且从未见过荔枝的人听说“荔枝”一词时，他无法确切知道这个词的所指是什么；当一个小孩还没有判断是非好坏的能力时，我们对他说“好”，他不能理解这个词所含的概念是什么；同样，当我们对某一个句子不理解时，是对它的各个组成部分所代表的物体之间的关系不理解，也就是说，是对事物的态势，即句子折射出的现实情景的不理解。

（2）既然形象化的形式是指图景的各种要素处于构成图像化事件的物体所处的相互关系中，那么语言图景中各要素之间的搭配性，在语义上应该是有理据可证的。如果搭配性在语义上是有理据可证的，那么它就是语言语义描写时最佳的语言学途径和有效的手段，正如Wierzbicka所述，“是这种描写方法的正确性的证据和证明”（Wierzbicka,1988）。例如，在表示“通过某一空间”这一概念意义时，汉语中可以使用“穿过”一词，它的语义比较宽泛，搭配也较灵活，既可以说“穿过街道”，也可以说“穿过隧道”。但在俄语中相应词汇的语义比较具体，所指关系相对确切，搭配也有一定的限制，譬如可以说“пройти через улицу”，但不能说“пройти сквозь улицу”；可以说“пройти сквозь тоннель”，但不能说“пройти через тоннель”。这表明，在俄语中，这些词表示的物体的所指关系和参变量中有某些相互排斥的特性，也就是说，从语言的表层上看，它们之间仅仅是词汇的不相容、不搭配，实质上是词汇对应的客观现实的概念不相容。这进而证明词汇的搭配性不是独立存在的，它是以内容特性为依据的，即在语义上是有理据可证的。

（3）语言图景不是复制现实世界，而是这一现实世界的反映。因此，这种反映会发生某种程度的歪曲（不相符）和变形。这是因为在反映的过程中物体的某些性能特征显得不那么重要，甚至发生遗失，而另一些显得十分突出。值得注意的是，无论是世界的语言图景还是视觉图景，在反映客观现实的时候可能发生的“歪曲”都是缘于同一个规则，这就是：对人而言某些特征的重要性。例如，汽车司机在开车时，他周围空间中的物体（树木、房屋等）都在做相对于汽车的“运动”，而司机对此却“视而不见”，他只是注视着红绿灯、车道、转向标志等，因为此时只有这些对他才是重要的。同样，从语言图景的角度来看，当我们说到“花瓶”时，我们脑海中出现的是该词概念意义中构成类典型意义的那些重要特征，至于花瓶的形状、尺寸及花色品种等内容，都会隐现在凸显出的类典型意义特征的阴影下。突出重要性是世界的语言图景的一大特征，这一特征在句子的语义结构中表现得更为明显。

用语言描写世界图景的过程是人的知识系统中语言意识的构建和改造的过程，这一过程与认知机制相关联。人们对世界的概念化和范畴化最终由语言表现出来，任何一种语言的词汇语义都是集中了该民族对世界认识的结果的思维载体。因此，语言个体的认识在语言学中就是语言单位的语义，从广义上讲就是交际语义。语义研究包括语言的称名与系统关系问题、思维动力学问题、意义与概念的对应关系问题、意义与意思的差异问题等。似乎可以说，无论是西方的理论认知语言学派还是广义上的莫斯科语义学派（包括逻辑分析方法和其他语义分析方法）在研究认知、心理和语言问题时都不约而同地关注这些语义问题，关注词汇语义研究的分析方法和研究对象等问题。

认知分析的方法从一诞生起就宣称，在认知的框架范围内进行的所有的纯语言学研究都是第二位的，与此同步进行的还应有心理学、神经中枢心理学和神经语言学、视觉心理学、记忆、对音乐的感悟及其他认知领域与语言的相互作用的研究。所有这些研究具有一个共同的目的：描写人的各种认知能力，包括语言能力。因此，为了拟构语言持有者的语言意识和概念，认知语言学可以采取各种各样的方法，包括对讲话人的统计调查。对这些过程的分析通常称作认知分析。在目前的认知语言学研究中，特别是西方的认知语言学研究中，这是众所周知且得到广泛采用的方法（但不是公认的唯一方法）。譬如，在美国，Jackendoff 从认知的角度对语言的空间的表现方式进行了许多研究，但他并不声称自己是采用认知分析的方法，尽管他的观点和理论常常被认知学派的研究所引用。在俄国的语言学研究中，认知分析这一术语只是近几年才得到广泛使用，首先是 Кубрякова在她的研究中采用了这一方法。

在认知心理学研究中，关于信息处理的连续性、阶段性和模块式的观点到目前为止仍然是占主导地位的观点。在这种模式中纯语义处理仅仅是认知处理过程中的一个阶段。对语义的心理学研究主要集中在这样一些问题上：人是如何理解各种不同信息的意义的，人是如何对自己关于世界的知识和自己对世界的态度进行概念化的，人的话语表述是如何形成的。

在认知语言学研究中，认知的方法论自然而然地要依靠语义学的主导地位。А.Р.Лурия把词的语义构造称作词的心理结构（1979），因为语义决定了词位、词类、词汇搭配、结构以及句子的行为，反映了人的认识心理状态。认知语义分析是认知科学中的认知分析方法与语言学中的语义分析方法在语义研究层面上的对接，无论是总体的语义研究还是局部的具体的语义分析，最终都是要解释语言单位的行为，其目的试图回答迄今为止仍悬而未决的问题：语言单位中这样或那样的意义从何而来？它们是怎样产生的？这种语义上的解释要求必须以“人的普遍通用的机制”为基础。正是在这种情势下，在现代语义学研究中日渐形成了人文中心论的趋势。

认知语义学研究的重点是揭示人们的认知活动与语言的深层语义的关系，进而探究在人脑的整个思维过程和语言表达中，语义与认知是在哪个环节上发生联系的；这种不可分割的联系体现在语言的哪些层面上。因此，相对于一般概念上的语义学来说，认知语义学又可以称作深层语义学，它更具体地研究语言单位的语义中所蕴含的（或表现出来的）认知经验、认知过程等等。美国语言学家Jackendoff 认为，客观现实通过人脑的认知机制的投影规则投射在自然语言词汇的语义中（Jackendoff, 1996）。人在理解话语时所使用的认知机制与理解其他感受（视觉感受、对音乐的理解）时使用的机制是一样的。如果说存在某些语言的或某些普遍规则的话，这些规则首先应该是语义规则。

对语言学分析来讲，语义分析的基础是纯语言行为，即语言单位的所指关系及其可搭配性。用更严格的术语表述，这样的过程应称之为语义分析或概念化分析，分析的结果就称作语义描写。事实上，俄罗斯语言学界早于西方确立了描写世界的朴素图景的构成的任务，并在随后的研究中取得了很大的成就。Л.С.Выготский 很早就曾关注语言与思维的关系，他把词汇意义描写成“思维与话语的统一体”，“是交际与概括的统一体”，认为研究意义与词汇之间关系的最好方法就是语义分析（1982）。这种描写方法是莫斯科语义学派所从事的一项非常有影响的研究，在最新出版的《最新俄语同义词释义词典》中，以及在以Арутюнова为首的语言逻辑分析学派所采用的概念化分析法中都得到了充分的体现。

语言个体的认知层面实际上是一个人通过语言认识世界的程度。讲话人的个人的认知特点是由他的心智基础构成的，也就是由构成语言个体的概念域的所有概念构成的。这些概念具有不同的本质特性，并且是以个人和集体的经验为基础。在语言学研究中，意识形象与其描写的对立可用术语表述为指称意义与概念意义的对立，研究人员通常会把用语言表现出来的世界图景看作是集体概念，并对得到语言表达的概念意义进行框架分析，以便确定构成各种语言变体的心智基础，并希望由此找出近似于语法和语义原形的深层结构。

4. 认知语法

在现代语言学界，对认知语法这一术语，目前有两种理解和用法：

一种比较宽泛的理解认为，认知语法指的是语言描写中的语法概念和模式。这些概念和模式如同整个认知语言学，旨在研究语言现象中的认知问题，也就是根据语言与对世界的认识过程，以及诸如理解、记忆、思考等一系列认知现象的关系和联系来描述语言。从这个意义上讲，认知语法和认知语言学意义相近或者说同义。无论是认知语言学还是认知语法，通常都把其研究对象解释为：语言交际的生成过程和理解过程、世界的范畴化和概念化过程及其语言表达方式，而最重要的是人类掌握语言和使用语言所必需的知识结构和知识基础。

另一种比较狭窄的理解认为，认知语法是语言的一种特殊的语法描写。与生成语法相反或不同，这种描写试图对词汇和句法做出统一的描述，建议用两重性符号或信号的概念来解释参加句子构建的语言单位，只划分三种基本结构：信号结构、语义结构和音位结构。其中，信号结构又可作为双重结构，也就是符号结构在音位的连续性和其语义内容之间建立一种联想关系。在有关认知语法的界定中，后者着重强调，认知语法的研究宗旨应是分析那些经过对语言资料进行认知处理、能够体现理性认识的语言形式。

无论是哪一种理解和认识，目前公认的认知语法的主要概念如下：

（1）具体语言的语义结构不是通用的，因为它在很大程度上取决于该语言的特点。语义结构以习惯的形象化为基础，并与语言中具体化了的知识结构相协调。

（2）语法（句法）不能在人脑中形成能体现语言形式的单独的或独立的层次，语法是被符号化和信号化的，其实质就是用符号形式约定俗成地表示某种语义结构。

（3）语法与词汇之间不存在根本的对立。词汇、词法和句法构成了符号（信号）结构的连续统，把信号结构按不同的性能参数划分开，并列入不同的语言层次中，这完全是人为的。

在许多情况下，认知语法与许多语法概念和认知概念都很相近。但它与其他概念的区别在于，认知语法试图建立语言现象结构化和功能化的完整性图画。这幅图画主要的注意力集中在意义现象和世界的概念化的原则上。从这层关系上讲，认知语法包含许多观点和研究宗旨，即用认知心理学和人工智能模式的方法进行研究。应当指出的是，尽管认知语法包含了上述知识领域里的某些思想，但语言学不可能引进现成的模型，而只有语言学自身的分析才能获得与语言学结构完全相同的概念。与此同时，这种语言学分析是否成立有很多方面取决于对资料的认识论解释和对人的认知能力的全面解释：

（1）在认知语法中，语言的语法就是传统上通用的语言学单位的结构化清单。在这种情况下，不同级别的语言单位可以有不同的惯约化程度。

（2）意义相当于概念化，也就是说，可以解释为认知处理。语言学语义在认知语法中具有百科全书的特点。因为语言表达本身并不具有意义，而是由于语言能够达到不同的知识结构，而知识结构使得你有可能去“揭示”句子的意义。因此，在认知语法中，语义学与语用学的相互对立（或者说语言学知识与语言外知识的相互对立），被看成是人为的（非自然的）。语言语义学的独立性被认为是错误的，而词典中词义注释是不全面的，很狭窄的，与认知实际不完全相同，而且相差甚远。语言语义学的百科全书性特点为自然而统一地描写语言学提供了可能性。

（3）词典和语法是传统上已习以为常的形象化的语言储藏室。它因语言的不同而不同。如果一种语言把某种状态说成是cold, 另一种语言把这种状态说成 have cold, 而第三种语言——it is cold to me，那么，这些说法的语义是有差别的，尽管它们都属于表征同一种感受。因为它们对同一内容的表述采用了不同的结构形式。因此，每种语言中的意义都是专指的。即使在人的认知能力和在各种文化中的经验都完全相同，也不能承认各种语言的完全的通用性。

（4）各种语言单位在语法行为上的差别可以由其意义上产生的差异来修正。与生成语法不同，认知语法不把句法看成是结构手段。在该语法中，任何转换都被看作是引起各种语义后果，至少是语用后果的先导。

（5）在认知语法中，表现出复杂结构成分之间的三种关系：符号化——确定语义结构与音位结构的关系；范畴化——认知机制化术语中描述的概念关系；整体化——复杂结构各成分之间的关系。

（6）知识结构体现的连接模式最接近认知语法的概念。

（7）总体上讲，不能认为语言是心理结构中个别的模式，语言还可以产生其他的认知系统并联合成更具概括性的心理机制。

结语

根据上述研究，我们可以粗略地勾画出人的认知过程的全貌：人通过视觉、听觉等感觉器官接收外部世界的信息（听到、看到、读到等）——>根据自己直接的或间接的经验对接收到的信息进行处理，这包括同异鉴别、分类、概念化、范畴化——>经过概念化和范畴化处理的信息以知识的形式储存在人的记忆中，人的记忆是以认知结构框架的形式存在于人脑中的，不同范畴领域的知识储存人认知框架的不同的框格内，形象地说，近似于中药店里药柜的样式。不同的是作为立体三维空间的认知框架中的每一个框格都是多面的，每一个格面都表征一个概念——>在人需要交际或思维时，根据交际功能的不同，可以随即激活认知框架中的任何一个框格，随时提取任何范畴领域的知识——>对所需知识进行编码处理，这包括对已知信息，即储存在框架中的知识与新信息进行综合、对比、运筹、做出决策等——>最后是体现，也就是说是给已形成的思想“穿上”语言符号的外衣，并通过人的功能器官输出——>语言表达（说出或写出），最终完成交际任务。

通过对人的认知过程的梳理，我们发现：

（1）在人的认知过程的两端，即输入端和输出端，作为信息，输入或输出的是语言，也就是说语言是进入认知过程的信息的承载工具。无论我们看到了什么，都要根据我们现有的知识，给看到的图景一个用语言符号代表的称名，使图景转换成符号，才能输入人的认知机制中。譬如，当我们看到一个又一个平面和四条腿的东西时，我们会根据已经掌握的知识给它一个称名——桌子，并把桌子这个称名符号输入大脑的思维系统。因此认知机制输入的只能是语言符号承载的信息，输出端进行的是一个反向过程，具有相同的原理。

（2）人对世界的概念化是借助语言进行的，是世界的语言概念化，因此人的内部认知处理过程的载体仍然是语言——没有外化的内部语言，以概念、范畴等知识形式存在于人的思维系统中。一个语言符号输入人的认知系统后，这一系统会根据它的称名意义，找到它的相关概念意义，并根据这些概念意义特征，找出具有相同或类似特征的其他称名，对这些称名的分析和概括，就可以得到它们的上位概念，即范畴。譬如，当我们输入“桌子”这一称名后，我们可以得出桌子的许多概念意义，将这些概念意义与其他称名的概念意义进行同异识别处理得出，桌子是家具中的一种，属于家具的范畴。对家具这一范畴的典型概念进行处理，可以得出它是人类生产创造活动的产品，与世界自然现象反映相区分和相对应。

（3）语言是整个认知过程的信息载体，组织话语是一个心理过程，用话语表达的思想是思维过程的一个结果。因此，语言中的任何单位，包括词汇在内，都含有一定的心理因素，这些因素蕴涵在语言单位的语义层中，构成了该民族语言意识的基础。因此可以说，一方面，集体语言意识构成一个民族文化的基础；另一方面，任何一种语言的深层语义都体现这个民族的集体语言意识。

（4）整个认知过程可以用最朴素的概念“记忆”来表示。汉语中的“记忆”一词指称了两个不同的行为概念，“记”与“忆”实质上是认知过程的两个不同阶段：“记”对应的是信息的输入储存各步骤的处理过程；“忆”则是根据需要从认知框架上提取各种不同范畴的知识，加工处理直到最终输出的全部过程。需要指出的是，无论是记还是忆，进入认知机制运行中的许多阶段和步骤都是无意识的，都是受其内在的规律和机理支配的。认知心理学要研究的主要问题就是进一步揭示这些无意识思维活动的机理，这对提高记忆水平和学习外语尤为重要。

参考文献

[1] Anderson J.R. Methodologies for studying human knowledge // *Behav. and Drain Sci.* 1987, Vol.10. pp.467-505.

[2] Anderson N.H. *A Functional Theory of Cognition*. Mahwah (New Jersey), 1996.

[3] Barsalou L.W. Medin D.L. Concepts: Static definitions or context-dependent representations? // Cahiers de psychologie Cognitive. *European Bull. of Cognitive Psychology* 1986, Vol.6 (2), pp. 261-295.

[4] Bever Th.G., Carrol J.M., Miller L. Introduction // *Talking Minds: The Study of Language in Cognitive Science*. - Cambrigde (Mass.), 1984, pp. 4-17.

[5] Brugman C.M. *The Story of "Over": Polysemy, Semantics, and the Structure of the Lexicon.* New York: Garland, 1988.

[6] Chomsky N. Remarks on nominalization // *Readings in English Transformational Grammar* / Ed, by R. Jacobs and P. Rosenbaum. Blaisdell, 1970.

[7] Chomsky N. *Rules and Representations*. N.Y., 1980.

[8] Chomsky N. Language and problems of knowledge. The Managua lectures. N. Y., 1988.

[9] Dewell R. B. "Over" again: Image-schema Transformation in Semantic Analysis // *Cognitive Linguistics.* V. 5/4 1994. pp. 351-380.

[10] Dittrich O. Die Sprache als psychophysilogische Funktion[M]. Leipzig-Wien. 1925.

[11] Fillmore Ch. (Филлмор Ч.) Фреймы и семантика понимания // Новое в зарубежной лингвистике: когнитивные аспекты языка. Вып. 23, М., Прогресс, 1988, сс. 52-92.

[12] Jackendoff R. Conceptuai semantics and cognitive linguistics // *Cognitive Linguistics* 1996, 7.1, 93-129.

[13] Johnson M. *The Body in the Mind: The Bodily Basis of Meaning, Imagination, and Reason.* Chicago, 1987.

[14] Kreitzer A. Multiple Levels of Schematization: A Study in the Conceptualization of Space // *Cognitive Linguistics*. V. 8/4 1997, pp. 291-325.

[15] Harman G. Cognitive science // *The Making of Cognitive Science: Essays in Honour*

of George Miller // Ed. by W. Hirst. Cambridge (Mass).1988.

[16] Lakoff G. *Metaphors We Live by*. The University of Chicago press, Chicago, 1980, Ch. 1, pp.3-6.

[17] Lakoff G. *Women, Fire and Dangerous Things. What Categories Reveal about the Mind.* Chicago, Press, 1987, 614.

[18] Mervis C., Rosch E. Categorization of natural objects // *Annuai Review of Psychology.* 1981, 32, 89-115.

[19] Miller G.A. Linguists, psychologists, and the cognitive science // *Language*. – 1990, Vol. 66, № 2, pp. 317-322.

[20] Neisser U. *Cognitive psychology.* N.Y., 1967.

[21] Neisser U. *Cognitive and reality.* San Francisco, 1976.

[22] Osgood Ch. E. *Method and Theory in Experimental psychology*. New York： Oxford University Press. 1957.

[23] Rosch E. Human categorization // Warren (ed), *Studies in Cross-cultural Psychology*. N.Y.: Academic press, 1977, vol.1, 1-49.

[24] Wierzbicka A. *The Semantics of Grammar*. Amsterdam: John Benjamins,1988.

[25] Wittgenstein L. *Philosophical investigation*. New York: Macmillan,1953.

[26] Англо-русский словарь по лингвистике и семантике / Под ред. Баранова А. Н., Добровольского Д.О. М., "Помовский и партнеры", 1996, Т.1, с.656.

[27] Апресян Ю.Д. Лексическая семантика. Синонимические средства языка. М., 1995.

[28] Выготский Л.С. Мышление и речь. // Сбор.соч. Т.8, М., 1982.

[29] Выготскийй Л.С. Психология развития человека. М., Смысл, 2004.

[30] Горелов И.Н. Избранные труды по психолингвистике. М., ЛАБИРИНТ, 2003.

[31] Забродин Ю.М., Лебедев А.Н. Психофизиология и психофизика. М., Наука, 1977.

[32] Зинченко Т.П. Память в экспериментальной и когнитивной психологии. СПБ. ПИТЕР, 2002.

[33] Карасик В.И. Языковой круг. Личность, концепты, дискурс. М., ГНОЗИС, 2004.

[34] Караулов Ю.Н.,Активная грамматика и ассоциотивно-вербальная сеть. М., 1999.

[35] Когнитивная психология. Под ред. В.Н.Дружинина, Д.В, Ушакова. М., Per Se, 2002.

[36] Кубрякова Е.С. Эволюция лингвистических идей во второй половине XX века // Язык и наука конца 20 века. М., 1995.

[37] Кубрякова Е.С. Еще раз о значении термина когнитивный // Коммуникативно-смысловые параметры грамматики и текста. М., 2002.

[38] Кубрякова Е.С. Об установках когнитивной науки и актуальных проблемах когнитивной лингвистики // Вопросы когнитивной лингвистики. 2004, № 1, сс.6-17.

[39] Кубрякова Е.С. Язык и знание. М., Языки славянской культуры, 2004.

[40] Лазарев В.В. К теории обыденного / когнитивного познания (От Коперника к Птолемею) // Вестник Пятигорского гос. Пед. Ун-та. Пятигорск, 1999, сс. 25-34.

[41] Леонтьев А.А. Язык, речь, речевая деятельность. М., 1969.

[42] Леонтьев А.А. Психолингвистика. Тенденция развития психологической науки. М., 1989.

[43] Леонтьев А.А. Психолингвистика. Психологический словарь, Изд.2, М.,1996.

[44] Леонтьев А.А. Основы психолингвистики. М., «Смысл» 1997, 2003.

[45] Лукошевич Н.В. О конференции «Когнитивное моделирование в лингвистике» // Вестник Московского университета, Сер. 9. Филология, 2001, № 3.

[46] Лурия А.Р. Язык и сознание. М., 1979.

[47] Маслова В.А. Когнитивная лингвистика. Минск, Тетра Системс, 2004.

[48] Минский М. Л. Фреймы для представления знаний. М., Энергия, 1979, с.151.

[49] Пономарев Я.А. Психология творчества. М., Наука, 1973.

[50] Ришар Ж. Ф Ментальная активность: понимание, рассуждение, нахождение решений. М., ИП РАН, 1998.

[51] Степанов Ю.С. В трехмерном пространстве языка: Семиотические проблемы лингвистики, философии, искусства. М., Наука, 1985.

[52] Тарасов Е.Ф. Актуальные проблемы анализа языкового сознания. // Языковое сознание и образ мира. М., Институт языкознания, 2000.

[53] Фрумкина Р.М. Психолингвистика. М., Academa, 2001.

[54] Хайруллин В.И. Перевод и когнитология. Уфа, Башкирского гос. ун-та, 1997, с.80.

（原载《俄罗斯心理语言学和外语教学》// 教育部人文社会科学重点研究基地重大项目成果丛书，北京大学出版社，2008）

札文·散记

杂文、书评、散记是学术生活的一部分，也是一个人成长历程的记忆片段。选取几篇不同时期发表在不同刊物上的小文，作为自己学习工作经历中某一阶段的符号或标记，或许可以填补学术记忆中的某些空缺和留白，抑或可以作为精神指涉的某种存在。

《当代俄罗斯语言学理论译库》首发寄语

2011年5月11日，在第12届世界俄语大会隆重举办的背景下，《当代俄罗斯语言学理论译库》首发式也在上海隆重举行，大家共同见证了中俄语言学研究和文化交流中的一件盛事！

作为主编，看着凝聚译者三年心血的一本本译著摆在面前，心中自有无限感慨，只想借此机会表达三层意思：

一、《译库》是中俄语言学研究领域的奇葩

我们学习俄语、研究俄语的人都知道，俄语语言学理论研究在世界语言学中一直都占有重要的位置。在俄罗斯语言学界不乏先进的思想，不乏著名的学派，不乏世界级的语言学家。特别是在当代语言学理论研究中更是涌现出许多世界知名的语言学理论和理论家。然而，由于种种原因，我国语言学界对俄罗斯语言学研究的发展和目前的理论水准缺少应有的关注，对俄罗斯语言学取得的成就了解得较少，俄罗斯语言学领域中的许多重要理论和先进思想没有得到应有的引介和传播。

这套《当代俄罗斯语言学理论译库》的翻译和出版发行，或许对改变这种局面会产生一定的促进和帮助作用。《译库》这个项目选择的理论著作很具有前沿性、先进性和代表性。说前沿性，这些著作涉及当代语言学的热点和最前沿问题：语言语义学、语用学、语言哲学、言语行为、认知语言学、世界图景理论、语言整合性描写原则等；说先进性，这些著作是语言学理论家集多年潜心研究成果之大成，代表着俄罗斯语

言学理论研究最高水准；说代表性，这些著作几乎涵盖了当代语言学理论研究的所有领域的全新的研究方法。

Н.Ю.Шведова因其主编《80年语法》早已为中国俄语学者熟知，她创立了语言结构–功能整合描写的纲领，实现了结构语义学的原创性构想；她主编的《俄语语义词典》第一次把俄语标准语所有词汇按语义类别进行分类和描写。这部《俄语新论》可以说是集她一生研究之精华，系统研究了语法理论、语法和词汇的相互作用、作为语言系统核心单位的词、词汇学和词典学的普遍问题，以及语言意义和含义理论、信息类型学等。读者们可以发现，该书始终贯穿着统一的“从形式到意义”的描写方法，这也正是什维多娃语言学思想的精髓和灵魂之所在。

Ю. Д. Апресян作为莫斯科语义学派的奠基人之一，给中国的俄语语义学研究带来的影响是巨大的。《语言整合性描写和体系性词典学》是莫斯科语义学派的主要方法论原则和理论概念，代表了该学派的语言学研究宗旨。运用整合性语言学描写原则，作者研究了词汇的分类体系和运作体系、自然语言最简便和标准的语义元语言描写以及关于词位的分析性注释和语言单位意义在话语中相互作用等问题，通过词典学类型和词典学肖像理论研究，建立了体系性词典学描写的方法论纲领，提出了语言的形式模式和借助句法描写语义的新概念，研究了同义现象与同义词典的词位分析性注释的方法论、语言单位意义在话语中相互作用的规则等问题。

Ю. С. Степанов——俄罗斯科学院院士、语言学家、语言哲学专家、符号学和文化学研究专家。如果从当代科学的角度和从世界科学的范围来看，语言哲学是位于哲学、逻辑学和语言学交界点上的一个相当宽泛且尚未完全确定的研究领域。《当代语言哲学的语言与方法》这部著作充分展现了这位俄罗斯学者深厚的思想和渊博的学识。作者把语言哲学作为整个原创研究的理论核心，在词汇逻辑–语言学意义层面上把符号学和语言哲学联合起来，阐释语言之三维空间，论述了“自然语言的逻辑—哲学认识手段”“系统与文本之间的语篇”和“唯实论与唯名论的相互作用”等问题。

Е.В. Падучева的理论研究原则接近莫斯科语义学派的思想，但在句法和语义研究领域中所表现出的独到见解，代表了俄罗斯语言学研究独树一帜的探索方向。她的2004年的最新力作《词汇语义的动态模式》吸收并整合了概念结构、语义场、推涵、句法分布和语境意义等思想，更新了一系列重要的语义研究理念，抽象并概括出制约俄语多义动词语义衍生的总体原则，对多义动词的语义结构进行了动态的模式化分析，成为当代语义学研究中令人瞩目的新范式。

И.Б.Шатуновский 是中国俄语学者的老朋友，他曾多次到黑龙江大学讲学。《句子的语义和非指称词语》的主要内容是作者参与“自然语言逻辑分析”课题组的研究成果。书中内容涉及语言学中的许多复杂问题，作者从自然语言分析的角度，对一系列逻辑语言概念，对这些关键概念的语义作用域，以及含有这些概念的词汇和句子的语义和语用等问题进行分析研究。这样的研究对逻辑学、心理学、语言哲学都具有重要意义。

А. Д. Шмелев与Т. В. Булыгина合著的《世界的语言概念化》以俄语语法现象为材料，从语言本体与主观因素相互作用的角度来描写世界的俄语语言图景，在此基础上对一系列具有语言学特性的现象进行了研究，用认知语言学的理论解释了这些语言现象对现实世界进行俄语语言概念化的特点，以及它们之间存在的关系。这些研究旨在从不同的角度、用不同的方法解决同一个问题：语言表述的使用在什么情况下、在多大程度上取决于语言所表示的那个语言外现实情况的客观特性。对这些问题的研究和描写在很大程度上就是对深层语言语义学的研究和描写。

Л.П.Крысин的专著《社会语言学与现代俄语》是他40余年潜心进行社会语言学和现代俄语研究的大成之作，也是对莫斯科功能社会语言学派理论及思想的集中展示。书中不仅有系统的理论探讨，还有大量的例证，不仅能帮助读者感受到俄苏语言学重视语言和社会的关系、重视现实语言生活的研究传统，还能让读者对与社会文化有关的俄语现象有更深的认识，了解现代俄语的真实面貌和演变过程。书中涉及的一系列问题对理解和分析我国语言生活中的许多现象也不无益处。

综述这几部著作的主要理论思想，是想强调指出《译库》项目的先进性和代表性，是想表明被选入《译库》的这几位俄罗斯语言学家在各自的研究领域始终处于世界语言学理论研究的先进行列，集中体现出当代俄罗斯语言学研究的真实水准，并引领着各自研究领域的发展方向。阿普列相的整合性描写原则，帕杜切娃进行的"词汇语义动态模式"研究，进而提出的"动态语义学"理论，都震撼和颠覆着传统语义学理念，让人耳目一新。

通过对这套《译库》的翻译，我们更加意识到，俄语语言学理论是当今人文社会科学中极具价值且尚待努力开掘的一方富矿。同时，通过《译库》的出版发行，我们得以向国内语言学界的同行证明，当代俄罗斯语言学界有许多世界著名的理论家，俄语语言学理论研究一直是与世界语言学的发展保持着相同步伐，许多俄罗斯语言学家的思想都具有国际领先水平和前沿性地位。

二、感谢中国俄语界有《译库》翻译团队

翻译是最直接、最能保持理论原貌的一种学术传播，如果关注一下世界各国语言学发展的状况，我们不难发现，每当有重大语言学事件，有新的理论著作产生，西方各国几乎都是同步翻译出版，并跟踪和关注

着进一步的发展。以俄罗斯为例，无论是巴赫金还是洛特曼，他们的著作被译成各种语言和文字，他们有时甚至是在国外被追踪关注成为热点后，再传回到俄罗斯本土。我国的俄语学者对纯语言学理论的翻译开展得并不好，其中的原委除了理论著作有难度外，其他诸多不利因素在这里就不必多说。

《译库》的翻译团队具有无私奉献的品格、坚忍不拔的意志和敢为人先的勇气。

在当前的学术空气和评价体系的大环境下，翻译意味着什么，翻译成果在当前评价体系中的分量和性价比大家都很清楚。但是我们有这样一个团队，敢于去做别人不敢做或不屑去做的事情，他们肯花三年的时间来完成这样一个很多人认为并不“重要”的任务，足以说明他们是甘心为学术的发展而奉献的人。这里除了胆识，还有一份对俄语、对俄罗斯语言学的挚爱，对中国俄语学界的责任和担当——从这点说他们是仁者。

我们知道，在当前做什么事情都讲究速度，在学术界也被急功近利所迷惑的情况下，他们在都要完成各自的教学、科研和各种行政和社会工作的同时，能够历时三年，坚持不懈，其中的毅力起着决定性作用，所以他们都具有坚韧的意志——从这点说他们是志者。

语言学理论翻译的难度是不言而喻的。大家知道，我国俄语界系统翻译俄语语言学的论著不多，除20世纪翻译《80年语法》外，系统的大量的翻译几乎没有。语言学理论的翻译是一件非常艰难的工作，其中不仅要对术语把握准确，更需要深厚和扎实的语言学基础，有时为解释一个概念往往要向前推几十年去查找原始理论的材料——从这点说他们是真正的勇者。

总之，语言学理论著作翻译的难度不是一两句话可以概述的，只有亲历者才能体味其中的酸甜苦辣，才能感悟其中的神圣和责任。作为一个俄语工作者，作为主编，我感到十分欣慰，因为我看到在我们俄语界有这样一批具有这样品格和精神的俄语人，看到了他们辛勤劳作的成果。此刻只有把所有的感慨化作感恩，感谢每一位译者的努力和辛苦。

三、真诚期待批评意见和继续关注

最后一点，我认为也是很重要的一点：《当代俄罗斯语言学理论译库》这一工程涉及语言学的各个领域：句法学、语义学、语用学、词汇学、语言哲学、语言的逻辑分析、逻辑语义、功能语言学、社会语言学、心理语言学等等。进行如此系统的翻译工程对我们来说是一种尝试。语言学理论翻译的难度，不仅仅在于两种语言在表述上的差异、转换上的不对等，更在于对理论本身的解读和诠释。更何况所选理论著作均属相关领域最前沿的研究成果，代表着语言学不同的方向和领域，各自都有独特的研究视角、独特的研究方法和独特的语言表述风格。其中理论之新、术语之新更增加了翻译的难度。因此，译著中难免会有某些失准，譬如，同一术语在不同领域不同层面如何处理，有些概念的理解和翻译处理尚需实践的检验；甚至可能会有理解和翻译的错误。诚挚地期望各位专家学者，对译著提出善意的批评和宝贵的意见。

本次出版的9部译著，是这个项目的第一期工程。工程还在继续：接下来还将翻译出版Н. Д. Арутюнова 和А. В. Бондарко 的两部著作。第二期工程是对这些语言学家的理论作深入地针对性探究的研究专著。我相信，这些译作不仅仅是对我国俄语语言学理论研究的贡献，也是对我国整个语言学研究的贡献。《译库》及其随后的研究必将对我国俄语教学和语言学理论研究产生巨大推动和深刻影响。期望各位同仁继续关注这项工程。

（原载《中国俄语教学》，2011年第3期）

创新、务实、求发展

——写在《中国俄语教学》创刊25周年

伴随着中俄战略合作伙伴关系和两国人民友好关系的不断加强，伴随着中国俄语教学事业的蓬勃发展，中国俄语教学研究会会刊《中国俄语教学》稳步地走过了不平凡的25年历程。

回首《中国俄语教学》25年的历史，就像一部中国俄语教学事业的发展史，每一年每一期的每一篇都记载着中国俄语学人在俄语教学和理论研究中不断攀登的足迹和成长的过程；每一页每一字每一符都凝聚着他们汗水的结晶，闪耀着他们智慧的光芒。正是有了广大中国俄语学者的共同努力和悉心关爱，《中国俄语教学》逐步从幼小走向壮大，从幼稚走向成熟，成为我国俄语界学术探索和理论研究的平台，成为校际教学经验交流和信息沟通的桥梁和纽带，成为中国俄语学界公认的权威性刊物。

翻开《中国俄语教学》，字里行间体现出历代主编和编辑们的辛勤劳动，见证着他们严谨求真、崇德尚文的办刊精神，记录着他们所取得的每一项重大成就。牢记中国俄语前辈创刊时立下的“祖训”——“提高质量、兼顾普及、推广理论、注重教学”，肩负起时代赋予的历史使命和责任，《中国俄语教学》历代主编和编辑们努力劳作，辛勤耕耘，在《中国俄语教学》这片园地上培育着属于中国俄语学界自己的繁枝硕果。经过不懈的努力，《中国俄语教学》2003年获首届《中国学术期刊（光盘版）检索与评价数据规范》执行评选活动的优秀期刊；2004年被确定为《中文核心期刊要目总览》外国语类的核心期刊、《中文社会科学引文索引》核心期刊（CSSCI）。

进入21世纪，全球一体化的发展趋势给我国的外语教学，特别是俄语教学和俄语人才的培养带来了极大的冲击和挑战。作为中国唯一的纯俄语的单语种杂志，受作者群和读者群的限制，杂志在扩大理论成果、拓宽学术视野、提高刊物质量、推广教学改革经验等方面都面临许多亟待解决的问题。面对新形势提出的新要求、新挑战，以刘利民为主编的新一届编辑部及时调整杂志的办刊指导思想和中心任务，提出了**以学术为根本、以质量为生命、以创新为动力、以务实为特色**的办刊宗旨。

以学术为根本：学术性是杂志的灵魂，学术期刊是学术研究成果的载体和孵化器，因此，把握学术方向，紧跟科学研究发展的步伐，是本刊始终不渝的努力方向。为此，我们适时调整了学术栏目的设置，增加了理论研究文献的权重，以求找准发展的方向和定位，努力开拓，创出品牌。

以质量为生命：质量是杂志的生命，是自立于学术之林的保障，狠抓《中国俄语教学》的质量是本届编辑部工作的重中之重。我们从改革编辑流程入手，严格执行匿名审稿制度，保证在学术上以“文”为本，力争避免“人情稿”，同时不错漏任何一篇有创新的好文章；在责编和统编的每一个环节上认真把关，确保文章在形式上规范化，在内容上具有理论性、创新性、科学性和真实性；在学术上抵制腐败，拒绝泡沫，封杀垃圾，把《中国俄语教学》办成高质量高水准的核心刊物。

以创新为动力：敢于创新，勇于挑战，是杂志发展的永动机。在当前教育改革不断深入和发展的形势下，《中国俄语教学》顺应时代发展的潮流，结合俄语教学改革的需求，开设了争鸣栏目，对学科建设、课程设置、测试与考级等具有重要意义的问题开展系列讨论，广开言路，吸引更多的在俄语教学实践第一线的教师参与讨论，提出意见和建议。

此举在俄语界引起了强烈反响，该栏目深受广大读者的喜爱和好评。在学术理论研究中，刊物在不断引介国外语言学研究的前沿理论的同时，注重原创性，鼓励和支持有创新的文章，提高理论深度，拓宽研究领域，保证《中国俄语教学》充满活力和发展的生机。

以务实为特色：务实是《中国俄语教学》的一贯方针，面向全国俄语教师及其他俄语工作者，踏踏实实为他们服务是《中国俄语教学》的优良作风。无论俄语教学事业处于巅峰，还是落入低谷，《中国俄语教学》始终遵循着这一方针，保持这一优良传统。坚持学术面前人人平等，不收版面费，不做商业性广告，确保杂志的纯洁性。

我们编辑部全体同仁深知，有什么样的编辑部就有什么样的杂志，有什么样的编辑就有什么样的文章。我们同样深知，在学术探索的道路上永远不会有最好，只有更好。“更好”是时代发展对我们的要求，也是我们永远追求的目标。

25年光阴，弹指一挥间。站在下一个25年的起跑线上，我们对未来充满了期待和信心，期待得到广大俄语同仁一如既往的支持和关爱，坚信我国的俄语教学事业将不断发展，《中国俄语教学》将为此继续做出不懈的努力。

明天会更好！

（原载《中国俄语教学》，2006年第2期）

解读20世纪俄罗斯语言学

——推荐一本全面了解俄罗斯语言学的好书

站在21世纪的平台上，回溯过去的20世纪，可以说语言学的发展是飞跃式的，是革命性的，因为语言学的变化带动了整个20世纪人文社会科学的变革，影响到哲学、逻辑学和一系列人文社会科学的发展。从语言学史料学的角度看，在20世纪的语言学发展变化中，俄罗斯语言学的贡献和功劳是不可磨灭的。但是，由于某种原因，对俄罗斯语言学遗产的研究并没有引起人们足够的重视，俄语语言学理论也没有对我国语言学研究产生应有的促进。我们欣喜地看到苏州大学赵爱国教授带领着一个团队经过六年的潜心研究，终于把他们在这方面研究的成就——《20世纪俄罗斯语言学遗产：理论、方法及流派》奉献给语言学界的广大读者，为我国俄语学史料研究填补了一项空白。

《20世纪俄罗斯语言学遗产：理论、方法及流派》一书由苏州大学赵爱国主编，由北京大学出版社于2012年5月出版发行。

该书分为十五章，全面系统地介绍了俄罗斯语言学各个分支、各个流派的语言学理论、主要思想和研究成果。该书有介绍，有分析，有概述，宏观和微观相结合，是我们认识俄罗斯语言学的一条捷径，是我们了解20世纪俄罗斯语言学发展的钥匙，是我们学习俄罗斯语言学理论的必读书籍之一。总之，这是一本非常值得读，也是语言学工作者应该读的好书。

认真阅读该书，可以归纳出以下几个特点：

一、理论研究视角新

近年来，有关俄罗斯语言学的研究，包括对语言学史的研究论著也有问世之作。但该书以一个独到的新视角去研究和审视整个20世纪俄罗斯语言学的发展，不是将研究重点放在按年代平铺直叙的梳理上，而是提炼出三条主要线索：理论、方法及流派，深入挖掘俄罗斯语言学在20世纪留给世界的语言学理论遗产，探究斯拉夫主义、唯物主义、结构主义、功能主义在俄罗斯语言学理论中的体现、演变和发展的历程；揭示其深层的内部动因和外部环境，探寻语言学理论发展的规律，展示俄罗斯语言学对整个20世纪世界语言学的贡献。

二、研究时间跨度大

该书的研究对象是20世纪的俄罗斯语言学，但在对语言学思想的溯源、对语言学流派的追踪、对研究方法的挖掘上，作者们常常超出了20世纪的时限范围，把读者带回到19世纪，甚至是18世纪，去追索某一种思想产生的源头，还原该思想形成的真实语言环境和社会哲学环境。这样的研究和描写的最大特点是，没有将自己的目光仅限于20世纪，而是根据需要，寻根索源，直至找到所需的答案。这样的研究和描写，让人读起来觉得“解渴”，因为它可以满足读者的求知欲，帮助读者去探究“为什么”；这样的研究和描写、对理论的解读令人信服，因为它不仅告诉你问题其然，而且告诉你其所以然。当然，这样的研究和描写所付出的工作量是可想而知的。

三、描写层次多、体系性强

该书从理论和方法入手，在整个20世纪的框架内构建了俄罗斯语言学多学科、多流派、多视角、多层面的立体多维研究体系，笔触纵深达100年之久，描写涵盖横向涉猎14个语言学科，交叉研究不同时代不同学派的不同理论思想和成果。值得称道的是该书作者对如此多层次的体系结构掌控自如，内容布局得当合理，条理脉络清楚，使读者可以在多层级多维度的网络体系中快速找到需要的内容。

四、研究方法独特，理论阐述有据

该书把理论、方法及流派这三条线索用作武器，去解构语言学的每一个分支：普通语言学、语言符号学、词汇学、语言学、语义学等等；去解读每一个流派：喀山学派、莫斯科学派、彼得堡学派等；去阐释每一种理论：语言结构理论、语言意义理论、语言功能理论、语言认知理论、语言文化理论、语言应用理论等。同时，该书把共时的对比和历时的追述结合起来，把宏观概述和微观描写结合起来，使每一个学科的描写都言之有物，使理论不再空洞，使语料素材不再无序，进而使整个文本描写深刻而灵动，翔实而鲜活。

五、研究结论客观可信

该书作者通过大量细致的研究和工作，对整个20世纪俄罗斯语言学理论发展的特点、时间发展阶段的划分、流派的形成与发展、语言理论及思想、方法论特点等都给出了宏观的、独到的概述和总结。总体上看，研究和描写符合事物发展的逻辑规律，符合语言学发展的内外条件的要求；对各流派和各发展阶段的划分符合历史事实；对整个俄罗斯语言学发展所做出的结论令人信服。

通读全书，如果说有略感遗憾的话，也许那就是任何一种方法论，任何一种研究视角，它的优势就是劣势；它的长项抑或就是短板。我这里指的是，该书在拥有上述所有优点和长处的同时，会使读者感觉对各个发展阶段的特点总结不够突出，代表性理论描写得不够系统全面。特别是对20世纪俄罗斯语言学起重要作用和产生重大影响的三大学派：喀山学派、莫斯科学派和彼得堡学派的分析和描写，基本是贯穿在全书的描写中，是分述在每一分科的理论阐释中的。这样的结果是，很难使读者对某一学派或某一时期的语言学情况产生更宏观、更鲜明的认识。譬如，持续一个多世纪的莫斯科学派，它的语言学宗旨和方法论传统是什么，这一学派所涉猎的学术领域，与一些分科学派的关系等问题，也许它的外延太大，涉及许多学科，所以读者在读书的过程中很难划出它的整体轮廓和边界。再如，对彼得堡学派的形成年代，创始人及主要学术理论，该学派与喀什学派的渊源，理论的共性和不同之处等似乎也没有集中描写，而是散落于各章节中。

应该说语言学在近100年间的发展变化，每个时期的社会、哲学、文化环境不同，语言学理论发展阶段不同，理论思想也是不同的。因此，对同一学科理论在不同时期的阐释，应突出当时的状况和水平，尤其不能混淆不同学者的理论。譬如在语法学部分中，该书分四个时期对语法学进行描述，但在20世纪后期语法学研究中再次描述沙赫马托夫的理论和科学院1954年语法，不仅对文中交代的时间划分造成混淆，而且影响了对该时期句法理论的重点的突出。

如果说还允许更苛刻的要求的话，该书中对当代语言学范式的界定和划分尚有可商榷之处，譬如语言文化学外延的边界，自然语言的逻辑分析、认知语言学、心理语言学等是否都适宜划入语言文化学的领域中等问题。

读一本好书犹如结识一位良师益友。《20世纪俄罗斯语言学遗产：理论、方法及流派》就是一本难得的好书。

（原载《中国俄语教学》，2013年第1期）

十年一剑　文如其人

——关于《语言经纬》的思考

《语言经纬》（商务印书馆，2003年）是黑龙江大学教授华劭先生的一部力作。全书429页，分为12章，全面阐述了当代普通语言学理论和现代语言学的许多前沿性理论问题，为我国高等院校语言学理论教学提供了难得的教材。这是作者对自己十余年来《普通语言学》教学的直接经验提炼和升华的结晶，也是他将自己博览群书、潜心探索、对语言学理论进行经纬梳理的心得和感悟所作的一次抒怀，可谓十年磨一剑，一书诵真经。《语言经纬》不仅值得一读，而且值得仔细读。

略述该书的以下几个特点：

1. 结构方面：该书取名《语言经纬》，可谓点睛之笔，十分清晰地勾勒出了该书的结构特点：全文以索绪尔的普通语言学理论为主线，详尽地阐述了索氏的语言学思想，对某些重要观点，如语言与言语、聚合关系与组合关系、共时与历时等语言学理论精髓，佐以翔实的俄语实例进行了论证，做了重点评析和解读。与此同时，在这一主线的每一个横断面上，作者都尽量引证和介绍索氏理论以外的各种理论和观点，并给予适度比照。这样一来，在每一个章节中展示给读者的不是某个论题的一个孤立的点，而是一个网状的面；读者就某一问题听到的不只是一家之说，而是多家之言。从而在整体上形成了纵横交错的结构布局，使对语言理论的经纬梳理落到了实处，编织出了现代语言学理论的整体和全貌。难能可贵的是，作者在引述其他各国语言学者的理论和观点时，只做客观求实的对比分析，不妄作对错的评判；对一些有争议的观点，只做适度的存疑发问，绝不随意地褒此贬彼，既避武断之嫌，也给读者留下了独立思考和判断的空间。众所周知，任何一种理论，在未被客观证实之前，究其实质都是一种假设学说，一种解释模式，语言学理论也不例外。因此，语言学理论的本质也都是一种假设。每一个语言学家都可以按照自己对世界的认识，根据自己的假设，为自己的研究对象设计出相应的模式，并用自己占有的语言材料对自己的假设加以论证。显而易见，对于像语言这样一个复杂的研究对象，语言学者由于世界观的不同会有不同的观点，有不同的研究视角和研究方法，因此就会有各种不同的语言学思想，进而产生了不同的语言学理论。这些理论之间不应该有对错之分，只有相对于时间而言的新旧之别和优劣之分。学术探讨中的正常争鸣和群言堂是促进学术研究与发展的重要途径，这是《语言经纬》给我们的宝贵启示之一。

2. 内容方面：真正有价值的学术论著，不会停留在对他人思想观点的评介上，作者是否有自己独到的见解和观点，这些见解是否理据充足，能否自圆其说，学问的真假与高下，由此可见一斑。《语言经纬》中作者对语言学中的许多观点和概念都直述不讳地说出自己的见解，这些见解十分明确地解答了许多读者常常感到模糊不清、难以判定或容易忽略的一些问题。

聚合关系、组合关系是索绪尔语言学思想中影响最深远的内容之一。在索绪尔之后，聚合体这一概念首先用于语言学中的形态学研究，随后开始在句法、词汇和构词等语言层次上使用。莫斯科语言学派的第三代继承人К.В.Горшкова第一个把这一概念用于俄语音位学的研究。在现代语言学研究中我们也时常会遇到语言单位的聚合与组合的问题。华劭先生在全面描述了聚合关系和组合关系的特点及其相互关系等问题之外，重点论述了这两种关系在语言学内外的各种其他应用。譬如，语言学内部：（1）用于确立义子；（2）用于多义词诸义项的划分；（3）用于修辞学中隐喻性和换喻性的分辨；（4）用于篇章学的研究。这里需要着重强调的是，一般认为，篇章是言语活动的产品，不属于语言系统。与众不同的是，作者把聚合与组合的关系概念与俄罗斯学者И.Р.Гальперин关于篇章的内部联系的手段——接应与整合概念联系起来，提出了独到的见解。他认为："接应通过种种手段，从横向组合角度把逻辑上相关的、以线性方式呈现的各个语句、超句、段落甚至章节衔接串联起来，从而体现篇章有内在联系这一特点；而聚合则是一个过程，从纵向聚合角度，把有接应、联想、预设诸种关系的部分，从心理上、观念上、形象上结合为一个整体，从而达到形成篇章主题完整这一目的。"（见该书118页）作者妙用大家都熟知的概念，把复杂的篇章内部联系准确恰当地描述出来，敏思巧用与真知灼见尽在这寥寥数语之中。

作者关于篇章与话语的独到论述，是该书的又一处亮点。众所周知，自从лингвистика текста作为语言学的一个分支出现以来，特别是在它发展的早期，20世纪60年代，甚至直到70年代末期，国内外语言学界对这一语言学科的界定一直比较模糊，甚至术语也未能统一，究竟应称作篇章语言学，还是话语语言学？众说纷纭，莫衷一是。特别是随后дискурс一词在篇章语言学研究中的大量使用，更混淆了话语与篇章的概念界限。作者在例证了许多语言学家对话语和篇章的定义之后，认真分析了篇章的两大特点——关联性和完整性，区分了它们在篇章中和在话语中的不同表现形式和功能，认为：（1）篇章的完整性与说话的意图有关，当说话人认为其意图已经实现时，连贯话语才获得这一特性；（2）只有在实现了说话意图的连贯话语作为一个统一体时才具有完整性，连贯话语的组成部分不具有这一特点；（3）完整性并不完全等于完结性，所谓的完结性通常指对一个事实、人物、情景描写充分，叙述完结。由此可见，连贯的话语并不能等同于篇章。“篇章（текст）是言语创造过程的产品。它具有完整性，体现为文字材料，并根据材料类型进行相应的加工。言语产品（篇章）具有明确的意向和语用目的，包括名称（题目）及一系列独立单位（超句统一体），并通过词汇、语法、逻辑、修辞等联系手段，把它们结合为一个整体。”（见该书267页）至此，关于лингвистика текста 这一学科及该术语的称名应该有了定论。

毫无疑问，作者的独到观点的形成及精辟阐述是建立在对所述问题的深刻理解和准确把握基础之上的。然而，敢于对学术界某些有争议的或界定欠妥的重要概念提出疑问，甚至对某些似乎已有定论的观点和概念，直言不讳地亮出自己独立的观点和看法，那是需要一定的勇气的，确切地说，是需要相当的“骨气”的。看来，一个学者要学富五车可能不难，但要做到不人云亦云，不装腔作势，永远大写自己的“人”字，像В.Виноградов 那样不屑做“褡裢”学者，实在是不易。不想讳言，认真品读《语言经纬》，华劭先生教给我们的不仅仅是语言学知识和理论，还有启示我们应该如何做一个堂堂正正的身为人师的学者，这一点在当今尤其重要。

3. 写作风格方面：通读全书，不难看出，作者始终是在用自己的语言著书立说，这一点非大家而难为之。这要求作者必须具备以下两点：（1）必须吃透所述理论的精髓，做到融会贯通，才能驾轻就熟，把深奥的理论问题用简洁易懂的语言准确无误地直述出来；（2）具有深厚的语言文字功底和驾驭语言的不凡能力。几十万字的论著，洋洋洒洒，不仅在宏观理论上能够整体把握，梳理出各种思想、观点的脉络走势，并用大量的俄语和汉语的语言材料来分析论证这些理论，且能做到深入浅出，表述准确、贴切，文字言简意赅，语言地道扎实，叙述繁简得当，通篇没有冗长生涩的语句。这充分体现了作者严谨的治学态度和求实、求真的学术作风，为年轻一代的语言学者做出了榜样。联想当前的学术界，其风气实在有令人担忧之处。一些人把市场经济中的某些违规运作模式和手段“引进”了学术领域，著书作文，以“快”，以“多”论英雄。于是，为了急功近利，不惜堆砌术语，或抄袭照搬，或以译代述。其结果不言而喻：常常是术语泛滥，文字生涩难懂，长句、从句连篇。其实，这种做法既误人，也误己。与《语言经纬》的作者一丝不苟、十年磨一剑的精神相比，那些只求“快”“多”，不顾质量，并引以为荣的作者实在应该汗颜。这是所有学人都需要严肃思考和认真对待的一个现实问题。读《语言经纬》，能学到作者严谨踏实的治学态度和求实、求真的学术作风，也应算作一大收获。这是《语言经纬》给我们的又一启示。

毋庸讳言，《语言经纬》还略有不尽如人意的地方，譬如，全书中对语言各层次上语言单位的意义层面的阐述显得有些不足，虽然在不同的章节中都有涉及，但所着笔墨不多。特别是有关语义学的问题，该学科已在整个语言学中占有十分重要地位，但书中没有设专门的章节给予论述，显然是一个缺憾。

（原载《外语学刊》，2005年第4期）

莫斯科大学之于我的研究生教育

一、莫大情结

时光回到1987年，当时在国内某研究所从事俄语翻译工作的我陪团出访波兰，回程路经莫斯科，住在中国驻俄罗斯大使馆。从使馆的窗子望出去，可以遥见一座非常宏伟的建筑，使馆工作人员告诉我，那就是著名的莫斯科大学主楼。利用转机的空暇我和同伴们走进了世界著名的莫斯科大学主楼。当时的具体情景已经有些淡忘了，只记得我们围着那座宏大的建筑转了一圈，始终也没能弄清楚哪里是正门，感觉四面都一样的宏伟庄重。记忆清晰的是站在观景台上回望莫大主楼时的心境：能在这里学习的该是什么样的学生，他们该有多么优秀的才能……那时的我做梦也没有想到，几年后我将成为他们中的一员，将有幸在这里学习和生活。

1991年，我被选公派留学苏联，这次机会又唤起了我对莫斯科大学的向往，真想成为一名莫大留学生，在那座宏伟的建筑中学习。1991年9月，我接到的派遣通知却是去沃洛涅日大学语文系，对莫大的向往只能是一个梦想了。10月中旬到达莫斯科，趁着在使馆教育处办手续时的间隙，我又一次走进莫斯科大学，再次围着主楼转了一圈，带着些许的遗憾和无奈。

也许是我对莫大的向往和诚心感动了上苍，也许冥冥之中我和莫大有着不解的缘分，我进入莫大学习的机缘降临得竟是如此突兀和神速：进入1991年的最后一个月时，我已经逐渐熟悉了在沃洛涅日大学的学习和生活环境。12月25日，晚饭后我从电视新闻中看到，当时的苏联总统戈尔巴乔夫宣布解散苏共中央，解散苏维埃联盟。同学们都被这一突如其来的巨变惊呆，担心局势继续动荡我们是否还能够继续学业。正当大家忐忑不安、不知所措的时候，我们接到中国使馆教育处的通知：鉴于苏联形势的变化，建议外地留学生转学，集中到莫斯科和列宁格勒的学校（学校可以自行选择，使馆协助办理）。使馆的通知和建议给了我们这些在外地的留学生一颗定心丸。得知这一消息时，我的心中顿时生出几分庆幸：终于有机会选择到莫大去学习了。就这样，经历了复杂的转学手续，我于1992年元月正式转入莫斯科大学语文系，终于成为向往已久的莫斯科大学的一名留学生。

莫大的准确全称是“以罗蒙诺索夫命名的国立莫斯科大学”。住进位于列宁山（现在又改回旧称麻雀山）的莫斯科大学主楼的Г区（语文系学生的宿舍区），我终于得以自由行走在这座宏大的建筑内部，探知它迷宫般的建构布局，了解它的历史和文化底蕴；得以走进当年毛泽东主席发表讲演的礼堂，遥想和感受当年的前辈留学生们在此学习和生活的真实境况。

这座建筑的主塔为教学楼A区，有东西两个朝向都称作A区的正门入口。朝向西的A区大门通向罗蒙诺索夫广场，在那里屹立着罗蒙诺索夫的高大雕像——他是俄罗斯科学的先驱，对我们学习语言的人来说，跟随他可以走近18世纪俄罗斯语言科学形成和发展的源头。朝向东的正门外是一个宽大的广场，一直延展到麻雀山的观景台。主楼建筑的B 区一侧的大门朝北，对着中国驻俄罗斯使馆的方向，就是我当年曾经从使馆看出去的角度；与B区背向相对的另一侧就是Б区，从Б区的大门出来，看到一座灰色的现代建筑就是文科一楼，语文系就坐落在这座大楼里。

二、莫大语文系

莫大语文系是一个历史悠久的大系，是莫斯科语言学派的发源地，是许多著名语言学家的摇篮。从福尔图诺多夫、沙赫马托夫、乌沙科夫，到维诺格拉多夫、什维多娃，再到阿普列相，很多著名的语言学家都在这里学习和工作过。因此，莫大语文系被认为是俄罗斯语言文学的殿堂，是俄罗斯民族语言研究的最高学府。

莫大语文系下设“现代俄语教研室”“普通语言学教研室”“历史语言学教研室”“外语教研室”“作为外语的俄语教研室”“当代文学教研室”“19世纪文学教研室”“20世纪文学教研室”“现代技术与信息中心”等，此外，语文系还设有对外关系与联络部（这是我在校时期的情况，目前是否有变化，没有考证）。我在校学习期间，每个教研室都有非常著名的学者在那里工作。

我学习和研究的专业隶属现代俄语教研室，这是语文系的传统教研室。走进教研室赫然映入眼帘的是墙上悬挂的在该教研室从教的历代著名学者的大幅照片，足以感受到莫大学人对知识、对学者前辈的尊敬和崇尚。当时的教研室主任是由系主任М.Л.Ремнева 兼任。此外，教研室还配有一名专职的学术秘书，一般由准备留校工作的研究生或已留下工作的年轻教师担任，任期三年。在教研室中，这位学术秘书可以说是全权总管，除个别的事务一定需要教研室主任或系主任确定签字外，她有权处理教研室的所有日常事务：从学术活动的安排、研究生课程的调配，到学生与导师的第一次见面，如果需要她都可以帮助协调。此外，所有外国留学生的各种档案报表都由她负责管理，甚至学习和生活中遇到的困难和麻烦都可以找她讨教和求助。

三、关于研究生规章与学习管理制度

在语文系，攻读副博士的外国研究生实行4年学制，其中第一年为语言预科。不同教研室对语言预科的要求不同，这取决于资格考试的要求，有的教研室资格考试的主要科目是哲学、英语和专业；在现代俄语教研室主考科目中没有英语，而是把俄语作为外语，要求重新学习并通过考试，理由简单而充分：现代俄语教研室是俄罗斯的顶尖俄语教研机构，没有足够好的俄语，不可能进行现代俄语理论学习和研究。

在语文系，在各教研室学习的研究生都必须纳入教研室的编制程式，要参加教研室的一切活动，包括审查某位教师的专著出版资格，听取某位老师的调研报告，讨论教研室近期的学术活动，参加研究生预答辩等。总之，教研室的所有学术活动都必须参加。对外国留学生每一次活动的参与情况，学术秘书都会有详细记录，这些信息都会记载到你的学术手册上。

学术手册是在报到时发给每一位留学生的，它将一直陪伴四年的学习过程，记载每一次活动的表现、各科考试的成绩。每个学期末教研室开一次全体会议，每一位在读研究生要对一个学期的学习工作做一个总结汇报，包括选修了哪些课程、哪门课程通过了考试、成绩如何、论文选题是否确定、做了哪些工作、进展如何、有什么困难等。教研室全体成员要对学生们的汇报做出一个评价，给出一个成绩（通常是优、良、中）。到申请预答辩时，这本手册将是教研室考核你是否可以进行预答辩的主要依据。学术手册只有报到时需要本人填写个人信息，平时由学术秘书统一掌管；在确定论文题目后，需要取回和导师一起填写论文撰写计划，包括题目、预计的研究思路和方法、大致的章节、进度和安排，填写后交还给学术秘书。每个学期的汇报和评价都以该计划为依据，由学术秘书负责填写登记，但学生本人每学期末都要过目并签字。

四、我的莫大学习经历

1. 入学现代俄语教研室

（1）报到程序。来到语文系，第一站是到对外关系与联络部（我们简称外办）报到。在这里新生递交各种批件、手续，填写各种表格之后，外办的负责老师会根据每个人的专业，分别联系各个教研室的学术秘书，询问导师的情况、专业和工作饱和度。通常，外办主任和教研室秘书两个人基本上就把学生的方向和导师给确定了，我的亲身经历正是如此。其实，刚住进莫大，我们这些新生就会向在校老生打听专业和导师的各种信息。我当时暗自期望能做А.В.Белошапкова学生，希望她做我的导师。当外办主任确定我被分派到现代俄语教研室时，我立刻说出了自己的想法，可外办主任却非常果断和确切地告诉我，Белошапкова教授的研究生，一年级的几个，二年级的几个，三年级的几个，目前工作量已满负荷，不能再接受新的研究生。同时她给出了新的导师人选，并详细介绍其年龄、专业、特长等。尽管我很快便确定了导师，但当时我还是有些怀疑，她不会是忽悠我吧，一个外办主任，怎么对各教研室的情况如此了如指掌？随着时间的推移，随着对莫大语文系的深入了解，我才知道，外办主任几乎一生都在这个岗位上工作，除了长时间积累的良好人际关系和工作经验外，更主要的是她对自己工作的敬业，工作岗位要求的任务，她会一丝不苟地完成。其实，在莫大语文系如此这般工作的不仅仅是这一个岗位、一个人，可以说，从语文系主任到各教研室的每一位教师都是如此。

抱着外办签发的派遣通知、各种文件和厚厚的表格（当时我并不知道这叫作学术手册），我找到了现代俄语教研室。在这里学术秘书告诉我要做三件事：①填写学术手册上的所有个人信息；②记下导师每周的上课时间和联系电话，并建议第一次见导师最好在教研室，在导师上课之前；③给我一张纸条，上面写着本届研究生班开会的日期和地址（每个学期开学都会有新研究生入学，新入学的研究生要开一次见面会）。就这样，办完了所有的入学注册登记手续，我开始了在莫大的副博士研究生学习生活。

（2）研究生的见面会。现代俄语教研室的研究生工作由Белошапкова教授负责，因此，研究生的见面会由她主持。这是我第二次见到她（第一次见她的情况下面再说）。原以为见面会就是几个外国留学生和任课老师相互认识一下，没想到一进教室着实吃了一惊，屋里大约已有二三十人，其中一多半是俄罗斯的学生。会议的内容也远没我想象得那么简单。现在回想起来大致是，除了相互自我介绍，Белошапкова宣布了在该教研室学习的要求、必须学习的课程、考试的规则，讲解了写论文的程序、要求和方法等。会上我们才知道，外国学生要与俄罗斯学生一起上课，一样的进度，一样的要求。一个多小时的会开下来，感觉就是严格、沉重，难怪外办主任听说我被派去现代俄语教研室时说，“这个教研室太可怕了”。她当时说这句话的时候，我完全不知她指的是什么，现在似乎感觉到“可怕”了。

会后，每个人心中都感觉沉甸甸的。于是，我们外国留学生聚在一起（当时有中国、伊朗、德国、印度、肯尼亚、喀麦隆、韩国的留学生），议论我们能否单独开班，不与俄罗斯的学生在一起上课，这样进度就会慢些，要求也会低些，而且在其他教研室也确实有这样分班的。讨论的结果是，“我们应该去争取”。于是我们写了一个书面申请，并选派两个同学作为代表到教研室去协商。两天以后，我们接到学术秘书的通知：所有外国学生到教研室开会，Белошапкова要与大家讨论学习的问题。接到通知大家一阵窃喜，觉得我们的“正当”要求得到了满足，以为教研室答应了我们的要求，会给我们小班上课。当大家满心欢喜地来到教研室，却迎来扑面一盆冷水：Белошапкова告诉我们，大家的要求她看到了，但是她不能也不准备满足我们的要求。她给我们讲了很多学习的事，详细的现在已记不太清了，但让我刻骨铭心至今不忘的是下面这段话："进入莫大语文系现代俄语教研室学习的副博士研究生，都是俄语研究的专家，既然都是专家，就应该具有一样的水平、一样的接受能力和一样的研究能力。我不会因为你们是外国学生，就会降低这个标准，我对进入教研室的所有学生一视同仁。如果谁认为自己达不到这个水平，可以提出申请调换教研室，但在我们教研室只能这样。"在此之前，留学生中就流传着一种传闻，说Белошапкова是一个非常严厉、非常有原则的老太太，不仅留学生怕她，就是本国学生也很怕她，因为她批评人从来不留情面，不分场合。见面会的情景给所有的外国留学生来了一个"下马威"，再次印证了这些"传言"，尤其是她那铿锵有力的话给我留下了非常深刻的印象，时至今日我依然清晰记得。第一次见面会不仅使我们领教了Белошапкова的原则和严厉，更证实了"现代俄语教研室太可怕了"的说辞。然而，我们都是成年人，有谁会主动提出说"我不具备这个能力，要求调换教研室"，唯一的出路就是硬着头皮去学了。对待这一问题每个人都有自己的观点和应对方式。我的观点是，既然你选择了这个专业，就不要旷废这个机会，不要浪费有限的时间；既然你来到了这个教研室，就不能愧对这个顶级俄语殿堂的名头，利用这个难得的机会好好地学点真本事。因为我心里十分清醒地意识到："以国内学习到的那点俄语语言学理论和知识，进入这个教研室就好像是在沙滩上建大厦，没有坚实的基础这个大厦是不会牢固的。"

2. 学习规章与资格考试制度

现代俄语教研室的"可怕"之处除了严格之外，还有一大套的课程安排：哲学课不学马列主义哲学，而是改学哲学史，这意味着仅哲学这一门课就需要阅读从古希腊到20世纪哲学的大量文献，熟悉不同时期不同流派、代表人物及其思想；РКИ（作为外语的俄语，即预科俄语）要上语音、词汇、语法、文学阅读等课程；俄语专业课要开音位学、构词学、词汇学、词法学、句法学、历史语法学等课程，所有这些课程全部要通过考试，而且全部是口试……天啊，太可怕了。就这样，我开始了在莫大语文系现代俄语教研室的学习生活，认真地、一丝不苟地、一课不落地刻苦学习。第一年，我以优异成绩通过了РКИ的所有规定课程考试。

资格考试通常设在第二学年（第三学期或第四学期），学生可根据自己的情况自行选择。一般会给两次机会，第一次没有通过，还可以再考一次。资格考试包括两部分内容：一是上述科目的考试，所有考试一律是口试，抽签选题，通常每一组的考试委员会由三个老师组成，三个老师分别打分，平均分数就是你的成绩；第二部分是一份不少于50页的综述报告，研究题目一般与论文选题有关。综述报告应在考试日期前10–15天提交教研室，由学术秘书分发给教研室的老师和考试委员会的老师，他们会在考试时就你提交的综述报告进行相关的提问。通过这两部分的考试，可以全面考察一个学生的语言能力、知识水平、理论储备、科研能力等。因此，资格考试对现代俄语教研室的研究生来说是非常重要也是非常难通过的一关，任何人都不敢掉以轻心，都必须认真准备。

在我们同期的同学之中，有的人准备在第三学期就进行专业课的资格考试，他们的理论是只要及格，不影响写论文和答辩就行。而我是把专业课的资格考试放在了第四学期，为此有同学还曾说我“太在意资格考试成绩”。其实，我是太在意这难得的学习机会，太喜欢上各位专家学者的课，太陶醉于坐在课堂上聆听俄语大师们妙语连珠、趣味横生的讲述，太想多了解语言学方方面面的奥秘和美妙的解码过程……当然，在这个过程中你的语言学知识也就会悄然增长。

3. 论文与答辩

（1）论文的撰写

写论文是攻读副博士学位的重头戏，因此，尽早确定论文的选题方向很重要。我是在与导师第二次见面时就把论文题目确定了，这样在准备资格考试的同时，就已经开始了论文的准备工作。论文的前期工作可以分为两部分：一是检索、查找相关理论资料，阅读和研究查找到的资料。这些工作基本都是在各大图书馆进行，那时复印还很贵，复印资料对我们学生来说是很奢侈的一件事，除非特别重要的必须要复印，大部分的资料是在图书馆读的，读到重要的理论、概念和定义就手抄在笔记本上。二是收集例句，每一个例句抄在一张卡片上，除了主题词和句子，还要抄上作者、书名、页码等信息，以便写论文时引用。为了准备论文我共收集了三千四百多条例句，全部是手抄在卡片上的。这些工作都是与前两年的学习同时进行的，资格考试通过后就可以开始论文的研究和撰写了。那时计算机尚不普及，我的论文的前半部分是用打字机打的，后半部分才是借用朋友公司的计算机打的。

写论文最受煎熬的过程是把写好的部分送给导师以后的那几天。刚交出时会有一丝的轻松，但这种轻松不会超过一天，轻松就变成了焦虑，随着时间的推移，这种焦虑会越来越加重，越来越忐忑，怕的就是导师不满意，怕导师推翻你的思路和结构，直到接到导师的电话为止，每一次都是如此。

（2）关于预答辩

在现代俄语教研室，最令学生们生畏的就是预答辩了。同学们之间一直流传一种说法，认为预答辩比正式答辩还难。预答辩到底难在哪里呢？那就是教研室的学术传统与治学精神：从这个教研室走向答辩台的研究生代表着该教研室的水平，必须把住预答辩这一关。通常预答辩有三个关键的步骤：

第一步，预答辩之前需要把论文提交给教研室指定的一位教授和两位副教授审阅，而且，教授有一票否决权，也就是说只有教授评阅人认可了你的论文，你才有进行预答辩的可能。按照教研室的要求，应该提前10天至15天把论文送到教授评阅人手中，在预答辩前三天取回，并打印成稿后交给教研室学术秘书。由学术秘书核对打印稿与手稿是否相符，然后送交教授评阅人当面签字，并由学术秘书确认，证实评阅人的签字真实有效，签上名字并加盖公章（为写这篇文章，我翻阅了预答辩和答辩过程中留下来的所有文件复印件，当看到在我的评阅教授Прохорова的签名下方有这样一行字：Подпись В.Н. Прохорова удостоверяю.和学术秘书的签名及公章时，心中顿时生出无限的感叹、感慨和感动：感叹他们对学术一丝不苟的认真，感慨他们执行规则的严肃，感动他们对规章制度的敬畏）。

第二步，按规定教研室所有老师和研究生必须出席预答辩会议。所有老师都会认真阅读答辩人的论文提要，并从不同的角度，尤其是从专业的高度提出问题，并对提出来的所有问题都逐一讨论，有时甚至会为某一个问题的提法和答案争论不休，以便最后确定与论文相关而论文中阐述不够的问题，要求学位攻读者做认真修改。对于我们外国学生而言，预答辩的可怕之处还在于，在这个会上，教研室的全体老师，认识的和不认识的、上过课的或是没上过课的，都会从自己的视角提出问题，而且那语速之快、那术语之多，无论如何也是记录不下来的，更何况在那种高度紧张之下。庆幸的是我们教研室有严谨治学的精神和宽厚的人文态度：总结归纳问题时，各位老师又会很友善地放慢语速，有时会再重复一次，以便学生能准确地记录下问题和要求；好在我们教研室还有一个优良传统：学术秘书会认真记录会议的每一个细节和提出的问题及要求，如果你有当时没听懂、没记下来的问题，会后可以去找学术秘书，她会提供尽可能的帮助。

第三步，预答辩通过后，教研室形成一份备忘录，根据这份备忘录向系里学术委员会提交一份申请。譬如关于我预答辩的那份申请的主要内容是这样的："教研室通过了杜桂枝的论文'现代俄语旋转运动动词语义研究'的预答辩，语言学博士В.Н. Прохорова教授对论文给予肯定性评价；教研室听取了关于允许该论文交存的推荐；教研室提请语文系学术委员会推荐该论文交存。"通常语文系学术委员会要召开会议通过这份申请函，并开具一份证明，允许该论文交存。走完这三步，有了这份证明文件，标志着可以进入正式答辩程序。

通常教研室会根据预答辩时提出问题的多少和难易程度确定最后的正式答辩时间，一般会给三到六个月不等的修改和准备时间。

（3）答辩前的必须流程

最令人难忘和最严格而繁琐的还数答辩前的各种手续和流程。

关于交存。通常，这个程序是在确定了答辩日期且论文修改完成后正式启动。按照莫斯科大学的传统规定（也是俄罗斯教育部的传统规定），每一篇准备答辩的论文必须提交给全苏图书馆储存库、全苏科学研究信息中心、莫大图书馆、语文系图书馆各一份，并要从每一处取回验收回执，交回系学术委员会，才有资格进行答辩。对于这样一个环节，也许我们认为无关紧要，但实际上它却是环环相扣，具有许多关键的标志性符号：没有通过预答辩，研究室不能推荐给系里学术委员会；学术委员会会议上不通过，不会提供允许送交论文的证明；各个接收部门对论文的装订、格式、目录、参考文献的标准进行认真的验收，才会出具回执；也就是说，拿到这份回执，说明你的论文已经通过了一部分的形式检验。

关于专业答辩委员会。在俄罗斯语言文学学科中划分了不同的专业，每一个专业都有自己的专业代码和专门的答辩委员会。我所学专业代码是10.02.01，答辩委员会的代码是Д. 053.05.37，答辩委员会由23名该专业顶级专家组成。按照规定，答辩日期前20天必须将论文提要交送给不少于75%的委员会成员（考虑到有人出差或生病），也就是不能少于17人，在收到论文提要的这些委员中，出席答辩的人数不能少于75%，也就是不能少于13个委员出席，答辩才能正常举行。如果参加答辩的委员不能在指定日期达到额定人数，需要重新协调答辩日期。

关于评阅人和评阅单位。按照俄罗斯高校的传统要求，正式答辩时要有两个评阅人，一个是校内的，一个是校外的，但必须是本论文专业方向的绝对权威。此外，还有一个单位评阅（集体评阅人），评阅人是由导师提名，在教研室预答辩会议上讨论确定。我的校外评阅人是俄罗斯当时仅有的几个研究旋转运动动词的词汇语义学专家之一、乌法大学的В.Л. Ибрагимова教授，校内的是莫斯科大学语文系词汇语义及信息化中心的А.А. Поликарпов教授，集体评阅人是莫斯科师范大学。按规定答辩人必须提前一个月将论文邮寄给评阅人和评阅单位。通常，单位评阅人可以派人参加正式答辩，也可以直接将评审意见寄回来。无论何种方式，评阅意见书必须加盖单位的校级公章。这一票非常重要，因为单位的评审意见具有一票否决权，决定你是否有资格答辩。

关于论文提要。寄出论文后，下一个任务就是写论文提要了。按照规定，答辩委员会的委员是不阅读论文全文的，他们只阅读论文提要，这就要求论文提要的内容要足够丰富、足够准确、清晰，以便能够反映出论文的全貌和水平。这是脸面中的脸面，因为除了评阅人外，参加答辩的所有专家只阅读论文提要，并拿它说事。因此，在论文定稿后，要和导师多次切磋，精心打磨，才能给论文提要定稿。莫大语文系现代俄语教研室对论文提要的具体要求规定：32开，不少于25页，装订成册，有固定封面格式、扉页的内容和印刷格式信息。几经修改的论文提要定稿后，由莫大印厂印刷，再拿去给答辩委员会秘书长手写逐一填上答辩日期并签上名字后，才能按照答辩委员会提供的名单，开始打电话联系专家，并在莫斯科市东南西北地穿梭，把论文提要送到每位专家手中。

（4）正式答辩

正式答辩前还有两项工作：一是写答辩的报告提纲；二是联系评阅人，征询他们的意见，准备回答问题的方案。总之，要一直忙到答辩那天。

答辩的流程是相对固定的：首先宣读单位评阅书，这份评阅书决定你是否有资格答辩；然后依次是答辩人报告，校外评阅人宣读评阅意见、校内评阅人宣读评阅意见，最后是答辩委员会提问。由于一直在准备论文提要、发言提纲、反馈问题的回答方案，自己感觉对自己论文的内容和其中的理论要点早已熟烂于心，到了回答问题的时候，心中会平静许多，答辩过程进行得也很顺利。

当翻阅我的答辩资料时，我仿佛重新经历了一次答辩的整个过程：在我预答辩通过后，教研室依据1995年12月13日的第七号备忘录向语文系学术委员会提交了推荐申请，学术委员会依据1995年12月25日召开会议的备忘录开具了我的论文交存证明。我的答辩期定在1996年4–5月，但因故提前到了3月7日。我的答辩主席是莫大语文系非常著名的语言学家、历史语法学专家К.В. Горшкова教授。

由于时间的流逝，答辩的具体细节已渐渐淡忘掉了，只记得站在那个讲台前，眼望阶梯教室中端坐着教研室的老师、系学术委员会的专家、专业答辩委员会17名委员，还有前来旁听的同学、朋友、系里的研究生，还是会有些许的紧张，倍感学术气氛的庄严和肃穆。还记得当Горшкова教授在宣布答辩会顺利结束后，一边收拾桌子上的各种文件，一边说“хорошо, очень хорошо!”时，我才长长地出了一口气，紧张的心才放松了下来，才可以说：“我顺利完成了答辩。”那一时刻的情景一直深深地印在我的脑海里。

我对莫大四年学习的感受是，尽管有非常严格的规范，尽管学习非常累也非常紧张，但只要你不懈怠，只要你肯努力，认真上好每一堂课，认真完成每一科的作业，认真参加每一次学术活动，按照要求和规范完成自己的任务，就一定会顺利完成学业，并在这个过程中一定会学到更多的知识和本领。在语文系，在现代俄语教研室，我收获了很多，不仅是学术上的收获，还有很多可以享用一生的精神财富。

五、那些难忘的人和事

1. 我的导师 Нефедова

我的导师Елена Алексеевна Нефедова是一位词汇语义学家、方言学专家。初次见面，她给我的印象是一个安安静静的学者，她的个子不高，衣着整洁得体，一头俄罗斯人特有的浅褐色短发永远是梳理得一丝不乱。

我的导师不严厉，但我却有几分怕她，因为她永远是话不多，但却会让你感到每一句话的分量，句句落地有声，有醍醐灌顶之力。导师不仅指导着我的学业，也影响着我的人生观和价值取向，可以说，我的学术生涯中一直有我导师的影子。

关于学习规律。清晰记得第一次见面时，她给我讲了学习的方式、规则和原则，之后她对我讲，“从人类社会发展的规律来看，学生应该是超过老师的，这是历史发展的动力。否则的话，人类的知识不是递增，而是递减。试想一下，假如一个老师有100%的知识，当他要传授给学生时，可以表达出来的也许只有十之八九，而对于这十之八九，学生由于其本身的知识水平和理解能力的限制，接受的也许只有七八成，这时，知识已经损失30%了；当这位学生再把自己掌握的知识依此方式传递给自己的学生时，又递减30%，以此类推，三四代之后人类就没有知识可传授了。但事实并非如此，因为学生学习的东西不可能也不应该仅仅来自老师，老师之所以被称作导师，最重要的就在于引导，而更多的是学生自己的研究、创新，是对现有理论的补充、发展。因此，千百年来，人类社会和科学才会不断进步，不断发展”。听了她的这段话，我忽然间就明白了，我这几年的学习生活应该怎样安排，怎样度过。

关于学习方法。研究生学习期间非常重要的一个环节就是资格考试，其中一个重要组成部分是一份不少于50页的综述论文。这份论文不仅考查学生的写作水平，而且检验学生阅读和理解文献的能力、综合研究和把握理论的功力。对此，我导师给我的建议是，选题应紧紧围绕博士论文，即把综述作为副博士论文的绪论来写，这样的好处是，（1）你在准备综述论文时，阅读的大量资料对副博士论文的准备是一个铺垫和帮助；（2）形成的综述可以作为论文的一部分，避免重复和不必要的劳动。按照导师的建议，我在上课的同时查阅了大量与论文选题相关的资料，并按论文绪论的思路，由远至近，由大到小，细致而翔实地概括综述了俄语词汇语义学发展的历史和现状，勾画出该学科发展的脉络和重要阶段。该综述论文是我按照导师指导的套路，在语义学方向的初试牛刀，论文得到广泛的好评，以至于有一位著名教授甚至不相信这是我一个外国留学生写的（关于这一话题后面再说）。就这样，我不仅很好地完成了资格考试的重要部分，而且副博士论文的四分之一已经成形了，我深感导师的正确指导确实有四两拨千斤的功效。

关于名利。莫大语文系现代俄语教研室，因为有严格的名额限制，除了系主任兼教研室主任的М.Л.Ремнева教授外，只有两名教授：В.А.Белошапкова和В.Н. Прохорова，两人均年事已高，且德高望重，在教研室是绝对的学术权威。我导师当时是副教授，已经很多年了，但她从没有表露过要急于当教授的意思。在与她的谈话中，始终充满对两位教授的尊敬和爱戴，没有流露出一丝的不敬，也没有对自己的副教授地位有任何的焦虑。我感觉到她不是装出来的，因为话语间的那份平静是装不出来的。有一次我特意问她，如果两位教授都一直康健，一直工作下去，那岂不是要到很大年龄您也不一定能当上教授？我导师的回答让我的心灵受到了一次极大的冲击和洗礼："我为什么急着当教授呢？В.А.Белошапкова和В.Н. Прохорова是我们教研室的宝贵财富，是我们的旗帜，她们能健在，我们教研室就有学术上的权威和领头人。有她们在前面，我们都可以安心地做好自己的事情，况且，我自认为在学术上还没有达到她们的高度。其实，只要你踏实地做好本职的工作，上好课，带好学生，有什么职称并不重要。"

这就是我的导师。她做学问的风格、她思考问题的方法，她看待名利的淡泊，所有这一切都影响着我，影响着我的学术之路、我的人生之路。

2. 我所认识的 В.А. Белошапкова 教授

（1）与Белошапкова教授的第一次邂逅

前文已经说过，Белошапкова是我们教研室主管研究生工作的教授，但第一次见到她却是在一次学术大会上。那是刚刚转入莫大没几天，学习还没有正式开始，正巧赶上在莫大举办了一次大型的学术会议，在文科楼的第九大阶梯教室。第一次见到她的情景记忆犹新：记得当时在一位学者发言后，在会场的后面有位一头白发、精神矍铄的老太太站起来，声音特别洪亮，就报告人的报告提出问题，具体的问题我已记不清了，只记得她非常清晰地说，关于这个问题维诺格拉多夫早在20世纪50年代就曾论述过，在他的文集的第X卷的XX页有相关的论述……我之所以记得这个情景，是因为当时我非常惊讶："得把书读到什么程度，才能记得在哪一本书的哪一页有某一论断呀！”于是我悄悄问身边的一位高年级的中国留学生，“这是谁呀，太厉害了”，他回答说，这就是莫大语文系赫赫有名的B. A. Белошапкова教授，她真的“很厉害”。这位同学的一语双关，我当时并未完全理解，只是觉得这位教授的学问真是太了得，真有学富五车的感觉，崇拜之意油然而生，真希望能成为她的学生。虽然这一愿望没能实现，但后来得知由B.A. Белошапкова主管我们教研室的研究生工作，并给我们主讲句法学，心中还是窃喜，觉得有机会接触到这么有学问的学者，真是三生有幸。当然也就有幸感受到她的“厉害”了。

（2）Белошапкова与我的句法课情结

Белошапкова的句法课开设在第一学年的下学期，是大家所期待的一门课。上课前一周，教研室秘书布置了上句法课的课前作业，要求是：阅读规定教程的规定章节，并根据该章节的内容，自行在文学作品或报刊中选择合适的句子进行分析，划出并写明句子中所反映的该章节所述句法规则的结构和关系。这样的作业要求对于外国学生来说是有一定的难度，大家都极其不适应：因为首先要在有限的时间阅读规定书目的章节，不仅要读完，而且必须读懂，否则接下来的作业根本做不出来；其次这种作业方式从来没有尝试过，不知该怎么做。接到这样的通知，我除了上课，几乎所有时间都用来研读规定的句法学教程，读文学作品，认真地、小心翼翼地选择句子，尝试着按要求分析句子，写出运用规则的术语、结构和关系。我们按照规定在上课的前两天把作业送到了教研室，接下来就是忐忑的等待，因为不知道作业是否符合要求，上课时会不会受到批评。记得我们的句法课是周四上午，按照规定时间赶到文科一楼，在等电梯时，正巧Белошапкова也来了，我们都非常礼貌地和她打招呼，但心里却怦怦地跳，生怕她会当着大家的面，说出谁的作业不合格。进了电梯后，Белошапкова却先开口问：“你是杜桂枝吧，你的作业我看了，做得不错。”听了她的话，我再一次惊呆了：我只是和她在一起开过一次会，当时我在通报了自己的名字和导师时，她接着问，“你跟着她学习方言学？”，我回答说，“不是，是学词汇语义学”，她说，“那我就放心了”。事实上，在见面会上，她几乎与每一位学生都有类似的对话，时隔半年之久，她竟然会准确记得我的名字！我现在不记得我当时做了怎样的回答，也不记得怎样走到教室，只是记得她给我的鼓励，记得课堂上她就大家作业中的问题进行的生动而有的放矢的讲解。从那天起，我就深深地喜欢上了这门课，喜欢她上课的方式。

记得有一次课上讲的是句法结构成分的现代分类与分析。她走进课堂，非常认真地说，她一生中有两个令她十分吃惊的学生，一个是她在罗马尼亚做外教的时候，有一个罗马尼亚的学生，还有一个就是现在，在我们教室的杜桂枝，“他们让我震惊的是，他们对俄语语言学的理解和把握，作为一个外国人，他们的语感和理论悟性甚至比我们俄国学生还要好”。我知道，其实我只是按照她的教学要求，认真读书认真做作业而已。我也知道老师说这样的话鼓励成分大于实质。但听了她的表扬，心中自然十分高兴，因为以她的严厉，很难轻易表扬学生。也许，正是因为这样的认可和鼓励，使我爱上了句法学，对作业做得更认真，带着极大兴趣去完成它。因此，在这门课上收益也是最多的，到现在我都认为我对句法学的喜爱甚于其他学科。

（3）关爱学生的Белошапкова

大家常说Белошапкова学问很大，治学严谨，严肃厉害，而我却时常感受到她的呵护和关爱。也许是我在她的句法学课上学习认真，表现良好，所以每每遇到什么事情，她总是站出来替我说话。那几年的学习生活中，有两件事是我终生难忘的。一件是资格考试的时候，前文提过，按照导师的要求，我特别认真地写出了50多页的综述报告。考试前这份报告提交给教研室学术委员会成员和相关老师审阅。考试的前几天，我接到导师的电话说，大家对我的综述报告反映不错，甚至有一位学术委员认为，这样的文章不可能是一个外国留学生写出来的（可能怀疑是找俄罗斯学生做枪手），所以她说考试的时候她要亲自就这份报告向我提问相关问题。导师说，该委员还对我们教研室的其他人说过这类的话，还专门跟Белошапкова谈了自己的想法。导师特别叮嘱，这个人就是这样的行事风格，你要好好做准备。考试那天，我带着忐忑的心情来到考场，按照分组进入了考场，出乎意料的是我们这个组的考试委员会里竟然没有上述那位老师，因此也没有人就综述报告提太多的问题，我的资格考试最终以优秀的成绩通过。事后，Белошапкова对我导师说，“杜桂枝这个学生我了解，是一个认真学习的好学生，我相信报告一定是她自己写的，为什么要在考试的时候难为她，所以我把那位老师安排在别的组了”。听了导师的话，我对Белошапкова的尊敬转变成一种敬仰和亲近，甚至是爱戴。从她的身上我看到的是一位学术大家的风范，她对学生的关爱不需要任何理由，没有任何的功利。还有一次是在第三学年的一次期末会议上，我因有事向导师和研究室秘书请了假。按照研究室的规定，每一位研究生每一学期都要在教研室会议上做一个总结的。那次的会议上，其他研究生都做了报告，我因没有参加，由导师代我汇报，没想到的是，导师刚说完，Белошапкова接着说，这位中国学生我了解，她的学习情况没有问题……会后见到了同在教研室学习的一位中国同学，他见面的第一句话就说，“杜桂枝你太厉害了，竟然让Белошапкова在教研室当众袒护你，就像替你做汇报似的，说了你很多好话”。这些情况我是后来从导师那里详细了解到的。我真的从心底产生对Белошапкова这样学者的崇拜和爱戴。其实，无论是在上课还是在教研室，她看到我时话并不多，完全没有多余的表达，更何况出于对她的崇敬和有点惧怕，我没事也不敢主动多讲话。可就是这样，在需要的时候，无论你是否在场，她都会公正地表达自己的态度，这真是我没有想到的。我曾暗暗地下决心，做人做事做学问都应该像她那样，有那样的坦荡、那样的大度、那样的胸怀。

3. 令我感动的 В.Н. Прохорова 教授

再来说说我们教研室的另一位教授，关于她的学问、她的授课、她的平易近人这里不想多说，只想说一件令我动容且影响我一生行为的一件事。我预答辩时，教研室的专家评审是由Прохорова做的。我按照她电话中所说的地址找到她家去取评阅书，她交给我一沓泛黄的纸，上面密密麻麻写着不同颜色的字迹，正当我看着发愣时，她对我说，“红色字迹的是我给你写的评审意见，你回去按红色的打出来就行”。按照中国的文化传统，红色的笔是不能随便用的，老师用，是批改作业和试卷；会计用，是表示冲账，表示负方；朋友之间使用红色笔写信，表示断交。所以，当我拿到这份“评语”时，心中不免一惊，莫不是给了我一个负面评价？回来后我迫不及待地读了一遍这样一份特殊的评语，评价很好，没有问题，可为什么用红色书写呢？经过认真研究发现，这是曾经的（用打字机）打印教材，正反面都写满了字迹，仔细辨认后确认，她先是在每一行之间用铅笔写过东西，然后在其上面用蓝色的圆珠笔又写了一次，这一次是在墨迹之上，在蓝色笔迹之间用红色的又写了一次。原来，她老人家是为了不浪费纸张，把纸张的可使用功能发挥到了极致。看至此，我真的为之动容：俄罗斯不缺少木材，也不缺少纸张，Прохорова以她的职称职务应该也不缺钱，那为何都已到了老眼昏花的高龄，还在这样的纸上做学问？唯一能解释的就是她的品德、她的修养、她对环境的保护意识、她不铺张不浪费的品行。正是受到她的影响，我一直对大自然有一种莫名的敬畏，从不敢破坏环境中的一草一木，更是舍不得浪费一纸一墨。虽然我做不到像她那样极致，但在办公室节省纸也是出了名的，而且还不停地把节约的理念传达给学生。我想，Прохорова教会我的不仅是学问，更是做人的道理：在这个世界上，并不是说你有钱你就可以浪费生存资源，人类的财富不是以某一个人的富有与否来判断的，而一个人精神世界的财富也不以他占有多少物质财富和社会资源来判定。我想，没有人要求Прохорова这样做，她之所以这样做完全是出自她内心世界的丰富、美好、崇高和伟大，这是我尊敬和爱戴她的理由。

这就是我的莫大生活，这样的人和事还有很多。在写这篇文章时，我时常会陷入沉思，几个小时过去，仍不能从回忆中走出来。

也许莫大的学习生活还将继续影响着我……

于2013年6月

这是为当年拟出版的《俄罗斯研究生教育》一书草就的一份稿约，按要求对在莫大学习和生活的全过程做一个简要记述。不知什么原因，这本书最终没能付梓。此次做文集整理资料时再次读到它，感觉像是一篇纪实，抑或像是一篇随笔，虽算不上学术文章，但却是莫大留学期间对各项规章制度、学习要求、考试规定、论文答辩程序等的亲身体验和记忆，也许对想了解莫大、了解语文系研究生教育制度的同仁和同学们会有点用处，故收录于此。

后记

本文集收录了我博士后研究期间和回国任教早期的大部分文章，以及一些发表于国外的文章，还收录了在中国俄语教学研究会工作期间的有代表性的小文，算作是对当年承诺的“退休时要出一本文集”初心之约的践行。

走进学习俄语的大门，俄语学研究便与我共生共长，成为职业和学术生涯中最重要的部分。回头看走过的路程，最为怀念的是做博士后研究的那段日子。1996年底，受北京外国语大学俄语学院白春仁教授之邀，我推掉了在莫斯科的各种工作机会，回到北外做博士后研究。没有了博士论文选题的限制和撰写论文的压力，我可以心无旁骛地徜徉在书海里，沉浸在各种思想、各家学派、各种理论的共振中，这一切激起了我对俄语学研究的极大兴趣，也点燃了做学问写文章的激情和冲动。这一阶段的努力成就了《20世纪后期的俄语学研究现状及发展趋势》一书，也正式开启了俄语语言学研究的历程。

俄语学研究仿佛是一条曲径通幽的漫漫长路，在探索语言学无限奥秘的跋涉中，没有捷径，也不可能弯道超车。无论学术之路多么艰辛曲折，只要不停下脚步，终归会留下你攀登的足迹，这足迹便是在几十年学术生涯不同时期发表的文章。现在看来，早期的文章未免有幼稚之处、青涩之痕，但它们犹如前行路上的一块块基石，铺垫着不断攀登的高度，延展着继续前行的步轮。

2019年，刘文飞教授精心组织出版了一套“首都师范大学俄语语言文学专业博导文库”，作为博导我有幸加入了该文库作者之列，按照相关要求挑选了部分文章，成就了《俄语语言学多维度研究》文集。其余的部分文稿则收录于此，成为此《现代俄语学研究》文集。

本文集的内容没有按年代顺序排列，而是分成了不同的板块，以便可以从不同的方向体现出学术研究领域，从不同的视角回顾和审视研究成果。

文章内容基本没有改动，以保持不同时期学术水准的原貌，只是对体例标准做了适当调整，以符合现代出版要求。

感谢北京大学出版社，感谢张冰主任一直以来对我的支持和帮助；感谢编辑李哲在以往各种编辑出版工作中的大力协助和配合。

2022年6月于北京